अकेला पलाश

(उपन्यास)

अकेला पलाश

मेहरुन्निसा परवेज़

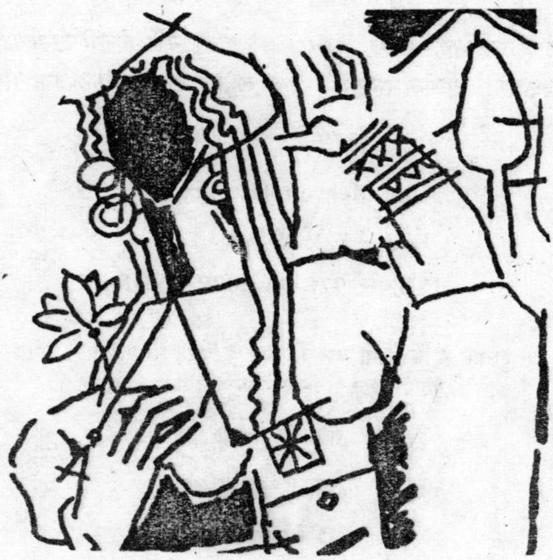

वाणी प्रकाशन

वाणी प्रकाशन

'लोगो' वाणी प्रकाशन : मक़बूल फ़िदा हुसेन

वाणी प्रकाशन, 4695, 21-ए, दरियागंज, नयी दिल्ली-110002

वाणी प्रकाशन, अशोक राजपथ (पटना कॉलेज के सामने), पटना (बिहार)

AKELA PALASH

by Mehrunnisa Parwez

Novel

ISBN : 978-93-5000-268-1

संस्करण : 2002

आवृत्ति : 2010

मूल्य : 375/-

वाणी प्रकाशन

फोन : 0091#11#23273167, फोन व फैक्स 23275710

वेबसाइट : www.vaniprakashan.in

ई-मेल : vaniprakashan@gmail.com

जी.एस. ऑफसेट द्वारा दिल्ली-110032 में मुद्रित

उस पलाश के लिए जो
खुद वीरानी में रहता
है पर दूसरों को बसंत
बांटता है।

—मेहरुन्निसा परवेज़

अकेला पलाश

आफिस में टेबल के सामने बैठते ही मन की कमजोरी, उदासी जैसे बटन दबाते ही गायब हो गयी थी कहीं। उसकी जगह धैर्य-दृढ़ता आ गयी थी। जिम्मेदारी के एहसास ने उसे बाँध लिया, कस के। चपरासी ने एक गिलास पानी उसके आगे रख दिया। पानी पीकर उसे अच्छा लगा। रूमाल से उसने चेहरा साफ किया। अब वह पूर्ण रूप से तैयार थी, आगे की स्थिति का सामना करने के लिए। चपरासी ने उसके आगे ढेर सारी डाक लाकर रख दी। डाक छांटते ही एक लिफाफे को देख उसके हाथ काँप गये। पहचाने अक्षरों की पहचान जो अभी फीकी नहीं हुई थी, उसे देखते ही वह चौंक पड़ी। पत्र खोलते ही वह काँप-सी गयी। तुषार का पत्र था—तहमीना, मैं तुम्हारे शहर में आ रहा हूँ··· मिल सकोगी ?

पत्र पढ़कर वह जैसे काँप-सी गयी।

तभी सामने रोड से रजिया आती दिखी। उसने दूर से ही आदाब किया। जवाब में वह धीरे से मुस्कुरा दी और टेबल पर रखा पेपरवेट गोल-गोल घुमाती रही। हाथ में रखे पत्र को उसने पेपरवेट से दबा दिया।

"हूँ, आओ रजिया, कैसी हो ?" उसने बिना उसकी ओर देखे पूछा। उस वक्त लहजा वैसा ही था जैसे मरीज को उसकी बड़ी बीमारी की सूचना देते समय टटोल कर देखना चाहती हो कि मरीज कितना धैर्य रखता है।

"जी अच्छी हूँ···" कहते हुए रजिया ने सहमकर दीवार का सहारा ले लिया।

"रजिया, तुम विनोद को कब से जानती हो ?" तहमीना ने बहुत अचानक से सवाल कर दिया।

"जी···" वह घबरा-सी गयी, "जी मैं नहीं जानती, बस पढ़ाते थे, उन्हें मास्टर के रूप में जानती हूँ," वह सतर्क होते हुए साफ झूठ बोल गयी।

"देखो रजिया, मेरे सामने झूठ बोलने की कोई आवश्यकता नहीं," उसने टेबल पर से पेन उठा लिया और कोरे कागज पर लकीरें खींचते बोली—"तुम्हें

और मेरे सारे स्टाफ को मालूम है, मुझे झूठ कतई पसन्द नहीं, सच-सच बात करो क्या तुम्हें मेरे सामने झूठ बोलने की आवश्यकता है?"

"जी···" वह सहमकर उसे देखने लगी।

"देखो रजिया, मैं ज्यादा नहीं पूछूंगी, न ही ज्यादा बोलूंगी। ठीक है तुम्हारी उम्र अभी कम है, तुम मुश्किल से बीस-इक्कीस वर्ष की हो और तुम्हारी उम्र ऐसी है कि तुम्हें सहारे की अभी आवश्यकता है; पर रजिया, मेरी बात ध्यान से सुनो। यह ठीक है कि तुम्हें धूप लगी है और तुम्हें छाया की सख्त जरूरत है, पर छाया के लिए ऐसे पेड़ के नीचे पनाह लो जो तुम्हें वास्तव में छाया दे सके। ऐसे पेड़ के नीचे मत खड़ी हो जो तुम्हें छाया भी न दे सके बल्कि उलटा तुम्हारे ऊपर गिरे और तुम्हें तबाह कर दे। तुम क्या नहीं जानतीं, विनोद दो बच्चों का बाप है, उसकी पत्नी है, उसकी अपनी जिम्मेदारियाँ है, वह तुम्हें अपने घर नहीं रख सकता। ऐसे रिश्तों से क्या फायदा जो सहारा न दे सकें···। समझ रही हो न मेरी बात?"

"जी," रजिया सर झुकाकर रो पड़ी।

"मत रो रजिया, मेरी बात को अकेले में सोचो और उस पर अमल करो। क्या फायदा, विनोद की पत्नी इधर-उधर बकती है, तुम्हें बदनाम करती है, पति से लड़ती है! तुम्हें अब यहाँ रखना भी ठीक नहीं है। इसलिए मैंने तुम्हारा ट्रांसफर कर दिया है, और तुम कल ही यहाँ से चली जाओ और काम में अपना मन लगाओ।"

"जी···।"

"अब आँसू पोंछ लो और जाकर पानी पियो और अपना काम देखो, और मेरी बात का मान रखना अब तुम्हारा काम है।"

रजिया चली गयी। मीनाक्षी, जो खिड़की के पास बैठी चुपचाप अब तक तमाशा देख रही थी, उसकी तरफ देख मुस्कुरायी और बोली—"आपने तो बहुत थोड़े शब्दों में उसे अच्छी तरह समझा दिया है।"

तहमीना मुस्कुरा दी, तभी चाय आ गयी और उसने हाथ बढ़ाकर चाय ले ली।

"एक और केस है मैडम," मीनाक्षी उसके पास आती बोली।

"किसका है?"

"अपने यहाँ की ही है। उसका एक ग्राम-सेवक से प्रेम चलता है, उसका अपना पति मर गया है, पति की तरफ से दो-तीन बच्चे हैं, अब इस ग्राम-सेवक से भी उसे गर्भ है। मुझे पता चला तो मैंने उसे बुलाकर बहुत डांटा, मैंने उसे गर्भ गिराने और आपरेशन करवा लेने के लिए बहुत कहा, पर वह नहीं मानी। अब अपने यहाँ दो-तीन माह से तनख्वाह नहीं मिल पा रही है, पैसों की तंगी है, तो उसे एक

दूसरे डिपार्टमेंट वाली ने अपने घर रख लिया है। आजकल वह अपने यहाँ ड्यूटी भी नहीं कर रही है। वह उसी महिला के पास रहती है और उसके घर का काम देखती है। उसने उसे दूसरी जगह काम पर लगवा देने का आश्वासन दिया है।"

"अच्छा," तहमीना ने खाली कप टेबल पर रख दिया, "यह तो बहुत बुरा है कि हमारे डिपार्टमेंट के व्यक्ति को कोई दूसरा भड़काये," तभी सामने से दुलारी बाई आती दिखी, और उसके सामने नमस्ते कर खड़ी हो गयी।

"कहो कैसी हो ?" तहमीना ने एकदम शान्त होकर उससे पूछा जैसे कुछ न जानती हो।

"जी अच्छी हूँ, गाड़ी देखकर आपके पास आयी हूँ।"

"सुना है तुमने यहाँ का काम छोड़ दिया है और पंचायत में काम ढूँढ़ रही हो !"

"यहाँ तनखा कम है दीदी, फिर समय पर मिलती भी नहीं," वह ढीठ होते हुए बोली।

"देखो दुलारी बाई, इसी तनखा पर तुम दो साल से काम कर रही थीं, तब तनखा कम नहीं लगती थी, अचानक अब लग रही है। इसमें मैं क्या कर सकती हूँ, जैसा ऊपर के आदेश होते हैं वैसे ही काम होता है। हम अपनी मरजी से अधिक वेतन तो दे नहीं सकते। रही समय पर वेतन न मिलने की बात, तो देर-सबेर हर जगह होती है। तुमने यह कैसे सोच लिया कि उनके डिपार्टमेंट में समय पर वेतन मिलेगा ? वहाँ भी यही परेशानी होगी। अपने यहाँ तो हमेशा समय पर वेतन मिला है, बस इसी बार ड्राफ्ट आने में देर हुई है। यदि तुम्हें परेशानी थी तो यहाँ तुम किसी से कह सकती थीं। यह तो बहुत बुरी बात है दुलारी बाई कि अपने यहाँ की बात दूसरे के घर जाकर कहो। मैं तुम्हें यहाँ रहने पर जोर नहीं देती, पर इतना जरूर कहूँगी कि जिसका नमक खाओ उसके प्रति वफादार भी रहो।"

"जी," घबराकर उसने देखा।

"और सुना है तुम्हें गर्भ है ?"

"जी," उसके माथे पर पसीना छलक आया।

"देखो बनो मत, यह मत सोचो कि मैं कुछ नहीं जानती, मुझे अपने हर कर्मचारी के बारे में एक-एक बात मालूम रहती है। गर्भ किसका है, ग्राम-सेवक का न ?"

"........."

"आज तुम चुप रहोगी, पर कल तुम्हारी स्थिति जब सब से सब कह देगी कि तुम विधवा हो यह बात सारे लोग जानते हैं ! दुलारी बाई मैं जानती हूँ औरत

मजबूरियों में हर काम करती है। तुम्हारे जो बच्चे हैं इन्हें अच्छे से पालो, भटको मत। कल यह तुम्हें सहारा देंगे, तुम्हें सँभालेंगे।"

"जी...जी" कहती वह फूट-फूटकर रोने लगी—"मैं भटक गयी थी, दूसरे के बहकावे में आ गयी थी, आपने मुझे रास्ता दिखा दिया, मुझे बचा लिया। अब मैं कहीं नहीं जाऊँगी, पर मुझे उस गाँव से हटा दीजिये, कहीं और भेज दीजिये, वह ग्राम-सेवक मेरी जान के पीछे पड़ा है।"

"ठीक है हम तुम्हें दूसरे गाँव में भेज देंगे, तुम जाओ और अपना काम करो, दूसरों के बहकावे में मत आओ। दूसरों के दिखाये रास्ते पर चलने के बजाय अपना रास्ता चलना ठीक होता है न।"

दुलारी बाई रोती हुई उठी और नमस्ते कर चली गयी।

"मैडम कहीं वह उस महिला से जाकर कुछ कहेगी तो नहीं," मीनाक्षी घबराती हुई बोली, "वरना वह मुझसे लड़ने आयेगी कि मैंने उसका नाम आपको बतला दिया।"

"बताने दो मीनाक्षी, क्या फर्क पड़ता है; पर नहीं वह नहीं बतायेगी, उसका मन दुख गया है जहाँ मन दुखता है। औरत का, वह बात की तह तक पहुँच जाती है। वह अपनी गलती समझ गयी है, और वह किसी से कुछ नहीं कहेगी, और यहीं लौट आयेगी।"

"चलिये मैडम नाश्ते का टाइम हो गया है," मीनाक्षी उठते हुए बोली।

"नहीं, मुझे भूख नहीं है, खाने की बिलकुल इच्छा नहीं है, बल्कि तुम जाओ और नाश्ता कर आओ, मैं कुछ देर अकेले रहना चाहती हूँ।"

मीनाक्षी उठकर बाहर चली गयी और वह ढीली होकर अपनी कुर्सी पर लेट-सी गयी। अपने बालों से खेलते हुए उसने छत को देखा। खपरैल की बड़ी पुरानी-सी छत थी, नीचे यहाँ से वहाँ तक कपड़ा लगा दिया गया था ताकि धूल न गिरे। कपड़ा सफेद था इसलिए काफी गंदा हो गया था।

रजिया और दुलारी को शान्त कर वह खुद भीतर से बहुत अशान्त हो गयी थी, आँखें वीरान हो गयी थीं। दूसरों के कष्ट के आगे अपने कष्ट बड़े नहीं लगते। आज उसे वैसा ही लग रहा था जैसे सूखी नदी के किनारों की तरह, नदी जब सूख जाती है तो उसका दर्द कितनों ने देखा था, कितनों ने परखा था! वह अपने सारे दर्द को गर्भ में छुपाये वीरान, हैरान-सी पड़ी रहती है।

धूप काफी तेज हो गयी थी, गर्म हवा के झोंकों से कमरा एकदम गर्म-सा हो गया था। विचित्र बेचैनी वाली स्थिति थी। मन भी शान्त नहीं था, और कमरा भी मन को शान्ति नहीं दे पा रहा था। जबरदस्ती आँख मूंदकर वह पड़ी रही, पर सारी आहटें मन की भी, बाहर की भी, उसे आराम से बैठने नहीं दे रही थीं, उसे परेशान किये हुए थीं। तुषार का पत्र कितनी-कितनी स्मृतियों

को जगा गया था। अब वह पहले की तरह कमजोर, लाचार, बात-बात पर रोने वाली तहमीना नहीं रह गयी थी। उसकी जगह ले ली थी एक अच्छे, ऊँचे व्यक्तित्व वाली तहमीना ने, जिसके पास आज अपना बँगला, गाड़ी, फ्रिज, वे सारी चीजें हैं, जिनके लिए वह कल तरसती थी, सपने सँजोये थे। आज इतने वर्षों के बाद तुषार का पत्र पाकर उसकी इच्छा हुई कि मुड़कर एक बार फिर पुरानी तहमीना को निहारे, जो कच्ची धरती पर खड़ी बड़ी व्याकुल-सी आगे के रास्ते को निहारती थी।···

सुबह अचानक पानी बरस गया था, जिससे ठंड काफी बढ़ गयी थी। समय ज्यादा नहीं हुआ था, पर वे लोग जब उस छोटे-से निपट एकाकी बस स्टैंड में उतरे तो लगा दोपहर काफी भारी हो गयी है। अभी दिन का साढ़े ग्यारह ही बजा था। बस स्टैंड में उतरने के बाद अब पहली बार मन में ढेर सारा संकोच उतर आया था। कहाँ जायें ··कैसे जायें ? कैसे वहाँ जाकर खुद से अपना परिचय दें ? पता नहीं वहाँ जाकर कैसे उनका स्वागत होगा··· स्वागत होगा भी या नहीं ? बहुत गैर-जरूरी प्रश्न थे जो एकाएक सामने आ खड़े हुए थे, जिनकी तरफ देखने से ही भय लग रहा था।

छोटा-सा बस स्टैंड·· छोटा-सा गाँव, लगा आँख को इस छोर से उस छोर तक घुमा लेने से ही गाँव की लंबाई देखी जा सकती है। बस स्टैंड के किनारे लगे, इमली के पेड़ों ने जोर-जोर से अपनी बाँहें हिलायीं, हवा के साथ इमली के फूलों की खट्टी महक ने स्पर्श किया।

"कुछ पता है किधर चलना है," जमशेद ने तहमीना से पूछा।

"नहीं, किसी से पूछ लो न," उसने खीजे हुए लहजे में कहा। उसे इस तरह बेवकूफों की तरह खड़े रहना बड़ा अखर रहा था। वह चाहती थी वहाँ से जल्दी से जल्दी हट जाए, क्योंकि कुछ लोग उत्सुकता से उन्हें देखने लगे थे। रिंकू पास के घर में चरती हुई मुर्गियों को बहुत प्रसन्नता से निहार रहा था। धूप से उसका चेहरा लाल हो उठा था। तहमीना ने रूमाल से उसका चेहरा साफ किया और पर्स से लेमनचूस की एक गोली निकाल कर उसे दी।

"मम्मी, पानी," रिंकू उसकी साड़ी को मुट्ठी में भरता रुआँसा-सा बोला।

"बस अभी बेटा, अभी चलते हैं आफिस, वहाँ पानी मिलेगा," तहमीना ने रिंकू को बहलाते हुए कहा।

"नईं, अभी दो"···वह ठुनकने लगा।

थरमस का पानी खत्म हो गया था और वह बच्चे को बाहर का पानी पिलाना नहीं चाहती थी। होटल के नाम पर वहाँ कुछ था भी तो नहीं, टी स्टाल तक नजर नहीं आया। तहमीना ने रोते हुए, ठुनकते हुए रिंकू को गोद

में उठा लिया, और सामने रोड पर नजर डाली। लाल मुरूम वाली सड़क थी। सड़क के आगे जाने पर शायद आफिस मिलता हो। वह बेचैनी से आगे बढ़ी, जमशद भी साथ हो लिए। प्यास से··· धूप से, थकान से रिंकू रोने लगा था।

बस स्टैंड के पास बड़ा-सा एक आम का वृक्ष है, जहाँ एक औरत लाई चना और सस्ते किस्म के लाल-लाल बिस्कुट बेच रही थी। उसी के पीछे पान का एक ठेला। नाली के पार कुछ क्वार्टर बने थे, सड़क के इस पार कोई आफिस था शायद। वे लोग आगे बढ़ते गये।

कुछ आगे जाने पर तहमीना को अपने दफ्तर का बोर्ड दिखा, जिसे देखते ही उसे हँसी आयी। दफ्तर क्या, दो छोटे से कमरों का आफिस था, सामने छोटा-सा पत्थरों का बरामदा जो एकदम गंदा-सा पड़ा था, जिसकी किसी ने बरसों से सफाई नहीं की थी। वे लोग बरामदे में आकर खड़े हो गये। रिंकू बरामदे में दौड़ने लगा था। कमरों में ताला पड़ा था।

अचानक सामने से एक व्यक्ति दौड़ता हुआ आया और नमस्ते कर बोला, "मैं बड़े बाबू को अभी बुलाकर ला रहा हूँ।"

वह शायद चपरासी होगा, तहमीना ने सोचा और बरामदे में टहलती रही। बरामदे के दोनों ओर जंगली झाड़ियाँ उग आयी थीं। वे इतनी बढ़ गयी थीं कि उनकी शाखाएं बरामदे की दीवारों को घेरे हुए थीं। जंगली घास घुटनों-घुटनों तक उग आयी थी। सड़क के पार मेहंदी की कंपाउड से घिरा छोटा-सा पोस्ट आफिस था, और उससे लगे पी० डब्ल्यू० डी० के नए क्वार्टर थे।

सामने से एक व्यक्ति दौड़ते हुए आया। तहमीना ने सोच लिया—यही यहाँ का बड़ा बाबू होगा। भूरे रंग को टेरीकाट की फुलपैंट तथा पीले चेक की उसने बुश्शर्ट पहन रखी थी जो काफी गंदी-सी हो गयी थी। आते ही उसने बड़े अजीब अंदाज से हाथ हिलाकर नमस्ते किया, जैसे चेहरे पर बैठ आयी मक्खी उड़ा रहा हो। और आफिस का ताला खोलने लगा।

"आपका आफिस कितने बजे खुलता है?" तहमीना ने घड़ी पर नजर रखते हुए उससे पूछा।

"ग्यारह बजे," उसने घबराते हुए कहा, "आज देर हो गयी मैडम," उसने दरवाजा खोलकर खादी का छींट वाला परदा नीचे गिरा दिया।

वे लोग अंदर कुर्सियों पर बैठ गये। वहीं तीन कुर्सियाँ, एक बेंच, आफिस टेबल तथा पीछे दीवार से लगी लड़की की दो अलमारियाँ और लोहे की तिजोरी रखी थी।

"आपने मुझे कोई सूचना नहीं दी," तहमीना ने बाबू से पूछा।

"मैडम, हम समझे कि आपकी तरफ से हमें कोई सूचना मिलेगी कि आप फलाँ दिन चार्ज लेने आ रही हैं।"

"खैर, नये-नये वातावरण में इस तरह की गलतफहमियाँ हो जाती हैं," तहमीना ने कहा, "आप चार्ज तैयार कर लीजिये।"

"जी, बहुत अच्छा," कहता हुआ बड़ा बाबू बाहर चला गया। जमशेद तहमीना के रोब को देखकर मुस्कुरा रहे थे, जवाब में तहमीना भी मुस्कुरा दी। तभी बाबू अंदर आया और वे दोनों संजीदा हो गये। तहमीना ने दीवारों का निरीक्षण शुरू किया। दीवार पर इन्दिरा गांधी और नेहरूजी के बड़े-से चित्र टँगे थे। इन्दिरा गांधी का यह चित्र बहुत पुराना था। तब शायद वह जवान थी। पूरे मध्यप्रदेश का नक्शा, जो किसी के हाथ से बना हुआ था, टँगा था, जो बीच से लंबाई में भी फट गया था।

"इतने अच्छे नक्शे की आप लोग हिफाजत न कर सके," तहमीना ने बाबू से कहा। जवाब में बाबू ने झेंपकर नीचे सर कर लिया।

थोड़ी देर में एक लड़का गिलासों में चाय लेकर आया। बाबू ने स्टोर से बिस्कुट निकालकर एक पेपर पर रख दिये, जिसपर रिंकू ने शीघ्र से शीघ्र हाथ साफ करना शुरू कर दिया। वे लोग चाय पीने लगे। सामने से एक सफेद साड़ी पहने महिला ने प्रवेश किया, पास आने पर जिसे महिला कहना गलत लगा। वह मुश्किल से बीस-बाईस साल की लड़की थी। उसके बाल विचित्र ढंग से घुटे थे। लगता था जैसे वे किसी बंगाली गुरु की शिष्या हो। तहमीना को उसे देख बड़ा विचित्र-सा लगा। आते ही उसने दोनों को नमस्कार किया और बड़े बाबू की कुर्सी पर बैठते हुए बोली, "क्षमा कीजियेगा, आपकी तारीफ?"

"अरे, मैडम हैं," बड़े बाबू ने एकदम घबराते हुए जल्दी से बतलाया।

"अरे," वह एकदम घबराकर उठी, जैसे उसे बिजली का करेंट छू गया हो, और दुबारा नमस्कार कर बोली, "क्षमा करियेगा मैडम, मुझसे गलती हो गयी। आप आने वाली हैं, यह तो बड़े बाबू ने भी नहीं बतलाया मुझे। आपसे मिलकर बहुत खुशी हुई। मैं यहाँ पर नयी ही आयी हूँ, सिर्फ एक महीना हुआ है।"

"अच्छा, कहाँ से आयी हैं आप यहाँ?"

"भोपाल से···मुझसे पहले जो यहाँ ड्यूटी पर थी उसकी मृत्यु के बाद मेरी पोस्टिंग यहाँ हुई है।"

"अच्छा, डैथ हो गयी! क्या वह ज्यादा बूढ़ी थी?" तहमीना ने पूछा।

"नहीं, दीदी, एकदम यंग थी, कुँवारी थी और उसकी एबार्शन केस में डैथ हुई।"

तहमीना ने चौंककर उसे देखा, क्योंकि कुँवारी शब्द पर उसने विशेष जोर दिया था, मानो कोई रहस्य खोलना चाहती हो। पर तहमीना ने बात को आगे

नहीं बढ़ाथा और वहीं बात खत्म करते हुए कहा, "आफिस के आसपास काफी गंदगी है, सब साफ होना चाहिए। व्हाइट वाश भी नहीं हुआ है। आप लोग समय पर दफ्तर भी नहीं खोलते, आप लोगों को इस ओर ध्यान देना चाहिए। आफिस देहात में जरूर है, पर सरकारी दफ्तर होने से उसका अपना महत्त्व है।"

"पुरानी चेयरमैन जो हैं, काम में विशेष रुचि नहीं लेती थीं। उन्हें तो घर के काम से ही फुर्सत नहीं मिलती थी। अब आप आ गयी हैं, सब ठीक हो जायेगा। आज की स्थिति को क्षमा कर दीजिये।"

तहमीना ने अनुमान लगा लिया, इस महिला को चापलूसी में तथा पीठ पीछे बुराई करने में विशेष रुचि है।

"पुरानी चेयरमैन इन्ट्रेस्ट नहीं लेती थी तो क्या हुआ, आप लोग तो ले सकते थे ?"

"यह पंचायत वालों की बिल्डिग है। उन्हें दो-तीन बार व्हाइट वाश करने को कहा, परन्तु उन्होंने अपने आदमी नहीं भेजे।" बड़े बाबू ने सफाई दी।

सामने से नीले रंग की टिकलियों वाली साड़ी पहने, दुबली-सी एक महिला ने प्रवेश किया, जो हँस तो नहीं रही थी पर उसके चेहरे को देखकर भ्रम होता था कि वह हँस रही है। नमस्ते के बाद परिचय का आदान-प्रदान हुआ। थोड़ी देर की बातचीत में तहमीना ने अँदाजा लगा लिया कि वह काफी सीधी-सादी महिला है और कर्मचारी काफी चालू।

"बाबू, सब तैयार हैं चार्ज के पेपर ?" उन्होंने बाबू से पूछा।

"पूरा नहीं हुआ है मैडम, समय लगेगा," बड़े बाबू ने माथे से पसीना पोंछते हुए कहा।

"आश्चर्य है अभी तक आपने कुछ भी तैयार नहीं किया," उन्होंने कहा।

"बाबू तो तैयार कर ही लेते, पर आप बिजी थीं और कैश बुक, रजिस्टर किसी के घर में नहीं जाना चाहिए इसलिए मैंने मना कर दिया था,' संन्यासी-सी दिखने वाली उस कर्मचारी ने कहा।

"पर इसके पहले तो ऐसा ही होता था, क्या यह नया कानून अभी शुरू किया है आप लोगों ने ?" पुरानी चेयरमैन ने घुड़कते हुए कहा।

तहमीना को बड़ा आश्चर्य-सा हो रहा था कि ये कैसे कर्मचारी हैं और यह कैसा आफिस है, जहाँ उनके बॉस की कोई कद्र नहीं।

"मैं चार बजे तक रुक जाती हूँ, क्या आप इस बीच सब तैयार कर लेंगे ?" तहमीना ने बड़े बाबू की ओर देखकर कहा।

"जी हाँ मैडम, तब तक तो सब हो जायेगा।"

"ठीक है, तब तक मैं मैडम को शिविर दिखाकर ले आती हूँ," उसने कहा

ग्रौर उसकी ग्रोर घूमकर बोली, "ग्राप चलेंगी न मैडम?"

"हाँ, हाँ, जरूर चलेंगे," तहमीना ने कहा।

"मगर गाड़ी बिगड़ी पड़ी है, ग्रापको पैदल चलना पड़ेगा।"

"कितनी दूर है?"

"ग्रधिक दूर नहीं है, बस ये समझिये कि ग्राप मानिंग वॉक को निकली हैं," उसने कहा तो वह हँस दी।

बाज़ू वाला कमरा जिसमें ग्राफिस का कुछ सामान रखा हुग्रा था जो एकदम गंदा पड़ा था, उसे देख उसे लगा, इन्होंने इसे स्टोर बना रखा है। गुड़ की बोरी, चने की बोरी, मटर की बोरी खुली पड़ी थीं। कमरे में गुड़ की तीखी महक भरी थी।

वे लोग सड़क पर ग्रा गए, रिंकू को जमशेद ने गोद में ले रखा था। थोड़ी दूर पर जाकर सड़क से उतरकर वे लोग पगडंडी पर चलने लगे। थोड़ा ग्रागे बढ़ते ही यह रास्ता एकदम संकरा ग्रौर ऊबड़-खाबड़-सा हो गया था। बीच-बीच में तो पगडंडी भी खत्म हो जाती थी ग्रौर खेतों में से होकर चलना पड़ता था, फिर ग्रागे पगडंडी मिल जाती थी। पगडंडी के दोनों ग्रोर तिल्ली के खेत थे। पीले, चटक फूल यहाँ से वहाँ तक सुन्दर लग रहे थे। खेतों के पास पेड़ों के झुर-मुट में कहीं-कहीं झोंपड़े बने थे। झोपड़े से लगी बाड़ी थी, जहाँ तरह-तरह की सब्जियों की बहार थी। यहाँ के लोग खेती-बाड़ी में काफी निपुण हैं, तहमीना ने सोचा। रास्ता बहुत लम्बा था पर सुन्दर ग्रौर रमणीय दृश्यों को ग्रपने में समेटे था। कहीं-कहीं पर इमली के ग्राठ-दस पेड़ों का बड़ा भारी-सा मंडप मिल जाता था। घने वृक्षों की ठंडी छाँव शरीर ग्रौर मन के पोर-पोर में पहुँच-पहुँचकर विचित्र-सी शान्ति दे रही थी। ग्रक्टूबर का मौसम वैसे भी खूबसूरत होता है, बीती हुई बरसात ग्रौर ग्राती हुई ठंड दोनों का मिला-जुला वातावरण ग्रौर लुभावना हो उठता है। इमली के पेड़ लंबी-लंबी इमलियों से लद गये थे। प्रौढ़ पत्ते वैसे तो बेरौनक-से लग रहे थे, पर उनका भी ग्रपना महत्त्व था, जैसे जीवन के ग्रनुभव से पके हुए व्यक्तित्व का। इमली के वृक्षों की ठंडक का ग्रानंद लेने गायों का झुंड बैठा ऊँघ रहा था, ग्रौर वहीं पर नंगे तथा लँगोटी लपेटे, गंदे ग्रौर काले-से बच्चे लुका-छिपी का खेल खेल रहे थे। तहमीना की बहुत इच्छा हुई कि इस ठंड का सुख लिया जाय, पर देर हो रही थी, इसलिए उसने इस विचार को टाल दिया।

रास्ता कहीं-कहीं बहुत खराब था, बरसात का पानी कीचड़ बन ठहर गया था, लाँघने में बड़ी कठिनाई हो रही थी। घास इतनी ऊँची-ऊँची हो ग्रायी थी कि ग्रासानी से कोई भी ग्रादमी वहाँ खड़ा हो जाय तो नजर ही नहीं ग्रा सके। इतनी लंबी ग्रौर घनी घास देखकर उसे बहुत ग्राश्चर्य हुग्रा, क्योंकि इसके पहले

उसने इतनी ऊँची घास नहीं देखी थी।

पैर भारी हो गये थे। जाँघें भर आयी थीं। रास्ता इतना लंबा होगा, उन लोगों ने सोचा नहीं था। लगभग दो मील तो चल ही आये होंगे। रिंकू गोद में बार-बार इधर-उधर छटपटा रहा था, नीचे उतर आने के लिए।

"शिविर की औरतें आपको देखकर खुश हो जाएँगी मैडम," उसने कहा, "यहाँ का सारा काम मैंने देखा ढीला-ढाला है। सब लोग मिलकर आपस में खाते-पीते रहे हैं, कुछ काम नहीं हुआ है। भोपाल से दो-तीन डी० ओ० लेटर आकर पड़े हुए हैं चेयरमैन के नाम, गाड़ी की हालत भी एकदम खराब है, उसका हुड गायब है, बैटरी गायब है, बहुत ही खस्ता हालत है। ऐसी स्थिति में तो उसमें बैठने में मुझे शर्म आती है, तब आप तो बैठ ही नहीं सकतीं," उसने रुककर आगे कहा, "मुझसे पहले जो यहाँ थी उसका विचित्र केस हुआ है!"

"अच्छा, क्या केस हुआ?" तहमीना समझ गयी कि वह बिना बताये रहेगी नहीं, इसलिए पूछ लेना ही बेहतर है।

"मैडम, जब हमें टूर करना पड़ता है, तो वहाँ देहातों में हमारी कोई सेफ्टी नहीं है," उसने कहा, "कुछ यहाँ के नेता लोगों ने भी उसे फँसा रखा था, बी० डी० ओ० तथा डाक्टर का करेक्टर भी ठीक नहीं था। इन सबने मिलकर उसे शेयर किया। वह सबकी हवस की शिकार हुई, और जब पाप पलने लगा तो उसे जहरीली दवाइयाँ खिलायी गयीं, ताकि एबार्शन हो जाए। एबार्शन तो हुआ, साथ ही उसकी डैथ हो गयी। पोस्ट मार्टम करवाकर जल्दी से जल्दी उसे दफना दिया गया।"

"क्यों, जलाया नहीं? वह तो हिन्दू थी न? और उसके साथ यहाँ कौन-कौन रहते थे?" तहमीना ने पूछा।

"यहाँ वह अकेली ही रहती थी," उसने बताया। "शाम हो गयी थी जब लाश दी गयी। दो दिन की होने के कारण वह सड़ गयी थी इसलिए उसे दफना दिया गया, क्योंकि उसे जलाने का इन्तजाम कौन करता, बाबू और ड्राइवर दो ही थे। उन दोनों ने ही उसे गड्ढा खोदकर गाड़ा था। बाद में पन्द्रह-बीस दिन बाद उसके रिश्तेदार आये थे। यह तो मैडम यहाँ के लोगों का करेक्टर है, ऐसे लोगों पर सख्त से सख्त कार्रवाई होनी चाहिए। पुरानी चेयरमैन एकदम बेकार थी, किसी बात में रुचि नहीं लेती थी। नेताओं का जमघट उसके घर रहता था, उन्हीं की सलाह से वह काम करती थी। बस समझिए, वह साइन मास्टर थी। आफिस की मशीन, टेबल, कुर्सी, परदे तक उसके घर रहते थे। बड़े बाबू बेचारे बहुत सीधे हैं, हर बात के लिए मेरे पास दौड़े आते हैं। यह जो शिविर लगा है, इसमें भी चेयरमैन ने रुचि नहीं ली, मैंने ही अपनी जिद पर लगाया है। मेरा यह पहला प्रयास है, आपसे निवेदन है कि आप अपने अच्छे रिमार्क रजिस्टर में

जरूर लिख देगा।"

"जरूर-जरूर," तहमीना ने कहा।

"मैडम, धीरे-धीरे यहाँ की स्थिति से आपको परिचित कराती जाऊँगी। कमेटी के सारे मेम्बर भी बोगस हैं। किसी प्रस्ताव पर चर्चा तो होती ही नहीं है, बस पास करा लिया जाता है। धीरे-धीरे आपको सब लाइन पर लाना होगा। वैसे आप बहुत होशियार और स्मार्ट हैं, आप तुरन्त सब ठीक कर लेंगी।" उसने उसे देखते हुए कहा। जवाब में तहमीना व्यंग्य से मुस्कुरा दी।

"मैडम, पहली बार आप यहाँ आयी हैं, और मेरे साथ पैदल चल रही हैं, इससे बड़ा सौभाग्य मेरा और क्या होगा।" उसने उसकी साड़ी की ओर देखते हुए कहा, "आपकी च्वाइस बहुत अच्छी है।"

"रंगों को उतारने के बाद, और सफेद कपड़ा धारण करने के बाद रंगों की ओर तुम्हारा इतना झुकाव है?" तहमीना ने व्यंग्य से पूछा। वह सकपका-सी गयी और झेंपकर हँसने लगी।

कुछ मकानों का झुरमुट दिखने लगा था। यहाँ दोनों ओर लगी बाड़ी काफी सलीके से लगायी गयी थी, लकड़ी की छोटी-छोटी मचानों पर रखिया, लौकी, सेम, बरबट्टी और कुम्हड़े की बेल को चढ़ाया गया था। रखिया और लौकी मचान के बीचोबीच लटकती बड़ी अच्छी लग रही थी, जो अनायास गुजरने वालों का ध्यान अपनी ओर आकर्षित कर लेती थी। लाल रंग की हँडिया से दोनों में ढाल-ढालकर कुछ बच्चे पेज जी रहे थे। एक घर के सामने रंग-बिरंगी हँडिया रस्सी से लटक रही थी। उसने अनुमान लगा लिया, शिविर यहीं लगा होगा।

"मैडम, यहीं अपना शिविर लगा है।"

बच्चों के झुंड के झुंड खड़े होकर उन लोगों को हैरानी से देख रहे थे। मिट्टी के सलीके से बने मकान में शिविर लगा था। दीवार पर नीले रंग की स्याही से लिखा हुआ था, 'सुस्वागतम'।

अन्दर के कमरे में महिलाएँ भरी थीं, एक शिक्षिका उन्हें कुछ बता रही थी। अचानक उन लोगों को देख सब खड़े हो गये।

"देखो, ये अपनी नयी चेयरमैन हैं, सब कोई नमस्ते करो," उसने उन महिलाओं से कहा। नमस्ते की गुहार जोर से उठी। जल्दी से शिक्षिका ने दरी ठीक की तथा अन्दर से दौड़कर एक चादर लाकर बिछाने लगी। तहमीना जमशेद के साथ खड़ी बाहर के दृश्यों को निहार रही थी। यहाँ पर भी इमली के ऊँचे-ऊँचे वृक्ष थे, उन्हीं की छांव में कुछ मकानों के झुरमुट थे जहाँ बहुत ज्यादा ठंडक थी।

बीच में खाद भरने का बड़ा-सा गड्ढा था जो अभी खाली पड़ा था, और

उसमें पानी भर गया था जिसे तालाब समझकर पांच-छः राजहंस बत्तखें अपनी शाही चाल से धीरे-धीरे ऊंची गर्दन ताने टहल रही थीं। बत्तखें एकदम जवान थीं। साफ-सुथरी तथा चिकनी होने के कारण बहुत प्यारी लग रही थीं।

"बदक···बदक" कहता रिंकू खुश होने लगा और ताली बजाने लगा।

"है न बढ़िया जगह बेटा!" तहमीना ने उसकी खुशी में साथ देते हुए कहा।

एक हँसमुख तथा खुले रंग की महिला ने आकर उसके हाथों में सफेद कमल के फूलों का गुच्छा पकड़ाकर नमस्ते किया। देखने में वह आदिवासी कम और शहरी ज्यादा लग रही थी।

"यह हमारे महिला-मंडल की अध्यक्षा हैं, सोनमणि," उसने उसका परिचय दिया।

"अच्छा-अच्छा," तहमीना ने प्रसन्न होते हुए कहा। वे लोग अंदर गये और बिछी हुई चादर पर बैठ गये। आदिवासी महिलाएं दीवार से सटकर कतार में बैठ गयीं। दीवारों पर इन्दिरा गांधी, नेहरूजी एवं गांधीजी की फोटो टँगी थीं, कुछ स्वास्थ्य तथा आहार सम्बन्धी चार्ट टँगे थे, हिन्दी वर्णमाला का चार्ट टँगा था और स्टैण्ड पर हर प्रान्त की वेश-भूषा में सजी लकड़ी की गुड़िया थीं, और एक चार्ट पर भरवा बैंगन की सब्जी की विधि लिखी थी।

"मैडम, यह यहाँ के कोतवाल का घर है। बड़े सज्जन व्यक्ति हैं। इन्हीं की पत्नी हमारी महिला-मंडल की अध्यक्षा हैं। इसलिए शिविर यहाँ लगा दिया गया है," उसने बताया और फिर उन आदिवासी महिलाओं की ओर मुड़कर बोली, "देखो, मैडम को तुम लोग कुछ गीत वगैरह गाकर सुनाओ।"

आदिवासी महिलाएँ आपस में खुसुर-पुसुर करने लगीं, शायद किसी गीत पर विचार चल रहा था। जहाँ वे लोग बैठे थे वह कोठा काफी बड़ा और लंबा था। इसे कच्चा हॉल कहा जाये तो ज्यादा उपयुक्त होगा। कमरे में बहुत ठंडक-सी थी जो अक्तूबर के उमस-भरे वातावरण में अच्छी लग रही थी।

"सुनाओ भई कोई गीत," तहमीना ने उत्सुकता से कहा।

वे दो टोली में बँटकर गाने लगीं। यह किसी खेल के समय का गीत था। एक तरफ युवक टोली रहती है और एक तरफ युवतियाँ और सवाल-जवाब शुरू हो जाते हैं। हमारे यहाँ खेले जाने वाली अन्ताक्षरी जैसा खेल था यह। गीत के बोल बहुत सुन्दर थे, आपस की छोटी-छोटी नोक-झोंक को बड़ी सुन्दरता से शब्दों में बाँधा गया था। पता नहीं इन लोकगीतों को लिखने वाले गीतकार कौन होंगे। गीतों की गूंज के बीच वे लोग काफी देर तक डूबते-उतराते रहे। बहुत-बहुत अच्छा लग रहा था। अजनबीपन कहीं भी नहीं लगा, गीतों के बोल के अर्थों में डूब-डूबकर तहमीना झूमने लगी।

काफी देर रह लेने के बाद शिविर से जब वे लोग लौटे तो बाड़ियों से

लटकते कुम्हड़े की बेल से धूप धीरे-धीरे नीचे सरकने लगी थी। वे लोग लौट रहे थे। तहमीना के मन में एक बात रह-रहकर गूंज रही थी कि रोब गाँठना बहुत, बहुत और निहायत ही आसान काम है वरना वह तो यही समझती थी कि वह किसी पर रोब नहीं जमा सकती है। पर नहीं, रोब गाँठना तो आसान-सा काम है। मन पत्ते की तरह हलका हो उठा था।

पहली बार शायद वह इतना लम्बा चली थी, जिसके कारण थकान से, दर्द से उसे हलका-सा बुखार हो आया था। नोवल्जीन की दो टैबलेट लेकर वह सोफे पर पड़ी थी, सर में भी बहुत दर्द था। आँखों के आगे अभी भी वहाँ का वातावरण ज्यों का त्यों था जो हट नहीं रहा था। बाहर साँकल खुलने की आहट और चप्पलों की आवाज से उसने जान लिया कि कोई है, पर दर्द से आँखें खोली नहीं जा रही थीं। मुश्किल से आँख खोली तो देखा सामने नाहिद बाजी खड़ी हैं, जो शायद सीधी हॉस्पिटल से आ रही थीं।

"कहो क्या हाल है ?" कहते हुए उन्होंने हाथ का बैग टेबल पर रखते हुए उसे देखा और मुस्कुरा दीं।

"बहुत दर्द है बाजी, हाथ-पैरों में, पता है पहले ही दिन हम दो मील पैदल चलकर आये हैं—" तहमीना उठते हुए बोली।

"ओफ् ओह," बाजी हँसीं, "शुरुआत तो बुरी है, पहले ही दिन दो मील चली है, बाद में पता नहीं कितने मील चलना होगा, है न ?" दोनों हँस दिये।

"रिंकू सो गया क्या ?"

"हाँ, वह भी थक गया था सो गया है, इन्होंने भी खाना खा लिया है, आप भी खा लीजिये; मुझे तो अच्छा नहीं लग रहा है।"

"गृहस्थी के पिंजरे से पहली बार बाहर निकली हो न, इसलिए सब अनईज़ी लग रहा है, धीरे-धीरे सब ठीक लगेगा। नौकरी में शुरू के दिनों में मेरे साथ भी ऐसा ही टेंशन रहता था। चलो उठो, थोड़ा-बहुत खा लो।" नाहिद बाजी ने उसका हाथ पकड़कर उठाते हुए कहा, "चलो उठो।"

तहमीना थकी-सी उठी और रसोईघर की ओर चली गयी। नाहिद बाजी टॉवेल उठाकर फ्रेश होने बाथरूम चली गयी थीं। खाने की इच्छा तो बिल्कुल नहीं थी पर पता था नाहिद बाजी बिना खिलाये मानने वाली नहीं हैं। वह उनकी जिद्दी आदत से भली प्रकार परिचित थी। खाना टेबल पर लगाकर वह उनका इंतजार करने लगी। थोड़ी ही देर में वह आयीं और गीले तौलिये को कुर्सी की पीठ पर फैलाते हुए बैठ गयीं।

"जमशेद भाई कहाँ हैं," उन्होंने उल्टी प्लेट सीधी करते हुए पूछा।

"वह भी सो गये हैं, थक गये थे न," तहमीना ने कहा, "वह भी हमारे साथ

दो मील चले थे। फिर रिंकू तो उनकी गोद में ही था।"

"वाह भई, पत्नी के साथ पति को भी लेफ्ट-राइट करना पड़ा," नाहिद बाजी जोर से हँसीं।

"नयी-नयी जगह थी, अकेले जाने में डर लग रहा था, इसलिए इन्हें साथ ले लिया था," तहमीना ने गोश्त चम्मच से बाजी की प्लेट में डालते हुए पूछा, "अच्छा अब आप अपना बताइये, आज यहाँ हॉस्पिटल में आपका पहला दिन था न, कैसा लगा ?"

"बहुत अनईज़ी फील करती रही। असल में मैं हमेशा मेडिकल कॉलेज में रही हूँ, पहली बार मुझे इस तरह छोटा अस्पताल मिला है, इसलिए वातावरण कुछ अलग लगा, पर धीरे-धीरे सब ठीक हो जायेगा। अपने को एडजेस्ट तो करना ही है, करना पड़ेगा।"

"आप तो आज अलग रूम में बैठी होंगी न, क्योंकि पहले मिसेज पंत वहीं बैठती थी।"

"हाँ वहीं बैठी थी," बाजी ने गाजर का टुकड़ा मुँह में रखते हुए कहा, "कमरा बड़ा-सा है, अलग-अलग सब कुछ। बाजू वाले कमरे में दोनों लेडी डॉक्टर बैठती थीं, जिनमें एक मेरी पहचान की भी हैं, इसलिए जब मैं अकेले बैठे-बैठे बोर हो गयी थी तो बाजू वाले कमरे में चली गयी थी। उन लोगों ने कहा भी कि मैडम आप अपने कमरे में बैठिये, पर मैं नहीं मानी और उन्हीं के साथ बैठी रही।"

"पर इस तरह तो आपने पहले ही दिन अपना रोब खराब कर लिया न," तहमीना ने पानी पीते हुए कहा।

"उँह, काहे का रोब, सब चलता है ! काम तो करना है, रोब गाँठ कर क्या करना है !"

"अच्छा बाजी, डॉक्टर पांडे से भी आप मिली होंगी," तहमीना ने उत्सुकता से पूछा, "डॉक्टर राकेश वर्मा से उनकी बहुत दोस्ती चल रही है, बहुत चर्चा हो रही है अभी शहर में।"

"अच्छा," नाहिद बाजी ने खाना खत्म करते हुए पानी का गिलास उठा लिया। "तभी, जब मैं उनके रूम में बैठी थी तो एक डॉक्टर परदा उठाकर आया, पर मुझे देखते ही सॉरी बोलकर चला गया। मुझे ताज्जुब हुआ कि उसका यहाँ क्या काम था ? वह अपना रूम छोड़कर क्यों आया था यहाँ ? बाद में मैंने किसी से पूछा था तो पता चला कि डॉक्टर वर्मा थे।"

"यहाँ शहर में डॉक्टर वर्मा काफी बदनाम हैं, लेडी डॉक्टरों के साथ उनके आये दिन ढेर सारे किस्से सुनने को मिलते हैं। काफी आशिक-मिजाज व्यक्ति हैं," तहमीना ने राज से हँसते हुए बाजी को देखा। नाहिद बाजी का मूड ऑफ

हो गया था। तहमीना तुरन्त समझ गयी कि बाजी को उसका मजाक पसंद नहीं आया। वैसे भी वह बहुत सीरियस और रिजर्व नेचर की हैं, उसे अब अफसोस हो रहा था कि उसने बेकार ही उनसे इस तरह की बात की।

"किसी की आशिक-मिजाजी से हमें क्या लेना-देना, हमें पता है हमें क्या काम करना है," नाहिद बाजी ने चिढ़कर कहा और चुप हो गयीं।

पता नहीं क्यों उसे लगा, नाहिद बाजी बहुत उदास हो गई हैं। आगे बात करना बेकार समझकर वह उठी और टेबल पर से सारे बर्तन समेट लिये। शायद गोली का असर था, या खाने का, या बातों का कि उसका बुखार, दर्द एकदम खत्म हो गया था। नाहिद बाजी उठकर अन्दर चली गयी थीं।

रसोई से वह काम खत्म कर पीछे की लाइट-दरवाजा बंद कर वह कमरे में लौटी तो देखा नाहिद बाजी चुप पलंग पर लेटी पड़ी थीं। नाहिद बाजी जब से इस घर में आई हैं, वह दोनों साथ ही एक कमरे में सोती हैं, याने एक ही कमरे में दोनों के पलंग हैं।

रात शायद काफी हो गयी थी, वैसे भी उनके मोहल्ले में सन्नाटा जल्दी हो जाता था। अचानक-सा सन्नाटा। थोड़ी देर पहले वह शायद थककर सो गयी थीं, इसलिए नींद का दूर तक पता नहीं था।

"सुपारी लीजिये," उसने हथेली पर रखी सुपारी नाहिद बाजी की ओर बढ़ा दी।

"तुम्हें कैसा लगा तुम्हारा काम," नाहिद बाजी कोहनी के बल उठती हुई सुपारी मुँह में रखकर बोलीं, "कुछ भी कहो, औरत के बाहर काम करने से उसके मन में आत्मविश्वास आ जाता है। तुम्हारा डर अब धीरे-धीरे खत्म हो जायगा, और तुर घरेलू और दब्बू किस्म की औरतों की हदों से बाहर आ जाओगी। अब तुम्हें अपना, अपनी शख्सियत का अन्दाजा रहेगा।"

"इतनी लंबी-चौड़ी बातें तो बाजी मैं अपने लिए नहीं सोचती। देखिए, मैं बाहर काम करने निकली हूँ, पता नहीं कैसा वातावरण मुझे मिलेगा। रास्ता सीधा है या नहीं, पता नहीं। कहीं ऐसा न हो कि लौटूँ तो अपने आपको ही भूल जाऊँ, और अपने लोगों में एडजेस्ट न कर पाऊँ।"

"नहीं, ऐसा क्यों होगा! रास्ता इन्सान खुद बनाता है, दूसरों के बनाये रास्ते पर चलना बेवकूफी है न। इतनी बात तो होगी ही कि तुम्हारे मन में जो ढेर सारी कुढ़न, धुँधलापन है, वह खत्म हो जायेगा, और तुम खुली हवा में साँस ले पाओगी।"

"देखिये घर-बाहर को मैं कैसे सँभाल पाती हूँ, यह देखना है," तहमीना ने बहुत अविश्वास से कहा और पलँग पर लेट गयी।

"लाइट बंद कर दो न, रात काफी हो गयी है," नाहिद बाजी ने कहा और

तहमीना ने लाइट बुझा दी।

बाजी पता नहीं सो पायीं या नहीं, पर तहमीना को जरा भी नींद नहीं आयी। उसे बार-बार चिन्ता सता रही थी कि पता नहीं आगे का उसका जीवन कैसा है। पहली बार वह घर के अँधेरे कमरे से बाहर निकलकर इतने उजाले-भरे मैदान में खड़ी हुई थी। उजाले की आदी न होने के कारण उसकी आँखें जरूर चौंधिया रही थीं, पर धीरे-धीरे उसकी आदत हो जायेगी। उसने सोचा और फिर शान्त होकर सो गयी।

सुबह नौकरानी ने उसे सूचना दी कि बाहर कोई आये हैं। तहमीना बाहर निकली तो देखा, सामने बड़े बाबू खड़े थे. अपनी उसी ड्रेस में।

"घर ढूंढ़ने में तकलीफ तो नहीं हुई ?" तहमीना ने पूछा।

"जी बिलकुल नहीं," बाबू ने कहा, "चार्ज पूरा तैयार है और आप आज आकर ले लीजिये।"

"ठीक है, कितने बजे तक पहुँच जाऊँ मैं आफिस ?"

"जिस समय भी आप ठीक समझें," बाबू ने कहा।

बाबू नमस्ते कर चले गये और तहमीना अपने घर का काम जल्दी-जल्दी निपटाने में जुट गयी। जब वह तैयार होकर आफिस पहुँची तो एक नौकर-सा देहाती लड़का वहाँ खड़ा था और आफिस में कोई नहीं था।

"क्यों, बाबू नहीं हैं ?" तहमीना ने हैरानी से पूछा। उसे आश्चर्य हो रहा था, यह किस प्रकार का आफिस है जो खुला तो रहता है पर उसके कर्मचारी वहाँ नहीं रहते।

"जी, अभी बाहर गये हैं," उस लड़के ने डरते हुए जवाब दिया।

"जाओ जल्दी बुलाकर लाओ," तहमीना ने झल्लाते हुए कहा और अन्दर चली गयी। तहमीना की आँखों ने पहली बार तुरन्त ताड़ लिया कि दीवारों की लिपाई की गयी है। वह समझ गयी कि उस दिन बाबू को डाँटा था उसी का असर है। आसपास की जंगली झाड़ियाँ भी साफ कर दी गयी थीं। दीवारें अभी पूरी तरह नंगी थीं, अभी तस्वीरें वगैरह टाँगी नहीं गयी थीं, तस्वीरें इकट्ठी एक कोने में रखी हुई थीं सामने ही। तभी सामने से बाबू आते हुए दिखे। बाबू भीतर आते ही नमस्ते कर चुपचाप कोने में आकर खड़े हो गये।

"क्यों, आप लोग आफिस में रहते नहीं हैं ? जाइये जल्दी से पुरानी चेयर-मैन को बुला लाइये ताकि जल्दी से सब काम हो जाये।"

"बहुत अच्छा," कहता हुआ बाबू बाहर चला गया और उसने बाहर खड़े लड़के को सबको बुला लाने को कहा।

थोड़ी ही देर में पुरानी चेयरमैन आती दिखीं। उन्होंने हल्के नारंगी रंग की साड़ी पहन रखी थी। उन्हीं के ठीक पीछे वह संन्यासी लड़की आती दिखी, जिसका नाम तहमीना को अभी तक पता नहीं था। बाबू ने जल्दी से चार्ज के लिए कागज तैयार किये। दोनों के साईन हुए, सारी कार्रवाई में मुश्किल से पन्द्रह मिनट ही लगे।

"बहुत ज्यादा जवाबदारी का काम है यह," पुरानी चेयरमैन ने जैसे उसे नसीहत दी।

"देखिये मैडम, हमारे टूर के समय हमें किसी किस्म की रुकावट नहीं आनी चाहिए, मुझे समय-समय पर हमेशा जीप मिल जानी चाहिए," उस लड़की ने कहा।

"अच्छा, तुम्हारा नाम क्या है?" तहमीना हँसी, "मुझे क्या करना है यह तुम्हें समझाना नहीं पड़ेगा।"

"जी, मेरा नाम विमला है।"

नाश्ता आ गया था। तहमीना ने मिठाई का एक पीस उठाया और मुँह में रखा, पर रखते ही मुँह का स्वाद खराब हो गया। उसने वापस प्लेट में रख दिया और तुरन्त चाय मँगा ली। तहमीना ने उस सस्ते होटल का नाश्ता रिंकू को भी करने नहीं दिया और पर्स से सेब निकालकर रिंकू को पकड़ा दिया।

"तो आप अपने साथ बच्चे का सारा नाश्ता तैयार रखती हैं," पुरानी चेयरमैन ने हँसते हुए कहा।

"रखना ही पड़ता है, औरत को अपना हर रूप याद रहता है।"

ऑफिस की कुछ बातों को लेकर बाबू, विमला और चेयरमैन में कुछ चर्चाएँ चलती रहीं। तहमीना चुप सारी बातें सुनती रही कहा कुछ नहीं, क्योंकि अभी उसके लिए सारा वातावरण ही नया है, वह तो यहाँ का अभी ए, बी, सी भी नहीं जानती। अभी तो उसे चार्ज लेकर काम की शुरुआत करनी है, बाकी बेकार की बातों में बाद में ध्यान देगी।

सब चाय पी चुके थे और अब बहुत ठहरना बेकार समझकर तहमीना उठ गयी।

"चाबियाँ चारों आपके पास रहेंगी?" विमला ने पूछा।

"अब तक कैसे होता था?" तहमीना ने पूछा। उसे आश्चर्य हो रहा था कि हर वाक्य विमला की तरफ से ही आता है और बाबू चुप रहता है।

"दो चाबियाँ बाबू के पास रहती थीं, फिर आप जैसा भी ठीक समझें।"

"ठीक है, बाबू, आप दो चाबी रख लीजिये और दो मुझे लौटा दीजिये," तहमीना ने चाबी का गुच्छा बाबू के हाथ पर रखकर कहा। बाबू ने दो चाबियाँ रखकर उसे दो लौटा दीं, और चार्ज वाले कागज पर लिखा और दस्तखत किये

कि दो चाबियाँ प्राप्त हुईं।

जब वह लौटी तो शाम का धुँधलका हो गया था। अब सर्दियों की शुरुआत हो चुकी थी। काफी ठंडी हवा थी। तहमीना ने गाड़ी के शीशे चढ़ा लिए। ठंडी हवा के झोंकों से रिंकू सोने लगा था। खेतों को तेजी से पीछे छोड़ती गाड़ी दौड़ी जा रही थी। वह एक तरफ से प्रसन्न भी थी कि चलो चार्ज हो गया और दूसरी ओर उसका मन उदास भी था कि ये लोग पता नहीं कैसे हैं, और उसे कितनी हद तक मदद दे सकेंगे। उसे यह बात महसूस हो रही थी कि विमला को दबाकर ही रखना बेहतर होगा, वर्ना यह सर पर चढ़ जायेगी और पता नहीं क्यों उसे यह महसूस होने लगा कि वह काफी झंझटों के बीच फँस गयी है।

बाहर सुबह से ही बातों की आवाज आ रही थी, नाहिद बाजी और वह ड्राइंग-रूम में बैठी चाय ले रही थीं। जमशेद पहले ही चाय लेकर बाहर जा चुके थे। नाहिद बाजी को रोज अस्पताल आठ बजे पहुँचना होता है, इसलिए वह उठकर सबसे पहले नहाने का काम निपटा लेती हैं। अभी भी वह नहा कर ही बैठी थीं, गीले बाल उनकी पीठ पर बिखरे थे। वह जितनी सुन्दर थीं, उतने ही सुन्दर भूरे से उनके बाल थे। खुले बालों में वह नन्हीं, छोटी-सी, कम उम्र की लड़की लगती थीं। उन्हें इस रूप में देखकर कोई अन्दाजा लगा ही नहीं सकता था कि वह इतनी सीनियर डाक्टर हैं और इतने वर्ष इनकी नौकरी को हो चुके हैं। नाहिद बाजी जो तहमीना से पूरे पाँच वर्ष बड़ी थीं, पर देखने से लगता ही नहीं था कि वह उससे पाँच वर्ष बड़ी होंगी। चटक धूप-सा सफेद और साफ रंग नाजुक से तीखे नाक-नक्श थे। उन्हें शौक किसी चीज में नहीं था, बस कपड़ों भर की शौकीन थीं। एक से एक साड़ियों का स्टाक था उनके पास। रोज वह एक साड़ी निकालकर पहनतीं तो फिर दुबारा अगले महीने में ही कहीं उसका नम्बर लगता। तहमीना को हमेशा उनकी साड़ियों को देखकर ईर्ष्या होती थी।

"चलो रिंकू जल्दी दूध पियो." तहमीना ने खीजे हुए शब्दों में कहा, पर रिंकू हमेशा की तरह दूध पीने में नखरे दिखाता रहा, और वह एक-एक तस्वीर उसे दिखाकर घूंट-घूंट दूध उसे पिलाती रही।

बाहर की बातों की आवाज अंदर तक आ रही थी और बातों की भनक से लग रहा था बाहर नाहिद बाजी की शादी की बात चल रही है। वे दोनों चुप खामोश होकर सुनती रहीं। नौकरानी कप-प्लेट उठाकर ले गयी थी। नाहिद बाजी के चेहरे पर क्रोध के भाव उभर आये थे, थोड़ी देर में जमशेद बाहर से अंदर आये मुस्कुराते हुए।

"क्या बात है, क्या कह रहा था वह ?" तहमीना ने उत्सुकता से पूछा।

"कहता क्या, वह डॉक्टर खान के लिए सिफारिश लेकर आया था और वह भी इस तरह जता रहा था जैसे खुद आया है भेजा नहीं गया हो। पर क्या हम इतने बेवकूफ हैं जो समझते नहीं। सब समझते हैं, डॉक्टर खान ने भेजा है," जमशेद कहते हुए कुरसी पर बैठ गये, "वह नाहिद बाजी की उम्र, कब उन्होंने एम० बी० बी० एस० किया, कब एम० एस० किया, सब पूछ रहा था और डॉक्टर खान की तारीफों के पुल बाँध रहा था।"

"ईडियट," नाहिद बाजी ने गुस्से से पूछा, "आखिर था कौन ?"

"यहीं का आदमी है, सारा दिन बेवकूफों-सा शहर की सड़कों को नापता रहता है। वह यह सोच रहा होगा कि वह यह पैगाम लाकर एहसान कर रहा है।"

"कैसे-कैसे लोग हैं दुनिया में, किसी को किसी की इतनी चिंता क्यों है ?" तहमीना ने रिंकू को स्कूल के कपड़े पहनाते हुए कहा।

"लोग दूसरों की चिंता न करें तो उनका खाना कैसे हजम होगा ?" जमशेद ने कहा और फिर उठकर दूसरे कमरे में चले गये।

"मैं भी जब से यहाँ आयी हूँ तो अस्पताल में दबी जबान से यह चर्चा सुनती रहती हूँ। लोग किसी न किसी तरह मेरे सामने डॉक्टर खान की तारीफ करने से नहीं चूकते। नर्स से लेकर सी० एस० तक सब यही चाहते हैं कि हमारी शादी होनी ही चाहिए। कल मैंने डॉक्टर पांडे को डाँट दिया इसी चर्चा को लेकर।"

"अच्छा, क्या कह रही थी वह ?" तहमीना ने रिंकू को जूते पहनाते हुए पूछा।

"कहती है, मैडम, डाक्टर खान से शादी कर लीजिये, हीरा लड़का है। छोटी फैमिली का जरूर है, पर है शरीफ। मैंने उससे कहा, मशवरा देने का शुक्रिया, पर आपको मालूम होना चाहिए, डाक्टर खान मुझसे दो-तीन साल जूनियर हैं, शादी का तो सवाल ही पैदा नहीं होता ! फिर मुझे शादी करनी ही होती तो इतनी देर क्यों रुकती ! अब तक शादी न कर लेती !"

"क्या…?" तहमीना ने आश्चर्य से नाहिद बाजी को घूरा, तो क्या यह जीवन-भर ब्याह नहीं करेंगी ? मगर क्यूँ ? ढेर सारी जिज्ञासा से उसका मुँह भर उठा पर पूछने का साहस नहीं हुआ। क्या इतना आसान है बाजी से कोई बात पूछना ? रिंकू को तैयार कर उसने बाहर भेज दिया। वह लाल कंघा लिए अभी भी नाहिद बाजी को देख रही थी, अपने में ही सिमटा कितना एकाकी चेहरा है यह…कितना सुन्दर फूल है यह, पर जैसे हँसना भूल गया हो।

नाहिद बाजी अस्पताल जाने के लिए कपड़े बदलने लगीं और वह भी उठ गयी। रसोई की खबर लेनी थी। ग्यारह बजे जमशेद को खाना चाहिए, फिर नाहिद बाजी बारह बजे आयेंगी, डेढ़ बजे रिंकू, याने काम ही काम थे और वह ऐसे इत्मिनान से बैठी है जैसे कोई काम ही न हो।

वह उठी ग्रौर डलिया को उलट-पलटकर देखा। वहाँ सिर्फ ग्रालू ग्रौर बैंगन पड़े थे। क्या बनाया जाय, उसकी समझ में नहीं ग्राया। पता नहीं खुदा ने यह रोज-रोज का झंझट क्यों लगा दिया है ? सुबह उठो खाने की चिंता करो, शाम को चिंता करो, यानी ग्रादमी की ग्राधी एनर्जी तो खाना बनाने ग्रौर खाना खाने में खतम हो जाती है। काश ! ऐसा होता कि ग्रादमी को हफ्ते में एक बार भूख लगती ग्रौर बस एक बार खाने की ग्रावश्यकता पड़ती ! सोचते-सोचते उसे ग्रपने ग्राप पर ही हँसी ग्रा गयी।

जमशेद ग्राये। वह शेव कर चुके थे ग्रौर ग्रब नहाने जाने की तैयारी में थे।

"क्या सब्जी बनाऊँ ?" तहमीना ने उनसे पूछा।

"तुम रोज पूछ-पूछकर बोर करती हो। बढ़िया-सी कोई भी चीज बना लो।"

"फिर बनाने के बाद नाक-भौं मत सिकोड़ना, खाने में सबसे ज्यादा रुचि तो ग्रापको ही है," तहमीना ने खीजे हुए शब्दों में कहा, "नौकरानी चली गयी है, सब्जी के नाम पर केवल ग्रालू ग्रौर बैंगन हैं।"

"बैंगन ? यह भी कोई खाने की चीज है ?" जमशेद ने भौं चढ़ाकर कहा।

"देखो ग्रभी से नाक-भौं सिकोड़ने लगे, खाते वक्त तो प्लेट सरका देते हैं। ग्रब यही तो परेशानी है, इन्सान ग्रपने मन से कोई चीज बना नहीं सकता। मुझे बैंगन, सेम, करेले पसन्द हैं तो ग्रापको नहीं, ग्रापको तो सब्जियों से जैसे चिढ़ हो, ग्रापको तो चाहिए गोश्त, मछली, ग्रण्डा वगैरह।"

"ग्रादमी खाने के लिए ही तो कमाता है, खाये भी न तो ग्राखिर क्या करे ?" जमशेद तौलिया लटकाये बाथरूम को जाने लगे, "नहाकर बाजार से कुछ ला दूंगा।"

"ग्राप नौ बजे तो मार्केट जायेंगे, वहाँ एक घंटा किसी से गप्प मारेंगे, फिर घर ग्रायेंगे। बताइये दस बजे मैं कैसे खाना तैयार करूँगी, ग्रौर गोश्त हुग्रा तो कैसे बनेगा ?"

"नहीं, ग्राज जल्दी लौट आऊँगा," जमशेद बाथरूम के ग्रंदर से बोले।

"ग्रोह, रोज ऐसा ही कहते हैं, ग्रौर वही हाल···बातों के धनी, सिर्फ बढ़िया-बढ़िया चीजें खाने को चाहिए," उसका तो जैसे सारा दिन ही चूल्हे में कट जाता है—तहमीना ग्रपने-ग्राप बड़बड़ाने लगी।

बाजी तैयार होकर ग्रा गयी थीं, हल्के पीले रंग की बॉर्डर वाली साड़ी में उनका सौन्दर्य खिल-खिल पड़ रहा था। बालों को उन्होंने बाँध लिया था। बाल ग्रभी भी गीले थे, जिससे उनकी पीठ का ब्लाउज नम हो ग्राया था। बाजी ग्राकर उसके पास टेबल पर हाथ रखकर खड़ी हो गयीं।

"अच्छा कहिये तो बाजी क्या पकाया जाय ?" तहमीना ने उन्हें निहारते हुए पूछा।

"कुछ भी बना लो। और अब तुम इस खाना बनाने के चक्कर से बाहर निकलो, खाना बनाने के लिए किसी को रख लो," बाजी ने डलिया से बैंगन उठाते हुए कहा।

"नौकरानी के हाथ का ये खाना खा पायेंगे?" तहमीना ने बैंगन काटते हुए सर उठाया, "खाना बनाना तो अपनी किस्मत में लिखा लाये हैं, वह कहाँ छूटने वाला है! पता नहीं लोग शादी क्यों करते हैं? शादी के बाद औरत केवल घर की नौकरानी बनकर रह जाती है। क्या घर की रखवाली और खाना बनाने के लिए ही औरतें हैं?"

"नहीं, तुम भूल रही हो, और भी काम होते हैं शादी के बाद," नाहिद बाजी ने उसे शरारत से घूरा।

"ऊँह," उसका मुंह शर्म से लाल हो उठा, वह झेंपते हुए धीरे से बोली, "पता नहीं, सब फालतू बातें हैं।"

"चलो तुम्हें अपनी गलती महसूस हुई, जानकर मुझे खुशी हुई," कहते हुए बाजी ने कलाई घुमाकर घड़ी देखी, "बाप रे, काफी लेट हो गयी हूँ, चलती हूँ।"

नाहिद बाजी चली गयीं और वह बाजी के बारे में सोचती बैठी रही। नाहिद बाजी से तहमीना का दूर का रिश्ता है। पहले जब तहमीना की शादी नहीं हुई थी तब वे लोग इकट्ठे एक शहर में ही कहीं रहते थे। दोनों के वालिद सर्विस में थे, इत्तेफाक ऐसा कि दोनों के घर भी पास-पास ही थे। तब बाजी फर्स्ट ईयर में थीं और छुट्टियों में ही आ पाती थीं। तहमीना की शादी के बाद उन लोगों का ट्रान्सफर हो गया था। फिर इतने वर्षों के बाद याने दस-बारह वर्षों के बाद जब उनका तार मिला कि वह आ रही हैं तो वह हैरान हो गयी थी। ढेर सारी उत्सुकता थी कि देखें वह कैसी दिखती हैं। जहाँ उन्हें देखने की उत्सुकता थी वहीं पर उन्हें समझने की जिज्ञासा भी थी कि आखिर इतनी सुंदर होने के बावजूद उन्होंने शादी क्यों नहीं की। जिस दिन वह आने वाली थीं, उस दिन नदी में बाढ़ आयी हुई थी, सारी बसों का आना-जाना बंद-सा था। पुल के पास आकर गाड़ियाँ रुक गयी थीं। दूसरे दिन जब पुल पर से पानी उतरा तब बसें शहर में आयीं। रिक्शे से जो युवती नीले रंग की साड़ी पहने उतरी वह ही नाहिद बाजी थीं। याने इन दस वर्षों ने अपना एक भी चिह्न उनपर नहीं छोड़ा था। वह दस वर्ष पुरानी ही, उतनी ही आकर्षक, उतनी ही जवान लग रही थीं। आते ही बाजी उसके घर की एक मेम्बर बन गयीं। और धीरे-धीरे वह नाहिद बाजी से सिर्फ बाजी रह गयीं, यहाँ तक कि रिंकू तक उन्हें बाजी आन्टी कहने लगा था जैसे बाजी संबोधन न होकर उनका नाम बन गया हो।

सोचते-सोचते अचानक उसने घड़ी की ओर देखा तो चौंक गयी, ओह, तो ऑफिस का टाइम हो गया था, अब क्या होगा ! वह जल्दी से रसोई की ओर दौड़ी।

अभी शाम पूरी तरह से नहीं हो पायी थी, सड़क की हलचल ज्यों की त्यों थी। तहमीना नीलिमा भाभी के घर जब गयी तो बच्चे गिल्ली-डंडा खेल रहे थे। गेट खोलकर वह अंदर चली गयी, सामने ही नीलिमा भाभी बैठी दिखीं। पता नहीं क्यों तहमीना को लगा कि नीलिमा भाभी अपने आपको उसका अफसर समझ रही हैं। तहमीना ने इस बात को तुरंत फील कर लिया और उसे बुरा भी लगा, क्योंकि वह नेचर से कुछ इस तरह की है कि अपने ऊपर किसी का रोब वह बर्दाश्त नहीं कर सकती। वह समाज-सेवा करने निकली है तो इसका मतलब यह नहीं कि हर कोई उसपर रोब गाँठ ले। तहमीना चुप कुर्सी पर काफी देर तक बैठी रही, बात भी हुई तो इधर-उधर की टूटे-फूटे वाक्यों में। बातों का सिलसिला कोई सूत्र नहीं पकड़ पा रहा था। तहमीना भीतर से महसूस कर रही थी कि दोनों एक-दूसरे से बात करना चाहती हैं, ऑफिस को लेकर, पर अपनी तरफ से कोई बातों का सिरा छूना नहीं चाहता था।

"क्या चार्ज ले लिया ? कोई कठिनाई तो नहीं हुई ?" आखिर नीलिमा भाभी ने पूछ ही लिया।

"नहीं, सब ठीक है, बस मुझे विमला का व्यवहार विचित्र-सा लगता है। वह अपने से ऊपर वालों पर हावी होना चाहती है," तहमीना ने कहा।

"वह ठीक हो जायेगी। असल में वह अन्ट्रेण्ड है, और अभी नयी-नयी ही काम पर आयी है, उसे कोई बात मालूम नहीं है। वैसे उस लड़की का कैरेक्टर ठीक नहीं है। मिनिस्टर की चिट्ठी लेकर सर्विस में आयी है, इसलिए अपने आपको बहुत समझती है।"

"अच्छा !" तहमीना को आश्चर्य-सा हुआ।

"यह लड़की जब पढ़ती थी, तब से ही इधर-उधर गलत लोगों के चक्कर में फँस गयी। एक लड़का इसे रंगीन सपने दिखाकर बंबई ले गया जहाँ उसने इससे काफी अंट-शंट काम कराये, पैसा कमाया और एक दिन भाग गया। यह हारी-थकी-सी अपने घर लौटी, तो घर वालों ने घर में रखने से इन्कार कर दिया। यह भटकती हुई साधुओं के चक्कर में फँस गयी, जहाँ बाल मुँडवाकर यह चेली बन गयी। फिर वहाँ से भी यह भाग कर कई-कई आश्रमों में घूमी है, पर अन्त में यह ऊँची जगह पहुँच गयी और बस वहीं से इसकी नौकरी की शुरुआत हुई है। इसे यहाँ भेज दिया गया, क्योंकि छोटी जगह कोई दूसरा आने को तैयार नहीं होता, पर इसका अभी भी घमंड खत्म नहीं हुआ है।"

"अच्छा, तभी चार्ज लेने वाले दिन बहुत अंट-शंट बक रही थी। मुझपर भी रोब गाँठना चाहती थी, पर मैंने उसे मुँह ही नहीं लगाया। आपके बारे में भी कह रही थी, कि आपने कहा है उससे, कि एक-एक बात की रिपोर्ट पहुँचाए।"

"ओह, मैंने तो उससे ऐसा नहीं कहा था," नीलिमा भाभी हैरान होकर बोलीं, "कि हर बात की खबर मुझे दे। बहुत ही चालू लगती है, हम दोनों में झगड़ा करवाना चाहती है।"

"वही तो भाभीजी मैं नहीं चाहती, कि किन्हीं भी कारणों से हमारे पुराने सम्बन्ध खराब हों। मैं सम्बन्धों को ज्यादा अहमियत देती हूँ, क्योंकि यह तिल-तिल करके बरसों में बनते हैं।"

"बिलकुल," नीलिमा भाभी सतर्क हो गयीं, जैसे चोरी करते पकड़ ली गयी हों।

"आठ तारीख की मीटिंग है, आप चलेंगी न ?" तहमीना ने पूछा।

"हाँ चलेंगे, गाड़ी का क्या हाल है ?"

"खाली खोखा लाकर मेरे घर के आगे डाल गये हैं, बैटरी, हुड कुछ नहीं है गाड़ी में। एक्सीडेन्ट हुई गाड़ी है, जिसे बनाने में काफी पैसा खर्च होगा।"

"ठीक है, अपनी गाड़ी ले चलेंगे, हुड व बैटरी का मीटिंग में पास करा लेते हैं ताकि कोई बात न उठे।"

"हाँ एक बात और," तहमीना ने नीलिमा भाभी को देखते हुए कहा, "बाबू ने इकतीस तारीख का एक चेक, जो तनखा के लिए था, उसे दो तारीख को कैश कराया है। मुझे जब बाबू ने बताया तो मैंने साफ कह दिया, आप पैसा तुरन्त बैंक में जमा कर दें, चार्ज के बाद पुराने कोई भी चैक कैश नहीं होंगे। इकतीस तारीख का चैक था आपको उसी दिन कैश करवा लेना था, या फिर चार्ज में यह बात लिख देनी थी ताकि उतनी ही रकम को माइनस कर देते।"

"मेरे पास भी वे दोनों आये थे, मैंने भी कह दिया है कि पैसे को बैंक में जमा कर दो," नीलिमा भाभी ने हँसते हुए बताया। नीलिमा भाभी काफी हल्की हो आयी थीं, थोड़ी देर पहले जो उनकी बातों में भारीपन था, वह अब नहीं रह गया था।

"अच्छा," तहमीना चौंक गयी, "आपसे भेंट वाली बात उन्होंने मुझे नहीं बतायी। वह तो मुझसे इस तरह बात कर रहे थे जैसे पहली बार जानकारी ले रहे हों।"

काफी देर तक उस शाम बातें होती रहीं, लौटते समय तहमीना ने महसूस किया कि अब उनका मूड ठीक हो गया है, वह हल्की-फुलकी हो आयी है।

"सुना है रात यहाँ कव्वाली का प्रोग्राम था, आप गयी थीं सुनने ?" तहमीना ने पूछा।

"हाँ गये थे, कुछ देर बैठे रहे, पर धीरे-धीरे जब वह कव्वाली गाने वाली तवायफों के अंदाज में उतर आयी और सारे लोग, जो शराब के नशे में डूबे थे, अश्लील हरकतें करके पैसों को न्यौछावर कर रहे थे, तब हम लोग उठकर आ गये। पता नहीं लोग इतने सस्ते कैसे हो गये हैं। अश्लील हरकतें करने वाले सारे जाने-पहचाने लोग थे इसलिए और बुरा लगा।"

"अच्छा," तहमीना हँस दी।

ठंड कुछ ज्यादा पड़ने लगी थी, बारिश भी इस बार अधिक हुई थी, इसलिए शायद ठंड और सालों की अपेक्षा अधिक थी। तहमीना ने शाल, कार्डिगन, कुछ भी साथ नहीं रखा था, इसलिए वह जल्दी ही वहाँ से निकली और नमस्ते कर गेट के बाहर हो गयी।

सुबह वह उठी तो सर में बहुत भारीपन था, तबियत भी गिरी-गिरी-सी थी, जैसे रात को बुखार आया हो। सर को उसने दो-तीन बार हल्का करने के लिए झटके दिए पर भारीपन बना ही रहा। उठना तो था ही, गृहस्थी के सारे काम उसका इन्तजार कर रहे थे। चाय बनानी थी, नाहिद बाजी के लिए नाश्ता बनाना था, रिंकू को स्कूल भेजना था, और भी दिन-भर के सारे काम थे। आज सुबह से ही धुन्ध इतनी गहरी थी कि उजाला ठीक से दिख नहीं रहा था। पत्तों से बूंद-बूंद ओस टपक रही थी। सड़क पर इतना कोहरा था कि चलता हुआ आदमी स्पष्ट नजर नहीं आ रहा था। तहमीना ने घड़ी देखी, समय काफी हो गया था। वह जल्दी से रसोई की ओर भागी। अभी वह गैस पर पराठा रिंकू के टिफिन के लिए सेक ही रही थी कि सड़क पर मिनी बस आकर रुकी और हॉर्न देती हुई स्टार्ट होकर चली गयी। रिंकू रोने लगा, और वह परेशान-सी खड़ी रही कि अब क्या किया जाय, बस तो छूट गयी, स्कूल पास भी होता तो वह खुद छोड़ आती। और कोई दूसरा था भी नहीं, जो उसे पहुँचा देता।

"आप तैयार होकर रिंकू को छोड़ आइये," तहमीना ने डरते-डरते जमशेद से कहा।

"यह तो अब रोज होना है," जमशेद ने अखबार तह करते हुए कहा, "तुम रोज थककर आओगी, आफिस की बातों को लेकर तुम्हारे दिमाग में टेन्शन रहेगा, रात को तुम्हें नींद देर से आयेगी, सुबह तुम देर से उठोगी और इसी तरह रोज मिनी बस छूट जाया करेगी।"

"मगर इसके लिए आपको भी तो मेरा कुछ साथ देना चाहिए," तहमीना ने कहा।

"इसमें मैं क्या साथ दे सकता हूँ?" जमशेद ने कहा और उठकर अपने कमरे में तैयार होने चले गये।

तहमीना एक खाली कुर्सी पर बैठ गयी, तभी नाहिद बाजी को उसने दरवाजे पर खड़े देखा। तहमीना को लगा कि उन्होंने सारी बातें सुन ली हैं। तहमीना को अपमान-सा लगा, उसे अफसोस भी हुआ। अगर वह इसी तरह बाहर के कामों में बिजी रही तो उसका घर, उसका पति और उसका बच्चा उससे धीरे-धीरे दूर होते जायेंगे। जमशेद तैयार होकर आये और रिंकू को स्कूल छोड़ने चले गये।

नाहिद बाजी और तहमीना चुप-सी बैठी थीं। बाजी उसकी मनःस्थिति समझ रही थीं पर जैसे बोलने से कतरा रही हों, और वह कुछ बोलेंगी इस उम्मीद से तहमीना ने उन्हें देखा। वह भी यह समझ गयी कि वह उसकी ओर से दो शब्द चाहती हैं। आखिर तहमीना ने ही बात शुरू की, "आपने इनकी बातें सुनीं ?"

"तुम्हारी भी बात सुनी और जमशेद की भी," नाहिद बाजी ने कुरसी पर नाखून ठोकते हुए कहा, "पर यह तो होना ही है तहमीना, और तुम्हें यह सहना होगा, वरना तुम भी सैकड़ों, हजारों, करोड़ों औरतों की तरह सिर्फ एक बीवी बनकर दम तोड़ दोगी। और तुम्हें यह नहीं करना है, तुम्हें इस दायरे से बाहर आना है, और इस टेन्शन को बर्दाश्त करना है। तुम एक हो पर तुम्हें कई की ड्यूटी निभाना है, और निभाना होगा, यह मत भूलो कि इसके लिए तुम्हें सिर्फ इतना करना होगा कि बातों को उतनी गंभीरता से न लो कि वह तुम्हें पिंच करती हुई तुम पर हावी हो जाएं। सहज बनो और सरलता से जीना सीखो तो सब कुछ आसान लगने लगेगा।"

तहमीना गाल पर हाथ टिकाये टेबल को देखती रही और चम्मच से प्लेट पर लकीरें खींचती रही, बनाती रही, मिटाती रही। पता नहीं क्यों बाजी की बातों को सुनकर उसका मन भर आया और उसकी आंखें डबडबा गईं।

"रो रही हो!" नाहिद बाजी ने कहा, "पागल हो तहमीना, छोटी-छोटी बातों को तुम बहुत गहराई से ले लेती हो। अभी तो यह कुछ नहीं है, तुम्हारे सामने ढेर सारी समस्याएँ आएँगी और तब उनका सामना तुम्हें अकेले ही करना होगा। मैं नहीं रहूँगी और न कोई दूसरा तुम्हारे साथ रहेगा, और सबसे बड़ी बात तो यह है तहमीना कि दूसरों से तसल्ली लेने के लिए बात जो तुम सोचती हो न उसे भूल जाओ, वह गलत है। अपने निर्णय खुद लो। और अब उठो, बाथरूम में मुंह धोकर आओ और चाय पियो," नाहिद बाजी ने उसके लिए केटली से एक कप और चाय बना दी। तहमीना बच्चों की तरह, जैसे उसे किसी काम का आर्डर दिया गया हो, वह करने के लिए झट उठ गयी।

घर जिसमें महज दो कमरे हैं। एक कमरा जो जमशेद का कमरा है और

दूसरा वाला कमरा जिसमें नाहिद बाजी ग्रौर तहमीना इकट्ठे रहते हैं। यहीं पर तहमीना ग्रपने सारे काम करती है ग्रौर सारा दिन इसी कमरे में गुजारती है। इस कमरे में एक बड़ी-सी खिड़की है जो बाजू वाले प्लाट में खुलती है, यह प्लाट जो बरसों से खाली पड़ा था ग्रौर जहाँ जंगली झाड़ियाँ उगी रहती थीं। तहमीना जब से इस घर में ग्रायी, पास-पड़ोस के लोगों से ग्राये दिन इस प्लाट के बारे में कई कहानियाँ सुन चुकी है—कि यहाँ पर खोड़िया देव रहता है। बहुत पहले इस प्लाट में एक ग्रादमी रहता था जो इस खोड़िया देव का पुजारी था। उसके पास बहुत पैसा था, ग्रौर वह तराजू से रुपये नापा करता था। पर जब वह मरा तो उसके सारे बक्से खाली पड़े थे, एक धेला भी नहीं था, यहाँ तक कि उसका ग्रंतिम कार्य भी दूसरे लोगों ने किया। तब से ही सारे लोगों को शक है कि वह ग्रादमी जान गया था कि वह मरने वाला है, इसलिए उसने ग्रपना सारा धन गाड़ दिया। इसी प्रकार की बहुत-सी बातें, ग्राये दिन वह सुना करती थी ग्रौर इन्हीं किस्सों को सुन-सुनकर इस खाली प्लाट में कोई भी मकान बनाने तैयार नहीं होता था, इसलिए वह बरसों से खाली पड़ा है।

पर ग्रब बरसों से खाली पड़े प्लाट में मकान बनाने की किसी ने हिम्मत की थी ग्रौर यह खिड़की जो इस प्लाट में खुलती थी, उसीसे लाइट ग्रौर हवा ग्राती थी। नया मकान जो बन रहा था वह इस खिड़की से सटकर बन रहा था, याने दीवार से यह खिड़की बंद होने वाली थी। जमशेद ग्रदालतों के चक्कर काट चुके थे, काफी दौड़-धूप कर रहे थे। एक नई परेशानी से तहमीना को इस बात का दुख था कि ग्रगर खिड़की से सटकर दीवार तान दी गयी तो क्या होगा? सारा कमरा ग्रँधेरा हो जायेगा, दिन में भी लाइट जलाकर ही रहना पड़ेगा, यानी कमरे का यह सुख भी जाता रहा।

ग्राज सुबह से दीवार का काम तेजी से शुरू हो गया था, कई-कई मिस्त्री लगे थे ग्रौर जल्दी-जल्दी काम कर रहे थे। तहमीना खिड़की के पास खड़ी उठती हुई दीवार को देखती रही। उसका मन एकदम छोटा-सा हो गया था। जैसे-जैसे दीवार उठ रही थी, वैसे-वैसे कमरे की लाइट भी कम हो रही थी। दोपहर ग्यारह बजे तक दीवार तैयार हो गयी, कालम भी भर गया ग्रौर तहमीना का कमरा पूरे गले तक ग्रँधेरे में डूब गया था। नाहिद बाजी ग्रस्पताल गयी हुई थीं ग्रौर जमशेद घर पर नहीं थे, रिंकू ग्रभी स्कूल से नहीं ग्राया था। तहमीना उस ग्रँधेरे कमरे में चुप कुरसी पर बैठी रही ग्रौर ग्रपनी खिड़की के सामने की दीवार को देखती रही। उसे ऐसा लगा जैसे उसे जीते जी किसीने कब्र में चुन दिया है ग्रौर वह कमरे में नहीं बैठी है बल्कि कब्र की खोह में बैठी है।

'ग्रोह, उसके पास ढंग का एक ही कमरा था, वह भी उससे छीन लिया गया!' उसे जाने क्यों लगने लगा जैसे धीरे-धीरे, उसके एक-एक सुख उससे दूर

होते जा रहे हैं। वह बहुत हताश, टूटे दिल से कुर्सी पर ढह गयी और आंख बंद किये उस अँधेरे कमरे में अपने आपको ही ढूंढ़ती रही, जहां दिन में भी रात का धोखा हो रहा था। अक्सर जब लाइट चली जाती थी तो बिल्कुल ऐसे ही वह कमरे में बैठी लाइट का इन्तज़ार करती थी। मन इतना थक-सा गया था कि घर का कोई भी काम करने की इच्छा नहीं हो रही थी। कितनी कोशिश से उन्होंने इस दो कमरे वाले छोटे-से घर को खरीदा था, और तब वे लोग कितने प्रसन्न थे, कि उनका खुद का अपना घर है, पर पता नहीं क्यों उसकी खुशियाँ खुदा से भी देखी नहीं जातीं। अब इस कमरे में लाइट आने के लिए, नये सिरे से घर को रिमोल्ड करना होगा। उसके लिए पैसा चाहिए और पास में अभी पैसा नहीं है। याने कुल मिलाकर अब उसे इस अँधेरे कमरे में ही रहना होगा। नई चिन्ता के कारण मन कुछ सोच नहीं पा रहा था, दिमाग एकदम खाली शून्य-सा हो गया था।

दोपहर वह और नाहिद बाजी खाना खाकर लेटे थे, रिंकू अपने दोस्तों के साथ खेल रहा था। नाहिद बाजी ने हल्के-पीले रंग की बॉर्डर वाली बंगाली साड़ी पहन रखी थी जो उन पर खूब फब रही थी। अचानक वह पलटीं और बोलीं, "सुनो तहमीना, मुझे क्वार्टर मिल गया है और कल उसकी चाबी भी मिल जायगी।"

"अरे," तहमीना एकदम चौंक गयी, "तो आप वहाँ चली जायेंगी ! बड़ा बुरा लगेगा !"

"बस पास ही तो है, हम लोग रोज मिलते रहेंगे। ऐसा है, अगर मैंने इंकार कर दिया तो फिर दूसरे को मिल जायेगा, और बाद में मुझे मुश्किल हो जायेगी। घर से भी अब्बा वगैरह आने वाले हैं। कल चाबी मिल जायेगी, बस साफ-सफाई कराकर मैं यहाँ से जल्दी शिफ्ट हो जाना चाहती हूँ।" कहते-कहते बाजी एकदम उदास हो गयीं। "घर से सबको बुलाना भी है, वहाँ उन लोगों को तकलीफ हो रही होगी। अलग-अलग घर का खर्च चलाना मुश्किल भी तो होता है न।"

तहमीना चुप होकर उनके चेहरे को निहारती रही। उसे लगा कि नाहिद बाजी अचानक कहीं खो-सी गयी हैं।

"तहमीना देखो," ठंडी साँस खींचकर नाहिद बाजी अचानक बोलीं, "कभी-कभी अम्मी किस बुरी तरह याद आती हैं। वैसे मैं काफी मामलों में लक्की रही हूँ, मुझे घरवालों का भरपूर प्यार मिला, स्नेह मिला और इसी प्यार की खातिर हमारे पैर जमीन को मजबूती से पकड़े हुए हैं वरना कब्र के उखड़ गये होते। अम्मी की बीमारी, फिर मौत कुछ ऐसे हादसे हैं जिन्हें मैं कभी भुला नहीं पायी।

तुमने तो देखा ही है हम सब बच्चे अम्मी से किस कदर जुड़े रहते थे, और वही हम लोगों को छोड़कर चली गयीं।''

"भाईजान की शादी के वक्त ही तो काफी सीरियस हो गयी थीं न?" तहमीना ने पूछा।

"हाँ, वह तो शादी करना था, इसलिए समझो शादी हुई, आखिर बहुत मनाने पर अब्बा तैयार हुए। बारात गयी, अम्मी को इंजेक्शन लगाते हुए ले गये थे। वापसी में अम्मी बहुत सीरियस हो गयीं, फिर उन्हें स्पेशल गाड़ी से वापस लाया गया। वह तो समझो अम्मी को नयी बहू की लाज रखनी थी, इसलिए उनकी मौत तब नहीं हुई, वरना कोई कसर बाकी नहीं रह गयी थी। रोना-पीटना तक शुरू हो गया था। ट्रेन में अगर अम्मी की मौत उस वक्त हो जाती तो सारे लोग नयी बहू पर इल्जाम लगाते कि इसके पैर अच्छे नहीं हैं। और सोचो इतनी सीरियस होने के बाद भी अम्मी पूरे महीने-भर जिंदा रहीं और बाद में उनका इंतकाल हुआ।"

"नयी बहू ऐसी बीमारी के वातावरण में आयी! बेचारी बहुत घबराती होगी?" तहमीना ने कहा।

"हाँ," नाहिद बाजी ने ठंडी साँस खींचते हुए बताया, "पता नहीं भाईजान अपनी नयी जिन्दगी को ठीक ढंग से शुरू कर पाये भी या नहीं, क्योंकि अम्मी को लेकर सारा घर परेशान रहता था। अम्मी की मौत के बाद अब्बा एकदम अकेले हो गये। अम्मी ने शुरू से एक बच्चे की तरह ही उन्हें सँभालकर रखा था, और अब्बा सबसे ज्यादा अम्मी को चाहते थे। हमने बचपन से दोनों में जो मुहब्बत देखी, वह और किसी घर में नहीं देखी। अम्मी सीरियस थीं तब वह अक्सर कहती थीं कि पता नहीं यह मेरी मौत को किस तरह बरदाश्त कर पायेंगे। पर तुम्हें सुनकर बहुत ताज्जुब होगा, जब अम्मी मरीं तो अब्बा जरा भी नहीं रोये; बल्कि उल्टा हम सबको समझाते रहे। वह बच्चों के सामने अपने को टूटा हुआ नहीं बतलाना चाहते थे। फिर वह टूट जाते तो हम लोगों को तसल्ली कौन देता? वैसे ही जब से अब्बा रिटायर हुए थे, हम लोगों के बीच ज्यादा रहते थे। अम्मी मजाक भी करती थीं, बड़े चालाक हो, जब बच्चे छोटे थे तो तुम्हें फुरसत नहीं मिलती थी, तब मैं उन्हें सँभालती थी, और अब जब ये बड़े हो गये हैं और कमाई खाने के दिन आये तो उनकी तरफ झुक गये हो। अब्बा हँस देते थे। अम्मी की मौत के बाद तो जैसे वह हमारे लिए माँ भी थे बाप भी थे।"

"बेचारे," तहमीना ने कहा, "पता नहीं उन्होंने कैसे इतने बड़े दुख को सहा!"

"हाँ," नाहिद बाजी उठकर बैठ गयीं, "अम्मी की मौत के बाद अब्बा ने अपने लिए ढेर सारे काम इकट्ठे कर लिये थे। खानदान के सारे झगड़ों को

समेट लिया था, और बस एक-एक केस तैयार करते। आज इस केस की पेशी है तो कल उस केस की पेशी है। आज इस वकील से सलाह ले रहे हैं तो कल हाई कोर्ट भाग रहे हैं, गोया यह कि उन्होंने अपने-आपको बहुत खूबी से बिजी कर लिया था, और उनके लिए वही ठीक था। अब्बा ने जैसे हर स्थिति के लिए अपने को तैयार कर लिया था। तुम सोचो, जो आदमी क्लास वन आफिसर रहा, वही एकदम क्लर्कों की तरह रहने लगा था। मामूली रबर की चप्पल पहने, मामूली कपड़े पहने रहते वह। भाई बढ़िया नौकरी पर थे, पर उनकी तनखा उन्हे ही पूरी नहीं पड़ती थी। फिर अब्बा ने कभी किसी से माँगा भी तो नहीं, और अब अब्बा की पेन्शन और मेरी तनखा से घर का खर्च चलता है।"

बोलते-बोलते बाजी सहसा चुप हो गयीं. उनकी आँखें कहीं जैसे खो-सी गयी थीं। वह तहमीना की उपस्थिति को भी भूल गयी थीं। जब कभी उन्हें अतीत की याद आती थी तो वह ऐसे ही हो जाती थीं।

नाहिद बाजी चुप हो गयी थीं और वैसे ही सोचते-सोचते उनकी आँख लग गयी थी। तहमीना चुप लेटी रही। उसे नींद नहीं आ रही थी, वह एकटक नाहिद बाजी को निहारती रही। बाजी मुँह पर आँचल डाले सो रही थीं। पड़ोस के घर से रेडियो की आवाज आ रही थी। पता नहीं क्यों, दूर से आती गाने की आवाज इतनी अच्छी क्यों लगती है?

तभी बाहर से रिंकू दौड़ता हुआ अन्दर आया। धूल से उसके सारे कपड़े खराब हो गये थे। वह इस तरह दौड़ता हुआ आया, मानो पीछे से कोई उसे दौड़ा रहा हो।

"ममी देखिए न, वह राजू मार रहा है।"

"श्...श् चुप, देखो बेटा आन्टी सो रही हैं, चलो उधर," तहमीना रिंकू का हाथ पकड़े बाहर बरामदे में ले आयी।

रिंकू राजू के डर से थोड़ी देर उसके पास शरीफ बच्चों की तरह बैठा रहा फिर बाहर भाग गया, और तहमीना बाहर बरामदे में अकेली रह गयी।

बरामदानुमा वह कमरा था जिसमें सीमेंट की ही जाली लगी थी। इसी को तहमीना ने अपनी बैठक बना रखा था। वह सोफे पर बैठी एकटक सड़क की हलचलों को घूरती रही। सामने वाले घर में दोनों बहुएँ विदा होकर आ गयी थीं, इसलिए आजकल वहाँ बहुत हलचल रहती थी। तहमीना वैसे तो बहुत रिजर्व नेचर की थी, अधिक किसी से बात करने की उसकी आदत नहीं, पर वह सामने वाले लोगों से बात कर लेती थी। सामने घर के लोग भी उसका ख्याल रखते थे। अक्सर जब घर में काम वाली नहीं आती तो सामने घर की माया आकर काम में मदद दे देती थी। माया के पिता, जिसे सब बच्चे कक्का कहते थे, और वह भी उन्हें कक्का ही कहने लगी, वह उसे बिट्टी बुलाते। सारा दिन कक्का घर में

ही रहते थे। बोर हो जाते बैठे-बैठे तो बाहर खड़े गली की हलचल निहारा करते थे। उनके छोटे-छोटे बच्चे थे और घर की हालत कुछ ठीक नहीं थी। पत्नी गाँव-गाँव बाजार करती थी, उसी से घर का खर्च चलता था।

अचानक तहमीना ने सीमेंट की जाली से देखा कि सामने सड़क पर कोई खड़ा है और घर की ओर देख रहा है। तहमीना ने उठकर दरवाजा खोला। पहली ही नजर में उसे लगा कि सामने वाला व्यक्ति काफी हैंडसम है।

"जी कहिए, किससे काम है ?" तहमीना ने उससे पूछा।

"सुनिए, क्या यहाँ डाक्टर नाहिद रहती हैं ?" उस व्यक्ति ने रुकते-रुकते पूछा।

"जी हाँ, आइये।"

"अभी वह हैं या नहीं ?"

"हैं, बैठिए, मैं बुलाती हूँ," तहमीना दरवाज़ा छोड़कर अलग खड़ी हो गयी, वह व्यक्ति भीतर आकर सोफे पर बैठ गया। तहमीना अन्दर जाने को मुड़ी तो वह बोले—"सुनिए मैडम, उनसे कहिए डॉक्टर अग्रवाल आये हैं।"

तहमीना फौरन अन्दर गयी और नाहिद बाजी को जोर से हिलाकर उठा दिया, "उठिए बाजी, बाहर कोई डॉक्टर अग्रवाल आये हैं।"

"क्या ?" बाजी चौंकीं और जल्दी से उसके साथ बाहर आ गयीं।

"मैडम, आप आराम कर रही थीं क्या ?" डॉक्टर अग्रवाल ने अटेंशन की पोजीशन में खड़े होते हुए पूछा।

"बस, यूँ ही, बैठिए, बैठिए," नाहिद बाजी बोलीं और खुद भी सोफे पर बैठ गयीं और फिर परिचय कराया—"यह हैं तहमीना दुर्राज, मेरी कज़िन हैं, और आप हैं डॉक्टर अग्रवाल, अभी इसी हफ्ते यहाँ आये हैं, मेरे स्टूडेन्ट भी रह चुके हैं।"

"आपसे मिलकर बहुत खुशी हुई," कहती तहमीना सोफे पर बैठ गयी। तहमीना नाहिद बाजी को ध्यान से देख रही थी। डॉक्टर अग्रवाल के आने से उनके चेहरे पर काफी प्रसन्नता थी। इसके पहले उसने नाहिद बाजी को इतना खुश कभी नहीं देखा था।

"आपको तो क्वार्टर मिल गया, और वह भी बढ़िया नया वाला। वाकई आप लक्की हैं," डॉक्टर अग्रवाल बोले।

"हाँ, मिल गया, वरना वाकई तकलीफ हो जाती," नाहिद बाजी ने कहा और फिर डॉक्टर अग्रवाल से पूछा, "आपको मिल गया ?"

"नहीं, मुझे तो नहीं मिला है, पर डॉक्टर सूद को जरूर मिल गया है। उनकी फैमिली तो है नहीं इसलिए मैंने उनके साथ क्वार्टर में शेयर कर लिया है। वैसे भी उनकी टूरिंग ड्यूटी रहेगी, फैमिली प्लानिंग का चार्ज है उनका, इसलिए वह भी चाहते हैं कोई साथ रहे। आपकी साइड वाला ही मिला है, समझ लीजिए

दो-चार दिनों में हम भी आप के पड़ोसी रहेंगे।"

"चलो तो हमारा पड़ोस भी जल्दी आबाद हो जायेगा, वरना मैं तो सोच रही थी कि एकदम अलग रहना पड़ेगा, क्योंकि सबसे लास्ट वाला क्वार्टर मेरा ही है। बाकी क्वार्टरों में कब तक लोग शिफ्ट होंगे पता नहीं," नाहिद बाजी ने हेयर पिन से कान खुजलाते हुए कहा।

"कैसा लगा आपको मैडम यह शहर ?" डॉक्टर अग्रवाल ने पूछा।

"मेरे लिए यह नया तो नहीं है, पहले भी हम लोग यहाँ रह चुके हैं, तब मदर साथ थीं। हाँ, जब मैं यहाँ आ रही थी तो उदास जरूर हो गयी थी, क्योंकि मदर की याद जोर से आयी थी। हम लोग य[illegible] न साल रह चुके हैं। यहीं से मेरा मेडिकल कॉलेज में एडमिशन हुआ था। वैसे अंतर जरूर लगता है। पहले यह शहर छोटा-सा था। पहले दो फटेहाल टाकीज थे और अब पाँच हो गये हैं," बाजी हँसीं।

"और वह भी टाकीज ऐसी कि हर बीस मिनट पर 'शांत रहिए, रील बदली जा रही है' का पोस्टर दिखाकर लाइट जला दी जाती थी। याने आठ-दस इन्टरवेल होते ही थे," तहमीना ने नाहिद बाजी की बात को आगे बढ़ाया।

तीनों जोर से हँस लिए।

तहमीना चाय बनाकर ले आयी थी, उस दिन शाम चाय तीनों ने इकट्ठे ली। डॉक्टर अग्रवाल भी काफी देर तक बैठे रहे, और तहमीना ने महसूस किया की डॉक्टर अग्रवाल हैंडसम तो हैं ही, साथ ही जिंदादिल भी हैं।

नाहिद बाजी के जब अस्पताल जाने का समय हुआ तब "अच्छा चलता हूँ, आपको भी अब अस्पताल जाना होगा," कहते हुए डाक्टर अग्रवाल उठ गये।

नाहिद बाजी तैयार होने अंदर चली गयीं और तहमीना अकेली बैठी नाहिद बाजी और डॉक्टर अग्रवाल के सम्बन्धों पर विचार करती रही। फिर उसे झेंप सी लगी। वह भी कैसे संकीर्ण विचारों की है! जरा-सी बात पर दोनों के बारे में गलत विचार पालने लगी थी। उसने सर को झटका देकर अपने मन को स्वस्थ किया, पर मन के किसी भीतरी कोने में शक का बीज पड़ गया था। आश्चर्य था, नाहिद बाजी इतनी रिजर्व नेचर की हैं, अब तक कोई डॉक्टर घर पर उनसे मिलने नहीं आये, यहाँ तक कि लेडी डॉक्टर तक नहीं। फिर डॉक्टर अग्रवाल…?

नाहिद बाजी अपने नये क्वार्टर में शिफ्ट हो चुकी थीं। घर जो उन्हें पूर्ण रूप से स्वीकार कर चुका था, याने उनकी उपस्थिति हर जगह मौजूद थी, अब उनके न रहने से बहुत सूना-सूना लगता था।

इसी सूनेपन से फटकर तहमीना ने आज दौरे का प्रोग्राम निकाला था।

परेशानियाँ सामने इतनी थीं कि घर से निकलने की हिम्मत ही नहीं हो रही थी, पर जाना तो था ही, काम भी करना था। रिंकू उसके साथ जा रहा था।

जब वे लोग चुंगी नाके के पास पहुँचे तो अचानक ड्राइवर ने जीप रोकी। चुंगी नाका में बैठे हुए दो व्यक्ति जल्दी से उठकर आए और जीप में पीछे बैठ गये। तहमीना ने महसूस कर लिया कि वे ड्राइवर की पहचान के व्यक्ति थे, या फिर वह इसी तरह हमेशा चुंगी नाका के पास गाड़ी रोक देता होगा और ड्राइवर की पहचान के लोग आकर बैठ जाते होंगे। इसी तरह ड्राइवर ऊपरी मलाई कमा लेता था जैसे यह सरकारी गाड़ी न हो टैक्सी हो।

तहमीना सारे रास्ते चुप और भन्नाई हुई-सी बैठी रही, सारे समय वह जंगल को घूरती रही। जब वे दोनों व्यक्ति उतर गये तो उसने ड्राइवर से कहा, "तुमने मेरे बिना पूछे क्यों बैठा लिया गाड़ी में ?"

"जी, वह तो मैंने थोड़ा गाड़ी वहाँ रोकी थी और वे लोग अपने आप वहाँ आकर बैठ गये थे।"

"झूठ बोलने की कोशिश क्यों कर रहे हो? इस बार मैं तुम्हें माफ कर देती हूँ, पर आइन्दा तुम किसी को नहीं बैठाओगे। यह सरकारी गाड़ी है, यह तुम्हें पता है। और सबसे बड़ी बात कि लेडीज डिपार्टमेंट की है। बाहर का व्यक्ति कैसा है कोई नहीं जानता। आइन्दा ऐसी शिकायत नहीं मिलनी चाहिए। हाँ, रात की बात हो और कोई एमरजेंसी केस हो तब की बात दूसरी है।"

"यस सर," ड्राइवर ने कहा और उसे हँसी आ गयी। पता नहीं कितनी बार इस ड्राइवर से वह कह चुकी है कि उसे सर न कहा करे, पर वह हमेशा उसे 'सर' कहकर ही संबोधित करता है। पुरानी चेयरमैन की भी यही शिकायत थी। मैडम कहने में वह हिचकिचाता है, जैसे यह शब्द छोटा हो।

सड़क से एक कच्चा रास्ता गाँव की ओर जाता था। रास्ता बहुत खराब है, इसलिए गाड़ी को सेकेण्ड गेयर में चलाना पड़ रहा था। ड्राइवर ने गाड़ी रोक कर सामने का शीशा खोल दिया, क्योंकि पीछे से सारी धूल गाड़ी में भर रही थी जिससे पीछे बैठे कर्मचारियों को काफी कष्ट हो रहा था।

आसपास खेत ही खेत थे। धान की फसल एकदम तैयार पक कर खड़ी थी। पकी हुई धान की बालियाँ इतनी प्यारी गुच्छे वाली लग रही थीं, दूर से ही वह लुभा रही थीं, ललचा रही थीं, जैसे कह रही हों, लो हमें काटो और ले चलो, हमें भोगो। पूर्ण यौवना थी धान की फसल। चिड़ियां और कुछ जंगली पक्षी खेत की मेंड़ पर बैठे थे। जीप कई घुमावदार कच्चे रास्ते पार कर आम के बगीचे में दाखिल हुई। उस कच्चे रास्ते के दोनों ओर हजारों ऊँचे-ऊँचे आम के पेड़ खड़े थे। आम के पेड़ इतने घने और आपस में गुँथे हुए थे कि देखने से लगता था कि आम के पेड़ों के नीचे की जो धरती है उसने बरसों से सूरज की एक

बूंद को स्पर्श नहीं किया होगा।

इतनी घनी अमराई तहमीना ने अपने जीवन में नहीं देखी थी। आम के पेड़ के नीचे, एक-दो पक्की कब्रें बनी हुई थीं, जिन्हें सफेद चूने से लीप दिया गया था। अमराई से ठीक लग कर ही जंगल शुरू हो गया था। कतार से मकान बने थे जो काफी साफ-सुथरे और लिपे-पुते थे। पहली ही दृष्टि में उसे गाँव भा गया। जीप आगे बढ़ती हुई एक जगह रुक गयी जहाँ पत्थरों से अहाता बनाया गया था।

तहमीना जीप से उतर पड़ी। जीप के पास गाँव के सारे बच्चे इकट्ठे हो गये थे और तहमीना को घूर-घूरकर देख रहे थे। स्कूल के अहाते में झूले, घसर पट्टी सब बराबर लगे हुए थे और सब अच्छी हालत में थे। तहमीना आगे बढ़ गयी। मिट्टी का बना हुआ सुन्दर-सा लिपा-पुता तुलसी का एक चौरा था, तुलसी के चौरे के पास एक बाड़ी थी जहाँ सरसों फूली हुई थी। सरसों के इस खेत में बीचोंबीच मिट्टी का घर बना था जो काफी अच्छे ढंग से लिपा-पुता था। तहमीना को आश्चर्य-सा हुआ, उसने शिक्षिका से पूछा तो उसने बताया, यह मुर्गी-खाना है, पर अभी खाली पड़ा है और इसमें अभी एक भी मुर्गी नहीं है। पीली-पीली खिली हुई सरसों बहुत अच्छी लग रही थी। उसका चटक रंग आँखों को बहुत अच्छा लग रहा था। वह देर तक उस चटक रंग को अपनी आँखों से पीती खड़ी रही।

"अन्दर आइये न मैडम," शिक्षिका ने कहा तो वह चौंकी और अन्दर की ओर बढ़ गयी। अन्दर बड़ा-सा हॉल था, जहाँ यूनिसेफ के सारे खिलौने सुन्दरता से सजे हुए थे। अभी धूप कच्चे मकानों की छतों पर और आसपास बाड़ी और खेतों पर फैली थी। तहमीना को यह गाँव बहुत अच्छा लगा। और वह दोबारा बाहर निकल आयी, गाँव देखने की गरज से। उसके साथ विमला और शिक्षिका भी साथ हो लिए, पर उनकी उपस्थिति को भूल तहमीना आगे बढ़ती गयी।

ओफ, उसे कितना अच्छा लग रहा था! ज्वार के बहुत बड़े-बड़े खेत थे। ज्वार की फसल लगभग तैयार-सी थी। खेतों के किनारे-किनारे इमली के पेड़ खड़े थे, जिनमें कच्ची इमली लदी थी। बच्चे इमली के लालच में पेड़ के इर्द-गिर्द चक्कर काट रहे थे। तहमीना को अपनी ओर आता देख वे लोग यह जा और वह जा। तहमीना को बहुत अच्छा लगा। उसकी इच्छा हुई उन भागते हुए बच्चों को आवाज दे और उनके साथ ढेर-ढेर बातें करे। पर वह, उसके कपड़े या रोब-दाब को देखते हुए दूर ही उसे हौवा समझकर भाग रहे थे।

ज्वार के खेतों के बीच-बीच में मकान बने हुए थे, जो मिट्टी के थे पर उन्हें इतने सलीके से लीपा-पोता गया था, और साफ-सुथरा रखा गया था, कि

देखते ही वहाँ बैठने की इच्छा होने लगी थी। इतना सुन्दर और स्वच्छ गाँव उसने पहले नहीं देखा था। वहीं पास में कचरे के ढेर में मुर्गियाँ अपनी लंबी-चौड़ी जमात के साथ व्यस्त थीं दाना ढूंढ़ने में। घरों की छतों की छाया के नीचे सुअरनी अपने नये बच्चों को लेकर एक ओर बैठी बड़े आराम से सुस्ता रही थी।

गाँव का वातावरण बड़ा व्यस्त-सा लगा। पुरुष शायद खेतों पर थे, क्योंकि कोई भी बाहर नजर नहीं आया, और घर की सभी औरतें घरेलू कामों में व्यस्त थीं। पटेल के घर में ढेकी में चावल कूटा जा रहा था, ढेकी की आवाज दूर तक सुनाई दे रही थी। ज्यों-ज्यों तहमीना आगे बढ़ती गयी, ढेकी की आवाज मधुर होकर ध्यान अपनी ओर आकर्षित करती रही। दूर से तहमीना को ऐसा लगा मानो किसी प्यारे से परिंदे की प्यारी-सी कूक हो जो अपने बरसों से बिछुड़े हुए साथी को पुकार रही हो। गाँव और उसका वातावरण उसे भा गया था।

काफी देर तक वह गाँव की गलियों में इधर-उधर भटकती रही। तभी ड्राइवर के साथ रिंकू भी आ गया और उसे लौटना पड़ा। वह वापस अपने केंद्र में आ गयी। केंद्र वैसे तो बहुत साफ-सुथरा था। तुलसी चौरे में छोटे-से ताक में छोटा-सा दीया रखा था, जिसे शायद शाम को पूजा के टाइम जलाया जाता होगा। सामने छोटा-सा बरामदा, बरामदे से लगा नन्हा-सा रसोईघर, उसके बाद एक बड़ा-सा कमरा था, जहाँ मोटी-मोटी बल्लियाँ गाड़कर और उन पर आड़ी पट्टियाँ ठोक कर मचाननुमा टेबल बनाया गया था। जिस पर एक चादर बिछी थी और उस पर खिलौने सजा दिये गये थे।

शिक्षिका ने खाट बिछा दी और उस पर एक साफ-सुथरी चादर डालकर तहमीना से बैठने के लिए कहा। तहमीना चुप खाट पर बैठी थी, कि अचानक तहमीना ने पलटकर देखा खिड़की के पार खेत और जंगल नजर आ रहे थे, जहाँ से लगातार किसी पक्षी की आवाज सुनाई दे रही थी। आवाज इतनी मधुर थी कि उसका ध्यान उसी ओर अटक कर रह गया। वह भूल गयी थी कि वह केन्द्र-निरीक्षण के लिए आयी है और उसे यहाँ काम भी करना है।

"लिस्ट बनाओ और दूसरे पेपर सब निरीक्षण के लिए तैयार कर लो," तहमीना ने विमला से कहा। विमला अपने कार्य में जुट गयी।

शाम गहराने लगी थी, और अब जंगल से ठंड घरों में उतर आयी थी। तहमीना ने थर्मस से दूध निकालकर रिंकू को दिया। दूध पीकर रिंकू ऊँघने लगा।

केन्द्र-निरीक्षण होने के बाद तहमीना फ्री हुई तो देखा टेबल पर नाश्ता और गिलासों में गुड़ की चाय रखी हुई है। उस देहाती वातावरण में उसे गुड़ की चाय बहुत ही अच्छी लगी। जाने के समय जब वह जीप में बैठने लगी तो उसने

शिक्षिका से मुड़कर कहा, "तुम बहुत खुशकिस्मत हो जो इतने सुन्दर गाँव में रह रही हो।"

उसकी बात सुनकर शिक्षिका चकरा गयी, उसकी समझ में नहीं आया कि क्या उत्तर दे। हाँ, शायद इस सवाल का उत्तर किसी के पास भी तो नहीं था। कभी-कभी कुछ ऐसी बातें होती हैं, ऐसे प्रश्न-चिह्न होते हैं, जिनका कोई उत्तर नहीं होता।

गाँव से जब वे लोग लौटे, सात बज गये थे। विमला को छोड़ जब वे लोग घर पहुँचे तो आठ बजने लगे थे। सर्दियों की रात थी इसलिए काफी गहरी लग रही थी। मन ही मन में उसे डर लग रहा था कि पता नहीं घर लौटकर जमशेद क्या कहेंगे। रिंकू सो चुका था। जब तहमीना अंदर आयी तो भीतर कोई दो व्यक्ति बैठे हुए थे। उन्हें शायद आफिस से ही कुछ काम था। उनके जाने के बाद तहमीना ने रसोई की ओर रुख किया। रिंकू को उसने पलँग पर सुला दिया था। अब उसे खाना बनाना था। सर में थकान के कारण इतना दर्द हो रहा था कि इच्छा हो रही थी शीघ्र ही बिस्तर पर जाकर सो जाये। पर जमशेद के लिए तो खाना बनाना ही था।

कमरे में आकर उसने पूछा, "मेरे सर में बहुत दर्द हो रहा है, आपके लिए कूकर में खिचड़ी बना दूँ ?"

"तुम्हें पता है मैं रात को चावल नहीं खाता," जमशेद ने सर उठाकर उसे गुस्से से देखा, "मेरे लिए तो तुम रोटी और सब्जी ही बना दो।"

"इतना सब बनाते हुए तो काफी टाइम हो जायेगा, आज के लिए प्लीज खिचड़ी खा लो न," तहमीना ने सहमते हुए कहा।

"मैं कुछ नहीं जानता, मुझे खाना है और अच्छा खाना खाना है। इतनी रात हो गयी और खाने का पता नहीं है, चाय तक नहीं पी," जमशेद ने बहुत गुस्से से भरकर कहा।

"मगर गैस पर चाय तो बनाकर पी सकते थे आप।"

"अच्छा सीख देने की अब आवश्यकता नहीं," कहते हुए जमशेद उठकर अपने कमरे में चले गये और तहमीना दीवार से टिकी खड़ी रह गयी।

तहमीना को बहुत दुख हुआ। धूल से अँटी हुई वह खड़ी थी, मुँह तक नहीं धोया था। सर में अलग दर्द हो रहा था। और घर में यह समस्या थी। अब इतनी रात को क्या पकाए समझ में नहीं आया। वह देर तक चुप रसोईघर में खड़ी रही। और जमशेद से सलाह लेना याने झगड़े की आग को बढ़ावा देना था। अंत में तहमीना ने चुपचाप कूकर में खिचड़ी बनायी और डिश में निकालकर घी, अचार, पापड़ और सलाद के साथ टेबल पर सजा दिया। डरते-डरते उसने एक बार आवाज भी लगा दी। पर जमशेद के कमरे से कोई आवाज नहीं

ग्रायी। वह टेबल के पास वाली कुर्सी पर बैठी देर तक गर्म-गर्म खिचड़ी की उठती हुई भाप को देखती रही। शायद सच में जमशेद को जोर से भूख लगी थी, क्योंकि थोड़ी देर में ग्राखिर ग्रपना ग्रभिमान छोड़ जमशेद खाने ग्राये ग्रौर खाने लगे। तहमीना भी एक प्लेट लेकर उसमें खिचड़ी डालकर खाने लगी। बात किसी ने नहीं की। बस खामोशी से खाना खत्म हुग्रा। जमशेद ग्रभी भी बहुत गुस्से में भरे हुए थे। खाना खाकर वह ग्रपने कमरे में चले गये ग्रौर तहमीना रसोई के बर्तन समेटती रही।

सर में इतना दर्द हो रहा था कि नींद तो खाक ग्राती, पर वह मुंह तक कंबल खींचे पड़ी रही। मन बहुत दुखी लग रहा था ग्रौर तरह-तरह के विचार उसे घेर रहे थे। कैसे ग्रौरतें घर ग्रौर बाहर दोनों सँभाल पाती होंगी? दोनों जगह का टेन्शन बर्दाश्त कर कैसे जी पाती होंगी? उसने मन ही मन निश्चय किया कि वह यह सब छोड़ देगी? क्या फायदा, इसके कारण घर का सुख जाता रहा तो ऐसे सोशल वर्क से तो घर में बैठना ज्यादा बेहतर है। वह रात पता नहीं कब तक जागती रही। गली की एक-एक हलचल को चुपचाप सुनती रही, महसूस करती रही। जिंदगी इस तरह एकदम मशीन हो जायेगी, उसने कहाँ सोचा था? उसके सुबह ग्रौर शाम इस तरह बिजी हो जायेंगे। रोज शाम वह रिंकू को पढ़ाती थी, पर ग्रब वह भी बंद-सा हो गया है। बस जो कुछ वह स्कूल से सीख पाता है, उतना ही भर। वह उसकी कुछ मदद नहीं कर पाती। सोशल वर्क धीरे-धीरे उससे उसका घर छीनता जा रहा है। यह वह शिद्दत से महसूस कर रही है। वही घर जिसे बनाने के लिए उसने ग्रपने शरीर की एक-एक बूंद लगा दी, तब से भी ग्रभाव नहीं मिटे। ग्राज यह है तो कल वह नहीं, यह स्थिति हमेशा-हमेशा साथ रही, उसको पता नहीं क्यों हर चीज दूर से ही ललचाती है। यह बात शायद उसके साथ बचपन से ही है। इसी बात पर उसे बचपन की एक घटना याद ग्रा गयी। उसे ग्रच्छे से याद है वह ग्रपनी माँ के साथ ग्रपने एक रिश्तेदार के घर गयी थी। जब वे लोग पहुँचे तो रात काफी हो चुकी थी। इसके पहले कभी वह उस घर में ग्रायी है यह उसे ध्यान नहीं। रात शायद ग्राधी बीत गयी थी। खाट पर बच्चे सो रहे थे। वह माँ के साथ बैठी सोच रही थी कि ये लोग कौन हैं? जब सुबह हुई तो उसने देखा वहाँ दो लड़कियाँ हैं जो उसी की बराबरी की हैं। उनका घर बहुत बड़ा था। बहुत बड़ा ग्रहाता था। सामने कमरे में एक तिजोरी गड़ी थी उसी के पास शीशे की एक ग्रलमारी में ढेर-ढेर खिलौने सजे थे जो शायद उन दोनों लड़कियों के थे। वह रोज उन खिलौनों से खेलती फिर वहीं ले जाकर रख देती। उसके लिए खुद बड़ा ग्राश्चर्य का विषय था कि इतने-इतने ढेर खिलौने भी किसी के पास हो सकते हैं, क्योंकि खुद उसके पास एक भी खिलौना नहीं था। खिलौने के नाम पर टूटी चूड़ियों के ढेर, टूटे-फूटे डिब्बे ग्रौर चिन्दी

की कतरनों से अपने ही अनाड़ी हाथों से बनाये विचित्र-विचित्र शक्ल के गुड्डे-गुड्डियाँ थे, और बस !

वह जितने दिन उन रिश्तेदार के घर रही, उनके खिलौनों को निकालती, फिर वे लोग खेलते और फिर खिलौने वापस अलमारी में रख दिये जाते। टूट न जायें इस डर से वह ठीक से खेल भी नहीं पाती थी। माँ के साथ वह उनके घर आठ दिन रही थी, जब जाने के दिन करीब आने लगे, एक दिन भरी दोपहर का सूनापन देख सबकी आँख बचाते हुए उसने अलमारी से एक खिलौना निकाला, और आँगन में रखी ढेर-ढेर मोटी बल्लियों के पीछे छुपा दिया। इस इरादे से कि जाते वक्त वह चुपचाप इसे ले जायेगी। यह उसकी पहली चोरी थी। इसके पहले उसने कभी चोरी नहीं की थी, इसलिए डर बहुत ज्यादा था। हर समय यही भय सताता रहता कि पता नहीं कौन-कौन उसे देख रहा है। जाते वक्त सारे लोग सामने थे और वह उन मोटी-मोटी बल्लियों के पीछे से खिलौने को निकालने का साहस नहीं कर पायी और चुपचाप माँ के पास जाकर ताँगे में बैठ गयी। उसका मन बहुत दुखी हुआ। वह लगातार लकड़ियों की बल्लियों के ढेर को देख रही थी, पर खिलौना निकालने की हिम्मत नहीं हो रही थी। काश ये सारे लोग यहाँ नहीं होते और वह धीरे से खिलौने को निकालकर अपने साथ ले आती ! पर ऐसा नहीं हुआ और वह मन मारे चुपचाप माँ के पास टाँगे में बैठी रही और ताँगा चल पड़ा। इतने-इतने वर्षों के बाद आज भी उसकी स्मृतियों में वह खिलौना है और यह विचार आज भी उसे तंग करता है कि जब बल्लियाँ हटायी गयी होंगी तो निश्चय ही वह खिलौना किसी ने देखा होगा और फिर उसकी चोरी पकड़ ली गयी होगी, और पता नहीं उसके बारे में उन लोगों ने क्या-क्या सोचा होगा, कहा होगा ?

उसने जो जिया, भोगा तथा सहा, पता नहीं किसी ने सहा या नहीं। इसीलिए तो वह सोते वक्त रोज यह कहकर सोती है कि उसकी तरह का नसीब किसी का न हो। पता नहीं कितनी रात तक वह जागती रही। तकिये पर रखा सर पत्थर-सा लग रहा था। लग रहा था यह उसका सर नहीं है कई मन का पत्थर है। पड़ोस के घर में कोई दरवाजा खटखटा रहा था, लगता है दो बजे रात जो एक्सप्रेस यहाँ पहुँचती है वह आ गयी है और पड़ोस के घर में कोई मेहमान आया है शायद। काफी देर दरवाजा खटखटाने पर दरवाजा खुला, फिर सामान रखने की, दरवाजा बन्द करने की आवाज आयी। रिक्शा लौट गया। दूर जाते रिक्शे की घुंघरुओं की आवाज आती रही, एकदम नजदीक से…पास से !

सुबह वह उठी तो काफी भारी-भारी सर था, रिंकू को जल्दी तैयार कर उसे स्कूल भेज दिया और फिर चाय-नाश्ते के बाद वह धूप सेकने आँगन में आ

गयी। नौकरानी काम कर रही थी, आँगन में जलते चूल्हे से धुआँ उठ रहा था। जाम के पेड़ की परछाईं आड़ी-तिरछी सारे आँगन में फैली थी। आँगन में वह स्टूल पर बैठी थी। हाथों में सलाइयाँ थीं और गोद में ऊन का गोला।

अचानक उसका दिमाग दो आपस में लड़ती चिड़ियों पर गया जो बहुत ज्यादा चख-चख कर लड़ रही थीं लड़ते-लड़ते ऊपर दीवार में बने घोंसले में बैठ जातीं, फिर लड़ते-लड़ते पट से धरती पर आ गिरतीं। घोंसले के द्वार पर चिड़ा बैठा यह तमाशा देख रहा था और बीच-बीच में अपनी भाषा में कुछ कहता भी जा रहा था जैसे डाँट रहा हो। पर उसकी डाँट का और बातों का उन दोनों पर कोई असर नहीं हुआ, दोनों चिड़ियों में से एक चिड़िया उड़कर घोंसले में घुसना चाहती थी पर उसी समय तुरंत लपक कर दूसरी चिड़िया पहुँच जाती और पहली चिड़िया को अपनी चोंच से मार-मारकर बाहर करने लगती, फिर दोनों आपस में गुँथ जातीं और लड़ते-लड़ते ऊपर से नीचे पट से आ गिरतीं। और चिड़ा बड़े ही हताश शब्दों में नीचे देखता हुआ अपनी भाषा में कुछ बकता। वह उन्हें कुछ समझा रहा था, पर जिसका दोनों पर कुछ असर नहीं हुआ।

घोंसले में जो चिड़िया घुसना चाहती थी, वह बेचारी मार खा-खाकर अधमरी-सी हो गयी थी पर उसने अपनी जिद नहीं छोड़ी, जैसे वह अपना अहम् नहीं छोड़ना चाहती हो। वह मौका पाते ही फिर चिड़े के पास घोंसले में जा बैठती, पर तभी चट से दूसरी चिड़िया आ जाती और उसको हक जताने नहीं देना चाहती थी। जैसे वह उसके झोंटे पकड़कर बाहर खींच रही हो। बेचारा चिड़ा बुदबुदा-बुदबुदाकर अपनी ही जगह खड़ा-खड़ा इधर-उधर परेशान और बेचैन हो रहा था। वह आश्चर्य से बैठी हुई यह सब तमाशा देख रही थी। कितने आश्चर्य की बात है कि मनुष्य की तरह ईर्ष्या इनमें भी कूट-कूटकर भरी है। यदि आज वह अपनी आँखों यह तमाशा नहीं देखती तो शायद उसे कभी विश्वास नहीं होता कि मनुष्यों की तरह ही चिड़ियों में आपस में इतनी ईर्ष्या होती है। बिलकुल गली-मोहल्ले में लड़ती दो सौतों की तरह लग रही थीं वे दोनों। यह पूरा तमाशा लगातार एक घंटा चलता रहा और वह चुप बैठी देखती रही।

आँगन के पीछे ऊँची-सी दीवार थी। दीवार का पिछला हिस्सा चूंकि उनके घर की तरफ पड़ता था इसलिए किसी ने उस पर प्लास्टर नहीं किया था। दीवार बहुत ऊँची थी और बीच की ईंटें निकली हुई थीं। यहाँ खानाबदोश गौरैया चिड़ियों ने खोद-खोदकर हमेशा के लिए अपना बसेरा डाल लिया था। सारी दीवारों में इसी तरह जगह-जगह घोंसले बने थे। लड़ते-लड़ते पहली चिड़िया मार से कमजोर पड़कर हार खा बैठी, उसके सर से खून निकल आया था, वैसे भी वह दूसरी से कम उम्र की लग रही थी। पहली वाली चिड़िया हार

कर जाम के पेड़ पर जा बैठी, फिर थोड़ी देर सुस्ताने के बाद वह उड़कर दूसरे घर की छत पर चली गयी और वहाँ से टकटकी लगाकर घोंसले को और चिड़े को निहारती रही। दूसरी वाली चिड़िया उड़कर चिड़े के पास चली गयी और अब दोनों आमने-सामने खड़े हो गये थे और अब दोनों में बाकायदा वाक्‌युद्ध होने लगा।

दोनों पति-पत्नी की मुद्रा में लड़ रहे थे। चिड़िया ज्यादा गर्म थी, जबकि चिड़ा आम पतियों की तरह घबराया-सा धीरे-धीरे बोल रहा था।

उसका सर रात से भारी था पर उस तमाशे ने जैसे रात की सारी थकान खींच ली थी। और वह बहुत हैरान-सी हँसती रही, यहाँ तक कि हँसी रुक ही नहीं पा रही थी। उसे बहुत ज्यादा आश्चर्य लग रहा था।

"दीदी," तहमीना ने चौंक कर देखा तो उसके ही पीछे विपुल खड़ा था।

"बाप रे, मैं तो डर गयी," तहमीना ने उठते हुए कहा, "बैठो, कहाँ से आ रहे हो, काफी दिनों बाद आये हो ?"

"हाँ," विपुल ने कहा, 'बहुत हँस रही हो दीदी, क्या बात है ? मैं भइया के पास चला गया था, काफी दिन बाद लौटा हूँ। आप तो ऐसी मूर्ति-सी बनकर बैठी थीं कि मेरे आने को भी जान नहीं पायीं। कब से आपके पीछे खड़ा था मैं ! आप इतनी ध्यान से चिड़ियों को क्या देख रही थीं ?" विपुल कुर्सी पर बैठता हुआ बोला।

"कुछ नहीं," तहमीना हँस दी, "देखो विपुल, इनमें भी कितनी ईर्ष्या है ! एक चिड़े के लिए दो चिड़ियाँ आपस में कितना लड़ रही हैं !"

"अच्छा-अच्छा, तो आप उनका अध्ययन कर रही थीं ! अब अपना दर्शन बंद करिए, और मिठाई खिलाइए, सुना है आप बहुत बड़ी समाज-सेवी बन गयी हैं।"

"किसने कहा ? नहीं तो बस यूँ ही," तहमीना खुलकर हँसी।

"बहुत अच्छा किया दीदी। सुनकर सच कहता हूँ जहाँ मुझे आश्चर्य हुआ, वहाँ बहुत-बहुत प्रसन्नता हुई," विपुल साइकिल की चाबी को उँगली पर नचाता बोला, "चलिए, अब आपमें थोड़ा चेंज आ जायेगा। अपनी ओर थोड़ा ध्यान दीजिये। पर्सनलिटी बढ़िया होनी चाहिए, तब रोब पड़ता है। आप थोड़ी मोटी होती जा रही हैं, थोड़ा अपने को ठीक करिये।"

"सच मोटी हो रही हूँ ?"

"फिर क्या, आपको तो शीशे में अपने को निहारने की भी फुर्सत नहीं," विपुल हँसता हुआ बोला, "पता नहीं हमारी हिन्दुस्तानी औरतें शादी के बाद अपने शरीर के प्रति इतनी उदासीन क्यों हो जाती हैं। जरा विदेशों में देखिए, तीन-तीन बच्चों की अम्माँ, पर देखने से लगता ही नहीं। लगता है अनमेरिड हैं। दीदी, आपको भगवान ने सूरत और रंग भी अच्छा-खासा दे रखा है, बस थोड़ा-

सा और ध्यान दीजिये।"

"अच्छा बाबा, ध्यान दूंगी। अब कौन-सी मुझे दूसरी शादी करनी है, जो इतनी बारीकी से अपना निरीक्षण करूँ।"

"फिर वही बात," विपुल रोष से बोला, "मेरी समझ में नहीं आता लोग-बाग शादी के बाद क्यों इस तरह सोचने लगते हैं, ऐसे क्यों बोलने लगते हैं! अगर शादी के बाद आदमी का दिमाग इतना खराब हो जाता है, तब तो मैं समझता हूँ कि जीवन-भर कुंवारे रहना ही ठीक है, कौन शादी करके अपने को मारे।"

"तो तुम शादी नहीं करोगे?"

"फिर क्या, आपकी बातें सुनकर तो ऐसा ही लगता है। जरा अपनी दूसरी फ्रेंड लोगों को देखिये, अभी उन्होंने शादी नहीं की तो कितनी स्मार्ट दिखती हैं, आपकी हो गयी तो आप कितनी बूढ़ी अम्मा की तरह बातें करने लगी हैं! वहाँ यही हाल पाखी दीदी का है। तीन बच्चे क्या पैदा कर लिए हैं, सोचती हैं उन्होंने तीन युग जीत लिए हैं। मोटी भैंसा बन गयी हैं। बस सारा दिन चूल्हे में और बच्चों की देख-भाल में ही अपनी एनर्ज़ी वेस्ट करती रहती हैं।"

"अच्छा," तहमीना हँस दी और फिर उठते हुए बोली, "पाखी कहाँ है आजकल? और तुम चाय पियोगे न?"

"नेकी और पूछ-पूछ, जरूर पिलाइये।"

तहमीना चाय बनाने रसोई में चली गयी और वहीं से विपुल से बातें करने लगी।

"आजकल पाखी दीदी अकोला में हैं, जीजाजी की वहीं सर्विस है न," विपुल उसे बता रहा था।

"कभी यहाँ बुलाओ," तहमीना दो कप में चाय बना लायी थी और विपुल की तरफ बढ़ाती बोली, "लो चाय पिओ। आजकल क्या कर रहे हो, कोई नौकरी मिली?"

"आजकल नौकरी मिलना इतना आसान है क्या दीदी," विपुल चाय सिप करते हुए बोला, "मेरा फर्स्ट आना, एन० सी० सी० में टॉप लेना, खेल-कूद में बढ़िया सर्टिफिकेट पाना सब बेकार हुआ। हाँ, लेकिन इतनी बात तो समझ में आ गयी कि आदमी के पास कोई सर्टिफिकेट न हो तो चलेगा, पर सिफारिश का उत्तम सर्टिफिकेट होना जरूरी है। माँ बचपन से हमारे पीछे लगती थी—बेटा अच्छा पढ़ो, अच्छा खेलो, बढ़िया हेल्थ बनाओ; पर क्या फायदा हुआ! सारा कुछ तो माँ ने हमारे लिए जुटा दिया पर हमारे लिए वह सिफारिश नहीं जुटा पायी। माँ के कितने गहने इन्टरव्यू देने के चक्कर में बिक चुके हैं! माँ को लाख मना करता हूँ कि अब मुझे इन्टरव्यू में मत भेजो, कोई

फायदा नहीं है, पर वह कहती है कि एक दिन तू बड़ा आदमी बनेगा, भगवान झूठा नहीं हो सकता, कहती है—मेहनत करना हमारा काम है, सफलता देना भगवान का काम है।''

''ठीक ही तो कहती हैं,'' तहमीना बोली, ''इस तरह हताश होने से काम थोड़ी चलेगा। विपुल, तुम मन क्यों छोटा करते हो, तुम एक दिन जरूर-जरूर बड़े आदमी बनोगे, मेरी आत्मा भी कहती है, फिर मौसी का विश्वास टूट नहीं सकता।''

''दीदी, तुम्हारी आत्मा तो बहुत कुछ कहती है, पर तुम्हारी आत्मा की आवाज बहरे लोगों के कानों तक पहुँचे तब न,'' विपुल ने चाय खत्म की और टेबल पर कप रखता बोला, ''सुनो दीदी, माँ का पूरा एक गहना बेचकर मैंने एक भैंस पाल ली है। माँ से यह पैसा मैंने उधार लिया है और मुझे इस पैसे को लौटाना है। आजकल उस भैंस की सेवा जोर-शोर से कर रहा हूँ। रोज सुबह उठकर उसे नहलाता हूँ, दूध दुहता हूँ, दाना खिलाता हूँ, कोठे की सफाई करता हूँ।''

''अच्छा,'' तहमीना को आश्चर्य हुआ, ''इतना सब कर लेते हो?''

''और देखोगी दीदी,'' कहता विपुल उसके पास आ गया, ''देखो दोनों हाथों की उँगलियों में जो गट्टे पड़ गये हैं, देखो तो किस चीज के हैं?''

तहमीना ने विपुल के दोनों हाथों को देखा, उसके हाथ मजदूर की तरह सख्त और खुरदुरे थे, उँगलियों की जड़ों में बड़े-बड़े गट्टे पड़ गये थे, उँगलियों की पोर छिल-सी गयी थीं। ''तुम्हारे हाथ इतने कठोर कैसे हैं विपुल?''

''ये मजदूर के हाथ हैं, दिन-भर मेहनत करता हूँ। तुम विश्वास करोगी दीदी सुबह से एक गाड़ी लकड़ी चीर कर आ रहा हूँ।''

''विपुल,'' तहमीना आश्चर्य से फट पड़ी, ''क्या कहते हो तुम, एक गाड़ी लकड़ी चीरी है तुमने, सच?''

''फिर इसमें शर्म की क्या बात है, घर की हालत ही ऐसी है कि एक-एक पैसा हमारे लिए कीमती है, उसे बचाना जरूरी है। फिर दीदी मैं समझता हूँ, कि काम चाहे कोई भी हो, उसे करने में हमें शर्म नहीं आनी चाहिए।''

''तुम वाकई ग्रेट हो विपुल, तुम्हारे सिद्धान्त बड़े हैं। वैसे तो आदमी बहुत से रूपों में बड़ा हो जाता है पर विचारों में बड़ा होना और बात है।''

''ग्रेट-वेट कुछ नहीं दीदी,'' विपुल हँसा, ''एम० एस-सी० कर लिया हूँ तो क्या मेहनत का काम नहीं कर सकता? अगर मेरा जन्म मजदूर के घर में हुआ होता और मैं अनपढ़ होता, तो मुझे यही काम करना पड़ता न, फिर पढ़-लिखकर मैं ऐसा क्यों नहीं कर सकता? मेरे दोस्त हँसी उड़ाते हैं। उड़ाने दो, कोई वे मेरी जरूरत पूरी नहीं कर देंगे। मैं बिना प्रेस के कपड़े पहनता हूँ तब भी

लोग मजाक उड़ाते हैं।"

"ठीक तो है विपुल, तुम प्रेस तो कर ही सकते हो, फिर प्रेस क्यों नहीं करते ?"

"घर में इलेक्ट्रिक की प्रेस है नहीं, और खाना भी लकड़ी के चूल्हे पर बनता है, धोबी को दो तो वह कसकर पैसा लेता है···यूँ ही कभी बिना प्रेस के कपड़े पहन लेता हूँ।"

"यहाँ लाकर प्रेस कर लिया करो विपुल, या मैं ही तुम्हारे कपड़ों पर प्रेस कर दिया करूँगी। सच है, जहाँ आजकल लड़के राजेश खन्ना बने घूमते हैं, वहाँ तुम ऐसे रहते हो तो वे तुम्हें गँवार तो कहेंगे ही, मजाक तो उड़ायेंगे ही।"

"मेरी ग्रेट दीदी, तुम्हें मालूम होना चाहिए तुम्हारे विपुल के पास केवल एक शर्ट, एक फुलपैंट है जिसे गंदी होने पर वह रात को धोकर सुखाता है और सुबह पहन कर शहर के चक्कर काटता है। बोलो तो तुम्हारे पास कौन से कपड़े प्रेस करने लाऊँ ?"

तहमीना अचकचा-सी गयी, वह अवाक् होकर विपुल को देखती रह गयी। यह लड़का अपने में कितना एकाकी है, पर ऊपर से कितना हरा-भरा! इसने कभी पता ही नहीं लगने दिया अपने कष्टों का, अपने दुखों की आँच उसने किसी को लगने नहीं दी, यहाँ तक कि तहमीना को भी नहीं। तहमीना उदास-सी विपुल को देखती रही, समझ में नहीं आया कि क्या बोले।

"दीदी, तुम हैरान हो गयी हो न," विपुल उसे देखता हुआ बोला, "तुम भी औरों की तरह धोखा खा गयीं न मेरे सफेद कपड़े देखकर ? उस दिन तुमने पूछा था—विपुल तुम्हें सफेद रंग इतना क्यों पसंद है ? तो मैंने झट से कहा था, दीदी मुझे केवल सफेद रंग ही पसंद है। क्या करूँ, तुम्हीं सोचो दीदी, क्या मेरी इच्छा नहीं होती ?—होती है—पर मैं आज गुलाबी शर्ट सिलवा लूँ और रोज उसी-उसी को पहनकर निकलूँ, तो दोस्त लोग यही कहेंगे कि साले के पास एक ही शर्ट है, उसी को पहनता रहता है। पर सफेद कपड़ों के साथ ऐसा नहीं, दोस्त लोग सोचते हैं, इसके पास कई जोड़े होंगे सफेद के, इसे सफेद ही कपड़े पसंद हैं न और सीधे से सफेद रंग पसंद है, कहकर छुट्टी मिल जाती है। तो दीदी अपनी इच्छा को मार कर लोगों के सामने 'बेचारा' बनने से तो बच जाता हूँ।"

"विपुल, तुमने मुझे क्यों नहीं बताया ?" तहमीना उदास हो गयी, "मैंने तुम्हारे जन्म-दिन पर भेंट में दूसरी चीज दी थी, उसके बदले शर्ट पीस या पैंट पीस देती।"

"तुम भी दीदी," विपुल हँसा, "तुम्हीं तो कहती हो एक दिन मैं बड़ा आदमी बनूँगा, फिर उस दिन मेरे पास ढेर-ढेर कपड़े होंगे, दिन में कई-कई ड्रेस बदल दूँगा, तुम्हारे एक शर्ट पीस या एक पैंट पीस देने से मेरी जरूरत पूरी नहीं

हो सकती, और ना ही मेरी इच्छाएँ पूरी हो सकती हैं। ठीक है, अच्छा अब तुम जल्दी से हँस दो तो।"

विपुल की बात पर उसे रोना आ रहा था, उसकी जिद पर वह मुस्कुरा दी और उसकी जबरदस्ती की हँसी देख विपुल भी हँस दिया और बोला, "दीदी, कभी-कभी हँसना भी कितना कठिन हो जाता है! मेरी बातों को छोड़ो अब, इनका अंत नहीं है न! अब आप चेयरमैन बन गयी हैं, कल से सुबह उठकर आप रोज रस्सी कूदिये, अपने शरीर को कम करने के लिए आपको कुछ करना ही होगा। इस माह आपको अपना वेट कम करना ही है। यह मेरी शर्त है।"

"अच्छा बाबा ठीक है, तुम जैसा कहोगे अब रोज वैसा ही करूँगी। प्रसन्न रहूँगी, सजी-बनी रहूँगी, अपना मन चाहा प्रेमी भी बनाऊँगी। बस या और कुछ?"

"दीदी··· फिर मजाक, सब बात ठीक है, लिस्ट से अंत वाली बात काट दो। तुम्हें प्रेम-व्रेम नहीं करना, तुम ऐसे ही ठीक हो, क्यों सर-दर्द पालना चाहती हो," कहता विपुल जोर से हँस दिया और तहमीना भी साथ में जोर से हँस पड़ी।

तभी बाहर से अचानक जमशेद आ गये और दोनों को इस तरह हँसता देख रुके और एक कुर्सी खींचकर उस पर बैठते बोले, "क्यूँ इतनी हँसी आ रही है?"

"जीजाजी, मैं दीदी को स्मार्ट बनने के नुस्खे बता रहा था, और वह मेरी हँसी उड़ा रही हैं। देखिये तो अब दीदी चेयरमैन बन गयी हैं, इन्हें बहुत स्मार्ट दिखना चाहिए।"

"क्यों दिखना चाहिए? चेयरमैनशिप है, कोई एयर होस्टेज की सर्विस तो नहीं!" विपुल और तहमीना पर मानो घड़ों पानी पड़ गया हो। तहमीना ने संकोच से सिर नीचा कर लिया और विपुल अचकचाकर चुप हो गया, मानो बोलना भूल गया हो। पता नहीं क्यूँ वह बहुत उदास हो गया था। तहमीना ने एक बार आँख उठाकर विपुल को देखा पर वह नीची आँख किये टेबल की ओर देख रहा था, चुप-सा और उसकी उँगलियाँ उसकी साइकिल की चाबी को घुमा रही थीं।

"खाना बन गया, आफिस का समय हो रहा है?" जमशेद बोले।

"हाँ, बन गया," तहमीना ने कहा।

"अच्छा चलता हूँ," कहता विपुल उठ गया, और तहमीना उसे छोड़ने बाहर तक आयी। विपुल अभी भी उदास था।

"फिर कब आओगे विपुल?" पता नहीं क्यों तहमीना को लगा कि विपुल अब नहीं आएगा।

"बाद में आऊँगा दीदी। बोलो तो, तुम्हारे पास नहीं आऊँगा तो कहाँ जाऊँगा," कहता विपुल साइकिल उठाकर चला गया। तहमीना लौट आयी तो देखा जमशेद उसी कुर्सी पर बैठे हैं और उन्होंने उसे देखा। तहमीना दरवाजा पकड़े हुए खड़ी हो गयी।

"आपको इस तरह विपुल के सामने नहीं कहना चाहिए था," तहमीना ने कहा और जल्दी से दरवाजा छोड़ दिया।

"क्या नहीं कहना चाहिए था?" जमशेद ने अनजान बनते हुए पूछा।

"यही कि मेरी नौकरी एयर होस्टेज की नहीं है।"

"फिर क्या, वह कल का लड़का तुम्हें स्मार्ट बनने के नुस्खे सिखा रहा था, उसने समझ क्या लिया है?"

"स्मार्ट दिखना कोई पाप है क्या?"

"मुझे ये सब फालतू बातें पसंद नहीं," जमशेद कुर्सी से उठते हुए बोले, "और सुन लो, मुझे तुम्हारा उसके साथ यह अड्डा जमाना भी पसंद नहीं। कह दो वह रोज-रोज यहाँ न आया करे।"

"क्या···" तहमीना जैसे आसमान से गिरी, "आप क्या बोल रहे हैं, आपको होश है? विपुल मेरे पास आज से नहीं बचपन से आ रहा है। वह मेरे सामने हाफ पेंट पहनकर घूमता था। वह मुझसे उम्र में कितना छोटा है, और आप उसको लेकर इस किस्म की बात सोच रहे हैं!" तहमीना एकदम रुआँसी-सी हो गयी।

"शक की बात नहीं तहमीना, तुम अपने काम-धन्धे छोड़कर उसके साथ बैठी रहती हो, क्या यह ठीक है?"

"घर के कामों की चिन्ता मुझे होनी चाहिए, न कि आपको," तहमीना से आगे कुछ बोला नहीं गया, और वह अपनी डबडबाई आँखों को सँभाले रसोई की ओर चली गयी। उसने जमशेद के लिए खाना लगा दिया और खुद बिना खाये-पिये रह गयी। उसे जमशेद की बात भीतर ही भीतर चीर रही थी, लहू-लुहान कर रही थी।

खाना खाकर जमशेद आफिस चले गये, और तहमीना पलंग पर औंधी लेट गयी, उसका मन भर आया था और वह फूट-फूटकर रोती रही।

दोपहर को तहमीना खाना खाकर दौरे के लिए निकली। गाड़ी कच्चे रास्ते पर आगे बढ़ने लगी। रास्ता बहुत खराब था। ड्राइवर ने सामने का शीशा खोल दिया। कच्चा रास्ता जो ऐन तालाब के ऊपर से होता हुआ नीचे ढलान की ओर उतर गया था, वहाँ से सागौन का विशाल जंगल शुरू हो गया था। रास्ते के दोनों ओर सागौन के ऊँचे-ऊँचे पेड़ खड़े थे—आकाश को छूते, चुप से! वह सन्नाटे में खड़े थे और चारों ओर एक भयानक-सा सन्नाटा फैला हुआ था।

कहीं-कहीं से किसी भटके हुए पक्षी की अपने साथी को पुकारती गुहार सुनायी दे जाती। उसने ध्यान से सुना, यह गलगल चिड़िया की आवाज थी। उसे अचानक याद आया उस दिन गाँव की एक औरत उसे बैठाकर एक कहानी सुना रही थी कि बहुत पुराने जमाने की बात है गलगल एक अच्छे परिवार की लड़की थी। पर जब वह ब्याह होकर ससुराल गयी तो जब उसने दरवाजा खोला तो दरवाजे के पार दुख ही दुख थे और सारी उम्र वह दुख ही सहती रही—सास की, ननद की और पति की। दुखों ने उसे एक दिन घोट-घोटकर मार दिया। और जब वह अगले जन्म में गलगल चिड़िया बनकर आयी तो उसकी भटकी हुई आत्मा सूने सन्नाटे पर बैठी चीखती है, 'मैं प्यासी हूँ, मैं प्यासी हूँ।'

सुनकर उसे बड़ा अजीब-सा लगा था और उसी आदिवासी औरत ने कहा था कि वहिनजी, अब की बार जब भी आप गलगल चिड़िया की आवाज सुनें तो ध्यान से सुनियेगा, वह कहती है कि मैं प्यासी हूँ···मैं प्यासी हूँ···। आज अचानक इस सूने जंगल में गलगल चिड़िया की आवाज सुनायी पड़ गयी थी, और वह कान लगाकर आवाज के शब्दों को पकड़ती रही, पर जीप की आवाज इतनी तेज थी कि आवाज के शब्द वह पकड़ नहीं पायी और जीप आगे निकल गयी और गलगल की आवाज सन्नाटे-भरे जंगल में पीछे छूट गयी।

आसमान छूते सागौन के पेड़ों का सिलसिला खत्म हुआ तो खेतों की लाइन शुरू हो गयी। कटे हुए खेतों का सिलसिला था और अब खेतों में ही खलिहान बना लिये गये थे, जहाँ बड़े-बड़े कुप्पे के रूप में धान को रख दिया गया था। धान के कुप्पे बड़े ही सुंदर ढंग से रखे गये थे। व्यस्त दिनों की शुरुआत थी, गाँव के सारे लोग अपने-अपने खलिहानों में व्यस्त थे, यहाँ तक कि बच्चे तक कटे खेतों में कोरजा चुनने गये थे। बहुत-सी जगह मिडाई चल रही थी। बैल धुरी पर घूमते हुए धान की बालों को पैरों से खूँद रहे थे और आसपास व्यस्त-से लोग बैठे हुए थे।

गाँव की शुरुआत हो गयी थी। पूरे गाँव में जरूरत से ज्यादा सूनापन लगा जैसे घरों को छोड़कर लोग कहीं चले गये हैं। बस, चरती हुई मुर्गियाँ सर उठाकर बहुत व्यस्त-सी उत्सुकता से जाती हुई जीप को पल-भर को निहार लेतीं फिर घरों की ओर दौड़ जातीं। रास्ता बहुत ही ज्यादा खराब था।

"बारिश में तो यहाँ आना मुश्किल होता होगा?" तहमीना ने ड्राइवर से कहा।

"जी हाँ," ड्राइवर ने जवाब दिया, "बरसात में इधर आना नहीं होता। रास्ता बहुत खराब है, कभी धोखे से इधर आ भी जाएँ और अचानक पानी बरस जाये, तो निकलना बहुत मुश्किल हो जाता है। जीप का चक्का फँस गया तो बस समझिए निकलना मुश्किल।"

"अरे, तब तो बरसात-भर यह रास्ता कटा हुआ रहता होगा ?"

"जी हाँ।"

दूर से ही तहमीना ने स्कूल को पहचान लिया, क्योंकि बाहर खुले अहाते में बच्चे लाइन में बैठे थे, और विमला सफेद कपड़ों पर लाल स्वेटर पहने टहल रही थी। बच्चों की तादाद देख लग रहा था कि आज वह दौरे पर आने वाली है, इसलिए घर-घर जाकर बच्चों को बुलाकर जमा कर रखा है। जीप के रुकते ही कुछ बच्चे घबराकर भागने लगे, जिन्हें शिक्षिका ने रोका। पर फिर भी कुछ बच्चे अपने घर भाग ही गए। अहाते में लगे झूले पर बाहर के बच्चे झूल रहे थे और ऊधम मचा रहे थे।

"ये कौन बच्चे हैं ?" तहमीना ने उनकी तरफ इशारा करते हुए पूछा, "अपने यहाँ के तो नहीं लगते काफी बड़े हैं। इन्हें मना करो, वरना यह तो झूल-झूलकर सारे झूले तोड़ डालेंगे," तहमीना ने आगे बढ़ते हुए पूछा, "तुम्हारी दूसरी शिक्षिका कहाँ गयी ?"

"जी, वह कुछ काम से बाहर गयी है," विमला ने बताया।

"क्यों, इस समय वह गाँव क्यों गयी है ?"

"असल में दीदी आप आने वाली थीं न तो चाय के लिए दूध का इन्तजाम करने गयी है, अभी आ जायेगी," विमला ने धीरे से बताया।

"अपनी ड्यूटी छोड़कर वह चाय का इन्तजाम करने क्यों गयी है ? मैं चाय पिऊँ यह कोई जरूरी तो नहीं," तहमीना ने बच्चों की तरफ जाते हुए कहा।

देहातों के सब स्कूलों में कहीं कुर्सियाँ नहीं दी गयी हैं, क्योंकि वह जितनी जगह भी जाती है, कहीं बैठने के लिए कुर्सी नहीं। नाश्ता रखने के लिए जो कोठियाँ दी गयी हैं उसे ही वे लोग उसके आने पर निकाल लेते हैं और उसके ऊपर कपड़ा डालकर उसके लिए कुर्सी बना देते हैं। यहाँ पर भी यही हुआ। कोठी के ऊपर चादर डली हुई थी। तहमीना धीरे से आगे बढ़कर उस पर बैठ गयी। बच्चे कुछ घबराये-से, आश्चर्य से भरे उसे तक रहे थे, तभी सामने से शिक्षिका आती दिखी।

"नमस्ते मैडम," उसने पास आकर हाँफते हुए शब्दों में कहा।

"हूँ, तो तुम दूध का इन्तजाम करने गयी थीं ?" तहमीना ने मजाक से पूछा।

"जी," वह झेंप गयी।

"चाय पीना बहुत जरूरी भी तो नहीं। अच्छा चलो, अब तुम यह चाय-वाय का चक्कर छोड़ो और अन्दर चलकर अपने सारे रजिस्टर्स ले आओ। तुम्हारे स्टाक की भी मुझे जाँच करनी है, और हाँ तुम्हारे बच्चे साफ-सुथरे नहीं लग रहे हैं। पहले अपना हाजिरी रजिस्टर दिखा दो।"

शिक्षिका अन्दर से जाकर तुरन्त हाजिरी रजिस्टर वगैरह उठाकर ले आयी। बच्चों से कुछ गीत वगैरह सुनवाये। उन बच्चों में से दो बच्चे ही ज्यादा होशियार लगे। बाकी बच्चे तो जबरदस्ती लाये जैसे लग रहे थे, जिन्हें ठीक से बैठना भी नहीं आता था। अधिकांश बच्चों ने निकर तक नहीं पहन रखी थी।

"देखो गाँव में तुम काम करती हो," तहमीना ने कहा, "हम इनके माँ-बाप को आदेश नहीं दे सकते कि वह अपने बच्चों के लिए बढ़िया कपड़े सिलवाएँ, फ्राक बनवाएँ, निकर बनवाएँ, पर हाँ यह बच्चे घर से जो भी पहनकर आयें वह कम से कम साफ-सुथरे होने चाहिए।"

"क्या करूँ मैडम, रोज बताती हूँ पर ये लोग समझते ही नहीं। इतने मुश्किल से पकड़-पकड़कर लाना पड़ता है इन्हें। सुबह से ही इनके माँ-बाप खेतों पर चले जाते हैं और घरों पर ये ही बच्चे होते हैं जिन्हें रोज बताने पर भी नहीं समझते। इन बच्चों के लिए अपने आफिस की तरफ से ड्रेस मिल जाये तो बहुत अच्छा हो।"

"हाँ वह तो करना ही होगा, पर उसे स्कूल के समय ही पहनाओ और घर जाते समय उतरवा लो, वरना दूसरे दिन वह ड्रेस भी नहीं दिखेगी," तहमीना ने हँसते हुए कहा और हाजिरी रजिस्टर पर दस्तखत कर दिये।

तहमीना उन गन्दे बच्चों को निहारती रही और सोचने लगी, इन्हें सुधारने में, इन्सान बनाने में कितना समय लग जायेगा, तब भी शायद ये इन्सान नहीं बन पायेंगे; क्योंकि गरीबी, भूख, अभाव इनकी नस-नस में समा गया है और उसे मिटाना नामुमकिन-सा है। तहमीना ने उस दिन खुद अपनी आँखों से देखा था। गाँव की कुछ औरतें चावल का कोंडा, जिसे गाय-भैंसों को खिलाया जाता है, उसे बारीक छानकर और मोटी-मोटी हाथ से रोटी बना रही थीं। उसे देखकर आश्चर्य लगा था कि कोंडे की रोटी कैसे खाई जा सकती है? क्या इन्सान अब गाय-भैंसों की श्रेणी में आ गया है? सच है पेट की आग बुझाने के लिए क्या-क्या नहीं करना पड़ता। कम से कम इन परियोजनाओं के द्वारा इन भूखे-नंगे बच्चों के मुँह में थोड़ा पौष्टिक आहार तो जाता है। पर वह भी कितना! सारा कुछ तो बीच के लोग खा जाते हैं। इनसे ज्यादा भूखे तो भरे पेट वाले लोग हैं।

निरीक्षण करके जब वह लौटने लगी तब सारे बच्चों ने जीप को घेर लिया और एक स्वर में चिल्लाये, "नमस्ते बहिनजी, नमस्ते बहिनजी।" तहमीना को उनका हिन्दी बोलना बहुत अच्छा लग रहा था। गाड़ी आगे बढ़ रही थी कि अचानक तहमीना ने देखा कि सामने एक आम का बगीचा है, उसके पीछे एक नदी है और उसके पीछे टीले पर एक गाँव बसा है जो यहाँ से देखने पर बड़ा ही सुन्दर लग रहा है।

"क्या वह गाँव है ?" तहमीना ने पूछा।

"जी," ड्राइवर ने बताया, "पहले अपना सेन्टर वहीं था, बाद में हटाकर यहाँ कर दिया गया।"

"वाह, इतने सुन्दर गाँव से सेन्टर क्यों हटा दिया गया ? तब मैं होती तो कभी हटाने नहीं देती।"

"जी, बरसात में नदी चारों तरफ से इस टीले को घेर लेती है, तब नीचे के लोग ऊपर नहीं जा सकते और ऊपर के लोग नीचे नहीं आ सकते। इसलिए वहाँ से हटाना पड़ा था।"

लौटते में तहमीना आफिस गयी, जरूरी काम निपटाये, विमला को वहाँ छोड़ा, बड़े बाबू से पूछताछ की और वह लौट पड़ी। और जब वह लौटने लगी तो सच में उसे भूख लगने लगी थी।

आज तहमीना को एक नये गाँव जाना था। सड़क से लगभग तीन-चार मील अंदर एक कच्चा रास्ता जाता था। रास्ते के दोनों ओर काजू का बगीचा था, लगभग दस-बीस एकड़ पर काजू के पेड़ लगे हुए थे। गर्मियों में जब काजू फलते होंगे तब बहुत ही बढ़िया लगता होगा, सोंधी-सोंधी फलों की महक बहुत बढ़िया लगती होगी।

जब तहमीना जीप से नीचे उतरी तो उसने तुरन्त महसूस कर लिया कि यह गाँव ढंग का बसा हुआ नहीं है, बहुत बेतरतीब से बसा हुआ है। जहाँ गाड़ी रुकी थी वह शायद जनपद का स्कूल था। उसे आश्चर्य हुआ, क्या जनपद के स्कूल के साथ ही उनका भी स्कूल चलता है। तहमीना अंदर चली गयी जहाँ वे लोग बैठे थे। उसके ठीक पीछे एक बड़ा-सा कमरा था। तहमीना अंदर गयी पर तभी तुरन्त बाहर निकल आयी, क्योंकि वहाँ बहुत ज्यादा सीलन और ठंडक भरी हुई थी। सीलन के कारण जमीन एकदम गीली थी। कमरा भी बहुत बेतरतीब-सा था, खिलौने भी ढँग से सजे हुए नहीं थे रंगीन। झंडियाँ जो कमरे में लगायी गयी थीं वे इतनी नीची थीं कि सर से टकरा रही थीं। तहमीना को बहुत आश्चर्य-सा हुआ यहाँ की व्यवस्था देखकर। क्या यहाँ निरीक्षण के लिए कोई नहीं आता ?

"देखो यहाँ तुम्हें दो दिन रहना है," तहमीना ने विमला से कहा, "तो तुम इसे कमरा सजाने का ढंग, झंडियाँ लगाने का तरीका बतला देना। आश्चर्य है कैसी शिक्षिका है इसे झंडियाँ लगाना तक नहीं आता।"

तहमीना तुरन्त जीप की ओर बढ़ गयी। उसके मूड को देखकर विमला समझ गयी थी कि मामला बिगड़ गया है, पर वह अपने मुँह से कुछ नहीं बोली। पीछे-पीछे आने लगी। शिक्षिका भी घबरा गयी थी। जब तहमीना जीप में

बैठने लगी तो एक व्यक्ति उसकी ओर बढ़ता हुआ आया। उसने अपना परिचय बताया कि वह जनपद स्कूल का टीचर है। वह शिकायती लहजे में जाने क्या-क्या बोल रहा था, पर तहमीना की समझ में एक भी बात नहीं आयी।

"आखिर बात क्या है ?" तहमीना ने परेशान होकर शिक्षिका से पूछा, वह व्यक्ति जा चुका था।

"बहिनजी, मैं जिस मकान में रहती हूँ वह जनपद का है और यह मास्टर मेरे पीछे लगा है, मुझे बार-बार खाली करने को कहता है, रोज लड़ता है। आज आपको देखकर वह शिकायत करने पहुँच गया।"

"तो तुम खाली क्यों नहीं कर देतीं, हो सकता है उसे घर की आवश्यकता हो ?" तहमीना ने गुस्से से कहा। "यह तो बहुत बुरी बात है, इस तरह तुम्हारी प्राइवेट बातों की शिकायतें हम तक पहुँचें।"

"असल में बहिनजी यह बदमाश आदमी है। मैं इसके चक्कर में नहीं आई इसलिए नाराज रहता है, और रोज-रोज घर से निकालने की धमकी देता है, और इस तरह आप लोगों के सामने भी मुझे नीचा दिखाता है।"

"जब ऐसी बात है तो तुम्हें तुरन्त कोई घर देख लेना चाहिए। वह हमें रोककर बातें कर गया, क्या तुम्हें अच्छा लग रहा है ?"

"कोई घर मिलता नहीं बहिनजी, क्या करूँ !"

"ताज्जुब है, इतने दिन गाँव में रहते हो गए तुम्हें, और तुमने इतने भी सम्बन्ध नहीं बनाये कि कोई तुम्हें रहने के लिए जगह दे दे ! आश्चर्य है, किस तरह तुम फील्ड में काम करती हो," कहती तहमीना जीप में बैठ गयी। उसने देखा विमला दूर खड़ी उस मास्टर से बातें कर रही थी। मास्टर अपना दुखड़ा सुना रहा था और वह उपदेश दे रही थी।

आज तहमीना बहुत फ्रेश मूड से बाहर निकली थी, पर आते ही यह चिक-चिक देखकर तहमीना का दिमाग खराब हो गया था और उसने ड्राइवर को गाड़ी स्टार्ट करने के लिए कहा। जब गाड़ी स्टार्ट हुई तो शिक्षिका दौड़कर आई और एकदम से उसके पैर छूते हुए बोली—"नहीं बहिनजी, आप ऐसे नहीं जाएंगी, कम से कम एक कप चाय तो पी लीजिए।"

"नहीं, चाय नहीं पीनी है, अभी इच्छा नहीं हो रही है," तहमीना ने रूखे शब्दों में कहा।

"नहीं, मुझ गरीब के घर की आपको एक कप चाय तो पीनी ही है।" लाचार होकर तहमीना ने हामी भर दी। वह शिक्षिका दौड़ती हुई आगे बढ़ गयी।

जीप एक घर के आगे रुकी। जीप जहां खड़ी थी, तहमीना ने देखा वहाँ पर ढेर सारे आमों के पेड़ थे। तहमीना जीप से नीचे उतर गई और आसपास के

दृश्य को आँख भर कर निहारने लगी। उससे उसका बिगड़ा हुआ मूड अब ठीक होने लगा था। सर का दर्द भी कम लगने लगा।

"बहुत घनी और बढ़िया अमराई है यह," तहमीना ने प्रसन्न होते हुए शिक्षिका से कहा और आगे बढ़ गई।

तहमीना आगे चल रही थी, ठीक उसके पीछे शिक्षिका चलने लगी, "बहिनजी, सहायिका मुझसे बहुत लड़ती है, मुझे नीचा दिखाने की कोशिश करती है, मेरी कोई बात नहीं मानती। आप हम दोनों में से किसी एक का ट्रांसफर कर दें, रोज-रोज के झगड़ों से मैं तंग आ गई हूँ।"

"ठीक है, हम देख लेंगे," तहमीना ने बात को टाल दिया।

बड़े से गेट के अन्दर वे लोग दाखिल हो रहे थे। बहुत बड़ा अहाता था और मकान भी काफी बड़ा था। अहाते में ढेर सारे गाय-बैल बँधे हुए थे। शिक्षिका ने बताया कि यह घर पटेल का है, और इसी के घर के पीछे एक कमरे में सहायिका रहती है, जहाँ जाने का रास्ता पटेल के घर से पड़ता था। जब वे लोग जा रहे थे, पटेल की घर की औरतें दरवाजे की आड़ से उसे झाँक रही थीं। पटेल काफी रईस लगता है, उसने सोचा, काफी सम्पन्न लोग हैं। सहायिका के कमरे में जब तहमीना पहुँची तो अचानक उसने देखा कि शिक्षिका थोड़ी दूर पर खड़ी हो गयी। वह बाहर ही खड़ी रही, अन्दर नहीं आयी। उसका इस तरह बाहर खड़े रहना उसे विचित्र-सा लगा। उसकी समझ में नहीं आ रहा था कि कौन शिक्षिका है और कौन सहायिका। होगा, क्या करना है—सोचते हुए वह अन्दर चली गयी।

नीचे चटाई पर साफ चादर बिछा दी गयी थी जिस पर तहमीना बैठ गयी। इस कमरे से लगकर पटेल के घर की बाड़ी शुरू हो गयी थी, जिसमें ढेर सारी सब्जियाँ लगी हुई थीं। हरी-भरी बाड़ी को देख उसे बहुत अच्छा लगा।

"बहिनजी, मैं यहाँ इतने सालों से काम कर रही हूँ पर मुझे साठ रुपये पर ही रखा गया है, खर्च पूरा नहीं होता, मेरी अब तरक्की होनी चाहिए," सहायिका ने उसके आगे नाश्ते की प्लेट रखते हुए हाथ जोड़कर कहा।

"हूँ, तो तुम कहाँ तक पढ़ी हो ?" तहमीना ने प्लेट से भजिए उठाते हुए कहा। उसकी समझ में तुरन्त दोनों की लड़ाई का कारण आ गया। याने सहायिका शिक्षिका बनना चाहती है।

"जी आठवीं तक पढ़ी हूँ, इस साल मैट्रिक का फार्म भर रही हूँ।"

"ठीक है, तुम पहले हायर सेकेण्ड्री कर लो, फिर देखेंगे," तहमीना ने अच्छे से सहायिका को निहारते हुए कहा, "देखो, उम्र से कोई बड़ा नहीं होता, अपने पद से बड़ा होता है। तुम सहायिका हो याने तुम शिक्षिका के अण्डर में हो, याने वह यहाँ पर तुम्हारी बॉस है, और उसकी बात तुम्हें माननी पड़ेगी, और इस

तरह नौकरी में मतभेद या क्लेश पैदा करके कोई फायदा नहीं।"

"जी," कहती हुई सहायिका एकदम घबरा गयी। वह आश्चर्य में पड़ गयी थी, इतने कम समय में चेयरमैन बात की तह तक कैसे पहुंच गयी।

तहमीना वहीं बैठ कर चाय पीती रही। अभी भी एक बात उसे खटक रही थी, और उसकी समझ में यह बात नहीं आ रही थी कि शिक्षिका के होते हुए, सहायिका ने अपने धर चाय का इन्तजाम क्यों किया। तहमीना ने देखा, विमला का सामान भी सहायिका के घर ही रखा था, याने विमला सहायिका के घर रह कर ही अपना दौरा पूरा करेगी। यह सब उसे बड़ा विचित्र-सा लग रहा था। यह राज़ उसके सामने राज़ ही रहा, उसने किसी से पूछा भी नहीं।

जब वे लोग बाहर निकले तो उसने देखा, अँधेरे में दीवार से सटकर शिक्षिका सहमी-सी खड़ी है। तहमीना आगे निकल गयी, और शिक्षिका उसके पीछे-पीछे आने लगी।

"क्या बात है, तुमने हमें चाय नहीं पिलायी," तहमीना ने जीप के पास अचानक घूमकर शिक्षिका से पूछा, "चाय पीने की बात तो तुमसे ही हुई थी न ?"

"जी आप मेरे हाथ की चाय पिएंगी," शिक्षिका एकदम घबरा कर बोली।

तहमीना कुछ कहती इसके पहले विमला एकदम आगे बढ़ी और उसने धीरे से तहमीना को बताया—"मैडम, यह हरिजन है, इसके हाथ का छुआ हम लोग कैसे खा सकते हैं ? सर्विस करने निकले हैं, तो इसका मतलब यह नहीं कि हम अपना धर्म भी नष्ट कर दें।"

"राइट-राइट," तहमीना ने जोर-जोर से सर हिलाया।

अपनी बात की हुंकार भरते देख विमला प्रसन्न हो गयी और तहमीना पैदल आगे निकल गयी। तहमीना के सामने बात खुल गई थी, शिक्षिका क्योंकि नीच जात की है, इसलिए आफिस के लोग, गाँव के लोग उसे नीची दृष्टि से देखते हैं तथा उसका आदर नहीं करते, बात-बात पर उसे अपमानित करते हैं, और इसीलिए शायद उसे गाँव में रहने के लिए घर भी नहीं मिल रहा था। फिर विमला संन्यासी है, महान है याने सोने पर सोहागा वाली कहावत पूरी हो रही थी।

"देखो मुझे दो कप चाय पीने की आदत है," तहमीना ने अपने पर्स को घुमाते हुए शिक्षिका से कहा, "और मुझे अभी चाय चाहिए, चलो दिखाओ तुम्हारा घर कहाँ है।"

"जी," शिक्षिका एकदम चकरा गयी। उसकी समझ में कुछ बात नहीं आई और वह वैसे ही घबराई-सी खड़ी रही

"मेरी बात क्या तुम्हारे समझ में नहीं आई?" तहमीना ने उसे घूरकर देखा, "मैं हिन्दी में बोल रही हूँ, क्या तुम्हारी समझ में हिन्दी नहीं आती ? माई डियर, मैंने कहा मुझे चाय चाहिए।"

"जी बहिनजी," शिक्षिका बच्चों की तरह प्रसन्न हो किलक उठी, "आप मेरे घर की चाय पिएँगी, पिएँगी न ?" उसने बहुत अविश्वास से भर कर कहा। उसे अभी भी विश्वास नहीं हो रहा था कि वह उसके घर की चाय पी लेगी।

"हाँ जरूर," कहती तहमीना शिक्षिका के साथ हो ली। बहुत छोटा-सा उसका घर था, जो जगह-जगह से टूट-फूट गया था। एक कोने में छोटा-सा चूल्हा था, मिट्टी के कुछ बर्तन थे, टूटी हुई खाट थी। बस इसके अलावा वहाँ और कोई सामान नहीं था। शिक्षिका जल्दी से चाय बनाने में जुट गई, और तहमीना बाहर खड़ी घूमती हुई आसपास के दृश्यों को देखने लगी। शिक्षिका के घर से लग कर ही एक छोटा-सा मुर्गीघर था जहाँ सफेद मुर्गियाँ चहक रही थीं। वह जाली के पास खड़ी मुर्गियों को देखती रही। सारी मुर्गियाँ एक जगह जमा होकर उसे देख रही थीं, जैसे वह उन्हें कुछ खाने के लिए देने वाली है। तभी शिक्षिका ने आकर बताया कि चाय बन गयी है। तहमीना उसके घर की ओर मुड़ी। उसने देखा बाहर खाट डाल दी गई है और उस पर एक चादर बिछा दी गयी है।

"विमला को भी बुलाओ," तहमीना ने खाट पर बैठते हुए कहा।

शिक्षिका गयी और सबको बुला ले आयी। विमला और सहायिका दोनों के चेहरे पर हवाइयाँ उड़ रही थीं, और वे अपने को काफी अपमानित-सा महसूस कर रही थीं।

"बैठो, लो चाय पियो," तहमीना ने विमला से कहा।

"आप लीजिए मैडम, मैं चाय ले चुकी हूँ, मेरी ज्यादा चाय पीने की आदत नहीं," विमला ने बहाना किया।

"अच्छा, ज्यादा चाय पीने की आदत नहीं है," तहमीना मुस्कुराई, और चाय के कप को उठाकर मुँह से लगा लिया। चाय सिप करते हुए वह बोली, "देखो विमला, तुम्हें फील्ड में काम करना है, तुम्हारा काम ही यही है। दुनिया में धर्म नहीं है, ऐसी बात नहीं है, वह है। पर घर की दहलीज के अन्दर तक, जब हम दहलीज के बाहर निकल आये हैं, बाहर का काम करने, तो यह जात-पाँत, ऊँच-नीच की भावना हमें त्याग देनी चाहिए।" और फिर तहमीना सहायिका की ओर मुड़ी, "और देखो, आइन्दा मैं जब भी टूर पर आऊँ तो मेरी चाय तुम अपने घर पर नहीं बनाओगी, मैं शिक्षिका के हाथ की ही चाय पिया करूँगी।"

"जी," कहती सहायिका आँचल को हाथ में लपेटती रही। उसके चेहरे से लग रहा था, मानो उसे भरी सभा में तमाचा मार दिया गया हो। विमला का चेहरा भी काफी उतर गया था।

"देखो, तुम यहाँ दो दिन हाल्ट करोगी, तो तुम सहायिका के घर नहीं ठहरोगी, तुम्हें सेंटर में रुकना होगा," तहमीना ने कुछ तेज होते हुए विमला से कहा, "और आइन्दा मेरी बातों का ख्याल रखोगी।"

"जी हाँ मैडम, पर उसके लिए मुझे अपने गुरुजी से परमीशन लेना पड़ेगा।"

"देखो मैं किसी को गुरु नहीं मानती, मनुष्य का गुरु खुद उसका मन होता है," चाय पीकर तहमीना उठ खड़ी हुई और जीप की ओर बढ़ गयी। शिक्षिका के चेहरे पर इतनी प्रसन्नता थी, मानो उसे राष्ट्रीय पुरस्कार से सम्मानित कर दिया गया है। वह उसके पीछे चलती हुई निहाल हुई जा रही थी।

जीप जहाँ खड़ी थी, वहाँ ग्राम की घनी अमराई थी और वहीं पर एक मिट्टी का फूस से ढँका, छोटा-सा मन्दिर था जिसके सामने केसरी रंग का झंडा गड़ा था।

"यह क्या है ?" तहमीना ने पूछा।

"शिवजी का मन्दिर है," शिक्षिका ने बताया।

"अच्छा देखें, मन्दिर," तहमीना ने कहा।

"आइए मैडम, आप आएँगी न," विमला ने आश्चर्य से उसे देखा।

"हाँ क्यों नहीं, मन्दिर जाने से क्या मेरा धर्म नष्ट हो जाएगा ! धर्म क्या इतने कच्चे होते हैं !" कहती तहमीना विमला के साथ हो ली। विमला ने आगे बढ़कर दरवाजे की साँकल खोल दी।

चरमराकर लकड़ी का पुराना दरवाजा, जो काफी भारी थी, भड़ से खुल गया। कमरे की बीचोंबीच काफी बड़ा-सा शिवलिंग स्थापित था। काले पत्थर का शिवलिंग था, आसपास ढेर नाग साँप की आकृतियाँ बनी हुई थीं। हर नाग की मूर्ति के माथे पर सिंदूर चढ़ा हुआ था। शायद अभी कोई अगरबत्ती जला गया था, जो अभी तक जल रही थी। बहुत छोटा-सा था वह मन्दिर। उसकी दीवारें मिट्टी की थीं, पर तहमीना ने जो चीज वहाँ देखी वह शायद बड़े मन्दिरों में भी न देखी हो। काँसे के ढेर सारे नाग साँप की मूर्तियाँ थीं। वहाँ एक काले पत्थर की मूर्ति थी जो बहुत ही विचित्र और भयानक लग रही थी, देखते ही रोंगटे खड़े हो रहे थे। लग रहा था जैसे अभी वह डस लेगा। जहाँ शिवलिंग और नाग की मूर्तियाँ थीं वहीं बाएँ हाथ पर बहुत बड़ा साँप का घर बना हुआ था, जहाँ छोटे-बड़े कई-कई बिल नजर आ रहे थे। साँप का घर बहुत ऊँचा लगभग छत को छूता हुआ सा था। विचित्र और भयानक-सा वातावरण लगा, रोमांच से उसका सारा शरीर झनझना गया, उसके रोंगटे खड़े हो गए। उसे ऐसा लग रहा था जैसे बचपन में देखी किसी धार्मिक फिल्म की पाताल नगरी का दृश्य हो। इसके पहले उसने ऐसा मन्दिर और ऐसा वातावरण कहीं नहीं देखा था।

"यह तो नाग की बाँबी है न ?" तहमीना ने पूछा।

"जी हाँ, इस बिल में कई वर्षों से एक नाग और नागिन का जोड़ा वास करता है," सहायिका ने बताया।

"अच्छा," तहमीना को आश्चर्य-सा हुआ, "किसीको तंग नहीं करते?"

"जी नहीं, ये किसी को तंग नहीं करते, बस बाँबी में रहते हैं और दोपहर के समय शिवलिंग के पास आकर बैठ जाते हैं। कभी-कभी कुछ दिनों के लिए यह जोड़ा भी बाहर चला जाता है।"

"क्या यह बहुत बड़े हैं?" तहमीना ने जिज्ञासा से पूछा।

"जी हाँ, बहुत बड़े-बड़े हैं, काफी उम्र के हैं और देखने में डरावने-से लगते हैं, पर किसीको तंग नहीं करते।"

बड़ा ही विचित्र-सा लगा। शिव मन्दिर में सच के नाग रहने की बात विचित्र-सी लगी। पता नहीं क्यों उसे कुछ दहशत-सी भी हुई। वह दरवाजे के पास खड़ी रही। विमला अन्दर गयी, दोनों घुटने टेके, और उसने माथा टेक दिया। वहाँ पड़ी भभूत को उठाकर उसने माथे पर लगाया, कुछ चिल्हर पैसे वहाँ रखे और दोबारा प्रणाम कर बाहर आ गयी। वे लोग सब बाहर आ गये। सहायिका ने साँकल चढ़ा दी।

तहमीना जीप में बैठ गयी। रास्ते-भर आँखों में वही विचित्र-सा मन्दिर घूमता रहा, जहाँ ढेर-ढेर नाग देवता की मूर्तियाँ तो थीं ही पर वहाँ जीवित नाग और नागिन भी थे। यदि वह आज न देख पाती और कोई उसे बताता तो शायद कभी वह विश्वास न कर पाती।

लौटते हुए अँधेरा होने लगा था। काजू के बगीचे की ठंडी हवा हड्डियों तक को कंपा रही थी। तहमीना ने बास्केट से शाल निकाली और ओढ़ ली।

दोपहर का ठीक डेढ़ बजा होगा। तहमीना लेटी हुई थी पर नींद नहीं आ रही थी। किसी की आवाज पर वह उठकर बाहर आयी, देखा सामने विमला खड़ी है। तहमीना ने उसे अंदर बुलाया और अंदर की लाइट जला दी।

"कहो, कैसे आयी हो?"

"डेली डायरी दिखानी थी," विमला ने बताया, "त्रैमासिक रिपोर्ट भी भोपाल भेजने की थी।"

"ठीक है, बैठो मैं आती हूँ," तहमीना वहाँ से उठ गयी। तहमीना ने बाथरूम में जाकर मुँह-हाथ धोया जिससे कुछ बदलाहट-सी लगी, और फिर वह लौटकर कमरे में आ गयी।

"मैडम, मैं कुछ दिनों के लिए छुट्टी लेना चाहती हूँ," विमला ने धीरे से अपने आने का मुख्य कारण बताया।

"अच्छा···क्यों?" तहमीना ने पूछा।

"शायद स्वामी जी मुझे पचमढ़ी पूजा के लिए भेजने वाले हैं।"

"अच्छा," तहमीना के अन्दर कुछ बातें कौंधीं और उसने विमला को निहारते

हुए कहा, "स्वामी जी के पास तुम कब से हो?"

"कई वर्ष बीत गये मैडम," विमला ने सर नीचा किए हुए उत्तर दिया दरअसल वह पहले से सतर्क थी। वह जानती थी कि उससे यह प्रश्न किय जायेगा।

"मगर तुम उसके पास पहुँचीं कैसे? क्या तुम्हारे माता-पिता नहीं हैं?" तहमीना ने दुबारा उससे पूछा।

"माँ, पिताजी, भाई-बहन सब हैं," विमला ने बताया, "पिताजी बहुत बड़े रईस आदमी हैं। हमारी काफी बड़ी कोठी है, मेरे पिताजी को काफी लोग मानते हैं।"

"इतना वैभव होने के बावजूद तुम कैसे संन्यासी बनीं? क्या इसका दुख तुम्हारे माता-पिता को नहीं?"

"है मैडम, माँ तो अभी तक बीमार हैं, क्योंकि मैं ही उनकी सबसे ज्यादा लाड़ली बेटी हूँ," विमला बताने लगी। "मेरा झुकाव बचपन से ही धर्म की ओर था। धीरे-धीरे यह बढ़ता गया और एक दिन मैंने संन्यास लेते हुए घर छोड़ दिया। मेरी एक दोस्त थी, उसने भी संन्यास ले लिया था। उसी के बुलाने पर मैं पहले उसके आश्रम गयी, पर वह आश्रम अच्छा नहीं लगा। वहाँ का वातावरण बहुत गन्दा था, आश्रम के नाम पर ढकोसला था, संन्यास के नाम पर बदमाशी होती थी। दुनियादार लोगों से भी बढ़कर ये लोग सेक्सी थे। हर नयी लड़की को पहले गुरु भोगता था, फिर उसके चेले, उसके बाद दीक्षा दी जाती थी। बात यहीं तक हो तो फिर भी ठीक था, पर वहाँ तो आश्रम के जरिये बड़े-बड़े खेल खेले जाते, बड़े-बड़े कारोबार चलाये जाते थे, बड़ी-बड़ी राजनीतियों में हिस्सा लिया जाता था। गोया यह कि हर बुरा काम वहाँ होता था। मुझसे कहा गया कि तुम संन्यासी बनकर दूसरी जगह जाओ, जहाँ तुम्हें जासूसी का काम करना होगा, और माल इधर से उधर भेजना पड़ेगा। मैंने जब इंकार कर दिया तो मेरे सारे वस्त्र उतार कर मुझे रस्सियों से बाँध दिया। भूखे-प्यासे मुझे चार दिन रखा गया और फिर उसी रात दस व्यक्तियों ने मेरे साथ बलात्कार किया। दुख, पीड़ा और शोक से मेरी आत्मा त्राहि-त्राहि करने लगी, पर वहाँ से निकलने का कोई रास्ता नजर नहीं आया। मेरी दोस्त ने जब देखा कि मैं इस वातावरण में नहीं जी सकूँगी तो उसने एक दिन मौका पाते ही मुझे आश्रम से बाहर कर दिया। बाहर आकर मेरी समझ में नहीं आया मैं कहाँ जाऊँ। मैं संन्यासी के वस्त्र धारण किए हुए थी, और संन्यासी को दूसरे लोग संसार त्यागा हुआ मनुष्य मानते हैं, और संसार त्यागने के बाद उसे अपनाना नहीं चाहते। भटकते हुए आखिर अंत में मुझे एक और आश्रम में शरण लेनी पड़ी। मैंने सोचा था कि पहले आश्रम में गलत काम होते थे, यहाँ शायद नहीं होते होंगे, पर यहाँ मेरी इससे भी बुरी

हालत की गयी, और एक दिन जब मैं पूजा के लिए एक शहर से दूसरे शहर भेजी जा रही थी, तब मैं मौका पाकर रेल से एक छोटे-से स्टेशन पर उतर गयी और छुपती हुई कई दिनों तक इधर-उधर भटकती रही। फिर किसीने मुझे श्री माँ के आश्रम में पहुँचा दिया। वहाँ ये सारी बातें नहीं थीं। पर वहाँ का अनुशासन बहुत कड़ा था। संन्यासी बनने के पहले कई परीक्षाएँ देनी थीं। और इतनी कठिन परीक्षाओं को देख मैं भयभीत हो गयी। इतने कड़े नियमों का पालन करना बहुत कठिन था, यहाँ दंड भी बहुत कड़े तरीके से दिये जाते थे। श्री माँ वैसे तो बहुत अच्छी, मृदुभाषी थीं, उन्हें बहुत कम लोगों ने बात करते देखा था। जब वह नाराज होतीं तब वह लाल गुलाब की पंखुड़ियाँ देती थीं। इससे समझ लिया जाता था, जिसके पास भी लाल गुलाब की पंखुड़ियाँ जाती थीं वह समझ जाता था कि श्री माँ उससे नाराज हैं, पर जब प्रसन्न होतीं किसी पर तो उसके पास सफेद गुलाब की पंखुड़ियाँ भेजती थीं। उन्हें क्रोध कभी नहीं आता था पर जब क्रोधित होतीं तो उन्हें मनाना कठिन हो जाता। इतने कड़े अनुशासन में मैं रह नहीं पायी। दम घुटता-सा लगा और एक दिन मैं श्री माँ के पास गयी और उनके पैरों के पास बैठकर बोली कि मैं आश्रम से बाहर जाना चाहती हूँ। उन्होंने सहर्ष आज्ञा दे दी। वह समझ गयी थीं, कि मेरे मन से संसार का मोह अभी खत्म नहीं हुआ था। इसी तरह मैं भटकती-भटकती ही रही, अन्त में मुझे ये स्वामी जी मिले। अब मैं इनके पास रह गयी। यह अब मुझे भटकने देना नहीं चाहते, इसलिए इन्होंने मुझे यह नौकरी दिलायी। मेरा हर तरह से ख्याल रखते हैं, समझ लीजिए कि यह मेरे दूसरे पिता हैं, पर कठोर भी इतने कि थोड़ा-सा श्लोक गलत हो जाने पर मार बैठते हैं।"

"मगर तुम्हें इतनी कम उम्र में संन्यासी बनने की क्या जरूरत आन पड़ी थी?" तहमीना ने पूछा, "क्या तुम अब अपने माता-पिता से नहीं मिलती हो?"

"नहीं, एक बार माँ की तबियत बहुत खराब हुई, पिताजी ने फिर स्वामी जी को पत्र लिखा। स्वामी जी ने मुझे कुछ नहीं बताया और मुझे पूजा करने के बहाने पचमढ़ी भेज दिया गया। पचमढ़ी से दस-बारह मील पर हमारा आश्रम है। जहाँ मुझे पूजा का आयोजन करना था। वहीं परिवार के सारे लोग आकर मुझे देख गये, माँ भी साथ आयी थीं।"

"तो तुम वहाँ जाकर अपने घर नहीं गईं?" तहमीना ने पूछा।

"नहीं, स्वामीजी की इजाजत नहीं है, तथा समाज के डर से पिताजी भी मुझे अपने घर आने नहीं देते। बस वह दूर से माँ को कभी-कभी मुझे दिखा देते हैं।"

"संन्यास लेने के बाद तुम नौकरी क्यों करती हो इस तरह, यह तो दुनिया-दारी वाली बात हुई न!"

"हमारे स्वामीजी मुझे अपने पैरों पर खड़ा करना चाहते हैं, ताकि मैं भटक न जाऊँ, वरना दूसरे आश्रमों की तरह मुझे भी ऊटपटाँग काम करने होंगे। इस तरह मैं तरह-तरह की लालचों से तो बची रहूँगी, फिर पेट भरने के लिए कोई जरिया भी तो चाहिए," विमला ने आगे बताया, "आपको बताऊँ मैडम, यह आश्रम बाकायदा सरकारी दफ्तरों की तरह चलाये जाते हैं। अध्यक्ष, उपाध्यक्ष, सेक्रेटरी, खजान्ची सब रहते हैं, जो आश्रम का पूरा हिसाब रखते हैं। मुझे कई आश्रमों में सेक्रेटरी बनाने की भी लालच दी गयी, क्योंकि मैं ग्रेजुयेट हूँ। बस इन्हीं सब बातों से मुझे बचाये रखने के लिए स्वामीजी ने मुझे नौकरी करने को कहा और खुद मेरे साथ रहने को तैयार हुए।"

"स्वामीजी का खर्च तुम खुद चलाती हो?"

"जी हाँ, मेरे साथ रहते हैं, तो उनका खर्च तो मुझे उठाना ही पड़ेगा।"

तहमीना समझ गयी स्वामीजी ने इसे कमाई का आधार बनाया है, इसकी बिगड़ी का उपयोग कर रहे हैं, वरना साधु-संन्यासियों को नौकरी करने की क्या आवश्यकता? दूसरे आश्रम में इसके शरीर का उपयोग किया गया, और यहाँ डिग्री का हो रहा है। मतलब यह कि हर व्यक्ति अपने-अपने ढंग से इसे बहका रहा है।

"अच्छा क्या तुम कभी शादी वगैरह नहीं करोगी?"

"जी नहीं।"

"क्या यह जीवन तुम्हें अच्छा लगता है?"

"नहीं," उसने कहा, "जब मैं स्वामीजी के साथ हैदराबाद में थी तब एक लड़की घर से परेशान होकर संन्यास लेने आयी थी। मैंने उसे अपने साथ रखा, और उसे खूब समझाया, आश्रमों की काली करतूतें बतलायीं, और उसे उसके घर लौट जाने को कह दिया।"

"तुम जब इन चीजों से नफरत करती हो तो फिर रहती क्यों हो?"

"मैं अब वापस नहीं लौट सकती मैडम, मैं नहीं चाहती कि मेरे कारण मेरे दूसरे भाई-बहनों पर असर हो, कष्ट हो, मेरे पिता की लोगों में बदनामी हो। इसी वर्ष मेरी छोटी बहन की शादी है।"

"शादी में तुम जाओगी?"

"नहीं जाऊँगी। मेरी बिरादरी अब दूसरी है, और मेरे परिवार वालों की बिरादरी दूसरी है, जैसे रेल की दो पटरियाँ साथ-साथ तो चलती हैं पर मिलतीं कभी नहीं, उनके बीच कई हाथ का फासला होता है। बस यही फासला मेरे और परिवार वालों के बीच हो गया है।"

"तुम्हें दुख नहीं होता? शरीर से तुम त्यागी बन गयी हो माना, पर क्या सच इतनी कम उम्र में तुम्हारा मन त्यागी बन सका है?"

"मन तो मैडम एक ढीठ बच्चे की तरह होता है, जो कभी नहीं मानता, उसे मार-मारकर लाइन पर लाना होता है। संन्यासी मनुष्य जन्म से नहीं होता, उसे तो उसकी परिस्थितियाँ बनाती हैं, और उसे बने रहने पर मजबूर करती हैं," कहते-कहते विमला अचानक चुप-सी हो गयी।

तहमीना ने गहरी आँखों से उसे निहारा। इतनी कम उम्र में यह लड़की कितना भुगत चुकी है, कितना कुछ देख चुकी है!

"अच्छा तुम बैठो, मैं चाय भेज रही हूँ," कहती तहमीना उठ गयी। उस दोपहर को उसने विमला का एक नया रूप देखा था।

जब से नाहिद बाजी अपने क्वार्टर में गयी थीं, तहमीना एक बार भी वहाँ जा नहीं पायी थी। वह अपने नये काम में इस तरह बिज़ी हो गयी थी मानो सब भूल गयी हो। आज उसने सोच लिया, वह जायेगी। शाम को तहमीना रिंकू को लेकर नाहिद बाजी के घर की ओर गयी।

दरवाजे पर नाहिद बाजी की नेम प्लेट टँगी थी, दरवाजे पर ही रिंकू जिद में आ गया कि बेल वह बजाएगा। आखिर तहमीना ने उसे गोद में उठा लिया और रिंकू ने बेल बजायी। अन्दर से चप्पलों की आवाज आयी और परदा हटाकर नाहिद बाजी बाहर आयीं। दरवाजे पर उसे खड़ा देख वह प्रसन्नता से किलक उठीं।

"आओ, काफी दिनों में आ रही हो, कहाँ रहीं इतने दिन? तुम्हारे घर जाओ तो घर बन्द मिलता है," नाहिद बाजी ने दरवाजे पर ही प्रश्नों की बौछार लगा दी।

वे लोग अन्दर कमरे में आ गये। अन्दर डॉक्टर अग्रवाल बैठे थे, तहमीना को देख वह उठे और नमस्ते कर खड़े हो गये।

"कहिए डॉक्टर साहब, कैसे हैं?" तहमीना ने नाहिद बाजी के पास बैठते हुए पूछा।

"अपना तो बढ़िया हाल है, आप अपना कहिए," कहते डॉक्टर अग्रवाल हँसे, और बैठ गये।

"आप तो साइड वाले क्वार्टर में शिफ्ट हो गये होंगे?"

"जी हाँ, तभी तो मैडम को जब-तब बोर करता रहता हूँ। मैडम भी अकेली रहती हैं और मैं भी। क्या करें, बस बैठकर बातें करते रहते हैं।"

"क्वार्टर तो बहुत बढ़िया है," कहती तहमीना उठ गयी और घूम-घूमकर सारे घर को देख आयी। तीन बड़े कमरे थे, सामने बरामदा था जो सीमेंट की जाली से घिरा था, पीछे भी लंबा बरामदा था जो सीमेंट की जाली से घिरा था। आँगन भी काफी बड़ा था। जगह-जगह नल लगे थे।

"पानी का तो काफी आराम है आपको।"

"हाँ, चौबीस घंटे पानी रहता है, पानी का बहुत आराम है, पर बरसात में तो सारा घर टपकता है। पता नहीं नया क्वार्टर है और कैसे सारा टपकता है। पी० डब्ल्यू० डी० वाले किस तरह रुपया हजम कर जाते हैं इसका उदाहरण है यह मकान।" आखिरी कमरे को नाहिद बाजी ने अपना बेडरूम बनाया था। उससे लगे कमरे को ड्राइंगरूम और उससे लगे कमरे को पेशेंट के लिए रखा था। सामान कुछ नहीं था, बस बैठक में दो-चार कुर्सियाँ पड़ी थीं और एक पलंग बिछा दिया गया था, बैठने के लिए।

"इतना ही बड़ा आपका वाला होगा?" तहमीना ने डॉक्टर साहब से पूछा।

"जी हाँ, पर वह मेरा नहीं है, डॉक्टर सूद का है," कहते हुए डॉक्टर हँस दिए।

"रहते तो आप हैं न, तो कहा भी जाएगा ही कि आपका है, नाम किसी का भी हो क्या फर्क पड़ता है!" कहती तहमीना हँस दी।

"चाय लोगी न?"

"नहीं, अभी लेकर आ रही हूँ, रहने दीजिए।"

"मगर हम लोगों ने भी नहीं ली है, अब पी लो," बाजी उटकर गयीं और अन्दर नौकर से कह आयीं।

"यह नौकर क्या गाँव से आया है?"

"हाँ, परसों ही अब्बा ने भेजा है, वरना मुझे तकलीफ हो रही थी। मुझे तो चौबीस घंटे के लिए चाहिए न, देखो यह कितने दिन रहता है।"

रिंकू को नाहिद बाजी के नये घर में काफी मजा आ रहा था। वह अलमारियाँ खोल-खोलकर देख रहा था। उसे नाहिद बाजी का पेशेंट रूम ज्यादा पसंद आया, क्योंकि वहाँ अलमारियों में तरह-तरह की दवायें भरी थीं। सुन्दर-सुन्दर रैपर में टेबलेट थीं। रिंकू एक रंग-बिरंगा रैपर देख गोली उठा लाया। "मम्मी, इसे खाऊँगा," रिंकू तहमीना के पास आता बोला।

"अरे बाबा, ये सारी दवाएँ तेरे काम की नहीं है, ये महिलाओं की हैं," नाहिद बाजी ने घबराकर कहा, "देखो तहमीना, कहीं खा न ले।"

"बेटा, दे दो आंटी को, ये तुम्हारी नहीं हैं," तहमीना ने धमकाया।

"नहीं दूंगा" कहकर रिंकू ने टेबलेट को छाती से चिपका लिया।

"अगर तुमने खाया न तो पता है तुम लड़की बन जाओगे," डॉक्टर साहब ने कहा और रिंकू ने घबराकर टेबलेट को टेबल पर रख दिया। सब कोई हँस दिये।

"तुम्हारे लिए बढ़िया टॉनिक मैं कल ला दूंगी, कल लेने आ जाना," नाहिद बाजी ने रिंकू को पुचकारा।

चाय कमरे में आ गयी, रिंकू फिर चाय की जिद करने लगा। तहमीना ने

उसे धमकाया पर वह नहीं माना।

"पी लेने दो, एक कप चाय," नाहिद बाजी ने कहा, "वरना यह सोचेगा ये हर चीज के लिए मना ही करते हैं।"

"नहीं-नहीं, आदत खराब हो जायेगी," तहमीना ने विरोध किया।

"अरे कौन एक कप से आदत बिगड़ेगी, तुम तो बिना मम्मी की तरफ देखे चुपचाप पी लो रिंकू," नाहिद बाजी ने रिंकू की तरफदारी की।

रिंकू नाहिद बाजी का समर्थन पाकर खुश-खुश चाय पीने में जुट गया।

"एक तो तुमने टेबलेट छीनकर उसका मूड ऑफ किया, दूसरे उसे चाय नहीं पीने दे रही थीं, भला वह ऐसी बेकार जगह में तुमको बैठने देता!" नाहिद बाजी ने कहा।

नाहिद बाजी ने बुंदकियों वाली हल्की प्याजी रंग की साड़ी पहन रखी थी। साड़ी एकदम सादा थी, फिर भी वह काफी सुन्दर लग रही थी। डॉक्टर साहब बीच-बीच में नाहिद बाजी को टकटकी बाँधकर निहार लेते और नाहिद बाजी कुर्सी पर सर रखे खोई-सी छत को घूर रही थीं।

"सुना है मैडम, डॉक्टर पांडे ट्रांसफर पर जा रही हैं?" डाक्टर साहब ने पूछा।

"हाँ, ऐसी अफवाह मेरे कानों तक भी आयी है, पर उसे अभी आर्डर नहीं मिला," नाहिद बाजी ने कहा, "पता नहीं ट्रांसफर पर वह जायेगी या नहीं, क्योंकि वह यह शहर नहीं छोड़ना चाहती।"

"फिर क्या करेंगी?" तहमीना ने पूछा।

"सर्विस छोड़कर प्राइवेट क्लीनिक खोलेंगी शायद।"

"यहाँ चल जायेगा?"

"पता नहीं, अगर नहीं भी चला तो क्या फर्क पड़ता है, रईस बाप की बेटी है। उन लोगों के यहाँ काफी प्रॉपर्टी है शायद। फिर शायद मैरिज वगैरह का सिलसिला भी चल रहा है, देखो आगे क्या होगा फिर पता चल ही जायेगा," कहते हुए नाहिद बाजी ने बात समाप्त कर दी।

"शाम को आप फ्री हैं?" तहमीना ने पूछा।

"क्यों?"

"घूमने चलेंगे, या पिक्चर," तहमीना ने कहा।

"ठीक है, चलेंगे। वैसे यहाँ तो पिक्चर इतनी पुरानी और लेट आती हैं कि जाने की तबियत नहीं होती। यदि कोई एमर्जेंसी ड्यूटी मेरी लग गयी तो खबर कर दूँगी।"

"अच्छा तो अब चलूँगी," तहमीना कहते हुए उठ गयी।

"चलिए मैं भी उधर ही चल रहा हूँ," कहते डॉक्टर साहब उठ गये। तहमीना

रिंकू का हाथ पकड़े बाहर आ गयी, नाहिद बाजी दरवाजे पर खड़े होकर उन्हें जाते देखती रहीं। रिंकू मुड़-मुड़कर काफी देर तक नाहिद बाजी को टाटा करता रहा।

"ग्राप मैडम की कज़िन हैं न ?" ग्रचानक चलते हुए डॉक्टर साहब ने उसकी ग्रोर देखते हुए पूछा।

"जी हाँ, क्यों ?" तहमीना एकदम चकरा-सी गयी।

"तभी, ग्रापसे काफी बातें कर लेती हैं, वरना घंटों चुप रह जाती हैं। खुद सामने वाला बोर होकर उठ जाता है।"

"ग्रच्छा !" तहमीना मन-ही-मन मुस्कुरायी पर बोली कुछ नहीं।

"क्या उम्र होगी इनकी ?"

"पता नहीं," तहमीना ने साफ झूठ बोल दिया ग्रौर सड़क के किनारे देखने लगी।

"यह शादी नहीं करेंगी ?" डॉक्टर ने फिर उसे घेरा।

"लगता तो ऐसा ही है।"

"डॉक्टर खान से क्या इनकी शादी पक्की हो गयी ?"

"पता नहीं, किसने कहा ?" तहमीना चौंक गयी।

"डाक्टरों में चर्चा थी। डॉक्टर खान पूरी तरह चाहता है शादी करना। उस दिन हम लोग खड़े थे, डॉक्टर खान भी थे, तभी मैडम उधर से गुजरीं। सबने नमस्ते किया, डाक्टर खान ने भी किया। मैडम ने सबको तो जवाब दिया ग्रौर डॉक्टर खान को नहीं दिया ग्रौर चली गयीं, बेचारे को बहुत दुख हुग्रा। कह रहा था घमंडी हैं।"

"वह शादी के लिए क्यों पीछे लगा है ?"

"इतने पर भी वह ग्राज भी शादी करने तैयार है। वैसे डॉक्टर खान में बुराई तो कुछ नहीं है।"

"नहीं, बुराई कुछ नहीं है, पर डॉक्टर साहब, हम लोग ऐसे खानदान के हैं, जहाँ लड़कियाँ भले ही क्वाँरी रह जायें, पर शादी होकर खानदानी घर में ही जयेंगी।"

"ग्रच्छा !" कहते हुए डॉक्टर साहब के चेहरे की रंगत बदल गयी। जैसे उनका खून बढ़ गया हो। चेहरे पर प्रसन्नता खिल गयी। एक हाथ से बालों को ठीक करते हुए बोले, "वैसे बोर नेचर की हैं।"

"ग्रापसे तो कभी बुरा व्यवहार नहीं किया न उन्होंने ?" तहमीना ने डॉक्टर ग्रग्रवाल को गहरे से देखते हुए कहा।

"नहीं-नहीं," कहते डॉक्टर साहब झेंप गये। फिर ग्रचानक कुछ याद ग्रा गया हो, इस तरह चौंके, "ग्रोह, सामने दूकान में मुझे कुछ काम था, मैं चलता

हूँ, आप तो आगे जायेंगी न ?"

"जी हाँ।"

डॉक्टर साहब आगे चले गये और तहमीना रिंकू का हाथ पकड़े उस भीड़-भरी सड़क पर अपने आप हँस दी। डॉक्टर साहब कितनी चालाकी से उसके साथ उठकर आये थे नाहिद बाजी के बारे में पता लगाने, पर यह इतना नाहिद बाजी के बारे में खोजबीन क्यों कर रहे थे ? और यह प्रश्न उसके मन में उठते ही वह अपने आप व्यंग्य से मुस्कुरा दी, डाक्टर साहब बेचारे भोले हैं, बाजी के सामने उनकी दाल क्या गलने वाली है !

शाम को तहमीना और नाहिद बाजी दोनों पिक्चर के लिए निकल पड़े। वे दोनों काफी पहले निकल गये थे, क्योंकि नाहिद बाजी को एक पेशेंट को देखने जाना था, फिर उधर से ही पिक्चर जाना था। रिंकू जमशेद के साथ था। वे दोनों समय पर टाकीज पहुँच जाने वाले थे। जमशेद टिकिट लेकर तैयार रहेंगे, ऐसा निश्चित हुआ था।

तहमीना ने हल्के बेंगनी रंग की प्लेन साड़ी पहन रखी थी, तथा उसके साथ मैच करता उसने सैट पहन रखा था, जो उसके लंबे और छरहरे शरीर पर बहुत फब रहा था। नाहिद बाजी ने दो-तीन बार उसे प्रशंसा से निहारा। नाहिद बाजी आज काफी उदास थीं। उन्होंने हल्के कोसे रंग की साड़ी पहन रखी थी, जो उनकी उदासी को और गहरा कर रही थी।

दोनों चुप-सी चल रही थीं। अचानक सामने से एक जीप मुड़ी और दोनों पीछे हटीं। जैसे नाहिद बाजी जागीं और उन्होंने वैसे ही नीचे देखकर चलते हुए कहा, "तहमीना, कल डॉक्टर खान की दोनों बहनें मेरे पास आयी थीं।"

"अरे, कब ?" तहमीना चौंक गयी।

"दोपहर को जब मैं आराम कर रही थी," नाहिद बाजी ने आगे बताया, "आते ही उन्होंने कहा, आपकी मदर नहीं हैं इसलिए हम आपसे बात करना चाहते हैं। मैंने कहा, कहिये तो कहने लगीं कि हम आपसे अपने भाई की शादी की बात करना चाहते हैं। मेरा मूड बहुत खराब हो गया, क्या शादी की बातें इस तरीके से की जाती हैं ? मैंने उन्हें रूखा तीखा-सा उत्तर दे दिया, जिसे उन लोगों ने काफी फील किया और डॉक्टर खान से जाकर शिकायत भी की। डॉक्टर खान काफी नाराज हुए और सबसे कह रहे हैं—मिस नाहिद ने मेरी दोनों बहनों की इन्सल्ट की, वह अपने को क्या समझती हैं !"

"जब उन्हें पता चल गया कि आप शादी के लिए तैयार नहीं, फिर उन्हें अपनी बहनों को नहीं भेजना था," तहमीना ने कहा।

"अच्छा, क्या डॉक्टर खान बहुत छोटी फैमिली के हैं ?" अचानक नाहिद

बाजी ने तहमीना के कंधे पर अपना हाथ रखते हुए उससे पूछा।

"जी हाँ, उसका बाप मामूली दर्जी था। नंबर वन का बदमाश और औरतबाज था। अनगिनत औरतें थीं उसकी। उसकी औरत, कहते हैं, चप्पल लेकर घूमती थी उसके पीछे। बहन बहुत बदनाम थी। उसी बदनामी के पैसे से उसने अपने इस भाई को पढ़ाया, फिर वह खुद एक हिन्दू मर्द बनाकर भाग गयी। बाद में उसे भी छोड़ दिया। फिर दूसरे के साथ भाग गयी। उसकी छोटी बहन का भी यही हाल था। इनके सगे बाप ने अपनी बड़ी लड़की, जो पहली पत्नी से थी, उसे हवस का शिकार बना लिया था, जिससे उसे एक बच्चा भी हुआ, जो बाद में मर गया।"

"ओह, इतने नीच जानवर लोग हैं ये लोग! और बेटे को डॉक्टर क्या बना दिये हैं, सोचते हैं बड़े घरों में शादी हो जायेगी!" बाजी ने गुस्से से कहा, "मैं तो यहाँ आकर परेशान हो गयी हूँ, सारे दिन हॉस्पिटल में यह चर्चा सुन-सुनकर कान पक गये। यहाँ का वातावरण भी इतना गंदा है कि बस।"

"अच्छा?"

"हाँ, डाक्टरों में ग्रुप हैं। दोनों ग्रुप आपस में एक-दूसरे को ऊँचा-नीचा दिखाने की कोशिश में लगे रहते हैं। कुछ बदमाश डाक्टरों का अड्डा बना है यह अस्पताल। ट्रांसफर होतें हैं, पर दौड़-धूप करके कैन्सिल करवा लिए जाते हैं। नाइट ड्यूटी में तमाशे होते हैं। रात को अस्पताल में बाहर से इनके दोस्त आते हैं, जो नर्सों से अपनी भूख मिटाते हैं। नर्सें बेचारी डाक्टरों की उँगलियों पर नाचती हैं। बड़ा ही अजीब हाल है यहाँ," बाजी ने कहा और तभी उन्हें पत्थर की ठोकर लगी और वह गिरते-गिरते बचीं और झट से तहमीना का हाथ थाम लिया।

"अजीब रोड है यहाँ की भी, जगह-जगह गड्ढे!" तहमीना बड़बड़ायी।

"हाँ और लाइट का तमाशा! कल रात तो लाइट नहीं आयी, पेट्रोमेक्स भी कोई आर्डर पर नहीं थे, टार्च की रोशनी में मैंने ऑपरेशन किया कल रात। और जब आपरेशन हो गया तब लाइट आयी।"

"बस, यही तमाशा है यहाँ तो," तहमीना ने कहा और जैसे कुछ याद करते बोली, "हाँ बाजी, मुझे चेचक का टीका लगवाना है, देहातों में जाना होता है।"

"हाँ, कल आ जाना, लगवा दूँगी। ठीक आठ बजे आना, क्योंकि तब ही सारे इन्स्ट्रूमेण्ट उबाले हुए फ्रेश होते हैं।"

"ठीक है," वे दोनों चलती रहीं। विचित्र-सी दिखती सड़कों का शहर है यह। नये आदमी को यहाँ के रास्ते पहचानने में काफी समय लग जाता है। तहमीना पहले बाजी के साथ पेशेन्ट के यहाँ गयी फिर वहाँ से लौटकर पिक्चर हॉल गये जहाँ बाहर जमशेद रिंकू को लिए मिल गये।

"टिकिट मिल गयीं ?" दोनों ने एक साथ पूछा।

"मिल गयीं मम्मी," रिंकू खुश होकर पहले ही बताने लगा, जैसे यह कमाल उसी का किया हुआ है।

"अच्छा," तहमीना ने रिंकू के गाल सहला दिये।

वे लोग हॉल में घुस गये। पर तहमीना का मन पिक्चर में नहीं लगा। उसका ध्यान इसी बात की ओर लगा था कि कुछ है जो बाजी को घोट रहा है; पर वह क्या है—इसे समझना होगा···।

तहमीना खाना खाकर हथेली पर सुपारी रख उसे फाँकते हुए टहल रही थी कि उसे लगा बाहर जीप आयी है। आवाज से आइडिया हो गया था कि जीप आफिस की ही है। आश्चर्य हुआ कि कल ही गाड़ी गयी थी और आज इतनी जल्दी कैसे लौट आयी, क्योंकि भोपाल से मिस्टर वर्मा इन दिनों आये हुए थे और उन्होंने अपने टूर के लिए तीन-चार दिनों के लिए गाड़ी माँगी थी। तहमीना जल्दी से बाहर निकली तो देखा बाबू, चपरासी और ड्राइवर तीनों इधर ही आ रहे हैं। तीनों ने नमस्ते किया।

"मैडम, अपने ऑफिस का टाइपराइटर चोरी चला गया," बड़े बाबू ने बताया।

"टाइपराइटर चोरी चला गया!" तहमीना ने हैरान होकर पूछा। उसे आश्चर्य इस बात का था कि बाबू के चेहरे पर कोई असर नहीं था। तहमीना कुर्सी पर बैठ गयी, "कैसे हुआ यह सब ?"

"पता नहीं कैसे हुआ मैडम, क्योंकि दरवाजा वगैरह तो कोई टूटा-फूटा नहीं है। बाहर का आदमी आता तो जरूर दरवाजा तोड़कर आता; पर टूट-फूट तो कुछ नहीं हुआ है, और टाइपराइटर गायब है," बाबू ने बताया, "मैं वर्मा साहब के साथ दौरे पर चला गया था, चाबी चपरासी को दे गया था। कल रात हम लोग पहुँचे तो मैं वर्मा साहब के साथ उन्हीं के कमरे में सोया। आज सुबह मेरे लड़के ने मुझे आकर जगाया, और बताया कि बाबूजी, आफिस में टाइपराइटर नहीं है। उसने बताया कि वह चपरासी के साथ आज सुबह सफाई के लिए गया तो देखा वहाँ टाइपराइटर नहीं है।"

"अरे, बड़ा आश्चर्य है!" तहमीना ने हैरान होते हुए कहा, "क्यों बाबू, आप टाइपराइटर कहाँ रख गये थे ?"

"मैडम, मैंने उसे अपने हाथों से टेबल के ऊपर से उठाकर अलमारी के ऊपर रखा था।"

"क्या आपको किसी पर शक होता है ?"

"जी हाँ, मिस विमला पर···" बाबू ने आगे बताया, "मिस विमला का

ट्रांसफर हो चुका है, हो सकता है जाते-जाते यह बदमाशी उसी की हो।"

"ऐसा क्यों भला ?" तहमीना ने पूछा।

"मैडम, उस पर काफी कर्ज हो गया है, हो सकता है उसने टाइपराइटर किसी ऐसे-वैसे ग्रादमी के हाथ बेच दिया हो।"

"ग्रच्छा, ग्राप तुरंत रिपोर्ट बनाइये, ग्रौर थाने में देकर ग्राइये।"

"जी," कहता वह बाबू कुर्सी पर बैठ गया ग्रौर रिपोर्ट लिखनी शुरू की। थोड़ी देर में रिपोर्ट लिखकर उसने तहमीना को दिखाई। रिपोर्ट पढ़कर तहमीना बोली, "मगर बाबू, यह तो लिखा ही नहीं कि जब ग्राप दौरे पर गये तब ग्राफिस में टाइप राइटर था, ग्रापको यह बात स्पष्ट लिखनी चाहिए," तहमीना ने उसे कागज लौटा दिया।

"जी," कहते हुए बाबू ने दूसरी कापी पर यह बात लिखी पर ग्रोरिजिनल कापी पर नहीं लिखी। तहमीना को यह बात खटकी, पर उसने यही सोचा—जाने दो, वह नहीं लिखना चाहता है तो क्या करना है।

"जाइये तुरंत रिपोर्ट करिये। कल मीटिंग है न, पेपर बाँट दिए ग्रापने, ठीक है मैं कल ग्राऊँगी।"

"जी," कहते हुए बाबू बाहर निकल गया।

"ठीक है, ग्रब ग्राप लोग जाइये," तहमीना ने बाबू से कहा, "घबराने की कोई बात नहीं। जाँच-पड़ताल हो तो ग्राप सब सही-सही बतला दीजिये, बाकी काम खुद पुलिस देख लेगी," बाबू ग्रागे बढ़ गया ग्रौर तभी तहमीना की नजर उसके जूते पर पड़ी। बिना मोजे के जूते पहने वह कितना ग्रजीब बेवकूफ-सा लग रहा था।

करीब डेढ़ बजे ड्राइवर गाड़ी ले ग्राया, तब तहमीना साड़ी चेंज कर रही थी। ग्राज ग्राफिस में मीटिंग थी, जिसमें भोपाल से ग्राये साहब भी होंगे। रिंकू साथ जाने के लिए मचल उठा था, ग्राखिर में तहमीना को उसे साथ रखना ही पड़ा; थरमस में दूध, टिफिन में नाश्ता की व्यवस्था करनी पड़ी।

जीप जब रवाना हुई तो धूप ग्रपने पूरे तेज पर थी।

"उफ्, कितनी गर्मी पड़ने लगी है," तहमीना ने गोगल्स लगा लिया, जीप के सामने का शीशा जो टूट गया था, जिससे ड्राइवर कई बार डाँट खा चुका था, इसलिए ग्राज जब वह गाड़ी में बैठी तो ड्राइवर ने शीशे को उठा दिया ताकि उसकी दृष्टि उसपर न पड़े ग्रौर वह डाँट से बचा रहे। ड्राइवर की इस चालाकी पर वह मन ही मन हँस दी। उठे हुए शीशे से काफी गर्म हवा मुँह पर सीधे पड़ रही थी। तहमीना की इच्छा हुई ड्राइवर को फिर एक बार डाँट दे, पर वह कुछ सोचकर चुप रह गयी। शहर जैसे ही खत्म होता है नदी का रास्ता समाप्त

होते हों, ढलान के साथ-साथ साल के जंगलों की कतार शुरू हो जाती है। साल के वृक्ष अटेंशन की पोजीशन में खड़े बड़े भले से लग रहे थे। उनकी झाड़ दी हुई एकदम चिकनी वर्दीनुमा छाल, धूप में चमक रही थी, वैसे ही जैसे कतार में खड़े पुलिस आफिसरों की वर्दी हो।

पत्ते झड़ चुके थे जैसे पतझड़ ने सारे गहने एकाएक छीन लिए हों। पेड़ के पैरों के पास ढेर-ढेर पत्ते पड़े थे और टखनों-टखनों तक पत्तों से ढँके साल के लंबे पेड़ विचित्र से दिख रहे थे, क्योंकि साल के सारे वृक्ष अपने पत्ते झाड़कर नंगे खड़े थे और नंगे हुए पेड़ों के कारण जंगल का आर-पार नजर आ रहा था और सूनी दोपहर में टिटहरी उस नंगे साल की हालत पर तरस खाकर दुहाई देती लगातार, लगातार चिल्ला रही थी। निस्तब्ध सन्नाटे से भरी जंगल की दोपहर बहुत एकाकी पर बहुत अच्छी लग रही थी, बहुत भली लग रही थी।

सड़क के दोनों किनारे लगे आम के पेड़ों में बौर लद गये थे। महकती सड़क गरमी के भारीपन को हल्का कर रही थी। बौर की महकती खुशबू बहुत भली लग रही थी, यह खुशबू पूरे रास्ते-भर उसका पीछा करती रही। वास्तव में प्रकृति भी कितनी विचित्र होती है, हर मौसम में अपने आपको कितनी खूबसूरती से नए रंग में रंग लेती है। और ताज्जुब की बात तो ये है कि हर मौसम अपने आपमें अलग ढंग की सुन्दरता लिये होता है।

जंगल जो हर मौसम में, हर उम्र में जवान होता है, उसका यौवन कभी फीका नहीं पड़ता, जीने के लिए कितनी प्रेरणा इससे मिलती है। एकाएक कितना बड़ा सहारा-सा मिलता है और मन बस इन्हीं बैसाखियों के सहारे लँगड़ाता हुआ फिर चलने लगता है।

गरमियों की दोपहर का अपना एक अलग रंग होता है। इस वर्ष आम में बौर कितना लगा था, जिसके कारण पत्ते तक ढँक गये थे। निश्चय ही इस साल आम की फसल बहुत बढ़िया होगी। दूर जंगल में तेज हवा से पत्ते गोल बाँधकर उड़ रहे थे, सड़क के किनारे आम की महकती छाँव में कुछ आदिवासी लड़कियाँ बैठी, अपनी उम्र की रंगीन बातों में मस्त थीं। बातें—हर उम्र की अलग-अलग होती हैं, बच्चों की अलग बातें होती हैं, किशोरों की अलग बातें, जवानों की अलग, अधेड़ों की अलग बातें और बूढ़ों की अलग बातें होती हैं। उम्र के अनुसार बातों में प्रौढ़ता आती जाती है, उम्र के साथ विचारों में तब्दीलियाँ आती हैं, और उन्हीं का असर बातों पर पड़ता है। आम के पेड़ के नीचे बैठी वे नवयौवना किशोरियाँ दुनिया-जहान से बेफिक्र, मस्ती से भरी, उन्माद से भरी बातें कर रही थीं। तहमीना को उन लोगों से ईर्ष्या हो आयी। कितने सुखी हैं ये लोग! इस उम्र में तेरह-चौदह वर्ष की आयु में खुद तहमीना भी कितनी बेफिक्र, शरीर में होते परिवर्तन से चौकस, नशीले उन्मादी सपनों की आहट से चौकन्नी, हर

सपनों की ताबीर जानने की उतावली से भरी, उसकी वह खुद की उम्र कितनी बेफिक्र थी। काश! वह उम्र एक बार फिर लौट आती तो कितना...कितना अच्छा होता, वह अपनी सारी जिन्दगी फिर से सही कर लेती।

कुछ आदिवासी बच्चे इस निपट सुनसान दोपहर में जंगल की ओर बढ़ रहे थे, शायद जंगली फल जो इन दिनों जंगलों में होते हैं, जैसे आँवला, तेंदू, इमली और इन्हीं के लालच से यह इतनी भरी दोपहर में जंगल में भटक रहे थे। एक आदमी नई गाय को रस्सी से बाँधकर घसीटता हुआ ले जा रहा था और वह रस्सी तुड़ाकर भागने की कोशिश में जी-तोड़ मेहनत कर रही थी। तहमीना को डर लगने लगा, कहीं वह रस्सी छुड़ाकर तेजी से जीप के सामने आ गयी तो?

अब दूर से मकानों की छतें नजर आ रही थीं। कुछ आगे मैदान में धूल का एक गोल जो आसमान तक ऊँचा उठता, दिखा। धूल का यह गोल काफी खतरनाक होता है। सुना है इसकी चपेट में यदि कोई बच्चा आ जाये तो यह पूरी ताकत से उसे उठाकर दूर ले जाकर फेंक देता है। तहमीना को याद आया, बचपन में अक्सर घर की बड़ी-बूढ़ी औरतें धूप में उन्हें भटकने देने से बचाने के लिए, धूल के इस गोल को भूत कहकर डराया करती थीं। जीप आगे-आगे भाग रही थी और तहमीना जीप से सर निकाले पीछे मुड़कर धूल के उस गोल को देखती रही।

डामर रोड जो एकदम चिकनी और सूनी थी उस पर आम के झड़े हुए बौर बिछे हुए थे जो बहुत ही भले लग रहे थे और उनकी महक मस्तिष्क को अजीब सान्त्वना दे रही थी। आँखों के फोकस में कैद जंगल का यह सौन्दर्य अपूर्व हो उठा था। पता नहीं क्यों तहमीना को हमेशा जंगल का यह सौन्दर्य बहुत आकर्षित करता है। इस सौन्दर्य को घण्टों, पहरों अपलक बैठकर निहारते हुए उसे थकान नहीं होती थी, जबकि शहर के खूबसूरत बड़े-बड़े बगीचे उसे जरा भी आकर्षित नहीं करते थे। जब भी वह उन बड़े-बड़े बगीचों में गयी है, जितनी ही उत्सुकता से वह गयी है, उतनी ही ऊबे ढंग से वह लौटकर आयी है और जंगल का यह सौन्दर्य जिसे घण्टों, पहरों निहारने में भी उसे थकान नहीं होती थी।

आफिस आ गया था, जीप आफिस के सामने जाकर खड़ी हुई और जीप की आहट से अन्दर बैठे सारे लोग बाहर बरामदे में आ गये थे। आफिस के बाजू वाले कमरे में ही मीटिंग रखी गयी थी। दो बड़ी मेजों को जोड़ दिया गया था और आसपास कई चेयर रखी थीं, नीचे दरी बिछा दी गयी थी, रंगीन झंडियों से कमरे को सजा दिया गया था, दीवार पर पौष्टिक आहार के चित्र, हृष्ट-पुष्ट बच्चे और कमजोर बच्चों के चित्र टँगे थे। तहमीना अपनी चेयर पर जाकर बैठ गयी। तभी सामने से वर्मा साहब आये और तहमीना के साथ वाली चेयर पर बैठ गए।

"आपके ऑफिस का टाइपराइटर गुम हो गया, बड़ी ही विचित्र बात है, लगता है मेरा यहाँ आना ही अशुभ हो गया," वर्मा साहब ने हँसते हुए कहा।

"नहीं, ऐसी बात नहीं है," तहमीना हँस पड़ी, "यह तो होना ही था, ताज्जुब तो इस बात का है कि आज तक कभी कोई सामान नहीं गया और यह अचानक कैसे चोरी हो गया।"

सब लोग उठकर साथ वाले कमरे में चले गये, श्रीमती खेतान जो नयी-नयी आयी थीं, उन्होंने बताया, इसी अलमारी पर टाइपराइटर रखा था।

तहमीना ने देखा स्टोर में इतना सामान रखा है, आश्चर्य है कुछ नहीं गया और टाइपराइटर कैसे चला गया? दीवार से, खिड़की से कहीं कोई बात ऐसी नजर नहीं आई जहाँ से लगता कि कोई आ सकता है। वे लोग आपस में चर्चा करते हुए वापस मीटिंग रूम में आकर बैठ गये। आज सभी के बीच में बस यही टॉपिक चल रहा था, सब अपने-अपने अलग-अलग विचार व्यक्त कर रहे थे।

तहमीना ने एक-दो बार उचटती निगाह से विमला को देखा शक से, जो इतमिनान से बैठी हुई कुछ काम कर रही थी। उसके चेहरे पर परेशानी या घबराहट का कोई चिह्न नहीं था। चेहरे से तो लगता था इसका हाथ इस चोरी में नहीं है। तहमीना ने ध्यान से विमला को देखा जिसके सर पर अब थोड़े-थोड़े बड़े बाल हो आए थे जो गर्दन को छू रहे थे, जिससे अब वह पहले जैसी जोकर नहीं लगती थी। माथे पर बड़ा-सा सिंदूर का टीका हमेशा की तरह आज भी लगा था।

तभी सामने से जीप आयी जो दूसरे मेम्बर को लाने के लिए गयी थी। कुछ मेम्बर्स से तो पहले ही तहमीना का परिचय हो चुका था, पर कुछ को तो वह पहली ही बार देख रही थी। नमस्ते का आदान-प्रदान हुआ।

"कोरम तो पूरा हो गया, अब मीटिंग शुरू की जाय?" बाबू ने तहमीना से पूछा।

"ठीक है शुरू करिये," तहमीना ने स्वीकार में सिर हिला दिया।

सबसे पहले ड्राइवर का केस सामने रखा गया। पुरानी चेयरमैन के समय जब गाड़ी का एक्सीडेन्ट हुआ था, और उसमें ड्राइवर के दाहिने हाथ की हड्डी टूट गयी थी जिससे वह पूरे दो माह बेकार रहा। गाड़ी चूंकि प्राइवेट कारण से गयी थी, और उसी समय एक्सीडेन्ट हुआ था, इसी कारण से उसका दो माह का वेतन भी रोक दिया गया था।

बाबू ने फाइल सामने की जिसमें पुरानी चेयरमैन का रोष से भरा पत्र भी था। पत्र में बाबू को घुड़की दी गयी थी कि ड्राइवर का वेतन क्यों रोका गया

है ?

"ड्राइवर की नौकरी अभी हमारे यहाँ टेम्परेरी है," तहमीना ने कहा, "इसलिए इसके रुके हुए वेतन का तो सवाल ही नहीं उठता। दूसरी बात यह कि पुरानी चेयरमेन ने जो बीमारी के दौरान तीन सौ रुपये एडवांस ऑफिस से दिला दिये हैं अब उन्हें ही वसूलना जरूरी है।" तहमीना ने उस फाइल का फीता बंद करते हुए पेपर्स बाबू की तरफ सरका दिये।

"हमारे यहाँ के प्रमुख केन्द्र पर अभी तक कोई शिक्षिका नहीं है।" विमला ने खड़े होकर प्रश्न उठाया, "मार्च में साल पूरा हो जाएगा। भोपाल से लिखकर आया था कि वहाँ से भेज रहे हैं, पर वहाँ से अभी तक कोई नहीं आयी। शिक्षिका न होने से काफी परेशानी है।"

"ठीक है आप लोग भोपाल को साफ लिख दें कि,या तो कोई शिक्षिका भेजें या आपको आथर्टी दे दें कि आप लोग शिक्षिका की नियुक्ति कर सकें," वर्मा साहब ने सुझाव दिया।

"ठीक है, यही तो होना चाहिए। बाबू, आप फौरन एक मेमो भोपाल को भेज दें," तहमीना ने कहा और उसकी इस बात का दो-तीन मेम्बरों ने समर्थन किया।

कुछ बातों पर काफी गर्मागरम बहस चलती रही। कमरे का वातावरण तनावपूर्ण था, सब चुप-से बैठे अपने-अपने विचारों में गुम थे। एक बार फिर सारे लोग समझ चुके थे कि नयी चेयरमेन मामूली स्त्री नहीं है, जिसे हर कोई अपने शीशे में उतार ले। चाय आ गयी और चाय के बीच में आ जाने के कारण कमरे का तनावपूर्ण वातावरण कुछ कम हो गया। खिंचे हुए चेहरे ढीले हो गये और सब इधर-उधर की बातें करने लगे।

तहमीना अभी चाय खत्म भी नहीं कर पायी थी, कि उसे रिंकू की बाहर से आवाज आयी। आवाज से लगा जैसे किसी गड्ढे या कुएँ के भीतर से आ रही हो। तहमीना परेशान-सी हुई, घबराहट से उसके पेट में उथल-पुथल-सी हुई, और वह तुरन्त उठकर बाहर आ गयी।

"कहाँ जा रही हैं आप ?" एक सदस्या ने पूछा।

"रिंकू की आवाज आ रही है, पता नहीं वह कहाँ है।"

"किसी और को भिजवा दीजिये न।"

"नहीं, मैं खुद देख लूँगी," कहती वह बाहर आ गयी। तहमीना ने देखा कि दूर पर गाड़ी खड़ी हुई थी और जीप के पीछे किसी ने रिंकू को बैठा दिया था, और रिंकू उतरने के लिए लगातार मम्मी-मम्मी चिल्ला रहा था। तहमीना की जान में जान आयी, और उसने जल्दी से जाकर रिंकू को नीचे उतार दिया। इतनी ही देर में दौड़ता हुआ चपरासी और ड्राइवर दोनों पास आ गये।

"जब से यह चिल्ला रहा है, और तुम लोग कोई ध्यान नहीं देते, मीटिंग के बीच से मुझे उठकर आना पड़ा। इसे यहाँ किसने बैठा दिया था ?" वापस आकर तहमीना ने अपनी चाय दोबारा माँगी, बाबू ने जल्दी से उसके लिए नयी चाय लाकर दी। चाय आधी शक्कर आधी गुड़ की बनी हुई थी।

"चाय पीने में मैडम मजा नहीं आया," वर्मा साहब ने कहा।

"हाँ, पता नहीं क्यों यहाँ बड़ी विचित्र-सी चाय बनाते हैं लोग।"

मीटिंग-बुक में सबके हस्ताक्षर होने के बाद तहमीना उठ गयी, और उसके साथ ही सारे लोग उठ गये।

तहमीना जब वहाँ से रवाना हुई तो शाम काफी गहरी हो गयी थी। उसने महसूस किया कि आज टाइम और दिनों से भी ज्यादा ही हो गया है।

दोपहर शायद वह सो गयी थी, नहीं हल्की-सी झपकी लग गयी थी। अचानक नींद टूटी तो उसने देखा एक बज रहा है। याने रिंकू के स्कूल से आने का समय हो गया था। तभी बाहर जीप की आवाज आयी। जीप की आवाज पर वह उठकर बाहर आयी। ड्राइवर गाड़ी ले आया था।

"सर, चपरासी ने बयान दे दिया है पुलिस को कि उसने रात के बारह बजे बाबू को टाइपराइटर ले जाते देखा है," ड्राइवर ने जीप की चाबी उसे देते हुए कहा।

"अरे," तहमीना भौचक्की-सी रह गयी, "सच उसने ऐसा बयान दे दिया है! पर बाबू तो कह रहे थे कि विमला पर शक है।"

"जी हाँ, सर, यही बात तो समझ में नहीं आती। सुनकर बड़ा दुख हुआ। बाबू को नहीं चाहिए कि इस प्रकार से दूसरों को फँसाये। विमला जी का तो ट्रांसफर हो ही गया था। जाते-जाते उन्हें बदनाम करना क्या ठीक था ?"

"अरे यह तो बहुत विचित्र बात हुई, याने अब पुलिस का शक दो व्यक्तियों पर हो गया। ठीक है तुम गाड़ी लगा दो और जाओ, खूब देर हो गयी, आज छुट्टी है तुम्हारी।"

दिमाग इन्हीं गुत्थियों में उलझ गया था। दिन-भर वह घर के सारे काम करती रही पर दिमाग में वही बातें भरी हुई थीं। लगा अभी दिमाग ढेर सारी परेशानियों में फँसा है, और यही कारण था शायद जो उसे नींद नहीं आ सकी।

बिस्तर पर पड़ी वह अँधेरे को घूरती रही। रात काफी बीत चुकी थी और अब उसे सो भी जाना चाहिए, वरना सुबह आँख नहीं खुलेगी और आठ बजे रिंकू की गाड़ी आ जाती है। किस तरह दिन और रात व्यस्त हो गये हैं उसके। अपनी मरजी से वह कुछ नहीं कर पाती। अगर वह चाहे सारी रात जागती रहे

श्रोर सारा दिन सोती रहे, पर ऐसा कहाँ हो सकता है। इतनी व्यस्त जिंदगी होगी उसने कहाँ सोचा था, अपने लिए खुद उसके पास समय नहीं होगा, यह भी कहाँ सोचा था ? मौत श्रौर इबादत के बारे में भी कभी कहाँ दिमाग सोच पाता है। मौत सच है श्रौर एक दिन श्रायेगी ही निश्चित श्रौर उसे भी मरना होगा। कितना श्रजीब है, उसने अपनी दूसरी दुनिया के लिए कुछ भी जमा नहीं कर रखा है, वह वहाँ क्या कैश करा पायेगी ? सच है, दुनिया एक बैंक है जहाँ हम जमा करते हैं, श्रौर मरने के बाद दूसरी दुनिया में कैश करवाते हैं। पता नहीं क्यों श्राज उसे मौत की बात रह-रहकर सता रही थी। कितने काम श्रधूरे हैं जिन्हें वह पूरा करना चाहती है। रिंकू की तबियत जब-तब खराब हो जाती है, डाक्टर ने उसे बाहर ले जाने को कहा है। उसे बाहर ले जाना ही होगा। कितनी परेशानियाँ हैं। बेतरह दिल डूब-डूब जाता है।

टाइम्स श्राफ इंडिया के सारे प्रकाशन बंद हो गये हैं, जिन पत्रिकाश्रों को पढ़ने की हैबिट पड़ चुकी है श्रौर श्रब न मिलने से श्रजीब-सा लगता है। वरना पहले उसके तकिये के पास दो-तीन पत्रिकायें जरूर साथ रहा करती थीं श्रौर वह पढ़ते-पढ़ते सो जाया करती थी। पर जब से टाइम्स श्राफ इंडिया के सारे प्रकाशन बंद हो गये हैं, उसे नींद सही ढंग से नहीं श्राती है। श्राज रात रेडियो सीलोन पर एक मौत की खबर श्रायी थी। उदासी-सी तैर श्रायी···तब से श्रभी तक मन थका-थका···बोझिल-सा है, श्रौर यही कारण है शायद जो वह इतनी सीरियस होकर मौत श्रौर जिंदगी की दूरी को छू रही थी। खुशियाँ सबकी श्रलग-श्रलग होती हैं, पर उदासी के सारे ढंग एक ही होते हैं। एक ही चुभन, एक ही जलन···।

नहीं, श्रब उसे सो जाना चाहिए वर्ना यह दिमाग श्रौर···श्रौर भटकेगा श्रौर उसने अपने श्रापको उसी तरह धमकाया। सो जाश्रो तहमीना, जैसे माँ बचपन में श्रँधेरे में पलंग पर उसे इधर-उधर होते देख उसे घुड़काया करती थी, "चुप सोती हो या नहीं," श्रौर माँ की घुड़की पाकर सच वह तुरंत सो जाया करती थी।

शाम को शायद हल्की-हल्की बारिश हो रही थी, जली हुई माटी की गंध सारे वातावरण पर थी। जमशेद श्रॉफिस से जल्दी लौट श्राये थे श्रौर अपनी टेबल पर बैठे कुछ काम कर रहे थे। रिंकू टेबल पर चढ़े उनकी किताबें इधर-उधर फेंक-फांक रहे थे। श्रौर तहमीना सामने चबूतरे पर टहल रही थी। श्राज उसने सफेद साड़ी बार्डर वाली पहन रखी थी, उसी के कारण या कोई श्रौर कारण से उसके चेहरे पर की उदासी श्रौर गहरी हो गयी थी। श्रचानक किसी के सीढ़ी चढ़ने की श्राहट मिली। तहमीना ने मुड़कर देखा तो सामने बाबू खड़े

थे, बढ़ी हुई दाढ़ी, बदली हुई रंगत, एकदम सूखा-सूखा-सा चेहरा।

"अरे, यह क्या हालत बना रखी है बाबू," तहमीना ने चौंककर उसे देखा, और भीतर आकर कुर्सी पर बैठते बोली, "चपरासी ने तुम्हारा नाम कैसे ले दिया?"

"जी, अब क्या बताऊँ साहब," कहता वह बैठ गया, "पुलिस के सामने पहले तो चपरासी ने मेरा नाम ले दिया और बाद में बोला कि मैंने घबराहट में ऐसा किया, सिर्फ इसलिए कि मैं खुद न फँस जाऊँ और अब वह कहता है कि बाबू निर्दोष है, पर पुलिस वाले बात नहीं मानते। मैं अपना खुद बयान देना चाहता हूं पर पुलिस बयान नहीं लेती।"

"विमला और शिक्षिका ने क्या कहा?"

"विमला ने कहा कि टाइपराइटर मेरे चार्ज की चीज नहीं है, इसलिए मैंने ध्यान नहीं दिया, फिर मेरा कमरा अलग है। शिक्षिका ने कहा कि टाइपराइटर को उसने कई हफ्तों से नहीं देखा है। पुलिस कल से मुझे और चपरासी को पकड़ ले आयी है, थाने में बैठा कर रखे हैं। कहीं आने-जाने नहीं देते। बस पन्द्रह मिनट का टाइम देते हैं कि जाओ होटल से खाना खा आओ। आज भी जब खाने के लिए पन्द्रह मिनट का टाइम दिया तो आपसे मिलने चला आया। आपसे भी मिलने नहीं दे रहे हैं वे लोग। साहब आप कुछ करिये वर्ना ये लोग मुझे ख्वाहम-ख्वाह फंसा देंगे," बाबू एकदम परेशान-सा खड़ा था।

"ठीक है, देखो मैं एस० पी० से कल शाम को मिलूँगी और उनसे इस मामले के बारे में पूरी तहकीकात करूँगी। मुझसे जितना होगा बाबू मैं आपके लिए करूँगी, अब आप जाइये।"

"ठीक है, मैं जाता हूँ, वरना वह लोग शक करेंगे। आप थोड़ा ध्यान दीजिये, मेहरबानी होगी। आपका यह एहसान कभी नहीं भूलूँगा।"

"ठीक है, चपरासी बदमाश है वह सब जानता है और छुपा रहा है। मुझसे पहले तो कहा कि विमला पर शक है और अब तुम्हें फँसा रहा है। शातिर आदमी है, पीछे से कोई जरूर उसे बर्गला रहा है। वैसे मैं नहीं चाहती थी कि इस मामले में पड़ूँ, पर अब लगता है कि मुझे बीच में आना ही होगा। ठीक है, मैं पता लगा लूंगी।"

रात के शायद ग्यारह बज गये थे। रिंकू सो गया था, और वह भी पलंग पर आ लेटी। तहमीना का सारा शरीर जल रहा था, एक अजीब-सी इच्छा थी जो सारी चेतना पर हावी होती जा रही थी। तहमीना अपने आपसे अपने शरीर से लड़ती चुप पलंग पर पड़ी थी। जमशेद का कमरा महज़ दो कदम पर था, वह चाहती तो वहाँ जा सकती थी, पर सवाल यह है कि वह क्यूं जाये! ये तो वैसा ही

हुआ कि सामने कुआँ हो, प्यासे को पता है कि सामने कुआँ है और उसमें पानी नहीं है। एक पुरुष होकर जब जमशेद को उसके नारी-शरीर की आवश्यकता नहीं, तो वह क्यूं जाए और किसलिए ?

तहमीना बचपन से ही स्वाभिमानी रही है, भले ही दिन-भर भूखी रह जाये पर कभी माँ से खाना माँगा नहीं। अक्सर माँ उसके इस व्यवहार पर चिढ़ जाती—कैसी लड़की है ? कभी अपने मुँह से कुछ माँगती ही नहीं। दूसरे बच्चों की तरह चाकलेट तक के लिए जिद नहीं करती। और वह खुद सोचती, वह क्यूं माँ से माँगे ? क्या माँ को खुद उसकी जरूरत का ख्याल नहीं होना चाहिए ? और यही बात आज भी उसमें है। आज भी हर चीज के लिए वह चुप रहती है, कोई माँग नहीं···कोई लालसा नहीं।

जमशेद और तहमीना के जीवन में हमेशा एक फासला रहा, एक ऐसी खाई जिसे दोनों में से कोई कभी नहीं भर पाया। तहमीना जमशेद को देखती, तो अजीब-सा लगता। कैसा पुरुष है, यहाँ इसे क्या कभी नारी की, पत्नी की आवश्यकता नहीं होती ? कभी दोनों में झगड़ा हो जाता तो हफ्तों बीत जाते, पर जमशेद खुद से कभी बात नहीं करता और गृहस्थी की जरूरतें तहमीना को जमशेद से बात करने पर मजबूर कर देतीं। वरना जरूरत ही कहाँ थी। घर में कोई न कोई सामान खत्म हो जाता या उसके पास पैसे खत्म हो जाते और उसे माँगने के लिए मजबूरन बात करनी ही पड़ती।

आज···! आज की रात भी वही हुआ था जो इसके पहले कई रातों में हो चुका है। आज फिर जमशेद की बाँहों में उसने महसूस किया कि वह एक पुरुष के पास नहीं, एक नपुंसक पुरुष के साथ है। जमशेद उसके शरीर को जगाकर खुद शांत हो जाता है, और तहमीना अपने आपसे ही लड़ती अपने कमरे में फिर लौट आयी थी।

तब···तब आज तहमीना ने साफ शब्दों में जमशेद से कह दिया, "देखो, तुम मेरे शरीर के साथ जो खिलवाड़ करते हो, मेरे शरीर की इच्छाओं को जगा देते हो और उन इच्छाओं की माँग को तुम पूरा नहीं कर सकते, तब तुम मेरे पास आते क्यों हो ? इससे तो अच्छा है तुम मेरे पास आया ही न करो। मैं तुम्हारी पत्नी जरूर हूँ, और समाज ने मेरे शरीर के साथ हर प्रकार का खिलवाड़ करने की आथर्टी तुम्हें दे रखी है, इसका यह मतलब नहीं कि तुम रोज मुझे मारो, रोज मेरी मृत्यु हो। बोलो, मैं कितनी परेशान हो जाती हूँ। आज से तुम मेरे पास मत आया करो और हमारा पति-पत्नी का संबंध भी खत्म समझो। दुनिया के लिए हम पति-पत्नी जरूर रहेंगे, पर आपस में मेरे और तुम्हारे बीच दो हाथ का फासला रहेगा। तुम समझते हो, तुम मुझपर दया करते हो ! नहीं, मैं जीवन-भर ऐसे रह लूंगी, पर तुम्हारा कभी-कभार भीख में दिया यह सुख मेरे लिए यातना

बन जाता है।"

जमशेद तहमीना को घूरते चुप रह गये थे। उनके पास बोलने को एक शब्द नहीं था और तहमीना अपने कमरे में वापस आकर पलंग पर चुप बैठ गयी। उसकी आंखों में नींद दूर-दूर तक नहीं थी। अंधेरे में उसकी आंखों से कई-कई आंसू निकले और अंधेरे में धार बांधकर चुप-चुप बह निकले।

उसका कष्ट देखने वाला, समझने वाला कौन है। उसने कहीं सुन रखा था कि पुरुष से अधिक नारी के शरीर की आग होती है। पहले उसे इस बात पर कभी विश्वास नहीं होता था, पर अब जैसे-जैसे समय बीतता जा रहा है उसे लगने लगा है कि यह बात सच है, क्योंकि अक्सर ऐसी रातों के बाद तहमीना सोचने पर मजबूर हो जाती है, इस तरह कैसे दिन कटेंगे ? अभी तो उसके सामने उसकी उम्र का एक लंबा हिस्सा आगे है, जिसमें उसे जीना है। जीना शर्त जो है। और कैसे कटेंगे इतने साल ? क्या ऐसा नहीं हो सकता कि शरीर की सारी वासना खत्म हो जाये ? ओह—उसका जीवन भी कैसा है, वह इस घर में सफल गृहिणी है, सफल मां है, पर वह चाहकर भी सफल पत्नी नहीं बन पाई। चाहकर भी वह जमशेद को कभी पूर्ण रूप से, मन से, तन से, जमशेद को पति नहीं मान पायी। जमशेद की यही कमजोरी दोनों के बीच हमेशा दीवार बनी रही।

उसे पत्नी का, नारी का वह सुख क्यूं नहीं मिला जिसकी वह हकदार थी ? किसने उसे श्राप दिया, और कब तक वह नाटक करती जिये ? दुनिया को वह दिखाती रहे कि वह सुखी है, सारे लोग उसकी खुद दोस्तें यह सोचती हैं कि वह सुखी है, उसे पूर्ण रूप से सुख प्राप्त है; पर वह इन लोगों को कैसे कहे कि यह सब झूठ है, झूठ के सिवाय कुछ नहीं ?

कभी-कभी उसके मन में आता है, अक्सर ऐसी रातों के बाद, कि वह कहीं चली जाये, दूर···अनजानी राह की ओर। पर कहां जाये, सब कुछ समझते-सहते हुए उसे इसी घर में रहना है। उसके लिए दूसरी जगह नहीं है। मां ने क्या खूबी से उसे इस दलदल में झोंक दिया, जिससे वह चाहकर भी नहीं निकल सकती ! बस हाथ-पैर झटककर रह जाती है या रोकर चुप हो जाती है। ये आंसू भी क्या चीज हैं ? मन के हर भार को कितना कम कर देते हैं। वरना आदमी का जीना कितना मुश्किल हो जाये !

पता नहीं वह कब तक अपने-आपसे लड़ती, अपने से ही युद्ध करती चुप बैठी रही। और उसके ठीक पीछे से रात बिना उसे छुए धीरे-धीरे सरकती रही।

"दीदी," विपुल ने दरवाजे के भीतर पैर रखा और उसे पुकारा। हाथ में तौलिया और अपने कपड़े रखे तहमीना बाथरूम की ओर जा रही थी कि देखा सामने विपुल खड़ा है। वह तुरन्त लौट पड़ी, और कपड़ों को टेबल पर रख दिया,

तौलिया अभी भी उसके कंधे पर लटक रहा था।

"क्या बात है ? आप काफी कुम्हलाई हुई लग रही हैं ?" विपुल ने उसके उदास चेहरे को निहारते हुए कहा।

"विपुल···" तहमीना ने रुककर उसे देखा, "एक बात कहूँ, मानोगे ?"

"हाँ बोलो, तुम कहो और मैं न मानूँ ऐसा कैसे हो सकता है ?"

"तुम यहाँ मत आया करो···" तहमीना ने विपुल से आँखें चुराते हुए कहा।

"क्या !" विपुल आश्चर्य से फट पड़ा, "यदि भूकम्प आ जाता तब भी शायद उसे इतना आश्चर्य नहीं होता, जितना उसे तहमीना की इस बात पर हो रहा था। वह चुप परेशान-सा उसे देखता रहा, फिर धीरे से कुरसी पर बैठ गया।

"नहीं, मैं नहीं जाऊँगा, तुम्हारा मेरे पर क्या अधिकार है, जो फटाक से तुमने आज्ञा सुना दी ? और तुमने ये कैसे सोच लिया कि मैं तुम्हारी बात मान ही लूँगा ? तुम अगर नहीं कहतीं तब शायद नहीं भी आता, पर अब याद रखो मुझे अब यहाँ रोज आना है। मैं जानता हूँ यह शब्द तुम्हारे नहीं हैं किन्हीं और के हैं," विपुल तहमीना को देखते हुए उसके हाथ को छूते हुए बोला, "तुम कितनी कठोर हो दीदी, क्या इतनी कठोर आज्ञा देते हुए तुम्हारा मन जरा नहीं फटा ? जज जब मृत्युदंड की सजा सुनाता है तो वह भी एक बार काँप-सा जाता है, पर तुम जरा नहीं काँपीं। अब तुम दुबारा इसी बात को फिर से दुहरा दो, देखूँ तुममें कितनी हिम्मत है। यदि तुमने सचमुच में दोहरा दिया तब मैं कभी नहीं आऊँगा।"

"नहीं विपुल, मुझसे भूल हो गयी, दरअसल मैं कुछ और कहना चाहती थी, पर कह कुछ और गयी, मुझे क्षमा कर सकोगे न ?" तहमीना की आँखें अचानक डबडबा-सी गईं।

"देखो दीदी, तुम फिर झूठ बोल रही हो, तुमने जो कहा है कि तुम कुछ और कहना चाहती थीं, और कुछ और कह गयी हो, यह गलत है। अब झूठ बोलने से कोई फायदा नहीं, तुम्हें यही कहना था और यही बात तुमने कही है। पर तुम भी याद रख लो, मेरी बात अपने आँचल में अच्छे से बाँध लो कि मैं इस तरह अब तुम्हें अकेले नहीं छोड़ सकता। तुम्हें मेरा आना भले ही बुरा लगे, या किसी और को, पर मैं आऊँगा और आता रहूँगा," विपुल कड़वी हँसी हँसा और बोला, "स्वतंत्र भारत में रहकर तुम दूसरों की आजादी छीनती हो !"

तहमीना चुप रही, सर नीचा किये वह चुपचाप रोती रही, और विपुल ठीक उसके सामने बैठा चाबी से खेलता रहा। बहुत देर तक जब वह रो चुकी तो विपुल ने उसे देखा, "अब उठो दीदी, क्या चाय नहीं पिलाओगी ?"

"हाँ जरूर, तुम पियोगे ?"

"हाँ, पर तुम पहले नहा आओ, इस तरह तुम तन और मन दोनों से स्वस्थ हो जाओगी, फिर इस तरह तुम जानलेवा आज्ञाएँ नहीं दिया करोगी।"

विपुल को वहीं छोड़ तहमीना बाथरूम में आ गयी, और वहीं बैठकर फूट-फूटकर रोती रही। मन की गहराई में कोने में छुपे ढेर सारे आँसू एक बार में ढक्कन खोलकर बाहर बह आये। नहाकर जब वह बाहर निकली तो हल्के गुलाबी रंग के कपड़ों में उसका रूप अधिक खिल आया था। रोई हुई लाल-लाल बड़ी-बड़ी आँखें सूज आयी थीं, जो और भली लग रही थीं। जैसे ढेर सारा नशा कर आयी हों। धुले हुए बाल पीठ पर बिखरे थे। कान के बुंदे जो नहाने के टाइम उसने उतार दिये थे, उन्हें दोबारा पहनती तहमीना विपुल के सामने आ खड़ी हुई। सर से लेकर पैर तक उसे निहारता विपुल अपनी जगह बैठा रहा।

"एक बात कहूँ दीदी ?" विपुल ने कहा।

"हूँ, बोलो तो," तहमीना ने बालों के पानी को झटकते हुए कहा।

"वाकई तुम बहुत सुन्दर हो, पर दीदी तुम्हारे इस रूप को सम्हालने वाला उचित गुलदान नहीं मिल पाया।"

"हूँ, तो तुम फिर शरारत पर आ गये। यह तो मर्दों के पुराने हथकंडे हैं, जब भी देखा औरत का मूड खराब है, तो सुन्दरता की तारीफ कर दी," तहमीना जोर से हँस दी।

"चलो, तुम हँसीं तो," विपुल ने हँसते हुए कहा, "सच दीदी, तुम्हें हँसाना बहुत आसान है, पल-भर में हँस देती हो और पल-भर में रो देती हो।"

"अच्छा-अच्छा, अब अपनी यह लेक्चरबाजी तुम बंद करोगे या फिर तुम्हें यहाँ से जाने की आज्ञा दे दूँ !"

"नहीं-नहीं, वह आज्ञा तो तुम वापस ही ले लो। तुम दीदी इसी प्रकार हँसती सजी-बनी रहा करो न, इसमें तुम्हारा क्या बिगड़ जायेगा ?"

"मेरा न सही, दूसरों का तो बिगड़ता है।"

"मारो गोली," विपुल बोला, "अच्छा आप चाय दे दो, पता है आज सुबह से मैंने चाय नहीं पी, दो दिन से घर में चीनी नहीं है। माँ बकती हुई इस कमरे से उस कमरे घूमती है और हार कर अपने भगवान के आगे सर टेक देती है। पर देखो दीदी वह भी कितना बेचारा है माँ का भगवान, वह टुकुर-टुकुर माँ को निहारता है पर चीनी नहीं देता।"

"तुम क्या-क्या बोलते हो विपुल," तहमीना हँस दी, "मैं देख रही हूँ, तुम दिन पर दिन नास्तिक होते जा रहे हो, यह ठीक नहीं है। भैया, दुनिया में कष्ट हैं, पर इसका मतलब यह नहीं कि भगवान भी नहीं है। जरूर है, तभी तो ये कठपुतलियाँ हम और तुम दुनिया के रंगमंच पर खेलती नजर आती हैं।"

"ये भगवान मेरा हमेशा से दुश्मन रहा है, देखो न यहाँ पर भी आ टपका, लगता है आज मुझे चाय नसीब ही नहीं होगी। जरा बढ़िया-सी चाय पहले पिला दो न, फिर भगवान की तारीफ में भाषण दे देना," विपुल बिल्कुल बच्चों के

अन्दाज में ठुनकता हुआ बोला।

तहमीना हँसती हुई अन्दर चली गयी, रसोई में। थोड़ी ही देर में वह चाय लेकर लौटी। उसके हाथ में दो कप थे। एक कप विपुल की ओर बढ़ाते हुए वह बोली, "लो पियो, तुमने कैसे सोच लिया, कि आज तुम्हारे नसीब में चाय नहीं ? मैंने तुमसे पहले ही कह रखा है, जो चीज तुम्हें कहीं न मिले उसे लेने तुम अपनी दीदी के पास आ सकते हो।"

"ओह ! यू आर ग्रेट दीदी," विपुल चहक उठा, "पर मैं माँ बदौलत को यह याद दिला दूँ कि थोड़ी ही देर पहले तुम्हीं ने मुझे मृत्युदण्ड की सजा दी थी, याने कभी न आने की।"

"फिर वही," तहमीना झेंप गयी, "बार-बार तुम उस बात को क्यूं याद दिला रहे हो, कहा न भूल हो गयी, क्षमा कर दो बाबा, तुम छोटे हो और मैं बड़ी, तो भी मैं तुमसे क्षमा माँग रही हूँ। एक बात याद रखो विपुल, जब बड़े अपने से छोटों से क्षमा माँगते हैं न, तो तुम्हें पता है भीतर से उन्हें कितना कष्ट होता है ? वह कितने मजबूर हो जाते हैं ? और आज तुमसे क्षमा माँगते हुए भी मुझे बहुत कष्ट हो रहा है, और एक तुम हो कि फिर मुझे बार-बार उसी बात पर ले जाते हो।"

"लो, तुम फिर उदास हो गईं दीदी," विपुल हँसा, "लो चाय पियो और आज उदासी की बातों का कोटा खत्म समझो, और अब हम एक तख्ती चिपका लेते हैं, स्टाक खत्म हो गया है की, जैसा कि राशन की दुकानों में हमेशा लटका होता है।"

"अच्छा, दीदी," विपुल दुबारा फिर कुर्सी पर अच्छे से बैठता हुआ बोला, "राशन वाले हमेशा अपनी दुकान में यह तख्ती लगाये रहते हैं, और माँ समझती है मैं भइया की साइकिल लेकर शहर को तफरीह कर लौट आता हूँ। बताओ इसमें मेरा क्या दोष ? साला, आज के जमाने में सच बोलना भी पाप है।"

"फिर वही," तहमीना ने गुस्से से उसे घूरा, "तुम बात-बात में गालियाँ क्यों बकते हो, तुम्हारी ये आदत नहीं जाती न ?"

"सौरी दीदी," विपुल सर खुजाता हुआ झेंप सा गया, "यह साली जबान जो है न फिसल जाती है।"

"फिर वही ?"

"ओफ़्फ़ो अगेन सौरी दीदी।"

"अच्छा अब लो चाय पियो, कहो चाय कैसी है ?"

"तुम्हें तो एक बढ़िया सेन्टर खोल लेना चाहिए, जिसमें तुम्हें लड़कियों को चाय बनाने की ट्रेनिंग देनी चाहिए। सच कहता हूँ, तुम्हारे हाथ की चाय का स्वाद ही कुछ और होता है।"

"अच्छा-अच्छा, दुबारा चाय मिल सकती है, पर खुशामद बंद।"

"कौन खुशामद कर रहा है! यह तो हम अपनी दीदी को मना रहे हैं।"

"हाँ विपुल, तुम्हें किसी दिन दोपहर को फुर्सत होगी, तुमसे थोड़ा कुछ जरूरी काम करवा■ था, तुमसे कुछ सलाह लेना चाहती हूँ, बोलो, किस दिन आओगे?"

"मुझे क्या काम है, फुर्सत ही फुर्सत है। भारतवर्ष में पच्चीस प्रतिशत मुझ जैसे निकम्मे हैं, जिन्हें तुम आये दिन पकड़कर अपना ऑफिस का काम करवा सकती हो।"

"मैं पच्चीस प्रतिशत निकम्मों की बात नहीं कर रही, तुम्हारी बात कर रही हूँ, अपनी कहो किस दिन आओगे?"

"बोलो तो अभी बैठ जाता हूँ, फुर्सत ही फुर्सत है।"

"यह कोई बैठने का समय है? अभी मुझे खाना बनाना है, घर में और भी ढेर सारे काम हैं, तुम तो दोपहर की बात करो।"

"ठीक है, किसी भी दिन पहुँच जाऊँगा। बहता पानी और रमता जोगी का कोई भरोसा नहीं, बोलो तो आज आ जाऊँगा, वरना फिर जिस दिन भी मूड हुआ। अच्छा दीदी, अब तुम श्रीमती का चोला पहनो और अपनी गृहस्थी के कामों में जुट जाओ, और मैं चला, दो-चार सड़कों की खाक छानता घर पहुँच जाऊँगा।"

"हाँ, मैंने इसीलिए तो तुम्हारा रोड इन्सपेक्टर नाम रखा है।"

"चलो, तुमने किसी लायक तो समझा, वरना हरेक तो यहाँ मुझे क्लर्की के लायक भी नहीं समझते।"

विपुल उठा और बाहर आ गया, तहमीना उसे छोड़ने बाहर तक आई और जाते हुए विपुल को देर तक निहारती रही। उसने एक बात नोट की, कि विपुल बिना प्रेस की हुई शर्ट पहने था। बातों में उसे ध्यान ही नहीं रहा, वरना वह उसे टोक देती। पता नहीं कब इस लड़के में चेंज आयेगा। और वह खुद भी कितनी पागल है, इतनी देर उसे बातों में लगाये रखा, अगर वह चाहती तो इस बीच उसकी शर्ट को प्रेस करके दे सकती थी, और वह खीजे हुए मन से वापस कमरे में आ गयी।

तहमीना शाम को एस० पी० से मिलने उनके घर पर गयी। तहमीना ने सुबह से ही सोच लिया था कि आज उसे मिल ही लेना चाहिए।

शाम को तहमीना जब उनसे मिलने उनके बंगले पर गयी, गेट खोलते ही सुन्दर-सुन्दर फूलों ने सर हिलाकर उसका स्वागत किया। बगीचे के लॉन में कुछ कुर्सियाँ डली हुई थीं, जिन पर कुछ लोग बैठे हुए थे। चपरासी ने उसके नाम

की चिट ले जाकर दी।

"आइये-आइये," कहते वह उठ गये, टेबल पर पहले से ही चाय की ट्रे रखी थी और एक-दो ताजा अखबार रखे थे। याने शाम की चाय पी जा रही थी।

"तो मैंने आप लोगों को डिस्टर्ब किया न," तहमीना ने संकोच से कहा।

"जी नहीं, आपका साथ तो बड़ा खूबसूरत है," उन्होंने मजाक करते हुए उसकी ओर एक कप चाय बढ़ा दिया।

"थैंक्यू," तहमीना के हाथ काँप से गये, "तो आपने वह केस मँगवाकर देख लिया न ?"

"जी हाँ, और बुलाकर इन्सपेक्टर से पूछा भी, जो इन्क्वायरी में गया था," उन्होंने कुर्सी पर ठीक से बैठते हुए सिगरेट का कश खींचते हुए कहा, "देखिये इस केस में सारी बदमाशी आपके बाबू की है। वह चेहरे से गुण्डा लगता है और ख्वाहमख्वाह विमला को फँसाना चाहता है, क्योंकि वह अच्छे से जानता है कि उसका ट्रांसफर हो गया है और सब का शक उसी पर जायेगा, और जैसा कि विमला जी के बयान से पता चला कि इन दिनों आपसे भी उसके संबंध ठीक नहीं हैं, और इन सारी बातों का फायदा आपका बाबू ले रहा है।"

"मगर वह उन दिनों तो दौरे पर था," तहमीना ने आश्चर्य से पूछा।

"तो क्या हुआ ? जाने के पहले उसने वह टाइपराइटर गायब कर लिया, और आने के बाद इस बात को उठाया, इस तरह जैसे टाइपराइटर अभी गुमा हो। मगर मैं आपको बताऊँ टाइपराइटर आपके ऑफिस से कई दिन पहले गायब हो चुका है। चोर चाहे कोई भी हो, मानना पड़ेगा कि वह बहुत चालाक चोर है।"

"मगर पुलिस तो उसके घर की तलाशी ले चुकी है, और घर से भी कुछ नहीं मिला," तहमीना ने खाली कप टेबल पर रखते हुए कहा।

"चोर इतना बेवकूफ नहीं होता न, जितना आप समझ रही हैं," वह हँसे और बची हुई सिगरेट के टुकड़े को ऐश-ट्रे में रगड़ते हुए उन्होंने तहमीना को दुबारा देखा। "देखिये या तो उसने टाइपराइटर को किसी कुएँ में फेंक दिया है या किसी पहचान वाले के हाथ शहर से बाहर भेज दिया है; बेच तो सकता नहीं, सरकारी चीज है। हाँ, इस बीच एक बात साफ और खुलकर आ गयी है, कि आपकी जो ऑफिस इंचार्ज है उसने पुलिस के आगे स्टेटमेंट दे दिया है कि स्वामी बाबा उसका गुरु नहीं उसका पति है, और बरसों से दोनों का पति-पत्नी का सम्बन्ध है।"

"अच्छा," तहमीना दंग रह गयी, "तो वह मौनी बाबा उसका पति निकला!"

"जी हाँ, और वह मौन जो रहता था, उसमें उसकी चाल थी। इस तरह वह लोगों के बे-जरूरत प्रश्नों से बचा रहता था, और लोगों को वह शक का मौका नहीं देता था। इतने पर भी इस टाइपराइटर कांड में स्वामी और चेली का कोई हाथ नहीं है। इसमें सारी शरारत आपके बाबू की है। आपके चपरासी ने जो पहला बयान दिया था, उसमें भी वह यही बात कहता है कि बाबू को टाइपराइटर ले जाते देखा है।"

"मगर बाद में चपरासी ने अपना बयान बदल दिया था," तहमीना ने कहा।

"जी हाँ, बदल तो दिया था, पर यह भी तो हो सकता है कि उसे धमकियाँ दी गयी हों, डराया-धमकाया गया हो, जिससे वह बेचारा गरीब डर गया हो, और अपना बयान बदल दिया।"

"अब क्या किया जाय, टाइपराइटर कैसे मिलेगा ? तहमीना ने एकदम थके हुए शब्दों में कहा।

"वह भी धीरे से मिल ही जाएगा," उन्होंने बहुत गहरे से तहमीना को देखते हुए कहा।

तहमीना चुप उन्हें देखने लगी। चपरासी चाय की ट्रे उठाकर ले जा चुका था। वह कुछ लोग जो वहाँ बैठे हुए थे, वह भी उठकर चले गये। तहमीना को बड़ा आश्चर्य-सा लगा कि चाय तो सबने पी पर एस० पी० साहब ने क्यों नहीं पी। जहाँ वह लोग बैठे थे, उससे लगा हुआ लंबा बरामदा था। बरामदे में कत्थई रंग के बड़े-बड़े परदे लटक रहे थे और हवा में उड़ रहे थे। परदे हिलते और उसके साथ ही टुन-टुन की मधुर ध्वनि बाहर तक आ रही थी। परदों में छोटी-छोटी घण्टियां लगी थीं। तहमीना काफी देर तक बैठी रही, उसने ध्यान दिया, अन्दर जोर-जोर से छुन-छुन की आवाज आ रही है। जैसे कोई हल्के-हल्के नृत्य की प्रैक्टिस कर रहा हो। और तहमीना जब से यहाँ बैठी थी तब से ही उसका रह-रहकर ध्यान परदे के पीछे चला जाता, और जानने की इच्छा जाग उठती कि अन्दर नृत्य की प्रैक्टिस कौन कर रहा है ? उसने यूं ही अनुमान-सा लगा लिया कि एस० पी० साहब की पत्नी होंगी।

"आप भी क्लब ज्वाइन कर लीजिये न," उन्होंने उससे कहा।

"क्या करना है क्लब ज्वाइन करके," तहमीना का ध्यान फिर अन्दर की ओर चला गया, "क्या भीतर आपकी पत्नी नृत्य की प्रैक्टिस कर रही हैं ?" आखिर तहमीना ने पूछ ही लिया।

"पत्नी ?" कहते हुए वह जोर से हंस दिए, "अरे साहब अभी तो हमारी शादी ही नहीं हुई है, आपने यह पत्नी को कहाँ से लाकर मेरे बंगले में बैठा दिया !"

"अरे," तहमीना एकदम चमक-सी गयी, सहमकर उसने उन्हें देखा, इस तरह

जैसे वह बहुत बड़ी कोई गलती कर बैठी हो, या सही शब्दों में बेवकूफी कर बैठी हो। तहमीना की परेशानी का वह बैठे-बैठे मजा ले रहे थे।

तभी परदे के नीचे से एक सफेद रंग का प्यारा-सा खरगोश उछलता हुआ आया जिसके पैरों में घुंघरू बँधे थे। वह चलता था तो छुन-छुन की बड़ी प्यारी आवाज होती थी। ऐसे जैसे कोई नृत्य कर रहा हो। वह छनछनाता हुआ सा उछलता आया और सीधा आकर एस० पी० साहब की गोद में चढ़कर बैठ गया।

"नाटी," कहते हुए उन्होंने उसे प्यार से पुचकारा और तहमीना की तरफ देखकर खुलकर हँसे, "लीजिये मेरी पत्नी आकर मेरी गोद में बैठ गयी है।" तहमीना का मुँह कान तक लाल हो उठा और वह मुँह पर हाथ रखकर हँस दी। वह चकित होकर खरगोश को देख रही थी। खरगोश भी अपनी प्यारी-प्यारी गोल-गोल आँखों से घूर रहा था, मानो पूछ रहा हो कि यह अजनबी कौन है?

"घुंघरू की आवाज से तो मैं समझ रही थी कि अंदर कोई डांस की प्रैक्टिस कर रहा है, पर यह तो खरगोश निकला," कहते तहमीना हँस दी। तहमीना की बात पर वह भी हँस दिये।

"अच्छा तो मैं चलूँ," तहमीना ने खड़े होते हुए कहा, "बाबू को छोड़ दीजियेगा, ऑफिस के काम में हर्ज हो रहा है, इन्क्वायरी तो चल ही रही है।"

"ठीक है, मैं थाने फोन कर दूंगा," वह खरगोश को गोद में उठाये खड़े हो गये।

"और हाँ," तहमीना रुकी, "विमला का ट्रांसफर हो गया है, पर हमने इसी केस के कारण उसे रोक रखा था; तो उसे जाने दूँ या उसे रोकना ठीक होगा?"

"नहीं, अब आवश्यकता नहीं, उसका बयान तो हो ही गया है। अगर जरूरत पड़ी तो उसे दुबारा बुलाया जा सकता है," उन्होंने खरगोश के सर को थपथपाते हुए कहा।

"अच्छा, धन्यवाद, मैंने बहुत सारा समय लिया न आपका," तहमीना जाते-जाते बोली।

"अरे नहीं, आप क्या बोल रही हैं! आपसे मिलकर तो मुझे बहुत ज्यादा प्रसन्नता हुई। मैं तो उन बेकार के लोगों के बीच बैठा बातें कर रहा था। वह लोग तो आते-जाते रहते ही हैं, काम भी चलता रहता है, पर आप जैसे मेहमान हमेशा थोड़ी आते हैं," उन्होंने उसे फिर गहरे से देखा, और बोले, "फिर आइये न किसी दिन!"

"आप भी आइये न किसी दिन, मेरा घर भी पास ही है।"

"आपने बुलाया है तो आना ही पड़ेगा," उन्होंने शरारत से तहमीना को

देखा, "और हाँ आप मुझे मेरे नाम से बुलाइये न, मेरा नाम तुषार है।"

"जी······" तहमीना भय से सफेद पड़ गई और उसने घबराकर उन्हें नमस्ते किया और आगे बढ़ गयी। तहमीना जब थोड़ा आगे बढ़ गयी तो उसने यूँ ही पीछे मुड़कर देखा, तो वह चौंक पड़ी, तुषारजी गेट पर खड़े हुए उसे अभी भी निहार रहे थे। तहमीना सर झुकाए आगे-आगे बढ़ती चली गई।

तहमीना जब घर लौटी तो लगभग शाम रात में बदल ही रही थी। ऑफिस की बातें एक रहस्य की तरह उसके सामने खुलती जा रही थीं, पर जाने क्यूँ आज तहमीना को बहुत अच्छा लग रहा था। तुषार उसे काफी सुलझे और अच्छे व्यक्तित्व वाले व्यक्ति लगे। कितनी गहराई से उन्होंने सारे केस की स्टडी की थी, किस तरह एक-एक तह खोल-खोलकर उसके सामने रख दी थी! तो इसमें सारी बदमाशी बाबू की है। वह बेकार में ही विमला पर शक कर रही थी। ढेर-ढेर बातें थीं जो दिमाग में चक्कर काट रही थीं, और जिसके कारण सर में दर्द हो रहा था। बेजरूरत बातें आ-आकर उसे तंग कर रही थीं। इच्छा हो रही थी, चुप ओढ़कर सो लिया जाए। पर बेवक्त सोना उसे कभी भी ठीक नहीं लगा। उसके खुद के सोने का अपना खास टाइम है, इसलिए वह चाह कर भी सोने नहीं पाई।

तभी बाहर किसी के हल्के-हल्के गुनगुनाने की आवाज आयी और परदा उठाकर विपुल अन्दर आता दिखा।

"कहिए दीदी, बड़ी सुस्त-सी बैठी हैं आप," विपुल कुर्सी पर झुकता हुआ बोला।

"आओ, विपुल, चलो तुम आ गये। चाय पीने की मेरी इच्छा हो रही थी, पर अपने लिए इतना कष्ट उठाना गैर-जरूरी लग रहा था। तुम आ गए हो, चलो अब चाय पी लें।" कहती तहमीना रसोई की ओर बढ़ गयी।

तहमीना जब लौटी, उसके हाथ में दो चाय के मग थे, और तहमीना ने मुँह-हाथ भी धो लिया था जिससे उसे थोड़ा नयापन भी लग रहा था। चेहरे की वह थकान भी कम हो गई थी, जो कुछ देर पहले उसे जरूरत से ज्यादा उदास बना रही थी। तभी बाहर से दौड़ता रिंकू आया और तहमीना की गोद में झूल गया।

"हलो, बालक," विपुल ने लाड़ से कहा।

"बहुत बदमाश हो गया है, छुट्टियाँ क्या हुई हैं, नाक में दम कर रखा है इसने," तहमीना ने कहा।

"आपकी नाक में दम करना इसका हक है दीदी, इसका यह हक क्यों छीनती हैं? हम लोग भी छोटे थे तो इसी तरह ऊधम करते थे," विपुल रिंकू का पक्ष लेते हुए बोला।

"ना बाबा, मैं तो कम से कम ऐसी नहीं थी," तहमीना ने कहा और लाड़ से रिंकू को लिपटा लिया पर तभी चौंक गई, रिंकू के मुँह से चाकलेट की महक आ रही थी।

"अरे तूने चाकलेट खायी है ? पर पैसे कहाँ से मिले तुझे ?"

रिंकू बदमाशी से हँस दिया, उसके चेहरे की हँसी वैसी ही थी, मानो वह कोई बात तहमीना से छिपा रही हो।

"बोलो, पैसे कहाँ से पाये," तहमीना ने डाँटकर पूछा, तभी उसे याद आया, थोड़ी देर पहले उसने नौकरानी को दही लाने एक रुपया दिया था। साठ पैसे का दही आया था और चालीस पैसे बचे होंगे, तभी विपुल आ गया और वह बातों ही बातों में नौकरानी से हिसाब लेना भूल गयी, और नौकरानी ने रिंकू को पैसे थमा दिये, और वह चली गयी होगी। बस रिंकू की मौज हो गयी, उन्होंने चालीस पैसे में जश्न मना डाला।

"तो दही के चालीस पैसे तुम्हारे पास हैं न, दो वापस," तहमीना गुस्से से बोली। रिंकू अपनी जेब पकड़े बाहर भाग गया, शरारत से हँसता हुआ।

"यह तो बहुत बुरी बात है दीदी," विपुल बोला, "आप उसे मारिये और वापस पैसे लीजिए, वरना पता है बड़ा होकर यह आपको कभी पैसे का हिसाब नहीं देगा। सामान के लिए पैसे देंगी और यह झट से पैसे मार लेगा। आपको अभी से इसकी आदत को रोकना पड़ेगा।"

विपुल का तर्क सुनकर तहमीना को भी लगा कि विपुल ने सही बात कही है, और वह तुरंत उठी और रिंकू के पीछे दौड़ गयी। रिंकू दरवाजे की आड़ में कोने में दुबककर छुपकर खड़ा था। तहमीना ने दरवाजे की आड़ से रिंकू को खींचा और तड़-तड़ कई चांटे रसीद कर दिये, और उसकी जेब से पैसे निकाल लिये। उसकी जेब में तीस पैसे बचे थे, दस पैसे वह खर्च कर चुका था। पैसे छिन जाने के कारण रिंकू रोता हुआ जमीन पर बैठ गया, और तहमीना उसे वैसा ही रोता छोड़कर वापस आ गयी। रिंकू को मारने से उसका अपना मन दुखी हो गया था, और उसकी साँस तेज-तेज चलने लगी थी।

"देखो न, कितना परेशान करता है यह," तहमीना परेशान, थकी-सी कुर्सी पर बैठती बोली।

"कुछ नहीं, थोड़ा कन्ट्रोल रखिये, सुधर जायेगा," विपुल उसे तसल्ली देता बोला, "जाइये दीदी, और उसे समझाकर मना लीजिये, क्योंकि उसे मारने से अब आप भी दुखी हो गयी हैं।"

तहमीना उठी और रिंकू को पकड़कर ले आयी और गोद में बैठा कर उसके माथे पर के बाल ठीक करती उसे सीने से लगा लिया। रिंकू सुबकता हुआ सो गया।

"दीदी, वह आपके यहाँ जो डाक्टर रहती थीं न," विपुल रुकता-रुकता-सा बोला।

"हाँ-हाँ, डॉक्टर नाहिद," तहमीना ने उसे देखा, "क्यों, क्या हुआ ?"

"आज मैंने डॉक्टर नाहिद को देखा था।"

"अच्छा," तहमीना बोली, और उसने विपुल को अच्छे से देखा। विपुल का इस तरह बोलना उसे साधारण नहीं लगा, "डॉक्टर नाहिद को देखा तो क्या हुआ, डाक्टर हैं, कहीं गयी होंगी। कहाँ देखा था तुमने डॉक्टर नाहिद को ?" तहमीना ने उसे कुरेदा, वह समझ गयी थी कि विपुल उससे कोई बात छुपा रहा है।

"पिक्चर गयी थीं, उनके साथ डॉक्टर अग्रवाल भी थे।"

"क्या ?" तहमीना आश्चर्य से फट पड़ी, उसे विश्वास ही नहीं हो रहा था। भला नाहिद बाजी इतनी हिम्मत कैसे कर सकती हैं, कि खुले आम डॉक्टर अग्रवाल के साथ घूमें ? यह तो कल्पना के परे की बात थी। जैसा उनका नेचर था उसे देखते हुए तो जरा भी विश्वास नहीं हो रहा था, किन्तु जब खुद विपुल कह रहा है तो अविश्वास करने की बात भी नहीं है।

"हाँ दीदी, दोनों साथ थे। खुद मुझे बहुत आश्चर्य हुआ, क्योंकि वह चेहरे से इतनी दब्बू किस्म की महिला लगती हैं कि उनके बारे में ऐसा सोचना भी अजीब है। कोई कहता तो शायद मैं भी विश्वास नहीं करता, पर क्योंकि खुद देख आया हूँ इसलिए विश्वास करना पड़ रहा है। अपनी आँखों को भी झूठा कहूँ, यह तो हो नहीं सकता।"

"हाँ वह तो है ही," कहते-कहते तहमीना कहीं खो-सी गयी। तो उसका शक सही था। नाहिद बाजी और डॉक्टर अग्रवाल के सम्बन्ध गहरे होते जा रहे हैं। पर क्या दोनों शादी कर पायेंगे ? दोनों ही कट्टर धार्मिक परिवार के हैं। क्या दोनों का निर्वाह हो पायेगा ? परिवार वालों ने भी उनका ध्यान नहीं रखा तो खुद आखिर उन्होंने अपनी राह खोज ही ली।

अचानक किसीने दरवाजे पर नोक किया। तहमीना अपने ख्यालात को झटकती हुई उठी और बाहर आयी तो देखा बाबू खड़ा था, अपना वही चिर-परिचित हुलिया लिये।

"अरे, तो उन लोगों ने आपको छोड़ दिया ?" तहमीना को आश्चर्य-सा हुआ, एस० पी० साहब ने बड़ी जल्दी उसकी बात पूरी कर दी।

"जी, आपकी मेहरबानी," बाबू ने हाथ जोड़ दिये।

"मैं एस० पी० साहब से मिली थी। अब आप वापस जाइये और विमला को रिलीव कर दीजिये, उसे रोकना ठीक नहीं है। अब, और हाँ, पुलिस इन्क्वायरी के लिए आ रही है, आपको पूरी तरह से पुलिस की मदद करनी है।" तहमीना

ने गहरे से बाबू के चेहरे को घूरते हुए कहा।

"जी," वह सपाट चेहरा रखे बोला।

"जाइये, ठीक है, बाद में मुझे आकर के रिपोर्ट दे दें," तहमीना वापस कमरे में आ गयी।

"कौन था दीदी?" विपुल ने पूछा।

"ऑफिस का बाबू था, बहुत बदमाश आदमी है," तहमीना ने ठंडी साँस खींचकर कहा।

थोड़ी देर दोनों चुप बैठे रहे, फिर अचानक जैसे तहमीना को कुछ याद आया और विपुल को अविश्वास से देखती हुई बोली, "सच बोलो विपुल, क्या सच तुमने डॉक्टर नाहिद को डॉक्टर अग्रवाल के साथ देखा था, वह पिक्चर गयी थीं?"

"हाँ दीदी, इसमें आश्चर्य की कौन-सी बात है!" विपुल हैरान होता हुआ बोला, "आप भी दीदी, कभी-कभी बड़ी दकियानूसी बातें करने लगती हैं, क्या आदमी अपनी इच्छा से नहीं जी सकता?"

"नहीं, यह बात नहीं है, पर उनके नेचर को देखते हुए सहसा विश्वास नहीं हो रहा है।"

"आज के जमाने में दीदी, अननेचुरल कुछ भी नहीं है," विपुल उठता हुआ बोला, "अरे हाँ, जो बात आपको कहने आया था वह तो कह ही नहीं पाया। मैं कल इन्सपेक्टर के इन्टरव्यू में जा रहा हूँ, माँ का विश्वास है इस बार मेरा सलेक्शन जरूर हो जायेगा।"

"और मेरा भी यही विश्वास है। तो कब जा रहे हो तुम?"

"बस सुबह की बस से चला जाऊँगा।"

"विश यू द बेस्ट ऑफ लक," तहमीना ने कहा और धीरे से विपुल के हाथ को स्नेह से थपथपा दिया। अचानक तहमीना को कुछ याद आया और वह बोली, "अरे हाँ, इन्टरव्यू में कौन-से कपड़े पहनकर जाओगे? कुछ तैयारी की है?"

"एक दोस्त से कुछ कपड़े लेकर जा रहा हूँ;" विपुल उससे आँखें चुराते हुए बोला, "हाँ, तुम मेरी चिन्ता मत करो। पर देखो दीदी तुम इस बीच हँसते रहना, उदास रहोगी तो इस बार फिर मेरा सलेक्शन नहीं हो पायेगा।"

"ओ० के० बाबा," और तहमीना जोर से हँस दी।

"इतना ही काफी है," कहता विपुल चला गया और तभी जमशेद बाहर से आ गये। तहमीना तुरन्त रसोई की ओर बढ़ गयी। रात के भोजन की व्यवस्था करनी थी उसे।

तहमीना साड़ियों में फॉल टाँक रही थी। घर पहनने के लिए उसे साड़ियों की कितनी आवश्यकता थी, पर वह खरीद ही नहीं पा रही थी। साड़ी खरीदने का प्रोग्राम आगे बढ़ जाता था। हमेशा उसे लगता साड़ियाँ उतनी आवश्यक नहीं हैं जितनी घर की और जरूरतें। पर उस दिन कड़ा मन करके आखिर उसने दो साड़ियाँ खरीद ही लीं। कई महीनों बाद वह दुकान गयी थी, और अचानक कपड़ों के बढ़े हुए भाव को सुनकर वह आश्चर्यचकित रह गयी थी। इतने महँगे कपड़े? याने वह दिन आ ही गया जब वह लोग त्यौहारों पर भी कपड़े सिला नहीं पायेंगे। दो साड़ी खरीदकर जब वह वापिस हुई थी तो देखा पर्स में जो रुपये खर्च के लिए रखे थे वह सारे के सारे इसमें निकल गए और जमशेद से उसे डाँट खानी पड़ेगी ही आखिर।

अभी वह साड़ी का फॉल पूरी तरह टाँक भी नहीं पायी थी कि अचानक उसने चौंककर देखा, कि ठीक उसके सामने नाहिद बाजी आ खड़ी हुई हैं। उन्हें देख वह चौंक गयी और साड़ी के फैले ढेर को समेटती, अपने से अलग करती वह उठी, "अरे आप कब आयीं, मुझे जरा भी आहट नहीं मिली!"

"बस अभी, तुम तो अपने काम में बड़ी व्यस्त थीं," कहती बाजी वहीं दरी पर बैठ गयीं, "बड़ी प्यारी साड़ी है।"

"पर दाम सुनेंगी तो इसकी सारी खूबसूरती जाती रहेगी," तहमीना ने हँसते हुए कहा और नाहिद बाजी भी हँस दीं।

नाहिद बाजी का चेहरा आज और दिनों से ज्यादा उदास लग रहा था। तहमीना चुप नाहिद बाजी को निहारती रही पर कुछ पूछने का साहस नहीं हुआ। आज उन्होंने काले बार्डर की साड़ी पहन रखी थी जो उनपर खूब फब रही थी।

"तहमीना, कुछ काम है अभी?" नाहिद बाजी अचानक बोली।

"नहीं तो," तहमीना ने झट से साड़ी के फैले ढेर को तह कर दिया। वह तुरंत समझ गयी कि बाजी उससे कुछ कहना चाहती हैं। तहमीना मन ही मन विपुल की बतायी बात को आज की बाजी की मनःस्थिति से जोड़ती उठ गयी। "आइये अन्दर पलंग पर बैठेंगे।"

"जमशेद आफिस से नहीं लौटे, और रिंकू?" नाहिद बाजी ने पूछा।

"आज रिंकू और जमशेद पिकनिक पर गये हैं। जमशेद अपने दोस्तों के साथ जा रहे थे तो रिंकू भी पीछे लग गया।"

"आज कोई खास बात है क्या? अचानक पिकनिक का प्रोग्राम," नाहिद बाजी ने अपने दोनों पैरों को पलंग पर उठाकर रखते हुए कहा, "लगता है आज पानी आयेगा।"

"हाँ, लगता तो ऐसा ही है आज पानी आयेगा। बाहर से इनके कुछ दोस्त लोग आये हुए थे, उन्हीं के साथ पिकनिक गये हैं," तहमीना ने कहा और पलंग

की पाटी से टिककर बैठ गयी। नाहिद बाजी पलंग पर अधलेटी-सी बैठी थीं। कुछ तो बात कहनी थी, यह दोनों के सामने था, पर शुरुआत कैसे करना होगा? किसकी तरफ से होगा? इसी संकोच में नाहिद बाजी बैठी थीं, और तहमीना चाहकर भी उस प्रश्न को छूने से डर रही थी जो उसे पहले से मालूम था पर इतने पर भी उसे अभी तक विश्वास नहीं हुआ था।

"आज हमारे यहाँ अस्पताल में एक घटना हो गयी," नाहिद बाजी ने आँचल को हथेली पर फैलाते कहा।

तहमीना ने प्रश्नवाचक दृष्टि उठाकर नाहिद बाजी को देखा कि ऐसी कौन-सी बात हो गयी है जिसके कारण आज बाजी इतनी उदास हैं? कुरेदने की इच्छा हुई पर उसने कुछ न कहना ही ठीक समझा।

"कल रात डॉक्टर खान की नाइट ड्यूटी थी," नाहिद बाजी अचानक बोलने लगीं, "हमारे यहाँ एक नयी-नयी लड़की आयी है नर्स बनकर। काफी सुन्दर भी है। डॉक्टर खान ने उससे प्रेम प्रदर्शन किया। सोचा था शायद आसानी से राजी हो जायेगी, पर डॉक्टर खान की इस हरकत पर वह लड़की चिल्लाती हुई बाहर आयी और बाहर आकर उसने शोर मचाना शुरू कर दिया। आसपास के कमरों के सारे लोग निकल आये। समझो एक अच्छा-खासा-सा तमाशा ही हो गया। गुस्से और अपमान से भरे हुए डॉक्टर खान अपने कमरे में ही बैठे रहे। बात सी० एस० के कान तक भी पहुँची। डॉक्टर खान की अच्छी-खासी परेड हुई, पर कुछ लोगों ने बीच-बचाव कर मामले को रफा-दफा कर दिया और लड़की को चेतावनी दे दी गयी कि अभी तुम्हारी नयी-नयी नौकरी है, तुम्हें अनुभव नहीं है, आइन्दा ऐसी गलती नहीं होनी चाहिए। कितने खराब और पापी लोग हैं ये सारे के सारे," नाहिद बाजी धीरे-धीरे उसे बता रही थीं और तहमीना उनके चेहरे को देख रही थी जो आज और दिनों से ज्यादा मुर्झाया तथा उदास और थका लग रहा था।

"आज हर कमरे में डॉक्टर खान की चर्चा है और इस चर्चा के साथ लोग मुझे भी विचित्र निगाहों से देख रहे हैं, जैसे यह जानना चाहते हों कि मुझपर क्या असर है?" नाहिद बाजी ने दुखी शब्दों में दुबारा कहा, "और सच जानो तहमीना, आदमी इतना पशु हो सकता है यह मैंने पहले नहीं जाना था। आज मैं ज्यूँही ड्यूटी पर गयी, यह खबर सुनकर मुझे शॉक-सा लगा। आदमी इतना नीचे गिर सकता है, यह तो मैंने सोचा भी नहीं था।"

"बहुत बुरी बात है यह तो, डॉक्टर हैं उन्हें अपनी प्रतिष्ठा का ख्याल रखना चाहिए," तहमीना ने कहा, "अरे हाँ, मैंने सुना है उनकी शादी हो रही है, क्या ये सच है?"

"हाँ, मैंने भी सुना है। अच्छा है उसकी शादी हो जाय, कम से कम मैं अफ-

वाहों से तो बची रहूँगी," कहते-कहते नाहिद बाजी की ग्राँखें कहीं खो-सी गयीं। उनकी बड़ी-बड़ी ग्राँखें उदास होकर छत को घूरने लगीं।

तहमीना उन्हें देख सोच रही थी, ये ग्राँखें दु:ख सहने में कितनी माहिर हैं! क्या ये ग्राँखें कभी रोई होंगी ? हाँ, देखने से लगता है कि जैसे ये ग्राँखें सारे दु:ख को पी जाती हैं। पर नहीं, यह जरूर रोयी होंगी, क्योंकि ग्रौरत की ग्राँखें खुदा ने रोने के लिए ही बनायी हैं।

"ग्रच्छा सुनो तहमीना," नाहिद बाजी एक मिनट रुककर बोलीं, "ग्रगर एक मुसलमान लड़की किसी हिन्दू से शादी कर ले, तो उस लड़की के बारे में तुम्हारे क्या व्यूज़ होंगे ?"

"बहुत ही ग्रच्छे," तहमीना उठकर बैठ गयी। वह संभल गयी थी। वह समझ गयी ग्रब नाहिद बाजी सही बात कहने पर ग्रायी हैं, "बाजी, भला इसमें बुराई की कौन-सी बात है ? जात-पात तो केवल एक जीने ग्रौर मरने का माध्यम है, इससे ग्रधिक कुछ नहीं। फिर पढ़-लिखकर भी यदि हम इन्हीं लकीरों को पीटें तो हम किन बातों पर कह सकेंगे कि हम तरक्की कर रहे हैं ? मगर वह लड़की है कौन ?"

"वह लड़की ?..." नाहिद बाजी सहसा घबरा गयीं, ग्रौर उठकर घुटने मोड़कर बैठ गयीं, "ग्रगर कहूँ तहमीना कि वह मैं हूँ तो ?"

छत पर घूमता पंखा सहसा नीचे गिरकर जमीन पर ग्रा गया। पल-भर तो वैसा ही सन्नाटा-भरा धमाका-सा लगा। नाहिद बाजी नीची निगाहें किये ग्रपनी साड़ी की कोर को बराबर करती रहीं। तहमीना ने मौका पाकर नाहिद बाजी को ग्रच्छे से देखा, ग्रौर उसने महसूस किया कि इधर नाहिद बाजी काफी दुबली हो गयी हैं, ग्रौर उनके ब्लाउज की ग्रास्तीनें काफी ढीली हो गयी हैं।

"किसके साथ बाजी ?" तहमीना ने धीरे से डरते-डरते पूछा।

"डॉक्टर महेश ग्रग्रवाल के साथ," नाहिद बाजी इस तरह बोलीं मानो किसी इन्टरव्यू में उत्तर दे रही हों।

तो विपुल की बात सच थी, ग्रौर फिर तहमीना का शक भी सही निकला, क्योंकि इधर नाहिद बाजी उनमें बहुत रुचि लेने लगी थीं।

"बढ़िया हैं...," तहमीना बोली, "मगर क्या ग्रापके घर के लोग ग्रौर डॉक्टर ग्रग्रवाल के घर के लोग तैयार हो जायेंगे ?"

"परेशानी तो इसी बात की है, मुझे ग्रपने घर से इस बात के लिए कभी इजाजत नहीं मिलेगी। रही डॉक्टर ग्रग्रवाल की बात, तो ग्रपने माँ-बाप का इकलौता बेटा है, हो सकता है वह लोग तैयार भी हो जायें। ग्राजकल डॉक्टर ग्रग्रवाल की मदर भी यहीं हैं न, उन्होंने शहर में मकान ले लिया है।"

"तो ग्रापके पड़ोस से वह चले गये ?" तहमीना ने ग्राश्चर्य से पूछा।

"हाँ, वह तो दूसरे डॉक्टर के साथ रह रहे थे, जब मदर आ गयीं तो वहाँ रहने का प्रश्न ही नहीं उठता," नाहिद बाजी बोलीं, "वैसे उसकी मदर बहुत ज्यादा कट्टर धार्मिक विचारों की हैं। फादर की डैथ तो बचपन में ही हो गयी थी। पता नहीं कैसे सब एडजेस्ट होगा ? खैर एडजेस्ट होने की बात तो बाद की है, अभी तो प्रश्न यह है कि बात को कैसे खोलें ? अब्बा से कैसे कहूँ यह बात ? फिर मैं शादी कर भी लूँ जबर्दस्ती तो उन सबका क्या होगा ?"

"हाँ, यह बात तो है, और फिर आपको आसानी से परमीशन मिलने वाली भी नहीं है।"

"यही तो परेशानी है," नाहिद बाजी ने कहा।

"आपकी कब से इनसे जान-पहचान है ?" तहमीना ने नाहिद बाजी की आँखों को टटोलते हुए पूछा।

"कई सालो से। सोचा था इसी तरह जीवन काट लेंगे, बिना किसी आहट के, पर अब मुमकिन नहीं लगता, रास्ता कोई न कोई निकालना ही होगा," नाहिद बाजी ने बहुत उदास होकर कहा।

"ऐसी शादियाँ तो बस कोर्ट में ही जम सकती हैं। पर बाजी, इस शादी से बहुत-सी बातें, बहुत-सी तकलीफें आपको सहनी होंगी बाद में, इनके बारे में आप सोच लीजिये," तहमीना ने नाहिद बाजी को सतर्क करते हुए कहा।

"अब सोचने का समय ही नहीं रहा तहमीना," नाहिद बाजी ने कहा और सर झुका लिया। तहमीना समझ गयी कि बात काफी आगे बढ़ गयी है, संबंध काफी गहरे हो चुके हैं।

"आप दोनों के बारे में किसी और को पता है ?"

"नहीं," नाहिद बाजी कुछ सोचते हुए चुप रह गयीं फिर बोलीं, "तहमीना, तुम तो मेरा साथ दोगी न ?"

"ना देने का सवाल ही नहीं उठता, मैं तो हर हालत में आपके साथ हूँ," तहमीना बोली, "अच्छा डॉक्टर महेश आगे की हर स्थिति को स्वीकारने को तैयार हैं ?"

"हाँ, महेश के जोर-दबाव से ही तो मैं इतना साहस कर रही हूँ," बाजी बोलीं, फिर सहसा चुप होकर कुछ सोचती हुई आगे कहने लगीं, "फिर हम दोनों कमाते हैं, आगे क्या परेशानी होगी ?"

"वह तो है ही, क्योंकि बनिया फैमिली में काफी पुरानापन होता है, छुआछूत भी अधिक होता है। क्या इन सब बातों के लिए डॉक्टर अग्रवाल की मदर तैयार हैं ?"

"पहले तो वह तैयार नहीं थीं पर महेश की जिद से वह चुप रह गयीं। कर भी क्या सकती हैं, एक ही तो लड़का है, मानना ही पड़ा। अब समस्या बस मेरे घर

की है, सोच रही हूँ कैसे यह बात अब्बा के सामने रखूंगी ?"

समस्या तो कठिन थी, खुद तहमीना जानती थी कि बाजी के अब्बा कितने कट्टर क़िस्म के मुसलमान हैं। घर में एक टाइम की नमाज कजा हो जाती तो परेड ले लेते थे। यही कारण था कि बाजी पाँच वक्त की नमाज पाबंदी से पढ़ती थीं, यहाँ तक कि होस्टल में भी नहीं छोड़ा। साथ की दोस्तें उन्हें दकियानूस कहकर चिढ़ाया करती थीं।

"मैं आखिर कब तक घर के पीछे अपने को मारती रहूँगी ? जो फर्ज भाइयों का है उसे मैं अब तक निभाती आयी, पर तब भी किसी को मेरा ख्याल नहीं हुआ, और अगर आज मैंने खुद अपनी पसंद से किसी को चुन लिया तो इसका यह मतलब नहीं कि लोग मेरा अपमान करें," बाजी तैश में बोलीं, "अपमान करके भी कोई मेरा क्या बिगाड़ लेगा ?"

तहमीना हैरान-सी बाजी को देखती रही। क्या यह वही बाजी हैं जो कहती थीं, अपने परिवार के लिए मैं अपनी कुर्बानी दूंगी, जीवन-भर ब्याह नहीं करूंगी ? और आज वह घर वालों के खिलाफ बोल रही थीं। चाहे कुछ भी हो पर बाजी और डॉक्टर अग्रवाल की जोड़ी फबेगी खूब, बाजी की च्वाइस बढ़िया है।

"तुम्हें मैं खबर करूंगी, तुम आ जाना।"

"जरूर, जरूर।"

"तो मैं चलूं," बाजी ने इस तरह पूछा जैसे जाने की उनकी इच्छा न हो और यदि वह कह देगी तो उन्हें जबरदस्ती जाना होगा।

"बैठिये न, जल्दी क्या है ? चाय पी लें।"

"देखो तुम्हारे यहाँ रहने का यह असर हुआ कि मेरी भी चाय पीने की आदत हो गयी, वरना पहले मैं सुबह ही चाय लेती थी," बाजी ने हँसते हुए कहा।

तहमीना हँसती हुई उठी। चाय पीकर बाजी चली गयीं, तब से तहमीना ठगी-सी चुप पलंग पर पड़ी रही। ढेर-ढेर प्रश्न थे जो याद आ रहे थे। बाजी की बातें, डॉक्टर महेश अग्रवाल की बातें, खुद अपने संबंध में। बाजी चली गयी थीं पर लग रहा था वह अभी भी पलंग पर बैठी हैं, और बातों की गूंज से कमरा गरम है।

जमशेद और रिंकू रात को देर से लौटे थे और अब दोनों देर तक सो रहे थे। सुबह के आठ बज गये थे, धूप में भी काफी गर्मी आ गयी थी। गर्मियों की सुबह भी कितनी गर्म होती है। पहले शहर का वातावरण कितना ठंडा था, पर अब यहाँ भी कितनी गर्मी पड़ने लगी है।

तहमीना के कमरे में जो सामने रोड पर खिड़की थी उसके सामने बाड़े का भाग दिख जाता है अनायास। छोटी-सी छत है जो शायद उनका गाय का कोठा

था। उस पर ढेर सारी घास, लकड़ी आदि रखी हुई थी जिस पर दिन-भर कबूतरों का झुंड बैठा रहता। जरा-सी आहट पर सारा झुंड उड़ता, फिर जाकर अपनी जगह पर बैठ जाता। रंग-बिरंगे कबूतर जो बड़े भले लगते हैं। जब वह अपनी मोटी गर्दन को फुलाकर शाही अंदाज में रौब से सामने देखते तो बड़े भले लगते थे। तहमीना जब भी खाली होती, वह खिड़की के पास आकर खड़ी हो जाती और कबूतरों को निहारती रहती।

कबूतरों को देख उसे उस दिन किसी की कही बात याद आ जाती है—"औरत की जात कबूतर की तरह होती है। मौका लगते ही फुर्र से उड़ने वाली।"

सोचते ही उसे हँसी आ गयी। औरत के बारे में लोग कैसे-कैसे विचार रखते हैं, पर दुनिया में शायद ही कोई ऐसा पुरुष होगा जो औरत को समझ सका होगा।

पता नहीं क्यों आज उसे अपना पिछला जीवन याद आ रहा था। मन बार-बार पिछला दोहराना चाहता था, पिछला जो कि मिर्च की तरह तीखा और करेले की तरह कड़वा था। कितना अजीब है जिंदगी-भर वह एक झूठ को ओढ़े रही; दुनिया, दोस्त सब उस झूठ को सच समझते रहे। और वह खुद बड़ी खूबी से सबको छलती रही। खुद कभी उसमें इतना साहस नहीं हुआ कि वह उस झूठ के नकाब को खींच सके। और झूठ पर पर्दा डाले रहना ही शायद ठीक था। इस झूठ को अपनी आत्मा की गहराइयों में छुपाकर एक दिन वह मर जायेगी। मनों मिट्टी के नीचे दफन हो जायेगी। उसकी अपनी जिंदगी भी कितनी अजीब हादसों से भरपूर है! आज वह सोचती है तो आश्चर्य होता है, वह सारा कुछ उसने अकेले जिया था, भोगा था। पता नहीं क्यों मन उसकी बाँह पकड़े उसे पीछे···पीछे···पीछे लिये भाग रहा था।

उस वक्त उसकी आयु मुश्किल से पन्द्रह वर्ष की रही होगी। बचपन की दहलीज को पार कर यौवन का दरवाजा उसने खोला ही था। ऐसी उत्सुकता से भरे वह दिन थे। शरीर जो पूरी तरह से अभी विकसित भी नहीं हो पाया था; दुबला, गोरा-सा शरीर, जिस पर अभी पूरी तरह मांस की तह भी नहीं चढ़ पायी थी। माँ और पिता में हमेशा घर में झगड़ा रहता। बचपन से ही उसने देखा था कि दोनों किसी न किसी बात पर लड़ते रहते थे। माँ···माँ ने बचपन से ही दुख को देखा था। पैदा होते ही उन्होंने अपनी माँ को खो दिया था। सौतेली माँ की देखरेख में वह पली थीं। सौतेले भाई-बहनों के साथ वह खेली थीं। यह कांटा उनके मन में बचपन में जो चुभा तो अंत तक नहीं निकला।

शादी के बाद भी सुख नहीं मिल पाया। पति का नेचर कुछ ऐसा था कि घर में उन्हें जरा अच्छा नहीं लगता और सारा वक्त उनका अय्याशी में जाता

था। घर का सारा पैसा बाहर खर्च होता। बाहर की औरतें तो ऊँचे-ऊँचे दामों की साड़ियाँ पहनतीं और माँ हमेशा फटी-पुरानी साड़ियों में दिखतीं। आज भी तहमीना की आँखों के सामने माँ की मूर्ति आती है तो उसे याद आता है, जो अपने अधिकार के लिए, अपने बच्चों के अधिकार के लिए जीवन-भर लड़ती रहीं। कहते हैं शादी के बाद औरत का घर हो जाता है। पर यहाँ ऐसी बात नहीं थी। जब भी घर में झगड़ा होता, पिताजी माँ को और बच्चों को घर से बाहर कर देते, चाहे भरी बरसात हो, चाहे कड़कड़ाती ठंड हो। किसी न किसी बहाने इधर-उधर फेंके हुए पार्सल की तरह वह लोग थे। कभी बड़ी बुआ के यहाँ कुछ महीने काट आते, कभी ददिहाल कुछ महीने काट आते और कभी ननिहाल।

यह असुरक्षा का भय माँ के जिंदगी-भर साथ रहा, माँ जिंदगी-भर अपनी सुरक्षा के लिए एक घरौंदे की तलाश में रहीं। पिता की आँख जो हमेशा हवस के खुमार में लाल और चढ़ी रहती, और माँ के शरीर पर पड़े नीले-नीले ओल के निशान जो उसे सिहरा जाते, और बच्चों का तो बचपन हँसते हुए अपने सह-पाठियों के बीच बीतता है पर तहमीना का बचपन एक भय में बीता। वह स्कूल में रहती तो घर में हो रहे कांड से घबराहट होती, घर में होती तो अपने को बस रोता हुआ ही पाती। और इसी तरह अस्त-व्यस्त रखी हुई ईंटों से जिंदगी की इमारत दिन-ब-दिन बढ़ती जा रही थी, ऊँची होती जा रही थी और एक दिन माँ ने देखा कि घर में एक लड़की है जो जवान हो रही है, बढ़ रही है। और इस एहसास ने, इस भय ने, माँ को भीतर ही भीतर डरा दिया, और वह एक बार फिर काँप-सी गयीं। माँ के रोम-रोम में यह भय समा गया कि बाप की हवस की शिकार बेटी न हो जाय, और इस भय ने उनकी रात और दिन की नींद हराम कर दी।

पिता के एक दोस्त जो घर पर काफ़ी आते थे, अक्सर वह माँ के पास भी बैठ जाते। माँ को शायद उनका नेचर बहुत पसन्द था। तहमीना देखती, कि अक्सर वह दोस्त उनके घर खाना खा लेते और रात-रात तक बैठे रहते। पता नहीं माँ उनसे घंटों बैठी अक्सर क्या बातें करती? यह व्यक्ति जो पिता के दोस्त थे, तहमीना को बिल्कुल भी पसन्द नहीं थे। वह हमेशा इस बात को सोचती और आश्चर्य करती कि यह इतनी रात गये तक घर पर क्यूँ बैठे रहते हैं? पर माँ के आगे बोलने का कभी उसे साहस नहीं होता था।

एक रात जब तहमीना आखिरी वाले कमरे में लेटी हुई अपनी कोर्स की किताब पढ़ रही थी, किसी के आने की आहट पर उसने चौंककर चेहरे के सामने से किताब हटाई तो भयभीत-सी हो गयी, उसका चेहरा सफेद पड़ गया, यह देखकर कि पिता के वे दोस्त उसके कमरे में थे। वह घबराकर कमरे से बाहर

जाने की सोचने लगी, क्योंकि उसके पहले उनसे उससे कभी बात नहीं की। वह दौड़कर भागने वाली थी कि बाँस की तरह किसी के हाथ उसकी ओर बढ़े और उन्होंने उसे दबोच लिया। वह नन्ही चिड़िया की तरह सिर्फ थरथराकर काँपकर रह गयी। उसे यह सब बड़ा विचित्र अनहोना-सा लगा।

यौवन की किताब का पहला पाठ उसने इतनी कम उम्र में पढ़ लिया। यह सब कैसे हुआ, किसकी इच्छा से हुआ वह समझ नहीं पायी, और आज भी यह बात उसके लिए पहेली की तरह है। नियमित रूप से यह घटना हर शाम घर में घटने लगी। यह अचानक हुई गडमड बातें उसके दिमाग में स्थिर नहीं हो पा रही थीं। वह व्यक्ति जो उसके पिता की उम्र का था तथा जिसे उसने कभी शक्ल-सूरत से भी पसन्द नहीं किया था, उसी ने उसके कमरे में, उसके अपने घर में, माँ की मौजूदगी में लूट लिया। तब तहमीना के कोमल-से मन में औरत की इज्जत का बड़ा रोमानी ख्याल था। शायद यह उन दिनों पढ़ी किताबों का असर था या उन दिनों देखी धार्मिक पिक्चरों का असर था कि औरत अपनी इज्जत को बचाने के लिए या तो जान दे देती है, या फिर उसी व्यक्ति से शादी कर लेती है।

पिता जो अक्सर बाहर रहते थे और उन्हीं की गैर-मौजूदगी में यह सब घटना हुई थी, जब एक शाम लौटकर आये तो माँ ने खाने के दौरान अचानक तहमीना की शादी की बात उठाई। अपने दोस्त से अपनी ही लड़की का ब्याह? और तब, जब लड़की इतनी कम उम्र हो, वह इस बात के लिए कदापि तैयार नहीं थे। वह तुरन्त नाराज हो गये। दोनों में काफी गर्मागरम बहस हुई और अंत में बात मारपीट तक पहुँच गयी। अन्त में चीखते-चिल्लाते पिता बाहर चले गये। वह किसी भी हालत में अपने ही दोस्त को अपना दामाद स्वीकारना नहीं चाहते थे। तहमीना के लिए बहुत विचित्र स्थिति थी। माँ, जो उसे लगातार बताये जा रही थीं किसी भी वजह से तेरी शादी उसी से करनी है और दूसरी तरफ पिता का यह रूप था। माँ ने तहमीना को मोर्चे पर खड़ा किया, कुछ रटे-रटाये जुमले उसे याद कराये और उसके पिता के सामने कर दिया। पिता को जब घर में होते हुए नाटक की खबर लगी उन्हें काफी दुख हुआ। वह समझ गये कि पत्नी ने अपनी ही लड़की के साथ खूबी से चाल चली है। ईर्ष्या से अंधी हुई औरत सब कुछ कर सकती है। और बहुत ही बुझे, मरे हुए शब्दों में पिता ने शादी करने की अनुमति दे डाली। कितने सुखद सपने थे, स्मृतियाँ थीं जो एक डिब्बी में बंद थीं, पर जब डिब्बी खुली, तहमीना ने देखा सपने हवा की तरह उड़ गये और खाली डिब्बी उसके सामने थी। सपनों से भरी नींद टूटी भी तो यथार्थ की कठोर धरती पर कम उम्र की तहमीना, जिसका शरीर भी अभी पूर्ण रूप से विकसित नहीं हो पाया था, बिल्कुल उसी तरह जिस तरह

खेत में नन्हे-नन्हे पौधे बढ़ते हैं, लालायित रहते हैं पानी के लिए, उचित हवा के लिए, उचित खाद के लिए, पर अचानक बाढ़ का पानी आता है, आंधी से भरे झोंके आते हैं और एकाएक उन पौधों का जीवन नष्ट हो जाता है···। बस वही हाल तहमीना का था। उसका बचपना जो अभी पूर्ण रूप से गया भी नहीं था और जवानी आयी भी नहीं थी, अभी तो उसे कुछ पानी और कुछ हवा की भी आवश्यकता थी, पर अचानक आये बाढ़ के पानी ने और आँधी के झोंकों ने सब कुछ नष्ट कर दिया।

जीवन का सुख क्या होता है? शारीरिक सुख क्या होता है? यह वह नहीं जानती थी। पेट भर खाना क्या होता है, यह वही लोग जानते हैं जो रईस हैं, जिनके पास भर पेट खाने के लिए पर्याप्त भोजन है, पर वह लोग क्या जानें जिन्हें रोज आधे पेट भोजन करने की आदत हो। बस यही बात तहमीना के साथ थी। धीरे-धीरे उसे इसी की आदत हो गयी। पर आदमी जब तक इमैच्योर होता है तब तमाम दुख, कटुता, उदासी को किसी न किसी बहाने टाल देता है, लेकिन मैच्योर होने के बाद उसे मुक्ति नहीं! राहत नहीं! मैच्योर होने के बाद वह अपने को बहका नहीं सकता, तमाम दुख-कटुता उसे झेलने ही होते हैं, उससे वह भाग नहीं सकता। जैसे मैच्योर होना निहायत तकलीफदेह स्थिति है, क्योंकि ढेर सारे दुख, तकलीफें सब साथ हो लेते हैं।

धीरे-धीरे तहमीना ने समझ लिया कि उसके हिस्से में जितना था उसे मिल गया और अब उसने यह सोच लिया था कि दुनिया में ढेर-ढेर सुख हैं, किसी को कुछ मिलता है, किसी को कुछ। सोचने से, दुःख करने से दुःख कम नहीं होते और धीरे-धीरे उसने इन बातों को अपने आपसे अलग कर लिया। उसने इस ओर सोचना भी बंद कर लिया। क्या यह कम है कि वह एक अच्छे व्यक्तित्व, सुन्दर नाक-नक्शे वाली एक युवती है, दुनिया में तो ऐसे भी लोग हैं, जिन्हें यह भी नसीब नहीं है।

माँ ने अपनी सुरक्षा के लिए तहमीना की आहुती दी, और वह सफल रही, क्योंकि तहमीना की शादी के बाद यह एहसास पिता को अधिक हो गया कि अब वह एक शादी-शुदा लड़की के पिता हैं, उनका एक दामाद भी है, और उनकी अच्छी-बुरी हरकतों का उनकी लड़की के जीवन पर भी असर पड़ सकता है। माँ यही एहसास पिता को करवाना चाहती थीं, उन्हें घर से, अपनी जिम्मेदारियों से बाँध लेना चाहती थीं, और वह इस काम में सफल रहीं। माँ खुश थीं। इस परिवार को, इस घर को बचाने के लिए एक कुर्बानी की आवश्यकता तो थी ही, किसी न किसी की होती ही। तहमीना ने अपनी कुर्बानी दे दी। लड़ाइयाँ होती हैं, जंग होती हैं और उसमें कई-कई लोगों की अपनी जानें जाती हैं, तब कहीं जाकर एक लड़ाई जीती जाती है, और यहाँ तो एक ही जान गयी। माँ की योजना जो उन्होंने तह-

मीना के साथ चलायी उसमें वह पूर्ण रूप से सफल रहीं। उन्होंने एक ऐसा जाल बिछाया जिसमें एक नाजुक-सा परिंदा आ गिरा···। परिंदा भी वह जिसे अभी ठीक से बोलना नहीं आता था, ठीक से उड़ान भरना नहीं आता था, और जिसने उस कैद को ही मुक्ति मान लिया था। तहमीना ने सारी यातनायें, सारे कष्ट चुप होकर सह लिए। कभी बोलने की तो उसकी आदत थी ही नहीं। फिर सुनने वाला कौन था ? हर बच्चा अपनी तकलीफ अपने माँ-बाप से कह देता है, पर यहाँ वह स्थिति थी ही नहीं। माँ-बाप को बच्चों के कष्ट झाँकने की फुरसत ही कहाँ थी। पिता ? जिन्हें कभी अपने से ही फुरसत नहीं मिली, कभी उन्हें यहाँ तक पता नहीं रहा कि उनके बच्चे कौन क्लास में पढ़ते हैं। कभी पिता का कोई पुराना मित्र आ जाता और पिता से घर के हालचाल पूछते हुए पूछ लेता कि बच्चे कौन-सी क्लास में पढ़ते हैं, तो पिताजी झट सामने बुलाकर प्रश्न करते कि तुम कौन-सी क्लास में पढ़ रहे हो ?

माँ को शायद जरूर बच्चों के भविष्य की चिन्ता थी, पर वह एक अनपढ़ औरत थीं, जिनका दायरा सिर्फ पति के इर्द-गिर्द घूमता था। सारा जीवन उन्होंने पति को घर लौटा लाने के चक्कर में ही काट दिया। हर समय अपना स्थान छिन जाने का उन्हें भय रहा, हमेशा यह भय रहा कि पिताजी उनके स्थान पर किसी दूसरी स्त्री को न ले आयें। औरत जीवन में हर चीज त्याग सकती है, पर अपने स्थान पर वह दूसरी स्त्री को बर्दाश्त नहीं कर सकती।

तहमीना ने मायके की देहलीज छोड़ते हुए एक बात नोट कर ली थी कि जीवन में अब यह देहलीज कभी उसे अपनी शरण में नहीं लेगी, ये दरवाजे उसके लिए हमेशा-हमेशा के लिए बन्द हो चुके हैं, पराये हो चुके हैं। जीवन में चाहे कितना बुरा से बुरा समय आये, ये दरवाजे उसको कभी शरण नहीं देंगे। बस यही सोचकर उसने कभी अपने कष्ट, अपने जीवन के बारे में माँ-बाप से नहीं कहा। हमेशा एक झूठी हँसी मुख पर चढ़ाये वह जीती रही, क्योंकि वह जानती है कि बचपन से वह अकेली है। भीड़ है···पर वह भीड़ उसके लिए नहीं। भीड़ में भी वह अकेली खड़ी है।

तहमीना ने हमेशा क्षण-क्षण में यह महसूस किया कि जमशेद एक ऐसे रोशन-दान हैं जिन्हें उसके नन्हे हाथ कभी नहीं छू सके। वह सारी उम्र एड़ियां उचका-उचकाकर उन्हें छूने भर की कोशिश करती रही पर इसमें वह कभी सफल नहीं हो पायी।

पता नहीं तहमीना और कितना सोचती कि अचानक दरवाजे पर नोक हुई और वह ढेर सारे विचारों को झटकती बाहर आ गयी। सर जो बुरी तरह दर्द कर रहा था। दरवाजा खोला तो देखा सामने बाबू खड़े हैं।

"कहिये, क्या हाल है ? विमला चली गयी ?" तहमीना ने बहुत अनमने ढंग

से कुर्सी पर बैठते हुए पूछा।

"जी हाँ, चली गयी, साथ में उसके स्वामी बाबा भी चले गये," बाबू व्यंग्य से मुस्कुराया, "एक सूचना देने आया था, जो टाइपराइटर गुम हो गया था, वह तालाब में मिल गया है, आपको दिखाने साथ भी लाया हूँ।"

"अरे देखें," तहमीना ने उत्सुकता से आँखें फैलाते कहा।

बाबू ने कपड़े की गठरी खोली। टाइपराइटर बहुत दिनों तक पानी में पड़ा रहने के कारण बुरी तरह जंग खा चुका था। किनारे-किनारे उसमें छेद हो चुके थे, इतनी बुरी कंडीशन में था कि लग ही नहीं रहा था कि वह उनके आफिस का टाइपराइटर है।

"चलो मिल गया," तहमीना ने इत्मिनान से साँस खींची, "पर कैसे मिला?"

"जी, विमला के जाने के तीसरे दिन ही यह मिला," बाबू ने बताया, "तालाब में कुछ लोग मछली पकड़ने जाल डाले थे और उसी जाल में फँसकर यह टाइपराइटर आ गया।"

तहमीना समझ गयी कि बाबू बहुत चालाक आदमी है। मिस्टर तुषार ठीक ही कहते हैं, बाबू विमला के साथ टाइपराइटर वाली घटना को जोड़ना चाहता है, ताकि सारे लोग यही समझें कि जाते-जाते विमला तालाब में टाइपराइटर फेंककर गयी है। पर यदि अभी फेंका गया होता तालाब में तो इसकी इतनी बुरी हालत नहीं होती।

"बड़े ही फिल्मी स्टाइल में मिला है यह टाइपराइटर," तहमीना ने मजाक करते हुए कहा, "हाँ तो फिर पुलिस को खबर कर दी आपने?"

"जी हाँ, इसकी रिपोर्ट पुलिस में दे दी है, और वहाँ से एक इन्सपेक्टर भी आया था, उसने देखा और केस को फाइल कर दिया।"

"आश्चर्य है, पुलिस इतनी सुस्त और काहिल कब से हो गयी है?" तहमीना को गुस्सा-सा आ गया, "टाइपराइटर मिल जाना ही हमारा ध्येय नहीं है, हमें तो चोर का भी पता लगाना है न!" सहसा तहमीना ने आँख उठाकर बाबू को देखा, बाबू का रंग सफेद पड़ गया था। वह धीरे से उठी जैसे उसे कुछ याद आ गया हो। वह लौटी तो उसके हाथ में गुलाबी रंग का लिफाफा था जिसे उसने बाबू के हाथ में थमा दिया, "लीजिये आपका यह ट्रांसफर आर्डर है।"

"ट्रांसफर आर्डर," बाबू का चेहरा फक् हो गया। उसने तुरंत लिफाफा खोलकर पढ़ा, तीन दिन में भारमुक्त होने का आदेश था। तहमीना यह बात जानती थी कि बाबू से यह काम नहीं हो सकता। तीन दिन तो क्या तीन साल लग जायेंगे उसे चार्ज देने में।

"मगर तीन दिन में कैसे चार्ज दे सकता हूँ," बाबू ने परेशानी से कहा, "आप

मेहरबानी करके थोड़ा-सा समय ग्रौर बढ़ा दीजिये।"

"मगर मैं इसमें क्या कर सकती हूँ ? यह तो भोपाल के ग्रादेश हैं," तहमीना समझ गयी बाबू उसकी कलम फँसाना चाहता है, उसकी ग्राड़ लेकर बचना चाहता है।

"ग्राप लिख देंगी मैडम तो यह ग्रवधि बढ़ सकती है। ऊपर के ग्रादेश हैं तो क्या हुग्रा ? ग्राप ग्रपनी मजबूरी बताकर कर्मचारी को रोक सकती हैं कुछ दिनों के लिए, ग्रौर इसी बीच में मैं भोपाल जाकर ग्रार्डर कैंसिल करा के ग्रा जाऊँगा," बाबू ने बहुत ही नर्म शब्दों में कहा।

"हूँ," उसकी चालाकी पर वह दंग रह गयी, "पर मैं ऐसा नहीं कर सकती बाबू," कहते हुए तहमीना ने ट्रांसफर ग्रार्डर लिया ग्रौर उस पर लिख दिया कि तीन दिन के ग्रंदर चार्ज दे दिया जाये ग्रौर साइन करके सील लगा दी।

बाबू का चेहरा पहले फक हो गया, फिर धीरे-धीरे सख्त होता चला गया, पर वह कुछ नहीं बोल पाया ग्रौर चुपचाप नमस्ते कर चलता बना।

तहमीना थोड़ी देर बैठी रही, वैसी ही। उसे लगने लगा, यह जाते-जाते फिर कुछ न कुछ गुल खिलायेगा क्योंकि तहमीना की शिकायत पर ही यह ट्रांसफर हुग्रा था। यह बात बाबू के दिमाग में थी या ग्रा गयी है, यह बात सोचते ही जहाँ बाबू के जाने से तहमीना प्रसन्न थी, वहीं परेशान भी हो रही थी कि ग्रब उसे एक ग्रौर नये कांड के लिए तैयार हो लेना चाहिए।

तहमीना चाय की ट्रे लेकर कमरे में ग्रायी तो देखा दरवाजे पर एक नर्स खड़ी है। तहमीना को ग्राश्चर्य-सा हुग्रा। उसने चाय की ट्रे जल्दी से टेबल पर रख दी ग्रौर ग्रागे बढ़ गयी।

"किससे काम है ?" तहमीना ने उससे पूछा।

"जी ग्रापसे ही," कहते हुए नर्स ने उसे चिट्ठी पकड़ा दी, "मैडम ने यह चिट्ठी ग्रापके लिए भेजी है।"

नर्स चली गयी, ग्रौर तहमीना वापस ग्रपने कमरे में ग्रा गयी। चिट्ठी खोलकर पढ़ी तो दंग रह गयी। लिखा था—

तहमीना,

ग्राज तुम ठीक ग्यारह बजे, जमशेद भाई के साथ ग्रा सकोगी ? ग्राज हम कोर्ट मैरिज कर रहे हैं।

—नाहिद।

चिट्ठी पढ़कर तहमीना एकदम सकते की हालत में ज्यों की त्यों बैठी रह गयी, तभी चाय का कप लिये जमशेद पीछे ग्रा खड़े हुए, "किसकी चिट्ठी है ?"

तहमीना ने चिट्ठी उनकी ग्रोर बढ़ा दी, ग्रौर खुद टेबल पर झुकी ग्रपने

लिए चाय बनाने लगी।

"अरे, कोर्ट मेरिज कर रही हैं नाहिद ? मगर किससे ?" जमशेद हैरान होकर बोले, उन्हें उससे पहले कुछ नहीं मालूम था, क्योंकि तहमीना ने कभी इस बात की चर्चा उनसे की ही नहीं थी।

"डॉक्टर अग्रवाल से, दोनों की पुरानी जान-पहचान थी। आप चलेंगे न ?"

"मगर आज तो मुझे ऑफिस में काम है। और तुम भी मत जाना, पता है ऐसी शादियाँ खतरनाक मोड़ ले लेती हैं, हिन्दू-मुस्लिम दंगे तक हो जाते हैं।"

"क्या हुआ, मैं नाहिद बाजी को अकेला नहीं छोड़ सकती," तहमीना ने कप वापस प्लेट में रख दिया, "मैं नहीं जाऊँगी तो बोलो उनके साथ कौन होगा ? आपका ऑफिस में काम है आप मत जाइये, या समय निकालकर आ जाइयेगा, मगर मुझे मत मना करिए, वरना मैं नाहिद बाजी की निगाहों से हमेशा-हमेशा के लिए गिर जाऊँगी। आदमी ऐसे ही समय पर पहचाना जाता है।"

"ठीक है तुम जाओ, यदि हो सकेगा तो मैं भी आ जाऊँगा।"

"हाँ, आज उनका काम पड़ा है, हमें उनका साथ देना चाहिए न," तहमीना ने खुश होते हुए कहा, "आपको याद है रिंकू को एक सौ चार डिग्री बुखार था, तो बाजी रात-भर रिंकू के सिरहाने बैठी रही थीं, और मुझे दिलासा देती रही थीं, और आज उनका काम पड़ा है तो हमें भी साथ देना चाहिए।"

"मगर यह उन्हें सूझी क्या, ऐसी शादियाँ सफल नहीं होतीं।"

"उन्होंने काफी सोच-विचारकर ही कदम उठाया है," तहमीना ने चाय खत्म की और जैसे बात को भी समाप्त करते बोली, "खाना जल्दी से बना लेती हूँ, बैंगन का भर्ता बना लूँ ? आज नौकरानी को भी रोक लेती हूँ, वह रिंकू को स्कूल से आने पर खाना खिला देगी।"

"ठीक है जैसा ठीक समझो," कहते हुए जमशेद ने अखबार आँखों के सामने कर लिया और चश्मा लगा लिया।

तहमीना रसोई से निपटकर, नहा कर, तैयार होकर जल्दी-जल्दी बाजी के घर की ओर बढ़ी तो साढ़े दस बज रहे थे। याने वह चाह कर भी लेट हो गयी थी।

नाहिद बाजी के घर के सामने कुछ लोगों की भीड़ थी, सामने वाले दफ्तर से लोग सर निकाल-निकालकर तमाशा देख रहे थे, कि पता नहीं यहाँ क्या हो रहा है। तहमीना यह वातावरण देखकर थोड़ा घबरायी। मन ही मन भयभीत-सी होती वह तेज-तेज आगे बढ़ी।

थोड़ी ही दूर पर डॉक्टर अग्रवाल खड़े थे। उसे देखते ही वह आगे बढ़े और धीरे से फुसफुसाकर बोले, "तहमीना जी, जल्दी से नाहिद को निकालकर लाइये, उनके अब्बा आने ही नहीं दे रहे हैं।"

"ओह ! देखती हूँ," कहती तहमीना जल्दी से अन्दर बढ़ गयी। अन्दर तखत पर लुंगी लपेटे, नाहिद बाजी के अब्बा गुस्से में भरे बैठे थे और वहीं नाहिद बाजी दीवार से टिकी खड़ी थीं। हल्के नीले रंग की सूती साड़ी पहने थीं वह। तहमीना को आश्चर्य-सा हुआ नाहिद बाजी को देखकर कि यहाँ बाहर जाने के तो कोई आसार नजर ही नहीं आ रहे हैं, यहाँ तक उन्होंने कपड़े तक नहीं बदले थे। बस वह घबरायी, परेशान-सी दीवार से सटकर खड़ी थीं।

"इसे समझा तहमीना, इतना पढ़-लिखकर भी आदमी घास चरे तो घोड़े और गधे में क्या अन्तर हुआ," नाहिद बाजी के अब्बा तहमीना को देखते भड़कते हुए बोले।

तहमीना चुपचाप बिना हिले-डुले दरवाजे से सटकर खड़ी हो गयी जैसे उसे साँप सूंघ गया हो। उसने एक बार आँख उठाकर नाहिद बाजी को देखा, पल-भर के लिए दोनों की आँखें मिलीं, पर फिर झट दोनों ने अपनी-अपनी आँखें झुका लीं।

"मुझे मेरा सामान ले जाने दो अब्बा," नाहिद बाजी ने फिर कहा।

"तुमसे मैंने कह दिया है, तुम्हें जाना है ऐसे ही जाओ, कोई तुम मेरी मरजी से विदा नहीं हो रही हो ! पर याद रखो अब तुम हमारे लिए मर चुकी हो, और हम तुम्हारे लिए मर चुके हैं, अब कभी लौटने की कोशिश मत करना।"

नाहिद बाजी बढ़ीं और तहमीना का एक हाथ पकड़कर बाहर आ गयीं। दरवाजे पर काफी भीड़ हो गयी थी। वे दोनों भीड़ को चीरते हुए बाहर निकलीं।

"अरे बेटी जा ही रही है तो एक फूल की माला तो डाल दो," भीड़ में से किसी ने कहा। पर यह बात तुरन्त भीड़ में ही गूंज कर गुम हो गयी। बाहर डॉक्टर अग्रवाल के दोस्त कार ले आए थे। तहमीना के साथ नाहिद बाजी कार में बैठ गयीं और उन्होंने जैसे थककर सीट से सर टेक दिया। नाहिद बाजी रो नहीं रही थीं पर यह स्थिति उससे भी ज्यादा दर्दनाक थी।

"देखो नाहिद, अगर तुम्हें दुख हो रहा हो तो अभी भी लौट सकती हो, मेरी ओर से कोई जबर्दस्ती नहीं," डॉक्टर अग्रवाल कार में बैठते हुए बोले।

"न, अब चलो," नाहिद बाजी ने धीरे से अपनी आँखें खोलीं, उनकी आँखें लाल-लाल हो गयी थीं।

कार चल पड़ी थी, सारे लोगों के लिए मुफ्त का तमाशा हो आया था। खुद तहमीना को लग रहा था कि वह किसी फिल्म के एक दृश्य को दुबारा देख रही है।

"बाजी, आप कपड़े बदलना चाहती हों तो चलिए, घर पर मेरी साड़ी पहन लीजिए," तहमीना ने उनकी सादी-सी साड़ी को देखकर धीरे से कहा।

"न," बाजी ने अपना ठंडा हाथ उसके हाथ पर रख दिया, "यह डॉक्टर नाहिद की शादी है तहमीना, उसे ऐसे ही सब कुछ मिला है।"

कोर्ट में जमशेद भी आ गए थे। बड़ी ही खामोशी से सारे काम हुए, बिना एक शब्द बोले सब निपट गया। तहमीना को लग रहा था, वह किसी शादी में नहीं, किसी की मौत में शामिल है। बाजी और डॉक्टर अग्रवाल दोनों के चेहरे बुरी तरह थके हुए और उदास-गमगीन लग रहे थे। अक्सर जो उत्साह, जो रौनक दूल्हा-दुल्हन के चेहरों पर होती है उसका यहां नामोनिशान नहीं था। दोनों ने एक बार भी एक-दूसरे की ओर नहीं देखा, बस अपने-अपने में खोये चुपचाप सारी कार्यवाही को देखते रहे।

जब कोर्ट से सब बाहर आए तो नाहिद बाजी जमशेद की ओर बढ़ीं और बोलीं—"जमशेद भाई, तहमीना को आज मेरे साथ रहने दीजिए, आज आप रिंकू को संभाल लीजिएगा।"

"ठीक है," जमशेद बोले।

कार में बैठकर सब लोग डॉक्टर अग्रवाल के दोस्त के यहाँ आ गए। जमशेद कोर्ट से ही लौट गये।

डॉक्टर अग्रवाल के दोस्त के घर आकर सब उदास बैठे थे। यहां उनके दोस्तों ने चाय पार्टी रखी थी। एक फोटोग्राफर भी आया था। दोनों की तस्वीरें ली गयीं।

"यार थोड़ा तो हँस, तू तो ऐसे रो रहा है जैसे तेरे घर जुड़वाँ बेटियाँ हो गयी हों," उनके दोस्त ने फोटो के समय कहा और डॉक्टर अग्रवाल हँस दिये, बाजी भी धीरे से झेंपकर मुस्कुरा दीं।

तस्वीरों के बाद डॉक्टर अग्रवाल अपने दोस्तों में बैठ गये और बाजी और तहमीना अकेले रह गये।

"आज अब्बा ने मेरा बहुत अपमान किया, बहुत बुरा-बुरा कहा। मेरे ही घर में मेरा अपमान हुआ है, मैं अब अपना क्वार्टर खाली कर दूंगी, तब यह लोग कहाँ जायेंगे? आखिर मुझे शादी तो करनी थी ही, हँसते हुए विदा कर देते तो क्या हो जाता?"

"आप गलत सोचती हैं बाजी, यह बड़े लोगों का बड़प्पन है, वह अपने छोटों के आगे झुकना नहीं चाहते। अगर वह आपको हँसकर विदा कर देते तो उनका बड़प्पन चूर-चूर नहीं हो जाता? खैर छोड़िये! अब इन बातों को छोड़िये और हँसकर अपनी खुशियों को बटोरिये। खुदा किस्मत वालों को ही खुशियाँ देता है।"

"हाँ, अब पुरानी बातों को याद करने से क्या फायदा, आज मगर सारे शहर में चर्चा बनी होगी—हमारी शादी।"

"भाभी, लीजिये रसगुल्ले," कहते तभी डॉक्टर अग्रवाल के दोस्त आ गये। बाजी ने संकोच से आधा पीस उठा लिया। "न, ऐसे नहीं, ऐसे," कहते उन्होंने

एक पूरा रसगुल्ला नाहिद बाजी के मुँह में डाल दिया।

सब हँस दिये। बाजी ने आँचल से मुँह ढाँक लिया। इसी तरह छोटे-छोटे शगूफे छूटते रहे और जैसे-जैसे शाम होती गयी, एक-एक दोस्त रफूचक्कर होता गया। तहमीना वहाँ अकेली रह गयी थी। डॉक्टर अग्रवाल के दोस्त ने सारा घर उनके जिम्मे छोड़ दिया था। उनकी पत्नी उन दिनों मायके गयी थी, वह खुद दूसरे दोस्त के यहाँ सोने चले गये थे।

नौकर खाना बनाकर, टेबल पर लगाकर चला गया, अपने घर। तहमीना टेबल के पास की कुर्सी खींचकर बैठ गयी, चुप-सी। तभी डॉक्टर अग्रवाल आये—"लो, अब आपको क्या हुआ ?"

"मैं सोच रही हूँ, सारे लोग चले गये, मैं क्यों रुक रह गयी ? भला यहाँ मेरा क्या काम, कबाब में हड्डी वाली कहावत…।"

"ओफ्फो ! आप तो हद करती हैं। वे तो सब निकम्मे हैं, एक गिलास पानी नहीं दे सकते। आपका तो काम है…जैसे…," डॉक्टर अग्रवाल सोचते बोले, "हाँ, सुबह पाँच बजे आपको बेड-टी बनाकर कमरे में देनी है, अब पहले ही दिन से मैं नाहिद पर ये जिम्मेदारियाँ लादना नहीं चाहता न।"

तहमीना हँस दी। डॉक्टर अग्रवाल दिलचस्प आदमी लगे; कम से कम बाजी को खुश रख सकेंगे जीवन-भर, ऐसा लगा तहमीना को। तहमीना डॉक्टर अग्रवाल को देखती चुप हो गयी।

"अच्छा, अब अपनी दोस्त को खाने पर बुलाइये और मना कर खिला दीजिये।"

"वह आप खिलाइये, अब यह काम तो आपका है," तहमीना ने हँसते हुए कहा।

"लो, अभी तो कह रही थीं, मेरा काम क्या है ? जब काम बता रहा हूँ तो मानतीं नहीं," फिर डॉक्टर अग्रवाल तहमीना के पास आते बोले, "मुझे शर्म आती है।"

तहमीना खिलखिला कर हँस दी। साथ ही डॉक्टर अग्रवाल भी हँस दिये। दोनों की हँसी सुनकर नाहिद बाजी उठकर आयीं।

"क्या बात है, बहुत खुश हैं आप लोग ?"

"हँसना तो एक बहाना था, दरअसल आपको बुलाना था," डॉक्टर अग्रवाल हँसते हुए बोले, जवाब में बाजी भी हँस दीं। अब उनके चेहरे पर घुटा-घुटापन खत्म हो गया था और अब वह एकदम तैयार लग रही थीं, नयी खुशियों को गले लगाने।

नाहिद बाजी के कमरे में नोक करते हुए सहसा तहमीना घुसी। साहस नहीं

हुआ पर चाय तो भेजनी ही थी। थोड़ी देर वह संकोच में खड़ी रही, फिर उसने नोक किया तो महेश जी ने सर निकाला और तहमीना को देख मुस्कुराए। तहमीना झेंप-सी गयी, चाय की ट्रे लिये वह ऐसे खड़ी थी मानो कोई अपराधी सर झुकाये खड़ा हो।

"गुडमार्निंग, तहमीना जी," महेश ने उसके हाथ से ट्रे ले ली। महेश के थोड़ा हिलते ही दरवाजा हिला और तहमीना ने ट्रे देते-देते बस इतना देखा कि पलंग पर नाहिद बाजी सो रही थीं—गहरी नींद में।

लौटकर तहमीना अपने कमरे में आ गयी। अभी पूरा घर सो रहा था। वह तो रात महेश जी ने उसे बता दिया था कि सुबह पाँच बजे उसे बेड-टी चाहिए, उसे आदत है, इसलिए तहमीना को उठना पड़ा था, वरना वह उठती ही नहीं।

रात पानी बरस गया था, इसलिए ठंड अचानक हो आयी थी। तहमीना पलंग पर लेट गयी और उसने कम्बल से अपने आपको अच्छे से ढँक लिया। फिर वह माथे पर हाथ रखे छत को निहारती रही। उसे ढेर-ढेर बातें याद आ रही थीं।

गोल्डन नाइट ! कितना प्यारा, अछूता शब्द है जिसे जबान पर लाते हुए हर लड़की काँप-सी जाती है, सिमटकर सहम जाती है, पर इस शब्द को याद कर उसके अपने मन में कितनी कड़वाहट उतर आती है। यह रात उसके जीवन में भी आयी थी, पर कितनी भिन्न, कितनी अलग ! उस रात में जरा भी सुगन्ध नहीं थी, जरा-सी मधुरता नहीं थी। आज सोचती है तहमीना तो सहम जाती है, जिन्दगी की शुरुआत ही कितने गलत ढंग से हुई थी उसके जीवन में !

करोड़ों लड़कियों की तरह उसके भी मन में अजीब-अजीब जिज्ञासा थी, मधुर-मधुर सपने थे, बड़ी ही कोमल भावना थी; पर सब मिट्टी हो गया था, न वहाँ फूल था, न खुशबू···। शायद इतने आडम्बर करने की वहाँ किसी को फुरसत नहीं थी।

बारात जब लौटी तो रात हो गयी थी। पता नहीं वह किसका घर था, उसे जहाँ बैठाया गया था। अचानक जरा घूँघट हटाकर उसने देखा तो उसने पाया वह ठीक चूल्हे के सामने बैठी है। जिस पर वह बैठी थी वह एक बोरा था। छुई से लिपा-पुता चूल्हा था जिसे शायद नया-नया ही डाला गया था और अभी इस्तेमाल नहीं किया गया था। उसने देखा और धीरे से झटके से घूंघट फिर ठीक कर लिया।

नींद और थकान से उसका शरीर दर्द कर रहा था, आँखें बार-बार ढंक रही थीं। घर के लोग कहाँ थे पता नहीं। सारा घर शोर से भरा था, नये घर में नये लोगों की आहट के बीच वह एकदम अकेली वहाँ बैठी ऊब-सी गयी थी। शायद यह घर उन्हीं का था, उसका दहेज का सामान रखा जा रहा था। किसी

ने ड्रेसिंग टेबिल का शीशा तोड़ दिया था, जिसको लेकर महिलाओं में विचित्र-विचित्र बातें चल रही थीं।

"यह तो अपशकुन है।"

"धोखे से फूट गया होगा।"

"इतना बड़ा शीशा नहीं दिखा!"

"दरवाजे में अंदर लाते में थोड़ा तिरछा करके लाना था।"

गरज यह कि जितने मुँह उतनी बातें हो रही थीं। सास चिल्ला रही थी, उन्हें अपशकुन का भय नहीं था, उन्हें सामान के नुकसान हो जाने का दुःख था—"इतना बड़ा शीशा अब कितना महँगा मिलेगा? देखकर तुम लोगों से काम नहीं होता न! आते ही नया खर्च सामने आ गया है।"

"खाना खाएँगी भाभी?" किसी ने उसका घूंघट हटाकर पूछा।

"न," उसने इंकार में सर हिला दिया।

"पानी?"

उसने फिर इंकार में सर हिला दिया

"फिर कमरे में ले चलूं," उसने शरारत से कहा और उसने शरमाकर घुटनों में सर छिपा लिया।

वह चली गयी। अन्दर अभी खट-पटक चल रही थी, औरतें सोये हुए बच्चों को सुलाने को जगह खोज रही थीं। घर में लाइट नहीं थी शायद, तभी पेट्रोमेक्स जल रहा था। थोड़ी देर में किसी ने आकर उसे उठाया। बड़े से साटन के गरारे में, ढेर गहनों के भार में, तथा महज़र में उससे चलते नहीं बन रहा था। अचानक उसे लगा कि सारा शोर कहीं चला गया है, पर कहाँ, उसे पूछने का साहस नहीं हुआ। हो सकता है, सब जनवासे में चले गये होंगे। यह तो जमशेद का घर था, बारात तो स्कूल में दिये जनवासे में ठहरी थी।

उसे कमरे में कर, बाहर से साँकल लगा दी गयी। तहमीना छुई से पुते उस दरवाजे से टिककर खड़ी हो गयी। उसने देखा, उस दरवाजे में भीतर से कोई साँकल नहीं थी, इसलिए बाहर से लगा दी गयी थी। तहमीना ने दरवाजे से टिके-टिके ही कनखियों से देखा, शादी के पलंग पर जमशेद बैठे हुए थे। कमरा बहुत छोटा था, याने दस बाई दस का होगा। छत एकदम नीची और लकड़ी की थी। घर में शायद जगह नहीं थी, इसलिए उसके सारे दहेज के सामान को यहीं एक के ऊपर एक ठूंस-ठांस कर रख दिया गया था। बड़ी मेज भी वहीं रख दी गयी थी, जिस पर उसके सारे ट्रंक, सूटकेस रखे थे। उसी से सट कर पलंग था, जहाँ खड़े होने की भी जगह नहीं थी। पलंग के ठीक सामने एक खिड़की थी जो सामने सीढ़ी की तरफ खुलती थी। खिड़की की सलाखें लकड़ी की थीं और यह खिड़की बिना पट वाली थी, इसलिए उसके दहेज का बड़ा-सा शीशा जो टूट

गया था, उसे ही आड़ के लिए रख दिया गया था। आड़ का तो नाम था, जबकि सामने के कमरे से इस कमरे का सब दिख रहा था। टेबल के ऊपर पेट्रोमेक्स रखा हुआ था, शायद इस घर में लाइट नहीं थी।

"लो नाड़ा डाल दो," कहते हुए जमशेद ने पाजामा और नाड़ा उसके हाथ में थमा दिया। वह शायद देर से यही काम कर रहे थे, पर जब सफलता नहीं मिली तो उन्होंने उसे थमा दिया।

उसने घूंघट को थोड़ा सरकाया और चुपचाप से हाथ बढ़ाकर पाजामा ले लिया और नाड़ा डालने लगी। जमशेद का इस घर में यह पहला वाक्य था, जो उन्होंने तहमीना से कहा था। जिम्मेदारी का पहला एहसास था, जो अन्त तक उसे रटे हुए पहाड़े की तरह याद रहा, वह फिर अपनी जिम्मेदारी से कभी नहीं चूकी।

"सामान बड़ा बेढंगा रखा है, खड़े होने की जगह नहीं है, थोड़ा तुम उसे ढंग से रख दो," जमशेद ने उसके हाथ से पाजामा लेते हुए कहा।

तहमीना ने महज़र को अपने ऊपर से अलग कर पलंग पर रख दिया और खाली दुपट्टा ओढ़े उसने सारे सामान को ढंग से रखा। पूरे कमरे में ताजी लिपी हुई छुई की गन्ध भरी हुई थी। धूल से भरा था वह कमरा, झाड़ू भी नहीं दी गयी थी। शायद यह घर काफी दिनों से बन्द था और अभी बारात आने के बाद ही खोला गया है। बाहर से सांकल चढ़ी थी वरना झाड़ू से वह सारे कमरे को साफ कर लेती, इतने गन्दे घर में वह रात-भर कैसे रह पायेगी। जमशेद खिड़की में कोई सामान रख रहे थे ताकि वह खिड़की पूरी तरह ढँक जाये, पर कामयाबी नहीं मिल रही थी, फिर भी काफी हद तक खिड़की ढंक-सी गयी थी।

जब वह पलंग पर बैठी तो जमशेद ने उसे निहारते हुए कहा, "तुम्हें बड़ा अजीब लग रहा होगा न यह घर, यहाँ का वातावरण ?"

वह चुप रही, सर झुकाये खामोश एकटक उस दम घोंटू कमरे में, जहाँ ढेर सारा सामान भरा हुआ था, वह दम साधे बैठी थी। ऊपर कोई धम-धम चलता तो बिस्तर पर ढेरों मिट्टी झड़ जाती और वह भयभीत हो उठती, कहीं कोई सीढ़ी से उतर तो नहीं रहा ?

इसी धुक्-धुक् में सुबह हो गयी, और किसी ने खट् से साँकल खोली, आवाज दी—"दुल्हन !"

तहमीना की सारी रात कमरे की उठा-पटक के बाद अब सुबह-सुबह ही उसकी झपकी लगी थी, उसे उठना पड़ा। वह जल्दी से महज़र लिये बाहर आ गयी। सुबह के उस झक् उजाले में उसने सारा घर देखा। दो छोटे-छोटे कमरे थे, जिनमें ढेर गन्दगी ही गन्दगी थी। उसके अपने घर से जिसमें वह पलकर बड़ी हुई थी, उसमें और इसमें कितना अन्तर है !

आज भी उसकी आँख के आगे वह रात घूम जाती है, जब भी किसी की शादी होती है तब वह रात उसकी आँखों के सामने साकार हो जाती है।

"सो रही हो ?"

चौंककर तहमीना ने देखा, सामने नाहिद बाजी उसके सामने खड़ी थीं। तहमीना ने आँख भरकर उन्हें निहारा। रात की सुखद सपनों की ताबीर उनके गालों पर मसली हुई थी।

"बैठिये न," तहमीना पीछे सरकती हुई बोली, "चाय पी ली आपने ?"

"हाँ, अब सुबह बेड-टी लेने की आदत करनी ही होगी," नाहिद बाजी बोलीं और तहमीना मुस्कुरा दी।

"आज हमारी जिन्दगी की नयी सुबह है, और आज से ही हमें अपने लिए सोच लेना होगा, कब तक इस तरह रहेंगे," नाहिद बाजी पलंग पर बैठती बोलीं।

"क्या जल्दी है, अभी तो सुन्दर सपना टूटा नहीं है।"

"हिश्, सुन्दर वगैरह कुछ नहीं, अब इस उम्र में कम उम्र लड़कियों की तरह सपनों को लिये थोड़ी बैठना है।"

"बाजी, एक बात बोलूं ? इस सारी कार्रवाई में मैंने देखा, आपकी सास याने डॉक्टर अग्रवाल की माँ ने कोई रुचि नहीं दिखायी, क्या वह यहां नहीं हैं ?"

"हैं," नाहिद बाजी चुप हो गयीं, फिर धीरे से बोलीं, "समस्या हम दोनों के सामने यही है न। महेश मुझे अपने घर ले जाना चाहते हैं, पर उनकी माँ नहीं चाहतीं। लेकिन हम लोग जायेंगे भी तो कहाँ ? जाना तो पड़ेगा ही, क्योंकि क्वार्टर तो मैंने छोड़ दिया है। महेश आज घर जाने की जिद कर रहे हैं।"

"ठीक है, आग जितनी धीमी हो ठीक है, ज्यादा भड़कने पर काम करना ठीक नहीं। हो सकता है ज्यादा दिन होने पर माँ आप दोनों को घर में घुसने ही न दें।"

"हाँ, यही बात तो महेश कह रहे हैं," नाहिद बाजी बोलीं, "फिर मेरी जैसी हालत है ऐसे में अकेले रहना भी ठीक नहीं है।"

"कैसी हालत ?" तहमीना एकदम चौंक गयी।

"मैं माँ बनने वाली हूँ न तहमीना," नाहिद बाजी ने सर झुका लिया।

तहमीना सन्नाटे में आ गयी। बाप रे! क्या कह रही हैं बाजी ?

नाहिद बाजी ने उठकर अपने कपड़े लिये। बाथरूम में चली गयीं और तहमीना मुर्दा-सी हालत में पड़ी रही। नाहिद बाजी को समझना क्या इतना आसान है ? वह जितना सोचती है कि नाहिद बाजी को समझ लिया है, पर वह उतनी ही उसके आगे पहेली बनती जा रही हैं।

तहमीना कंबल हटाकर उठ गयी, बाहर बरामदे में पड़े तखत पर वह आकर बैठ गयी। उसने दोनों बाँहों से अपने घुटनों को घेर रखा था। पता नहीं क्यूँ वह अपने अन्दर भयानक थकान महसूस कर रही थी।

सुबह की धुंध चारों तरफ फैली थी, जिससे दूर का दृश्य भी धुँधला गया था। दो मुर्गियाँ सामने की खपरेल की छत पर चढ़ी, ऊँची गर्दन मटका-मटका-कर इधर-उधर चौकन्नी-सी निहार रही थीं, जैसे वह भी हैरान हैं कि आज आस-पास की चहल-पहल क्यों नजर नहीं आ रही है? नीचे गली में चरती एक मुरगी गर्दन तानकर ऊपर छत पर चढ़ी मुरगी को निहार रही थी, शिकायत उल्हाने भरे भाव से थे उसके चेहरे पर कि 'ठहरो बताती हूँ कहाँ चढ़ी हो, अच्छा अकेली-अकेली चढ़ रही हो।'

धूप का पहला टुकड़ा सामने छपरी पर पड़ा हुआ था, जहाँ पर एक चिड़िया बैठी धूप सेक रही थी।

"महेश हैं क्या ?"

तहमीना पलटी तो चौंक गयी, देखा सामने तुषार जी खड़े थे। वह सुबह-सुबह उन्हें देख चौंक पड़ी। तुषार जी भी उसे वहाँ देख चौंक पड़े और आश्चर्य से खुश होते बोले, "अरे, आप यहाँ! चलिये आप से भी यहाँ भेंट तो हो गयी, उस दिन के बाद से तो भेंट ही नहीं हुई।"

"जी, आइये," तहमीना बोली, "डॉक्टर नाहिद मेरी बहिन हैं और कल से मैं उनके साथ ही हूँ, आप आइये न अन्दर।"

"आपसे तो फिर उस दिन के बाद से मुलाकात ही नहीं हुई," तुषार जी भीतर आते हुए दुबारा बोले।

"जी हाँ, आपसे उस दिन के बाद से भेंट ही नहीं हो पायी, दरअसल जरूरत ही नहीं पड़ी।"

"तो बिना जरूरत के आप मिल ही नहीं सकतीं? तो साफ-साफ कहिये न, आप मतलबी हैं, बिना काम के नहीं मिलतीं," तुषार जी हँसते हुए बोले।

"नहीं, ऐसी बात नहीं है, बात यह है कि......," तहमीना से बोलते नहीं बना, यकायक उससे सफाई देते नहीं बन पड़ रही थी।

"अच्छा छोड़िये पुरानी बात, चलिये आज आपसे फिर भेंट हो गयी," तुषार जी बोले, "वह टाइपराइटर तो मिल गया न ?"

"जी हाँ, पर चोर का पता नहीं चला।"

"अरे तहमीना जी, मैंने तो उसी दिन बता दिया था कि आपका बाबू ही चोर है, उसी की है यह शैतानी। विमला की आड़ लेकर उसने यह चक्कर चलाया है। आप भी सतर्क रहिये वरना वह आपको भी फँसा देगा। काफी बद-माश आदमी है वह। हम बाबू को पकड़ नहीं सकते शक पर, क्योंकि टाइप-

राइटर तालाब से निकला है। फिर बात बढ़ाने से आपको भी नाहक परेशानी उठानी पड़ती, इसलिए इस केस को फाइल कर दिया।"

"अच्छा," तहमीना आश्चर्य से बोली।

तभी परदा हटाकर महेश जी बाहर आये। नाइट सूट में ही थे। दोनों एक-दूसरे को देख चमक उठे और लिपट गये।

"क्यूं यार तुमने हमें शादी में नहीं बुलाया; फिर भी देखो, पहली सुबह में मुबारकबाद देने पहुँच गये।"

"क्या बताएं, शादी विचित्र परेशानी में हुई है," महेश बोले, फिर वह तहमीना की तरफ मुड़े, "सुनो तहमीना, यह हैं यहाँ के एस० पी० मि० तुषार पंकज, और तुषार, ये हैं मिसेज तहमीना दुर्राज़।"

"नमस्ते," तुषार अजनबी बनते हुए बोले, उनकी इस हरकत पर तहमीना मुस्कुरा दी।

"क्यों, भाभी जी से नहीं मिलाना है ?" तुषार जी बोले।

महेश अन्दर गये। उनके जाते ही दोनों अकेले रह गये, समझ में नहीं आया क्या बात करें ? तहमीना नीचे देख रही थी।

"आपकी शादी हो गयी है ?" तुषार जी बोले तो तहमीना चौंक गयी।

"जी हाँ, मेरा एक बेटा भी है।"

"अरे, मैं तो आपको बिना शादी के समझा था, आपने तो बड़ी जल्दी ही प्रोग्रेस कर ली है।"

तहमीना हँस दी। तहमीना ने महसूस किया कि उसकी शादी वाली बात से तुषार का चेहरा बुझ-सा गया था। ऐसा क्यूं हुआ ? तहमीना सोचती रह गयी।

तभी नाहिद बाजी और महेश बाहर आये। तुषार जी नाहिद बाजी को देखते बोले—

"शादी मुबारक, और ये सुबह भी मुबारक।"

नाहिद बाजी के गाल कान तक लाल हो उठे। वह तहमीना के पास आकर बैठ गयी। तहमीना धीरे से मुस्कुरा दी।

"अब यार तुम भी शादी कर लो, कब तक कुंवारे रहोगे ?" महेश तुषार जी के पास बैठते बोले।

"अरे यार, अपना कोटा है ही नहीं; लगता है जब भगवान भाग्य बाँट रहा था, तब मैं कहीं काम में बिजी रहा होऊँगा, तभी मेरे नाम का कोटा दूसरे को एलाट हो गया," कहते तुषार जी ने तहमीना को देखा।

"मैं चाय लाती हूँ," कहती तहमीना झट से वहाँ से उठ गयी। भीतर आकर तहमीना चाय की टेबल के पास घबराई-सी खड़ी हो गयी। पता नहीं क्यूं

उसका मन बुरी तरह धड़क रहा था, नब्ज तेज-तेज चलने लगी थी। वह टेबल को पकड़े देर तक खड़ी रही। तुषार जी उसे इतने गहरे-गहरे क्यूँ देखते हैं ? वह भीतर तक अस्त-व्यस्त हो उठती है जैसे सब उलट-पुलट-सा गया हो। ओह ! कितनी गहरी आँखें हैं तुषार जी की ! जो उसे निहारती हैं तो चुम्बक की तरह अपनी ओर खींचने लगती हैं।

चाय-नाश्ता रखवाकर नौकर के साथ तहमीना बाहर आयी तो देखा, वहाँ कमरे में किसी बात पर जोरदार हँसी हो रही थी। नौकर ने ट्रे टेबल पर रख दी।

"अरे आप कहाँ चली गयी थीं ? यह सब तो आपने बेकार में तकल्लुफ कर लिया," तुषार जी ने उसको देखा।

"जी कुछ नहीं, लीजिये," तहमीना ने प्लेट तुषार की ओर बढ़ा दी।

"मैं तो चाय लेता नहीं, नाश्ता ले लेता हूँ। आपने तो वाकई कमाल कर दिया, आपने यहाँ इतनी मेहमाननवाज़ी कर डाली तो अपने घर तो पता नहीं आप क्या सितम ढाएँगी।"

"नहीं, वहाँ नहीं करेंगे," कहते तहमीना हँस दी।

"नाहिद की यह कज़िन हैं, और नाहिद से छोटी भी," महेश बोले।

"और शादी पहले कर ली !" तुषार जी ने मज़ाक किया।

"नंबर पहले ही किसी ने लगा लिया था। बेचारी क्या करतीं, काफी छोटी-सी थीं तभी शादी हो गयी," महेश जी बोले।

"अच्छा," तुषार जी आश्चर्य से बोले।

"क्या करें, हमारे यहाँ तो यह दुर्भाग्य ही है। लड़कियाँ जरा बड़ी हुई कि बस शादी कर दी," नाहिद बाजी बोलीं, "बस जो नौकरी वगैरह में लग गयीं, समझो बस वही दो-चार बची रह जाती हैं।"

"जैसे आप रह गयीं," तुषार जी ने फिर मजाक करते हुए कहा।

सब हँस दिये। सुबह काफी अच्छे ढंग से शुरू हुई थी। थोड़ी देर बाद तुषार जी उठ गये।

"तो फिर मिलेंगे," तुषार जी ने सबसे कहा पर उनकी निगाह तहमीना पर ही ठहरी थी। तहमीना समझ गयी, अंत वाला वाक्य उसी से कहा गया है।

"क्या पैदल ही आये थे ?" महेश जी बाहर गाड़ी न देख बोले।

"हाँ, सुबह घूमने निकला था न," तुषारजी बोले और सीढ़ियों से नीचे उतर गये। सब अन्दर आ गये। तहमीना ने महसूस किया, तुषार जी के जाने के बाद वह कुछ अनमनी-सी हो गयी है। आँख के आगे बार-बार तुषार जी का चेहरा आ जाता था, और उनकी जोरदार हँसी अभी भी कानों में गूंज रही थी।

लौटकर तहमीना जब घर आयी तो पता नहीं क्यूँ अपने को इतना थका हुआ महसूस कर रही थी, जबकि उसने कोई काम नहीं किया था, बस वहाँ आराम ही आराम था, फिर भी उसे बेतरह थकान लग रही थी, शायद शरीर से ज्यादा मन थका हुआ था।

सामने ही बरामदे में मिसेज खैतान आती हुई दिखीं। उनके साथ कोई दूसरी महिला दुबली-सी थी। उसे देखकर दोनोंसामने आकर खड़ी हो गयीं। नमस्ते के आदान-प्रदान के बाद वह लोग भी बैठ गये।

"नमस्ते। कहिये मिसेज खैतान, क्या हाल है, बाबू चले गये ? यह कौन हैं ?"

"यह अपने यहाँ विमला जी की जगह आयी हैं, नाम है मीनाक्षी पाण्डे।"

"अच्छा-अच्छा, हाँ आप आ रही हैं कार्यालय में सूचना तो मिल गयी थी, चलिये अच्छा है। यहाँ तो विमला की भी जगह खाली थी और अब बाबू की भी जगह खाली हो गयी है, और दोनों का ही काम आपको सँभालना है, पर वह थे दोनों अजीब नमूने।"

"आपको मुझसे कोई शिकायत नहीं होगी मैडम। बाबू तो बहुत बदमाश था। वह मेरे साथ रह चुका है, वह जहाँ भी रहता है सबको परेशान करता है, पूरा डाकू है डाकू। पता नहीं कितनी लड़कियों की जिन्दगी वह बर्बाद कर चुका है। जहाँ मेरे साथ था वहाँ एक के साथ प्यार किया, फिर जब उसे गर्भ रह गया तो उसे उल्टी-सीधी दवा देकर मार डाला, जब वह मर गयी तो पुलिस में रिपोर्ट करने के पहले उसके घर से सारा सोना, चाँदी, बर्तन ले आया तब रिपोर्ट की। वह औरत बेचारी विधवा ठकुरानी थी, बहुत रईस थी, खूब सोना जोड़कर रखती थी," मीनाक्षी बोली, "फिर मैडम वह सोना खाता या कुछ करता हमें कोई आपत्ति नहीं थी, पर उसके मरने के बाद इसने उसके लड़के को भी नहीं रखा, न ही पढ़ाने का इन्तजाम किया और उसे अनाथ आश्रम भेज दिया। आदमी पाप भी करता है तो उतना, जितना सहा जा सके।"

"अपने यहाँ विमला के पहले जो थी और जिनकी डेथ हो गयी, उसमें भी इसी का हाथ है," मिसेज खैतान बोली।

"जी हाँ मैडम। वह लड़की मुझे एक सेमिनार में मिली थी," मीनाक्षी ने बताया, "वहाँ उसने मुझसे कहा था कि दीदी मैं ऐसे जाल में फँस गयी हूँ कि अब निकलना मुश्किल है, कुछ भी हो सकता है। असल में उसे उसके घर के लोग तंग करते थे, पैसों के लिए ही उसे गलत रास्ते पर जाना पड़ा।"

"वह तो होता ही है, औरत कोई गलत काम करती है तो उसके पीछे कोई न कोई कारण होता ही है, जिसका नाजायज फायदा पुरुष उठाते हैं," तहमीना ने कहा, "अब आपको यहाँ के सारे अस्त-व्यस्त कामों को ठीक करना

होगा।"

तहमीना ने एक बार फिर से अच्छे से मीनाक्षी को देखा, बड़ी-बड़ी मछली-सी आँखों वाली वह औरत पहली ही नजर में इम्प्रेशन छोड़ती थी। गले में काले और पीले मोतियों की माला पहने थी। पतला छरहरा शरीर था उसका, मिजाज से भी वह अच्छी लग रही थी। तहमीना को पहली मुलाकात में ही लगने लगा कि यह कार्य संभाल लेगी।

"आप लोग बैठिये मैं चाय भेजती हूँ," कहते तहमीना अन्दर आयी और चाय बनवाकर बाहर भेज दी। और तभी बाहर से रिंकू आया और उससे लिपटता बोला, "मम्मी, कहाँ गये थे आप ?"

"बेटा, आंटी की शादी थी न !"

"तो आप मुझे क्यों नहीं ले गये ?"

"बहुत दूर शादी थी," तहमीना सकपका गयी, वाकई रिंकू ने जो प्रश्न किया कि आप ले क्यों नहीं गयीं, ठीक कहा; पर वह उसे वहाँ कहाँ ले जाती, वहाँ शादी जैसी तामझाम तो थी नहीं जिसे देख रिंकू खुश हो जाता।

"मम्मी, दूल्हा कौन बने थे ?"

"अग्रवाल अंकल।"

"डॉक्टर साहब !"

"हाँ, जो तुम्हें पट्टी बाँध रहे थे चोट लगने पर।"

"तो अब डॉक्टर आंटी को बाँधेंगे न !"

"अच्छा चलो, अब मुँह धोकर आओ, दूध पियो," तहमीना ने रिंकू की बातों में ब्रेक लगाते हुए कहा।

तहमीना बाहर आयी तो वे लोग उसका रास्ता देख रही थीं।

"अरे, आप लोगों ने चाय नहीं ली !"

"आप पहले लीजिये न मैडम," मीनाक्षी ने मग उसकी ओर बढ़ाते हुए कहा।

"अच्छा चलो, पी लेती हूँ, वरना मूड तो नहीं है।"

"मैडम, सामने छब्बीस जनवरी आ रही है, अपने यहाँ कोई एक अच्छा प्रोग्राम रख दें तो अच्छा रहेगा।"

"गुड आइडिया, काम तो होना चाहिए। काम से मैं खुश रहती हूँ; पर काम के पीछे खुराफातें नहीं होनी चाहिए, वह बुरी लगती हैं," तहमीना ने कहा, "ठीक है, तुम कल ही उसकी रूपरेखा बना लाओ, एक-आध अच्छा प्रोगाम हो ही जाना चाहिए।"

"जी, ठीक है।"

"अब चलते हैं मैडम, काफी समय हो गया है हम लोगों को," चाय

समाप्त कर मिसेज खैतान बोली।

"ठीक है।"

"दोनों जब चली गयीं तो तहमीना को लगा सर का काफी बोझ हल्का हो गया है। उसे इतना हल्का कभी नहीं लगा था।

"मम्मी दूध," रिंकू बाहर से आता बोला।

"ओ० के०," कहती तहमीना एकदम उठ गयी।

बाल मेले का आयोजन किया गया था। सारे सेन्टरों से दस-दस बच्चे बुलाये गये थे। बाल मेले का आयोजन देहात में किया गया था जो वहाँ के लोगों के लिए एक नयी चीज थी। बच्चे जिनके खाने का, ठहरने का इन्तजाम किया गया था। नन्हें-नन्हें बच्चों का ठहरने का इन्तजाम तो हो गया था पर उन्हें संभालना एक मुश्किल काम था। इतने छोटे बच्चों को माँ से अलग कर रखना था जिसके लिए माँ-बाप को तथा बच्चों को तैयार करना एक टेढ़ी खीर थी, पर किसी तरह उन्हें समझा-बुझाकर तैयार किया गया। बाल मेला तीन दिन का था, पहले दिन उद्घाटन, दूसरे दिन कुछ प्रोग्राम, खेल-कूद प्रदर्शनी का उद्घाटन और तीसरे दिन फिल्म शो, बेबी शो वगैरह का प्रोग्राम था। बाल मेले का आयोजन पहली बार हो रहा था। छोटा-सा ग्राम था और वहाँ इसका आयोजन करना मुश्किल था। बात-बात के लिए दौड़कर शहर जाना पड़ता था। रात को यदि सुतली, खीला खत्म हो जाता, तो रात ग्यारह बजे आदमी को साइकल से शहर दौड़ाना पड़ता था। आखिर आदमी कितनी चीजों को एक साथ याद रख सकता था, कुछ न कुछ छूट ही जाता था। कलेक्टर की पत्नी इसका उद्घाटन कर रही थीं। घबराहट, उत्तेजना से उसका खाना-पीना सब छूट गया था, नींद तक नहीं आती थी। पता नहीं क्यों उसे लग रहा था, इतना बड़ा काम निभ पायेगा या नहीं ? यदि नहीं संभल पाया तो बहुत इन्सल्ट होगी।

मुख्य अतिथि को लेकर तहमीना जब वहाँ पहुँची तो साढ़े दस बज रहे थे, काफी लोग जमा थे। बच्चे भी बहुत संख्या में वहाँ थे। जमशेद रिंकू के साथ काफी पहले ही वहाँ पहुँच गये थे। जीप से उतरते ही बच्चों ने मुख्य अतिथि का स्वागत किया, तिलक लगाया और आरती उतारी, जैसा कि वह बता चुकी थी।

तहमीना ने मुख्य अतिथि का परिचय स्टाफ के सारे लोगों से तथा मेम्बर से करवाया।

"तहमीना ने मुख्य अतिथि को सामने रखे हुए सोफे पर बैठा दिया, तब बच्चों ने माइक पर स्वागत-गीत गाना शुरू कर दिया।

गीत खत्म होते ही कुछ बच्चों ने अपना नृत्य प्रस्तुत किया। काफी देर तक यह प्रोग्राम चलता रहा। उसके बाद तहमीना ने मुख्य अतिथि से दो शब्द कहने के लिए कहा। मुख्य अतिथि ने गाँव वालों को तथा बच्चों को सम्बोधित किया। इसके पश्चात् तहमीना ने अपने कार्य के बारे में गाँव वालों को तथा मुख्य अतिथि को भी समझाया, परिचय दिया तथा बाल मेले की अच्छाइयों पर प्रकाश डाला।

थोड़ी देर के बाद मुख्य अतिथि ने आयोजित बाल मेला प्रदर्शनी का उद्घाटन किया, बच्चों से भेंट की, जहाँ बच्चों को ठहराया गया था वह हॉल उन्होंने देखा तथा बहुत खुश हुईं। छोटी-सी टी-पार्टी के बाद तहमीना ने मुख्य अतिथि को विदा किया। मुख्य अतिथि के जाते ही वहाँ जमा हुई भीड़ छँटने लगी।

जहाँ खाली कुर्सिया पड़ी थीं, नाश्ते के बीच कुछ अपरिचित लोग भी वहाँ थे, जिन्हें तहमीना नहीं पहचानती थी। तहमीना ने मीनाक्षी से कहकर सबको नाश्ता दिलवाया, चाय भी ऑफर की गयी। तहमीना, जमशेद और रिंकू को ढूंढ़ते हुए आगे बढ़ गयी। उसे काफी देर से जमशेद और रिंकू नहीं दिख रहे थे, पता नहीं दोनों किस तरफ घूमने निकल गये थे।

तहमीना आगे बढ़ रही थी कि अचानक ठिठक-सी गयी, गेट के सामने से तुषार जी आते दिखे। वह बड़ी ही उत्सुकता से सजे हुए गेट को तथा झंडियों को निहारने लगे। तहमीना को आश्चर्य-सा हुआ, उन्हें यहाँ देख कर। वह हैरान-सी आगे बढ़ गयी।

"अरे आप, इधर कहाँ आये थे?" तहमीना ने गेट के पास जाते हुए पूछा।

"बस ऐसे ही। अपना तो काम ही यही है, गाँव-देहातों के चक्कर काटना। इधर से गुजर रहा था कि माइक पर आपकी आवाज सुनकर इधर आ गया," तुषार जी मुस्कुराते हुए बोले।

"ओह!" तहमीना झेंप-सी गयी।

"सच, आप तो अच्छा-खासा भाषण दे लेती हैं। आपने हमें तो बुलाया ही नहीं था, देखिये बिना बुलाये आ गया हूँ," तुषार जी ने मजाक करते हुए कहा।

"क्या कहूँ, इतनी जल्दबाजी में यह कार्यक्रम हुआ, कार्ड भी नहीं छपा सके। फिर मैंने यही सोचकर आप लोगों को नहीं बुलाया कि आप लोग देहात के इस छोटे-से कार्यक्रम में रुचि लें अथवा न लें," तहमीना तुषार जी को अन्दर ले आयी। "बड़ा छोटा-सा गरीब-सा आफिस है हमारा, देखकर कोई कमेंट मत कीजियेगा।"

"अरे, आप भी क्या बोलती हैं?" तुषारजी बोले, "आप तो वाकई बहुत संकोची हैं।"

तुषार जी ने भूरे रंग का सफारी सूट पहन रखा था जो उन पर काफी फब

रहा था।

"मेरे पति तथा बच्चा भी यहाँ आये हुए हैं, ठहरिये भेंट करवाती हूँ," तहमीना जाते हुए बोली।

"अरे रहने दीजिये, फिर कर लेंगे," तुषारजी ने उसे रोका और झिझकते हुए कहा, तभी उधर से जमशेद रिंकू को साथ लेकर आते दिखे।

"लीजिये वह लोग इधर आ ही रहे हैं," तहमीना ने दूर से आते हुए जमशेद की ओर इशारा किया। तुषारजी सतर्क होकर उधर देखने लगे और बोले, "यही हैं आपके पति ? उम्र तो काफी लगती है।"

तुषारजी की बात का सहसा तहमीना से उत्तर नहीं बन पड़ा। तभी जमशेद पास आ गये। रिंकू के हाथ में ढेर सारे फूल थे जो शायद वह बगीचे से तोड़ लाया था।

"आपसे मिलिये, यही हैं तुषारजी, और ये हैं मिस्टर जमशेद और ये हैं मास्टर रिंकू," तहमीना ने परिचय करवाया और फिर रिंकू से बोली, "रिंकू, अंकल से नमस्ते करो।"

"नमस्ते अंकल," रिंकू ने तेज आवाज में कहा।

"नमस्ते," तुषारजी झिझकते से बोले, "आप तो बहुत होशियार हैं, हैं न!"

"हाँ, मैं बिल्ली भी बना लेता हूँ," रिंकू ने प्रसन्न होते हुए कहा।

"सचमुच की या पेन्सिल की," तुषारजी ने मजाक करते हुए पूछा।

"पेन्सिल की," रिंकू झेंप-सा गया और सब हँस दिये। तहमीना ने महसूस किया, तुषारजी से मिलकर जमशेद काफी प्रसन्न से नजर आ रहे थे, तुषार भी काफी प्रसन्न लगे, पर तहमीना को लगा कि उनमें एक झिझक-सी थी और वह चाहकर भी खुल नहीं पा रहे थे। वैसे दोनों काफी गर्मजोशी से मिले और पास-पास बैठ गये। तभी मीनाक्षी दो कप चाय लेकर पहुँची पर वहाँ जमशेद को देखकर वह खुद पलटी, एक कप चाय और लाने। मीनाक्षी को जाते हुए देख तुषार जी समझ गये और उन्होंने आवाज दी, "सुनिये जरा, आप और चाय मत लाइये, मैं चाय नहीं लेता।"

"नहीं, आपको तो लेनी पड़ेगी ही," तहमीना ने अधिकार वाले शब्दों से कहा, "देखिये, हमारे साथ दोस्ती करनी हो तो आपको चाय तो पीनी ही पड़ेगी," कहती हुई तहमीना ने चाय तुषार की ओर बढ़ा दी। तुषार ने उसे अर्थ-भरी आँखों से देखा और हाथ बढ़ाकर चाय ले ली। "और आप लीजिये," तुषार ने तहमीना से पूछा।

"आप लोग लीजिये, बस मेरे लिए आती ही होगी," तहमीना बोली और तभी चाय आ गयी और तहमीना को न चाहते हुए भी चाय लेनी पड़ी।

जमशेद तुषार से बहुत खुलकर बात कर रहे थे। विस्तार से सारी जानकारी ले रहे थे और तुषार भी बड़े मजे से अपने बारे में डिटेल दे रहे थे। वह दोनों इतने कम समय में इस तरह घुल-मिल गये थे कि दोनों जैसे तहमीना की उपस्थिति को भी भूल चुके हों।

"आज का प्रोग्राम तो बहुत बढ़िया रहा," जमशेद ने तहमीना की ओर देखते हुए तारीफ की, और फिर तुषार से बोले, "क्यों साहब, आपने प्रोग्राम देखा ?"

"जी नहीं, हम तो भाषण पर खिंचे हुए चले आये," तुषारजी अपनी मस्ती में बोल गये पर फिर तुरन्त संभल गये, "किसी ने बताया कलेक्टर साहब की पत्नी उद्घाटन कर रही हैं, सोचा चलें देखें कैसा बोलती हैं; पर सुनकर तकलीफ हुई, जरा भी बोल नहीं पायीं। वैसे प्रोग्राम की ताम-झाम को देख लग रहा है कि प्रोग्राम बहुत ही बढ़िया हुआ होगा, वैसे साहब मैं हमेशा वक्त पर पहुँचता हूँ, देखिये न चाय के टाइम पहुँच गया।"

तीनों हँस दिये। तुषार की जिंदादिली जमशेद को पसंद आयी थी, तभी रिंकू जमीन पर फूल चुनने नीचे उतर गया कुरसी से, जो उसके हाथ से गिर गये थे।

"रिंकू बेटा इधर आइये," तुषारजी ने उसकी ओर हाथ बढ़ाया, "चलो जल्दी से हमारे दोस्त बन जाओ पता है। बच्चों की दोस्ती से कई फायदे हैं, बच्चे घर की पोल खोलते तो हैं ही, मम्मी-पापा की लड़ाई का विवरण भी देते हैं।"

हँसी से एक बार फिर कमरा गूँज गया, तभी मीनाक्षी आयी और एक कुर्सी पर बैठ गयी। "मैडम खाना तैयार है," मीनाक्षी ने बताया।

"अच्छा तो मैं चलता हूँ, आप लोग भोजन करें," तुषारजी उठते हुए बोले।

"तो आप भी खाना खा लीजिये न," तहमीना ने झिझकते हुए कहा, "फिर साथ-साथ ही लौट भी चलेंगे। आपकी गाड़ी कहाँ है ?"

"वह बिगड़ गयी है, इसीलिए तो मुझे इधर आना पड़ा।"

"तो ठीक है फिर साथ-साथ ही चले चलेंगे," जमशेद ने भी बात को दोहराया, "और आप भी खाना हमारे साथ ही खाइये।"

"ठीक है, अब आप लोग आग्रह कर रहे हैं तो रुक जाता हूँ, चलिए इसी बहाने आप लोगों के बीच और कुछ वक्त गुजर जायेगा," कहते तुषार ने कनखियों से तहमीना को देखा।

तहमीना रिंकू का हाथ पकड़े जल्दी बाहर निकल आयी, वह लोग सब बाहर आ गये। धूप काफी तेज थी, तहमीना ने गागल्स लगा लिया। हल्के हरे रंग की साड़ी उसके ऊपर खूब फब रही थी। वह रिंकू का हाथ पकड़े धीरे-धीरे कुछ सोचती आगे बढ़ रही थी। वह वैसे काफी आगे चल रही थी, पर उसे लग रहा

था तुषार पीछे से उसे ही निहार रहे हैं।

धूप काफी तेज़ हो ग्रायी थी। प्रदर्शनी जहाँ लगी थी उसी के पीछे खाना खाने जाना था। प्रदर्शनी के सामने ग्राम की डालों का गेट बना था, जहाँ उद्-घाटन के समय के फूल ग्रभी भी पड़े थे ग्रौर वह धूप से सूख कर धरती से चिपक गये थे। झंडियाँ हवा में फड़फड़ा कर तितर-बितर हो गयी थीं ?

बड़े से हॉल में यह प्रदर्शनी लगी थी वहीं यहाँ से वहाँ तक बच्चों की पंगत बैठी थी खाना खाने के लिए। दीवार से सटकर रखे टेबलों पर प्रदर्शनी का सामान ग्रभी भी रखा था। दीवारों पर तस्वीरें, चार्ट ग्रौर बच्चों द्वारा बनायी हस्त-कला की चीजें टँगी थीं। मोतियों की ग्रौर सीप बटन से बनी जानवरों की ग्राकृतियाँ विशेष ग्राकर्षित कर रही थीं। तुषार खड़े-खड़े यहाँ से वहाँ तक की प्रदर्शनी का निरीक्षण करते रहे। "ग्राइये इस कमरे में," मीनाक्षी ने ग्रागे चलने के लिए इशारा किया।

वे लोग जिस कमरे में खाना खाने गये, काफी बड़ा-सा कमरा था, जो किनारे से लकड़ी की जाफरी से घिरा था। जाफरी में बड़ी-सी दरी लगा दी गयी थी, ताकि सड़क से कोई देख न सके। दीवार से सटी एक खाट थी ग्रौर उसके पास एक तखत लगा था। दोनों पर बिस्तर लगे थे।

तुषार तख्त पर लेट से गये, जमशेद भी खाट पर लेट गये, तहमीना कुर्सी पर बैठ गयी। तभी साथ के हॉल से मिसेज खैतान की ग्रावाज ग्रायी, जो बच्चों से खाने के पहले प्रार्थना करने के लिए कह रही थी।

दरी बिछाकर उन लोगों के खाने की व्यवस्था की गयी थी। थालियों में भोजन ग्राया, सब कोई हाथ धोकर खाना खाने बैठ गये। दूसरे कमरे में बच्चे भी सब खाना खाकर, ग्रपने कमरों में ग्राराम करने चले गये थे, रिंकू भी खाकर सो गया था। वे लोग खाना खाकर ग्राराम कर रहे थे। समय काफी हो गया था। तहमीना ने घड़ी की ग्रोर देखा, लगभग तीन बजने लगे थे।

"देखो खाना खिलाकर, बच्चों को ले जाकर सुला देना, यह लोग काफी थक गये हैं," तहमीना ने मीनाक्षी से कहा।

"ग्रच्छा, हम लोगों को चाय पिला दो," तहमीना ने मीनाक्षी से दोबारा कहा, "तो हम लोग चलें, काफी समय हो गया है।"

मीनाक्षी चाय का इन्तजाम करने बाहर चली गयी। तुषार ग्रौर जमशेद ग्रापस में बातें कर रहे थे। तुषार जी बीच-बीच में तहमीना को निहार लेते थे, तब तहमीना छत की ग्रोर देखने लगती थी। वह चुप बैठी बड़े ध्यान से दोनों की बातें सुन रही थी। उसे खुद को ग्राश्चर्य-सा हो रहा था कि इतने कम समय में दोनों में इतनी दोस्ती कैसे हो गयी। तहमीना ने एक बार रिंकू की ग्रोर देखा, जो खाना खाकर तख्त पर सो गया था।

तहमीना जहाँ बैठी थी वहाँ पर बड़ी-बड़ी दो अलमारियाँ रखी हुई थीं। इस कमरे से लगा दूसरा छोटा-सा कमरा था जिसे शायद कभी रसोईघर के उपयोग में लाया जाता रहा होगा, क्योंकि वहाँ एक छोटा-सा चूल्हा बना रखा था तथा दीवारें और छत धुएँ से काली हो गयी थीं। इस कमरे के पीछे आँगन था और थोड़ी दूर पर छोटा-सा कच्चा बाथरूम था, जिसका टीन का दरवाजा शायद हमेशा खुला रहता था और जो अभी भी हवा से इधर-उधर बहक रहा था।

"बाप रे! आज तो आपने बहुत ज्यादा खाना खिला दिया, लगता है कि बस यहीं पर अब आराम कर लें," तुषारजी तहमीना से बोले।

"नहीं, अभी घर भी जाना है," तहमीना हँस दी, "मैंने चाय मँगाई है, बस पीकर चलना है वरना घर पहुँचते-पहुँचते अँधेरा हो जायेगा।"

"ओह, फिर चाय," तुषारजी बोले, "क्या पीना ही पड़ेगा?"

"पीना तो है ही," तहमीना हँस दी।

चाय पीकर वह लोग रवाना हुए। जीप भाग रही थी। तुषार ड्राइवर के बाजू बैठा था, उसके बाद जमशेद, जमशेद के बाद तहमीना बैठी थी। जमशेद की गोद में रिंकू था। तहमीना शाम की ठंडी बयार में पीछे भागते जंगल को निहार रही थी, कि अचानक उसने महसूस किया तुषार का हाथ सीट पर से आगे सरकता उसके कन्धे को छू गया था। वह सहम-सी गयी और थोड़ा आगे को झुक आयी पर तुषार का हाथ पीठ को छूता रहा। बाहर का अंधेरा जीप में भी भर गया था, जो तुषार को मनमानी करने की पूरी-पूरी छूट दे रहा था।

जमशेद बाथरूम में थे, तभी बाहर बेल बजी। तहमीना बाहर गयी तो देखा, सामने तुषारजी खड़े हैं, अचानक तुषार को सामने देख वह अचकचा-सी गयी और उसने एक मर्तबा रोष से तुषार की ओर देखा, जैसे वह कल वाली शाम की हरकत पर डाँट रही हो। तुषार उसके मूड पर से समझ गया और खुद ही दरवाजा खोलकर भीतर आ गया। उसने एक मर्तबा मुस्कुरा कर तहमीना की ओर देखा और कुर्सी पर बैठ गया। तहमीना भी सर झुकाये सामने वाली कुर्सी पर बैठ गयी।

"जमशेद जी कहाँ हैं?" तुषार ने टेबल पर से पेपर हटाते हुए बड़े गम्भीर शब्दों में कहा।

"बाथरूम में हैं," तहमीना ने धीरे से कहा और टप से आँखें उठाकर तुषार की ओर देखा और रोष में भरकर बोली, "कल क्या हरकत कर रहे थे आप? किसी ने देख लिया होता तो?"

"नहीं," तुषार उसे निहारता धीरे से बोला, "कैसे देख लेते, क्या हम इतने बेवकूफ हैं?"

"आप मुझे घर से निकलवाओगे," कहती तहमीना एकदम अचानक उदास हो गयी।

"मुझे गलत मत समझो तहमीना," तुषार पास आये और उसके हाथ को स्नेह से थपथपा कर फिर जल्दी से वापस कुर्सी पर बैठ गये क्योंकि तभी जमशेद के आने की आहट हुई।

"हलो, तुषार जी, कैसे हैं?" जमशेद पर्दा हटाकर इधर आते बोले, "कल तो वाकई आपके आ जाने से रौनक आ गयी।"

"जी हम हैं ही ऐसे, चलिये कम से कम आपने तो समझा, पर और लोग भी हमारी कद्र जानें तब न!" तुषार तहमीना को देखते बोले। तहमीना समझ गयी, तुषार उसी की ओर कटाक्ष कर रहे हैं।

"अच्छा," कहते जमशेद उठकर कुछ लाने दूसरे कमरे में गये।

"माफ कर दो न!" तुषार ने जल्दी से तहमीना की ओर देखते हाथ जोड़ दिये, क्योंकि वह समझ गये थे, तहमीना को उनकी ये हरकतें बिल्कुल पसंद नहीं हैं।

"हूँ, पता है ऐसी सस्ती हरकतें कौन करता है? कॉलेज के छोकरे करते हैं, आप भी उन लोगों में हैं क्या?" तहमीना गुस्से से बोली, फिर धीरे से मुस्कुरा दी।

जवाब में तुषार भी धीरे से मुस्कुरा दिये। तभी जमशेद आ गये और तहमीना चाय बनाने चली गयी। चाय लेकर तहमीना आयी तो तुषार तीन मग में चाय देखकर जल्दी से बोले, "बाप रे, फिर चाय पीना पड़ेगा?"

"फिर क्या, चाय तो पीना ही चाहिए," कहते हुए तहमीना ने तुषार को आँखों से धमकाया, और तुषार ने जल्दी से चाय उठा ली।

"अगर मैं आपके यहाँ इसी तरह आता रहा तो मेरी भी चाय पीने की आदत पड़ जायेगी," तुषार जमशेद से बोले।

"देख लीजिये, यही बात मैं इनसे कहता हूँ तो यह मानती नहीं। इन्हें चाय बहुत पसंद है, घर में कोई आये तो बस इन्हें बहाना मिल जाता है, आर्डर अगर एक कप का होगा तो दो बनेंगी, दूसरा कप इनका होगा।"

"अच्छा," कहते तुषार मग को मुँह के पास ले जाकर धीरे से तहमीना को मुँह बनाकर चिढ़ाने लगे। तहमीना उनकी इस शरारत पर घबरा-सी गयी।

"कल क्या प्रोग्राम है तुषारजी," जमशेद ने पूछा।

'कुछ नहीं, खाली हूँ।"

"तो चलिये फिर कल कहीं घूम आयें," जमशेद बोले।

"चलिये…," कहते तुषार ने तहमीना की ओर देखा और शरारत से मुस्करा दिये।

तहमीना गुस्से से भर गयी। वह समझ गयी कल तुषार के साथ जाना, याने फिर वही शरारतें। पर वह चुप बैठी रह गयी, जब्त करके, क्योंकि जमशेद के सामने वह कुछ नहीं कह पा रही थी, और उसकी मजबूरी को समझते हुए तुषार मजा ले रहे थे। तहमीना के पास तुषार को धमकाने का बहाना भी नहीं था, क्योंकि जमशेद ने साथ चलने की बात खुद उठायी थी। तहमीना रोष से भरी बैठी थी और तुषार शरारत से भरे नीचे देखकर मुस्कुरा रहे थे।

"आप लोगों ने कोई पिक्चर देखी?" तुषार बोले।

"नहीं, पाँच-छः महीने से तो कोई पिक्चर नहीं देखी," जमशेद बोले।

"अरे, आप लोग इतना कम पिक्चर देखते हैं? मैं तो हफ्ते में दो-तीन देख लेता हूँ," तुषार आश्चर्यचकित होकर तहमीना की ओर देखने लगे।

तहमीना व्यंग्य से मुस्कुरा दी। तुषार हैरान-से उसे निहारते रह गये।

"फुर्सत कहाँ होती है पिक्चर देखने की," जमशेद बोले।

"अच्छा तो चलिये आज पिक्चर देख आयें," तुषार ने प्रस्ताव रखा।

"हाँ-हाँ, चलिए, बिल्कुल देख आते हैं पिक्चर," जमशेद बोले, फिर तहमीना की ओर मुड़े, "जाओ तुम तैयार होकर आ जाओ।"

तहमीना उठकर अन्दर गयी, थोड़ी देर में वह तैयार होकर बाहर आयी। तहमीना ने हल्दी रंग की साड़ी और सफेद बूटी वाली और काले बॉर्डर वाली मद्रासी साड़ी पहन रखी थी। इस साड़ी में वह बहुत भली लग रही थी। तुषार ने प्रशंसा से भरकर उसे निहारा। वह कुछ बोलना भी चाहते थे, पर जमशेद की मौजूदगी के कारण वह बोल नहीं पाये। वह लोग उठकर पिक्चर चले गये। पिक्चर हॉल के गेट के पास तुषार किसी से बात करने लगे, थोड़ी देर में वह मुड़े और उस व्यक्ति से उन लोगों का परिचय कराने लगे।

"अजय, ये हैं मिस्टर जमशेद, और यह हैं तहमीना दुर्राज, और साहब यह है मेरा दोस्त अजय।"

"नमस्ते," तहमीना ने दोनों हाथ जोड़ दिये। मामूली से व्यक्तित्व वाला वह व्यक्ति लगा। उसने नीले रंग की पेण्ट और हल्के क्रीम रंग की फुल आस्तीन की शर्ट पहन रखी थी। वह शायद पिक्चर देखकर निकल रहे थे, इसलिए बोले, "मैंने तो देख ली पिक्चर, बढ़िया है, अब आप लोग देख आइए।"

जब वह लोग हाल में बैठे हुए पिक्चर देख रहे थे तब जाने क्यों तहमीना को महसूस हो रहा था कि वह बुरी तरह चुम्बक की तरह तुषार की ओर खिंची जा रही है। पिक्चर वैसे बहुत अच्छी थी पर जाने क्यों तहमीना का मन फिल्म में लग नहीं पा रहा था, उसे बार-बार आश्चर्य-सा हो रहा था और वह लगातार सोच रही थी, कि तुषार से उसकी यह दोस्ती किस मुकाम तक पहुँचेगी?

दूसरे दिन ठीक समय पर तुषारजी पहुँच गये, आज वह काफी अच्छे से

तैयार होकर आये थे और काफी स्मार्ट भी लग रहे थे। तहमीना को तैयार होने में कुछ समय लगा। जमशेद और तुषार पहले से ही जीप में बैठ गये थे, जब तैयार होकर तहमीना जीप की ओर बढ़ी, तब तुषार ने चेहरे पर रूमाल रखते हुए, तहमीना को शैतानी से देखा। जीप के पीछे मीनाक्षी भी बैठी हुई थी। आज वह सुबह से ही तहमीना के पास आई हुई थी और उसी के कहने पर प्रोग्राम चेंज किया गया था, और गाँव जाने का प्रोग्राम बना था, क्योंकि गाँव में गन्ने की फसल तैयार हो गई थी और सबने रस पीने का प्रोग्राम बनाया था।

जब जंगल का रास्ता पार हो गया और पास वाले नाले का लकड़ी का पुल पार करते हुए अचानक मीनाक्षी ने पूछा, "मैडम, मटर खाएँगी? यहाँ पर एक बहुत अच्छा बगीचा है, जहाँ ढेर सारी मटर लगी हुई हैं। पिछले दिनों मैं टूर पर जा रही थी तब मैं यहाँ दिन-भर ठहरी थी।"

"अच्छा, तब तो जरूर चलना चाहिए," तहमीना ने उत्सुकता से कहा और ड्राइवर से कहकर गाड़ी रुकवा दी।

"यह जो मन्दिर दिख रहा है, इसी के ठीक पीछे बगीचा है," मीनाक्षी ने बताया।

जीप रुकी, सब लोग उतर गये। सड़क से नीचे ढलान में उतरने के बाद वे लोग ऊँची मेंड़ पर बनी पगडंडी पर चलते हुए पीछे बगीचे में आ गये। बगीचे के किनारे मेंड़ के दोनों ओर केले के बड़े-बड़े पेड़ थे, जिस पर ढेर सारे कच्चे केले लद रहे थे। मटर का बहुत बड़ा बगीचा था। मटर की बीच-बीच में लाल भाजी के पौधे लगाये गये थे और किनारे-किनारे दूसरी सब्जियाँ लगी हुई थीं। बगीचे के पास ही किनारे पर माली का दो कमरों का घर था, जिसकी छत पर कुम्हड़े की बेल चढ़ी हुई थी। घर के सामने एक टूटी खाट जो खड़ी थी, उस पर एक बोरे का पर्दा लगाकर कुछ बच्चे घर-घर का खेल खेल रहे थे। जाने क्यूँ उन्हें उस तरह खेलता देख तहमीना को अपना बचपना याद आ गया। वह छोटी थी तब पीछे दालान में आड़े रखे पलंग पर पर्दा डालकर दो पलंग के बीच की जगह में वे लोग घर-घर का खेल सारी दोपहर खेलते थे। माँ की बाथरूम में उतारकर रखी साड़ियों को उठाकर ले आती और उन्हें वह पहन लेती। धुली साड़ी तो माँ कभी पहनने नहीं देती। माँ दोपहर में सोती थीं। जब उनके उठने का समय होता तो वह झट से साड़ी उतारकर बाथरूम में रख आती।

तहमीना आगे बढ़कर बच्चों के पास पहुँच गई। वे लोग मिट्टी की छोटी-छोटी हंडियों में, जिसे यहाँ कुण्डी-बुच्ची कहते हैं, खेल रहे थे।

"क्या बना रहे हो?" तहमीना ने उस नन्हीं बच्ची से पूछा जो वहाँ बैठी अपने खिलौनों में मिट्टी और घास-फूस से रसोई बना रही थी। वह लड़की शरमा गई और अपने घुटनों से गाल टिकाकर धरती को देखती हँसने लगी। उसके साथ

की लड़कियाँ भी खाट के पीछे छिप गईं।

तहमीना खाट से टिकी उनकी बिखरी गृहस्थी को निहारने लगी। खपरैल के टुकड़ों को एक के ऊपर एक रखकर उसका चूल्हा बनाया गया था जिस पर छोटी-सी हांडी चढ़ी थी। हांडी में मटर के दाने पड़े थे, ढेर सारी घास, पत्ते, धूल वहाँ बिखरी पड़ी थी। तहमीना को देख बड़ा विचित्र-सा लगा। वह मुस्कुरा दी, लड़कियां चाहे वह अमीर घर की हों, या गरीब घर की, उनका खेल खेलने का ढंग एक-सा ही होता है। पता नहीं क्यों, लड़कियों के नेचर में ही खुदा गृहस्थी सजाना लिख देता है, वह बचपन में खेल भी खेलती है तो वह घर-घर का ही और सारी उम्र अपने आपको इसी गृहस्थी में कैद रखती हैं। वह खुद छोटी थी तब उसे इस खेल में कितना आनन्द मिलता था !

मीनाक्षी की उस मालिक के घर से शायद अच्छी जान-पहचान थी, इसीलिए मीनाक्षी उसके घर से एक टुकना माँग लाई थी और उसे लिये खेत में घुस गई और मटर तोड़ने में जुट गई। जमशेद खेत में खड़े मटर की फलियाँ तोड़-तोड़-कर खा रहे थे। तहमीना ने देखा तुषार कहीं नहीं दिखे, लगता है वो यहाँ बोर हो उठे थे और वापस जीप में चले गये होंगे। रिंकू मेंड़ पर बैठा किनारे के फूल तोड़-तोड़कर अपनी जेब में भर रहा था।

"आओ रिंकू, उधर चलें," तहमीना ने रिंकू का हाथ पकड़ लिया और वह मन्दिर की ओर बढ़ गई। छोटा-सा शिव का मन्दिर था। मन्दिर के पास ढेर सारे तुलसी के पेड़ थे। तुलसी के पेड़ इतने ऊँचे हो गये थे कि देखकर लग ही नहीं रहा था कि वे तुलसी के पेड़ थे। तहमीना की अपनी लम्बाई से भी ऊँचे-ऊँचे थे वह पेड़। मन्दिर के सामने पत्थर की चट्टानें थीं और किनारे एक अकेला सरगी का पेड़ था। और ठीक उसके नीचे एक छोटा-सा नाला बह रहा था जहाँ पर दो-तीन औरतें कपड़े धो रही थीं।

चट्टान पर चित-से लेटे हुए थे तुषार। उन्होंने अपने सफेद रूमाल से चेहरे को ढाँप रखा था और दोनों हथेलियों को फँसाकर सर के नीचे तकिया बनाकर रख लिया था।

"अंकल, आप सो रहे हैं ?" रिंकू तहमीना का हाथ छुड़ाता तुषार की ओर दौड़ गया।

"आहट से तुषार ने चेहरे पर का रूमाल हटाया और तहमीना को देखा। वह खड़ी हुई नाले के बहते पानी को निहार रही थी। हवा काफी तेज थी, जिससे उसका आँचल उड़ने लगा था। साड़ी सिमट कर शरीर से चिपक गई थी। 'ओह' कहती वह साड़ी को ठीक करने लगी। तुषार वैसे ही लेटे-लेटे उसे निहारने लगे। तुषार की दृष्टि उसके शरीर पर चुभ रही थी और हवा से परेशान वह जल्दी से नीचे बैठ गई।

"यहाँ क्यूं लेटे हैं ? क्या ठीक नहीं लग रहा ?" तहमीना ने पूछा ।

"यहाँ ज्यादा अच्छा लग रहा है । मन्दिर में पैर छूने आया था फिर यहाँ लेट गया ।"

"अच्छा," तहमीना को आश्चर्य-सा हुआ, "आप इतना ज्यादा धार्मिक हैं ?"

"हाँ, इस धर्म के पीछे दूसरों के कई कारण हो सकते हैं, पर मेरे लिए तो एक ही कारण है और वह यह है कि यह मुझे बांधे रखता है, भटकने नहीं देता, धर्म की आड़ में मन का बहुत-सा विकार दूर हो जाता है । वैसे इसमें कुछ नहीं है बस विश्वास है, जो मन को बांधे रखता है ।"

"तो संन्यासी बाबा हैं आप," तहमीना ने उसे चिढ़ाया ।

"हाँ हूं, हफ्ते में दो दिन तो बराबर उपवास रखता हूँ, शनिवार और सोमवार । फिर बीच में कोई त्यौहार पड़ जाता है तो उसमें अलग रखता हूं । रोज सुबह पूजा करता हूँ, जप करता हूं और कसरत भी करता हूँ ।"

"बाप रे, इतना सब करते हैं आप !" तहमीना को बहुत आश्चर्य हुआ ।

"हां, मेरा तो सारा जीवन इसमें ही कट गया, कुछ तो घर के संस्कार साथ रहे, पिता बहुत ज्यादा धार्मिक विचारों के हैं, फिर पता नहीं क्यों, खुद मुझे इन सब में विश्वास हो गया है." तुषारजी उठते हुए बोले, "सही बात तो ये है तहमीनाजी इस तरह आदमी बेजरूरत सोचने से और बेजरूरत खाने से बच जाता है । सुनकर आपको आश्चर्य-सा होगा, मैंने आज तक होटल का नाश्ता नहीं किया । जब भी सफर पर होता हूँ तो फल वगैरह ही खा लेता हूँ ।"

"अच्छा, यह तो बड़ी ही विचित्र-सी बात है ।"

"हां, मेरी हेल्थ को ये सब सूट भी नहीं करता है, थोड़ा भी ऊँचा-नीचा खाने में आ गया तो मैं बीमार पड़ जाता हूँ ।"

"आपको क्या तकलीफ है ?" तहमीना ने हैरानी से पूछा । तभी सामने से मीनाक्षी और जमशेद आते दिखे और तुषार की बात अधूरी ही रह गई । वह उत्तर नहीं दे पाए । टोकने में ढेर सारी मटर की फलियाँ लिए हुए मीनाक्षी उसके सामने पहुँच गई ।

"ओह, यह तो बहुत सारी हैं," तहमीना ने कहा और खड़ी हो गई, "अब चलना चाहिए, रास्ते में ही मटर खाएँगे ।"

तुषार भी उठ गये और फिर सब कोई जीप की ओर बढ़ गए । जीप जब चली तो मीनाक्षी ने सबको मुट्ठी भर-भरकर मटर दी । बहुत ही मीठी मटर थी, जिसे खाने में मजा आ रहा था ।

"बहुत बढ़िया मटर है मीनाक्षी, मान गये तुमने बढ़िया बगीचा खोजा है," तहमीना मटर के दाने मुंह में रखती बोली और तहमीना की तारीफ पर मीनाक्षी खुश हो गई ।

"मैडम, यह माली सफेद गेहूँ भी बोता है, इस बार उसे पहले ही पैसे दे देंगे ताकि अपने को समय पर गेहूँ मिल जाएँ।"

"ठीक है, दे देंगे," तहमीना ने कहा।

"अरे भाई हम संन्यासियों का भी खयाल रखिएगा," तुषारजी ने मज़ाक करते हुए कहा।

"आप के लिए भी कह दूँगी साहब," मीनाक्षी तुषार का मजाक बिना समझे हुए ही गम्भीर मुद्रा में बोली। उसकी इस बात पर तहमीना मुस्कुरा दी।

"अच्छा तो चलना कहाँ है ?"

"अपन लोग चल रहे हैं, अपनी मेम्बर कचरा बाई के यहाँ, जिनके घर आजकल गन्ने का रस खूब निकाला जा रहा है," मीनाक्षी बोली।

"अच्छा, तब तो ठीक है, उनकी हमेशा शिकायत भी रही है। वह हमेशा मुझे बुलाती हैं, पर मेरा जाना नहीं हो पाया है।"

जीप एक छोटे-से ग्राम में मुड़ी, जो देखने पर काफी छोटा-सा लग रहा था, पर वह लंबाई में काफी लंबा बसा था। एक आड़ी और एक सीधी रोड पर ही वह ग्राम बसा हुआ था। कचराबाई जहाँ रहती हैं, वहाँ लम्बी-सी एक कच्ची सड़क थी। जब जीप कचराबाई के घर के सामने रुकी तो तहमीना ने देखा, मशीन लगी थी जिसमें एक भैंसा बाँध दिया गया था और रस निकाला जा रहा था। थोड़ा आगे एक छोटा-सा मंडप डालकर खूब बड़े से चूल्हे पर बड़ी कढ़ाई चढ़ाई गई थी जिसमें गन्ने का रस ग्रौट रहा था। पास ही एक टुकने में गुड़ के बड़े-बड़े ढेले बने हुए रखे थे। जीप की आवाज सुनकर कचराबाई बाहर निकल आई उनके दोनों हाथ गुड़ में सने हुए थे। सफेद किनारे वाली साड़ी और नीले रंग का ब्लाउज पहने थी वह, सिंदूर का बड़ा-सा टीका लगाए थी, बालों में दोनों ओर चाँदी के चौड़े-चौड़े घुँघरू लगे क्लिप लगाए हुए थी।

"यह हैं, हमारे यहाँ की मेम्बर कचरा बाई, बहुत ही जिन्दादिल औरत हैं," तहमीना ने परिचय कराया, "और कचराबाई, यह हमारे यहाँ के एस० पी० श्री तुषारजी हैं।"

"नमस्ते," कहते हुए तुषार ने हाथ जोड़ दिए और जोर से हँसते हुए बोले, "आइन्दा से तहमीनाजी, मेरा इतना लंबा परिचय मत दिया करिए।"

"आइये-आइये," कचराबाई खुश होती बोली, "आज तो मेरे भाग्य बड़े अच्छे हैं जो इतने बड़े-बड़े लोगों के दर्शन हो गये।"

"देखिए कैसा धावा बोला है हमने भी" तहमीना ने शिकायत की, "चोरी-चोरी रस निकाला जा रहा था !"

"नहीं बहिनजी, मैंने तो मीनाक्षीजी से कह दिया था कि एक दिन हमारी बहिनजी को रस पीने के लिए लाइए," कचराबाई ने खाट बिछाते हुए कहा।

खाट पर चादर बिछा दी गयी। खाट जहां पर बिछाई गयी थी, वह एक लम्बा-सा बरामदा था, जिस पर सब बैठ गये। तहमीना को बड़ा आश्चर्य-सा हुआ, कचराबाई का काफी बड़ा-सा मकान था जिसमें काफी ठंडक भी थी। पहले जमाने का मकान था, इसलिए बड़े-बड़े दरवाज़े नक्काशीदार बने थे। छत में भी मोटी-मोटी साबित पेड़ों की बल्लियाँ लगा दी गयी थीं। इस छोर से उस छोर तक काफी लम्बा बरामदा था, फर्श कच्चा था पर उसे इतने अच्छे ढंग से लीपा-पोता गया था कि वह एकदम चिकना हो गया था। मकान काफी ठंडा-सा था, जिसके कारण बहुत भला लग रहा था। कचराबाई ब्राह्मण परिवार की महिला थी, पैरों में मोटे-मोटे चाँदी के साँकलनुमा पैर-पट्टी पहने थी, जो पैरों में कसी हुई थी। कचराबाई ब्लाऊज़ के अन्दर कुछ नहीं पहनती थी इसलिए उसका भारी शरीर बड़ा विचित्र-सा लगता था। चलने पर सामने का शरीर गेंद की तरह उछलता विचित्र दिखता था। उसके शरीर को और चाल को देख तहमीना को शर्म-सी लग रही थी। हँसी रुक नहीं रही थी, वह मुँह पर रूमाल रखे दबी-दबी हँस रही थी।

"लाओ बेटा, आज हमारी बहिनजी आयी हैं, इनके लिए रस लाओ, और साहब लोग के लिए भी," कचराबाई विचित्र तरह की हिन्दी बोलते हुए बोली।

"हम तो रस नहीं पीते," तुषारजी गम्भीर मुद्रा में बोले।

"फिर क्या पियेंगे साहब आप?" कचराबाई ने हैरानी से पूछा

"हम तो सोमरस पियेंगे," तुषारजी ने मजाक करते हुए कहा।

"यह क्या होता है साहब," कचराबाई आँखों को गोल-गोल घुमाते बोली।

"आप ब्राह्मण परिवार की हैं, सोमरस याने नहीं जानतीं? जिसे पीने से आदमी दूसरी दुनिया में पहुँच जाता है," तुषार बोले।

"अच्छा," कचराबाई अपने शरीर के साथ हँसती हुई हिली, "बाप रे, वह यहाँ कहाँ मिलेगा साहब? आप तो बहुत मजाकिया हैं, हमको आप बहुत पसंद आये।"

"अच्छा, तो आपने इन्हें पसन्द कर लिया," तहमीना जोर से बोली और सारे बैठे लोग ठहाका मारकर हँसने लगे। कचराबाई को अपनी गलती महसूस हुई और वह एकदम से झेंप गयी।

"बहिनजी तो बस, मेरी बात पर हँस देते हैं," कचराबाई बोली। "अच्छा साहब रस नहीं पीते तो आपके लिए चावल का चीला बना देती हूँ। आप पहली बार हमारे यहाँ अतिथि होकर आये हैं।"

"चलो भाई, आपके कारण हम गरीबों का भी भला हो जायेगा," जमशेद

बोले और हँस दिये, "आप तो इन्हें खूब चीले खिलाइये।"

"हम हैं ही ऐसे आदमी। अब आप खुद देख लीजिए, जहाँ जाते हैं लोग-बाग हमारा स्वागत करते हैं," तुषार बोले और तहमीना की ओर देख मुस्कुरा दिये।

तहमीना जल्दी से दूसरी ओर देखने लगी। जहाँ वे लोग बैठे थे, वहीं ऊपर कोठा था शायद, कोठे की बड़ी-सी खिड़की, जिसमें सलाखें नहीं थीं, वह खुली हुई थी जिसपर एक-दो कबूतर बैठे गुटरगूँ-गुटरगूँ करते नीचे झाँक रहे थे, जैसे आने वाले लोगों की खोज-खबर ले रहे हो। किसी-किसी के पैरों में घुंघरू बँधे थे जिसके कारण वह चहलक़दमी करते तो छुन-छुन की आवाज़ से वातावरण गूँज उठता, और जब वह पंख झाड़कर उड़ते तो घुँघरुओं की तेज आवाज से सारा वातावरण आकर्षित हो जाता! आधी दीवार उठाकर उधर रसोई बना दी गयी थी, जहाँ कचराबाई अपनी लड़की के साथ चीले बनाने में जुट गयी थी। छन्-छन् की आवाज आ रही थी, और चावल के आटे की पकाती हुई खुशबू वातावरण में घुल गयी थी।

"लगता है जोरदार तैयारी हो रही है," तुषार बोले और जेब से रूमाल निकालकर चेहरा पोंछते हुए मुस्कुरा दिए।

थोड़ी देर में कांसे की प्लेटों में मोटे-मोटे चीले आ गये, जिन्हें देखकर खाने की इच्छा नहीं हो रही थी, हाथ बढ़ाने का भी साहस नहीं हो रहा था, पर चूंकि कचराबाई ने खुद इतना मेहनत करके यह सब बनायी थी, और नहीं खाने से उन्हें बुरा लगता, यही सोचकर सब संकोच से मुँह बना-बनाकर खाने लगे।

"आप लोग खाते जाइये, मैं बना-बनाकर देती जाती हूँ," कचराबाई रसोई की ओर जाते बोली।

"बाप रे, क्या इरादा है, मारना है क्या? अभी खाना खाकर आये हैं, बस, अब और मत बनाइये," तहमीना ने घबराकर कहा।

"सही कह रही हैं बहिनजी आप," कचराबाई बोली, फिर तुरन्त तुषार की ओर मुड़ी, "क्यों साहब, आप तो खाएँगे ही न, हमारी बहिन जी तो खाती ही कम हैं।"

"मैं तो इतना भी नहीं खा सकूंगा, आप नाहक कष्ट कर रही हैं। मुझे ज्यादा आप खिला देंगी तो देखिए आपको पाप लगेगा, क्योंकि मैं बीमार आदमी हूँ, और संन्यासी भी," तुषार जी ने इस तरह मुंह पर उदासी लाकर अपनी बात कही कि कचराबाई को विश्वास हो गया और वह घबरा-सी गयी। सारे लोग मुस्कुरा दिये।

"अरे नहीं बनाऊँगी साहब, अच्छा उतना तो प्रेम से खा लीजिए," कहती कचराबाई हाथ धोने बाहर चली गयी, और वहीं से अपनी बेटी को आदेश देती

हुई बोली, "बेटा तवा उतार दो।"

"हे भगवान जान बची," कहते हुई तुषार जी ने अपनी प्लेट का एक चीला उठाकर जमशेद की प्लेट में डाल दिया, "मुझसे नहीं चलेगा, बस एक खा लूंगा।"

सामने से बाल्टी भर गन्ने का रस आ गया। सबको जबर्दस्ती चीला खाने के बाद एक-एक गिलास रस पीना पड़ा। आँगन में बहुत बड़ा तुलसी का चौरा था जिसमें खूब हरा-भरा तुलसी का पेड़ लगा था। आँगन बहुत बड़ा था। एक ओर गाय का बड़ा-सा कोठा था, वहीं कोठे के पास नीम का पेड़ लगा था, आँगन में तरह-तरह के फूल लगे थे, चारों ओर मिट्टी की दीवार उठाकर अहाता बना दिया गया था। इस आँगन से बाहर एक बाड़ी की ओर जाने का रास्ता था, जहाँ कच्चा बड़ा-सा कुआँ था और वहाँ ढेर सारे केले के पेड़ थे। कुएँ की ढलान की तरफ तरह-तरह की सब्जियाँ लगी हुई थीं। काफी बड़ा कारोबार था कचराबाई का।

"आप तो काफी रईस किसान हैं," तहमीना बोली।

"क्या बहिनजी, बस ऐसे ही है। फसल हो जाती है तब खर्च चल जाता है, नहीं तो मुश्किल है। बाल-बच्चे सब हम लोग इसी काम में तो लगे रहते हैं। हमारे यहाँ के बाबू को तो दम मारने की भी फुर्सत नहीं मिलती है।"

"अच्छा चलें अब, काफी कष्ट दिया आपको," तहमीना ने कहा।

"आप भी क्या बोलते हैं बहिनजी," कहती कचराबाई ने अपने सख्त भारी हाथों में उसके दोनों हाथ सिकोड़ लिए। तहमीना घबरा-सी गयी। तुषार तहमीना की परेशानी समझकर मुस्कुरा दिया।

जीप में सब बैठे। जैसे ही जीप आगे बढ़ी, तुषारजी ठंडी साँस खींचते हुए बोले, "हे भगवान, काली माई से जान छूटी, काली माई देवी की जय।" हँसी का एक दौर उठा और कचराबाई का घर पीछे छूटता गया।

ओह! इतनी हँसी, आजकल पता नहीं क्यों तुषार के आने से वह इतना हँस रही है, इतना तो वह कभी जीवन में नहीं हँस पाई थी। हँसी ही हँसी में दिन कहाँ और किधर जाकर छुप गया था, किसी ने नहीं जाना। मीनाक्षी को उसके घर उतारकर वह लोग अपने घर जाने वाली सड़क पर मिल गये।

जमशेद को किसी कार्य से इन्दौर जाना था। तहमीना ने जमशेद की सारी तैयारी कर दी थी। सर्दियाँ अब काफी कम हो गयी थीं, गरम कपड़ों की आवश्यकता अब दिन में या शाम को नहीं पड़ती थी, हाँ रात को जरूर हल्की-सी सर्दी हो आती थी। जिस दिन जमशेद इन्दौर गये, रिंकू बहुत रोता रहा साथ जाने। रिंकू को बहलाने के लिए तहमीना शाम को गार्डन तक घुमाने ले

ग्रायी। गार्डन कहना तो गलत होगा बस एक छोटा-सा पार्क था, रेस्ट हाउस के सामने वाले तिगड्डे पर। बीचोंबीच फव्वारा तथा ट्यूब लाइट से उसे सजा दिया गया था, जहाँ शाम को ग्रक्सर लोग ग्राने लगे थे।

रिंकू को लेकर जब तहमीना बगीचे में गयी तो ज्यादा भीड़ नहीं थी। रिंकू खुश-खुश फूलों की सजी पगडंडियों पर दौड़ता रहा। वह पत्थर के चबूतरे पर बैठी उसे देखती रही। जब वह काफी थक गया तो ग्राकर उसके पास बैठ गया। थोड़ी देर में फव्वारा जब खुला तो वह ताली पीटता कूदता रहा। रंगीन लाइट में फव्वारा सुन्दर लग रहा था, जैसे पानी में आग लगी हो। फूलों की मिली-जुली गन्ध में बैठे रहना तहमीना को बहुत ग्रच्छा लग रहा था।

"मम्मी, यह फूल लगा लो," रिंकू दौड़ता हुग्रा ग्राया ग्रौर एक फूल को उसके बालों में लगाते हुए बोला, "कितना प्यारा-सा फूल है न!"

"थैंक्यू बेटा," तहमीना ने उसके हाथों से फूल ले लिया ग्रौर खुद बालों में ग्रच्छे से हेयरपिन से लगा लिया। "ग्रब चलें बेटा?"

"मम्मी, थोड़ी देर ग्रौर।"

"बेटा फिर तुम्हें खाना खाना है। वर्ना तुम बिना खाये सो जाग्रोगे।"

"ग्रच्छा चलिए।"

रिंकू का हाथ पकड़कर तहमीना लौटने लगी। वह बैंक के सामने वाली रोड से लौट रही थी। रिंकू ग्रपने स्कूल की, ग्रपने साथियों की बातें बतला रहा था ग्रौर वह सुन-सुनकर मुस्कुरा रही थी। ग्रचानक उसके ग्रागे एक जीप ग्राकर रुकी। वह ग्रचकचाकर किनारे हो गयी, यह सोचकर कि वह शायद गलत जा रही हो। तभी उसने देखा, जीप में तुषारजी बैठे हुए थे।

"ग्रंकल, हम बैठ जायें जीप में?" रिंकू खुश होता हुग्रा बोला।

"हाँ-हाँ, जरूर-जरूर, यह भी कोई पूछने की बात है? पर पहले पता तो चले, दोनों माँ-बेटे कहाँ सैर पर निकले थे?"

"बस यूं ही, जमशेद नहीं हैं, इन्दौर गये हैं इसलिए रिंकू को घुमाने वाले कोई नहीं थे, इसलिए थोड़ा गार्डन तक ले गयी थी मैं," तहमीना ने बतलाया।

"गार्डन···यहाँ कोई गार्डन है क्या?" तुषार ने पूछा, "ग्रच्छा जीप में बैठ जाइये, घर तक छोड़ देता हूँ।"

"नहीं-नहीं, हम लोग पैदल ही चले जायेंगे," तहमीना ने संकोच से कहा।

"ग्ररे ग्राप भी···इतना संकोच करती हैं, बैठिए जीप में," तुषार बोले ग्रौर रिंकू की ग्रोर हाथ बढ़ा दिया। तहमीना ग्रौर रिंकू जीप में बैठ गये।

"जमशेद जी इन्दौर क्यों गये हैं?" तुषार जीप स्टार्ट करते हुए बोले।

"ग्रॉफिस का कुछ काम था शायद। ग्राज सुबह ही गये हैं, लौटने में तो चार-पाँच दिन लग ही जायेंगे," तहमीना ने बताया।

"हूँ," तुषार ने गंभीर होते हुए कहा।

रास्ते में फिर कोई बात नहीं हुई। घर पर तहमीना ने दरवाज़ा खोला और अन्दर हो गयी। अन्दर आकर उसने लाइट जलाई। वह संकोच में पड़ गयी थी कि जमशेद की गैर मौजूदगी में तुषार को बुलाए या न बुलाए? वह इसी उधेड़बुन में दरवाजा खोलकर खड़ी रही। वह तुरन्त निर्णय नहीं ले पा रही थी, फिर अभी रिंकू को खाना भी खिलाना था।

"क्यों रिंकू, हमें बुलाओगे नहीं? ऐसी भी क्या नाराजगी है?"

"आइये न!" तहमीना झेंप-सी गयी, "असल में मैंने सोचा आपको कोई काम होगा," तहमीना ने सफाई दी।

"काम तो यहाँ कुछ नहीं," कहते तुषार जीप से उतर आये।

वह लोग अन्दर आ गये। तहमीना ने दरवाजा लगा दिया। ड्राइंगरूम में दोनों चुप से बैठे थे। रिंकू खाने की जिद कर रहा था, दरअसल रिंकू को नींद भी आ रही थी।

"उसे खाना खिला दीजिये, फिर बातें करेंगे," तुषार मैगजीन के पन्ने पलटते बोले। तुषार मैगजीन देख रहे थे, इसलिए वह जान नहीं पायी कि उनके मन में क्या है, पर मन के एक कोने में भय भी बैठा था। जमशेद आज घर में नहीं, पता नहीं तुषार आज कैसा व्यवहार करते हैं, फिर मन में एक बात यह भी थी कि चलो बातें ही कर लेंगे, इस प्रकार तहमीना का अकेलापन भी दूर हो जायेगा।

रिंकू को खिलाकर तथा सुलाकर वह वापस कमरे में लौटी तो तुषार आराम से सोफे पर लेटे छत को निहार रहे थे। वह धीरे से कुर्सी पर बैठ गयी।

"चाय पिएँगे?"

"नहीं···आप बैठिए," तुषार उठकर बैठते बोले, "रिंकू सो गया?"

"हाँ, सो गया।"

"सामने का दरवाजा आपने बंद कर लिया या नहीं, वरना कहीं ऐसा न हो हम लोग यहाँ बैठे गप्प मारते रहें और अन्दर कुत्ता घुस आये।

"नहीं नहीं, बन्द है," उसने सहमकर तुषार को देखा। तुषार उसकी आँखों में भय को देखकर हँसने लगा।

"मुझसे भय लग रहा है?"

"नहीं तो···" कहती तहमीना और सहम-सी गयी।

"इधर आइये···पागल हैं आप, इतना क्यों घबराती हैं?"

"नहीं···मैं यहीं ठीक हूँ।"

"कहा न इधर आइये···वरना मुझे आना पड़ेगा," तुषार जोर से बोल।

तहमीना फिर भी चुप बैठी रही। उसने साड़ी के आंचल से अपने को अच्छे से लपेट लिया, मन में ढेर सारी घबराहट थी जिसके कारण उसका चेहरा काफी परेशान-सा हो उठा था। तुषार उठे और उसे खींचकर सोफे पर ले गये तहमीना का हाथ तुषार के हाथ में था, और वह भय से काँप रही.थी। आँखें डरी-डरी-सी थीं।

"क्या बात है, इतनी डरी हुई क्यों हो ? मैं कोई शेर हूँ," तुषार बोले और तहमीना का रोका हुआ बांध जैसे बह गया। वह दोनों हाथों में चेहरे को ढांपे सिसक पड़ी।

"नहीं···नहीं, तुषार आप मेरे जीवन में मत आओ···मुझे मजबूर मत करो, मेरा जीवन बँधी लीक पर चल रहा है, मुझे बहकाओ मत।"

तुषार ने उसे अपनी बाँहों में घेर लिया और उसके दोनों हाथों को उसके चेहरे पर से हटाने लगा, पर तहमीना ने कसकर अपने चेहरे को ढाँप रखा था। बहुत मुश्किल से तुषार उसके हाथों को खोलने में सफल हो पाया। तुषार ने अपने हाथ से उसके आंसू पोंछे। तहमीना का सर तुषार के सीने से टिका हुआ था।

"तुम शान्त हो जाओ तहमीना, फिर हम बात करेंगे।"

"कहिए, क्या कहना चाहते हैं, मैं शान्त हूँ," तहमीना ने अपने माथे पर से बाल हटाये और सँभलकर बैठ गयी।

"तुम पहले रोना छोड़ो, जाओ मुँह धोकर आ जाओ," तुषार ने उसे स्नेह से देखते हुए कहा।

"नहीं, अब मैं ठीक हूँ, आप कहिए।"

"देखो तहमीना, वैसे तो हमारी बहुत कम टाइम की मुलाकात है, पर मैं तुम्हारे जीवन की एक-एक बात से परिचित हो चुका हूं। तुम जिसे सुखी होना कहती हो न, वह दरअसल सुख नहीं है। तुमने अपने को पत्थर मान लिया है, और अपने आपको घर के लिए, समाज के लिए ढाल लिया है, पर तुम यह बात भूल गयी हो कि तुम्हारी अपनी भी इच्छाएँ हैं, तुम्हें अपने लिए भी जीना है। आदमी पहले खुद को देखता है, फिर दूसरे को," तुषार उसके चेहरे पर से बिखरे बालों को समेटते हुए बोले।

वह चुप होकर तुषार को देख रही थी। तुषार की आँखों में अपने आपको पढ़ रही थी। तुषार ने कितनी सफाई से सारी बातें तह-दर-तह खोलकर रख दी थीं। इतनी गहराई से तो उसने कभी अपने बारे में सोचा नहीं था।

"मैं सब जानता हूँ, मुझसे तुम्हें कुछ छिपाने की आवश्यकता नहीं।"

तहमीना तुषार के सीने में सिर छुपाकर सिसक उठी, बहुत बेसहारा-सी, आज जैसे किसी ने उसके रिसते घावों को कुरेद दिया था। तुषार ने पूरी तरह

से उसे अपनी बाँहों में समेट लिया था। वह तुषार की साँसों की आहट को बहुत नजदीक से महसूस करने लगी थी।

"तहमीना, इस बात से तुम इन्कार नहीं कर सकतीं कि आज तक जो जीवन तुमने जिया वह भ्रम था, अपने को ही तुम छलती रही हो। तुम मशीन नहीं हो, साथ ही तुम एक औरत भी हो," कहते तुषार बहुत भावुक-से हो उठे।

"नहीं, नहीं तुषार, तुम्हारी अपनी सीमा है, उससे आगे मत बढ़ो। तुम भूल रहे हो, मैं किसी की ब्याहता हूँ, किसी के साथ में ईमानदारी से जुड़े रहने की शर्त मेरे साथ बाँध दी गयी है।"

"तुम भी किस युग की बातें कर रही हो ? उसके प्रति ईमानदारी का डंका पीट रही हो जो तुम्हें कुछ न दे सका, या सही माने में कुछ देने में असमर्थ है ?"

"तुम भूलते हो तुषार," तहमीना ने सर उठाया, "मेरे सर पर छत है, उसने मुझे घर दिया, वरना बोलो तो मेरी कहाँ जगह थी ? माँ ने घर से कचरे की तरह मुझे निकाल दिया, और सही मानों में बात तो यह है कि माँ इससे बढ़कर और कुछ कर भी नहीं सकती थी। एक हताश हुई नारी जिसके अपने भविष्य का भरोसा नहीं था, तो वह अपने बच्चों को क्या सुरक्षा दे सकती थी ? मेरे मन में अब माँ के प्रति कोई विरोध, कोई नफरत नहीं है, सब समाप्त हो चुकी है। माना उस पुरुष ने मुझे कुछ नहीं दिया, फिर भी एक घर और थोड़ी-सी सुरक्षा तो दी। पति का प्यार न सही पर एक हमदर्द की हमदर्दी तो मिली। औरत बहुत भूखी होती है तुषार, वह कहीं न कहीं से प्यार चाहती है, ममता चाहती है और मुझे कहीं से कुछ नहीं मिला, यहाँ तक कि जिन्होंने मुझे पैदा किया उन्होंने भी मुझे ममता, प्यार कुछ नहीं दिया। दुनिया में मैंने जो सहा-भोगा क्या कोई विश्वास कर पायेगा ? पर यह सच है और तुम आज मेरे पास से यह छत भी छीनना चाहते हो ? तो बोलो फिर हम कहाँ जायेंगे ?"

"नहीं, मैं तुमसे कुछ छीनना नहीं चाहता, मैं तो केवल तुम्हें यह बताना चाहता हूँ कि तुम अपने को मत मारो······मैं तुम्हारी मजबूरी समझता हूँ, बस मैं यह चाहता हूँ तुम मुझसे भी सम्बन्ध रखो और अपने घर के भी सम्बन्ध निभाओ।"

"यह पाप होगा तुषार······तुम मुझसे पाप करवाना चाहते हो ?"

"पाप वगैरह कुछ नहीं है दुनिया में, जो मन को अच्छा लगता है न वही पुण्य है, और जो अच्छा नहीं लगता वह पाप है। तुम इन परिभाषाओं में अपने को मत बाँधो···" कहता तुषार उत्तेजना से उससे लिपट-सा गया और वह चाहकर भी मना नहीं कर पा रही थी। वह भी कमजोर हो गयी थी···थक गयी थी। आखिर इतने वर्षों से जो पेड़ ठूँठ बना खड़ा था उसे तेज आँधी उखाड़ ही ले

गयी। बहुत कमजोर क्षणों में वह पूर्ण रूप से समर्पित हो गयी थी तुषार को और तुषार महीनों···सालों का भूखा था जैसे, परोसी थाली पर टूट पड़ा था। तुषार ने लाइट बुझा दी थी। रिंकू के कमरे की हल्की लाइट इधर भी आ रही थी।

उत्तेजना के वह क्षण जो तुषार को कमजोर बना गये थे, तहमीना को भी कमजोर कर रहे थे, पर वह इसके बावजूद नहीं चाहती थी कि इन कमजोरियों का फायदा उठायें, इसलिए वह सारी कोशिशों से तुषार को परे ढकेलती रही, हाँफती हुई, "···न···न तुषार, यह सब पाप होगा, यह सब क्षणिक आवेश है, इसमें मत बहो। यह हम दोनों का पतन होगा, नहीं··· नहीं!"

तुषार को परे ढकेलती वह काँपने लगी थी। थक गयी थी। प्यास से उसका गला सूखने लगा था, हलक में काँटे उभर आये थे।

"पानी दो···पानी···ओह पानी," तहमीना प्यास से छटपटाई।

"पानी चाहिए?" तुषार उसे प्यार से पुचकारता बोला, "लो, अभी लाता हूँ," कहता तुषार रसोई की ओर दौड़ा, ओह लाइट जलाकर पानी खोज लाया। तुषार ने अपने हाथों से गिलास पकड़कर दूसरे हाथ से उसे सहारा देकर उठाया और उसे पानी पिलाने लगा। पानी पीकर वह फिर थककर लेट गयी। तुषार के खिलाफ लड़ने में उसने अपनी सारी शक्ति लगा दी थी, जिससे वह अपने को बुरी तरह थका हुआ महसूस करने लगी थी, हाथ-पैर काँप रहे थे। तुषार गिलास रख फिर से उसके पास आ गया और उसे अपनी बाँहों में उठा लिया।

"नहीं तुषार, नहीं···तुम समझते कैसे नहीं हो? तुम जो चाहते हो न, वह पाप है···प्लीज़ ऐसा मत करो।"

"नहीं···तुम मेरी हो···सिर्फ मेरी···हमें कोई अलग नहीं कर सकता···" तुषार भावुक होता बोला।

"ओह न! क्या बोलते हो?" कहती तहमीना ने तकिये में अपना मुँह छुपा लिया था।

तुषार ने बहुत धीरे से उसे अपनी ओर खींचा, इतने धीरे से मानो वह काँच की बनी हो, और जरा-सा धक्का लगने पर चूर-चूर हो जायेगी। और इस बार वह तुषार का विरोध न कर पाई और टूटकर उसकी बाँहों में आ आयी। तुषार ने दोनों बाँहों में उसे समेट लिया, बटोर लिया, कस लिया। बंधन कसते गये···कसते गये। तहमीना के होठों पर तुषार के उत्तेजित होंठों का स्पर्श था। और तहमीना सब भूल गयी थी वह क्या है?···कौन है? बस आँख बन्द किये किन्हीं अँधेरों में उतरती गयी।

तूफान जब थमा और लहरें खींचकर वापस लौट गयीं, तब तहमीना को

होश आया तो उसने आँख खोलकर तुषार को धीरे से टटोला।

"तुषार तुषार," तहमीना ने धीरे से पुकारा।

"हूँ, बोलो," तुषार पास आकर उसके ऊपर झुक गया।

"तुषार तुम मेरे पास रहो, मुझे डर लग रहा है," कहती तहमीना उसकी शर्ट को मुट्ठी में भरकर रो पड़ी, "यह सब ठीक नहीं हुआ तुषार," तहमीना ने अपने खुले शरीर पर शाल डाल लिया।

"फिर वही पागलपन...? तुम डर क्यों रही हो? मेरा विश्वास करो तहमीना, मैं तुम्हारे साथ हूँ ...तुम्हें अकेले छोड़कर नहीं जाऊँगा, हमेशा मुझे अपने पीछे खड़े पाओगी...यह पाप नहीं है, आदमी की जरूरत है तहमीना, इस बात को समझो, समझ लो न।"

"यह बात हर युग में पुरुष ने नारी से कही, और नारी छली जाती रही है, पर बाद में वही पुरुष दगा दे जाता है," तहमीना ने तुषार के हाथ से अपने हाथ को छुड़ाकर आँसू पोंछते हुए कहा।

"पागलों-सी हरकत मत करो तहमीना, आँसू पोछ लो और सुनो, चलो तुम कपड़े पहन लो और चाय बनाकर ले आओ।"

"चाय पिओगे, सच?" तहमीना ने आश्चर्य से कहा।

"हाँ इच्छा हो रही है, और तुम भी थोड़ा फ्रेश हो जाओगी न।"

तहमीना उठकर अपने कपड़े ठीक करने लगी। अँधेरे में तुषार उसे ध्यान से निहारता रहा, फिर उसे आवाज दी—"सुनो तहमीना!"

"हाँ कहो," तहमीना उसके पास आती बोली।

"तुम बहुत सुन्दर हो, मन से भी और तन से भी," तुषार ने उसके हाथ को छूते हुए कहा।

"धत् बेशरम," तहमीना शरमा गयी, "कैसे जाना मैं सुन्दर हूँ?"

"बस जान लिया, संगमरमर का तराशा हुआ है तुम्हारा शरीर।"

"दुष्ट, चुप रहोगे या नहीं बाबा," तहमीना ने संकोच से कहा।

"अच्छा लाइट जला दूँ?"

"तुम लाइट जलाओगे न, तो देखो ठीक नहीं होगा, बताये देती हूँ।"

"क्यों, लाइट में मेरे सामने अब शरम आयेगी?"

"ओ... तुम क्या...क्या बोलते हो बाबा," तहमीना ने लजाते हुए कहा, और जल्दी से अपने अस्त-व्यस्त कपड़ों को ठीक कर लिया।

"लो," कहता तुषार जल्दी से उठा और लाइट जला दी। तहमीना अचकचा-सी गयी, फिर उसने दोनों हथेलियों में अपने चेहरे को ढाँप लिया, "दुष्ट हो तुम!"

"और क्या-क्या हूँ," तुषार शरारत से हँसा।

"तुम दुष्ट हो···पाजी हो···बेशरम हो," तहमीना मुँह ढाँपे बोलती गयी।

"अच्छा और क्या-क्या हूँ ?"

"और···और कुछ नहीं," कहती तहमीना रसोई की ओर दौड़ गयी, तुषार उसे जाता देखता रहा।

अभी वह गैस पर चाय बना ही रही थी कि पीछे से तुषार आ गया और रसोईघर का निरीक्षण करता उसके पास आ खड़ा हुआ।

"बाबा, तुम क्यों आ गये हो ? सारा गन्दा पड़ा है," तहमीना झेंप गयी।

"तुम जो यहाँ हो," कहता तुषार जोर से खँखारा।

"क्या करते हो, पड़ोसी जान जायेंगे न !" तहमीना डर गयी।

"तो उन्हें क्या पता जमशेद यहाँ नहीं है ?"

"फिर भी," तहमीना चाय मग में ढालने लगी।

"तुम लाइट बन्द कर आओ," तुषार दोनों मग को उठाकर भीतर चला गया।

तहमीना लौट आयी और तुषार के पास बैठ गयी। तुषार ने एक मग उसकी ओर बढ़ा दिया। तहमीना चाय सिप करने लगी, "तुम भी पियो न ?"

"पीऊँगा, ठंडी होने दो न," तुषार उसकी तरफ देख मुस्कुराया भेद से। तुषार की आँखों की भाषा पढ़कर तहमीना शरमा गयी, और उसने गुस्से से तुषार की बाँहों में चिकोटी काटी।

"बाप रे ! क्या करती हो ?" तुषार ने कहा, फिर पूछा, "कल दिन में क्या करोगी ?"

"कल आफिस जाना है, चार बजे तक लौट आऊँगी।"

"ठीक है, कल शाम को तो मिलोगी न ?"

"धत्···," तहमीना शरमा गयी, "कल देखना मैं यहाँ रहूँगी ही नहीं, तुम आओगे तो लौट जाओगे।"

"अच्छा देखेंगे, अब तो रानी जी जो हम कहेंगे-चाहेंगे, वही करोगी, हमें सब पता है," तुषार शरारत से बोला, और उसके बालों में अपना मुँह छिपा लिया।

"बेशरम कहीं के !"

"अच्छा, अब चलूँ ?"

"इतनी जल्दी क्या है ?" तहमीना ने उसकी आँखों में झाँकते हुए कहा, "दूसरों की नींद हराम कर अब जाकर चैन की नींद सोओगे क्या ?"

"न, दिन में काम भी तो करना है न, कल ऑफिस डे है मैडम !"

"अच्छा, थोड़ी देर बैठो न, सच तुम चले जाओगे न, तो बहुत डर लगेगा,

तरह-तरह के विचार घेरे रहेंगे।"

"न, अब कुछ न सोचना, बस चुपचाप आँख बन्द कर सो जाना।"

"बोल तो ऐसे रहे हो जैसे ऐसा करना आसान है, नींद आयेगी तब न," तहमीना बोली फिर रुकी और तुषार के बटन से खेलती बोली, "सुनो तुषार, कभी हम पर मुसीबत आयी तो हमें सँभालने आओगे ?"

"हाँ, तुम्हें विश्वास नहीं ?" तुषार ने उँगली से उसके गाल पर रेखा खींचते बोला।

"है," तहमीना ने तुषार के होंठों पर उँगली रख दी, "ले जाकर कहाँ रखोगे ?"

"अपने घर, और कहाँ ?"

तहमीना तुषार के गले में बाँहें डालकर झूल गयी। तुषार ने दोनों हाथों से उसकी कमर को घेर लिया, और उसे जोर से भींच लिया।

"तुम कितने अच्छे हो तुषार," तहमीना ने उसके बालों को सहला दिया।

"अब मालूम पड़ा, क्यों ?"

"नहीं, पता तो पहले भी था," कहती तहमीना हँस दी, और तुषार ने उसके पेट में शरारत से गुदगुदी कर दी।

"ओ⋯, क्या करते हो ?"

तुषार भी हँस पड़ा।

"अच्छा अब चलता हूँ, गुड नाइट," तुषार उसके नजदीक आ गया, "जाते-जाते एक⋯"

"हिश्⋯बेशरम," तहमीना ने शरमाकर तुषार की छाती में मुँह गाड़ दिया। तुषार हँसता हुआ उठा और सेन्डिल पहनकर जाने लगा। तहमीना उसे छोड़ने बाहर तक आयी। रोड पूरी तरह सूनी थी। तुषार जीप स्टार्ट कर चला गया। तहमीना खड़ी होकर देखती रही, तभी सामने वाले घर से कक्का जीप की आवाज सुनकर बाहर आये। तहमीना ने जल्दी से दरवाजा लगा लिया। तुषार चला गया था, पर तहमीना को लगा वह अभी भी कमरे में है, उसकी खुशबू, उसकी बातें, उसके कहकहे। बिस्तर पर तहमीना लेट गयी थी पर उसे जरा भी नींद नहीं आयी। जिधर मुँह करती तुषार सामने होता।

शाम को तहमीना नीलिमा भाभी के घर रिंकू को लेकर चली गयी। दिन-भर उसका बहुत बेचैनी से कटा। तरह-तरह के विचार उसे सताते रहे थे। बार-बार एक ही विचार उसे तंग कर रहा था कि ओह, यह सब क्या हो गया है। जमशेद को पता चल गया तब ? वह समझ नहीं पा रही थी कि क्या करे। उसने सोच लिया था, तुषार से वह आज नहीं मिलेगी, अगर मिली भी तो उसे साफ-

साफ शब्दों में मना कर देगी कि यह सब ठीक नहीं है।

जब वह रिंकू को लेकर नीलिमा भाभी के घर गयी तो वह उसे देख आश्चर्य से बोली, "ओह! आजकल तुम रहती कहाँ हो? तुम्हारा पता नहीं रहता।"

"बस यूँ ही थोड़ा इधर बिज़ी थी," तहमीना ने कहा और सोफे पर बैठ गयी।

"बढ़िया साड़ी पहन रखी है, इसकी बढ़िया बॉर्डर है, तुम्हारी हाइट ऊँची है, इसलिए तुम पर काफी फब रही है," नीलिमा भाभी ने कपड़े तह करते हुए कहा, "इसके पापा साथ नहीं आये?"

"वह इन्दौर गये हैं, ऑफिस के काम से," तहमीना ने डरते-डरते कहा, जैसे चोरी करते कोई उसे रँगे हाथों पकड़ रहा हो।

"अरे तो तुम अकेली होगी, यहाँ आ जाओ," नीलिमा भाभी ने कहा।

"नहीं, डर तो नहीं लगता, फिर घर छोड़ आ भी नहीं सकती," कहते हुए तहमीना के माथे पर ढेर सारा पसीना उभर आया। रूमाल से पसीना पोंछते हुए वह थोड़ा सहज हुई और बात को बदलते हुए बोली, "माँ कहाँ हैं?"

"मन्दिर गयी हैं।"

"क्या पिओगी? रिंकू, तुम क्या लोगे?"

रिंकू झेंपता बैठा रहा, पता नहीं क्यों वह कभी नीलिमा भाभी से फ्री नहीं हो पाया था, क्योंकि वह उसे बात-बात पर टोकती थी। जो उसे पसंद नहीं था। जबकि नाहिद बाजी के घर जाता था तो आधे घंटे में ही सारा घर एक कर देता था। सब पता लगा लेता था, कौन-सी चीज़ कहाँ है, और क्या है।

थोड़ी देर में नीलिमा भाभी, फोन करने में और दूसरे कामों में व्यस्त हो गयी। तहमीना को वहाँ देर तक बैठना बोर-सा लगा। नीलिमा भाभी ने कुछ पीने की बात पूछी थी फिर भूल गयी थी। तहमीना ने घड़ी देखी, सात बज रहे थे, अब उसे जाना ही चाहिए। मन में घबराहट हो रही थी, आज भी तुषार आने वाला है।

"चलूँ भाभी।"

"अच्छा जाओगी, फिर आना।"

"हाँ," कहती तहमीना रिंकू का हाथ पकड़कर बाहर आ गयी। घर लौटकर उसने रिंकू को खाना खिलाया और खुद भी एक रोटी खायी जो मुश्किल से उससे खायी गयी, पर रिंकू के साथ खाना तो था ही। खाकर रिंकू सो गया और तहमीना पत्रिका लेकर बैठ गयी। उसका दिल बुरी तरह धड़क रहा था, हर आहट पर लगता तुषार आ गया है। कोई भी जीप सड़क से गुजरती, तहमीना सोचती, तुषार की गाड़ी है। लगभग नौ बजे बैल बजी, तहमीना उठकर दरवाज़ा खोलने गयी।

पीले रंग की आधी आस्तीन वाली स्वेटर और ब्लू रंग की फुल पैण्ट पहने तुषार खड़ा था, अपनी वही चिर-परिचित मुस्कान लिए।

"आज जीप नहीं लाये ?"

"नहीं, पैदल ही आना ठीक समझा।"

तुषार अन्दर आ गया। तहमीना ने दरवाजा लगा दिया। दोनों सोफे पर बैठ गये। तुषार तहमीना की घबराहट भाँप गया पर उसने कुछ पूछा नहीं।

"खाना खा चुकी हो ?"

"हाँ।"

"आज बड़ी मुश्किल हुई, कल दरअसल अजय के साथ एक ड्रामा देखने का प्रोग्राम था। तुम मिल गयीं तो मैं यहाँ आ गया। अजय घर आकर पूछ गया। आज सुबह वह आया और पूछने लगा—रात कहाँ गये थे ? मैंने कहा—वहीं जहाँ ड्रामा हो रहा था, तुम्हारे पीछे ही तो खड़ा था। उसने फिर कहा—अच्छा कहो ड्रामा कितने बजे खत्म हुआ ? मैंने कहा—बारह बजे, जबकि ड्रामा दस बजे खत्म हो गया था। अजय फिर कुछ कास करता रहा, पर मैंने उसे जल्दी से दूसरी बातों में लगा लिया। सच तहमीना, अजय बहुत अच्छा लड़का है, बहुत सीधा···बस पढ़ने से ही मतलब रखना है।" तुषार ने एक बाँह से उसे घेरते हुए कहा, "तो देखो तुम्हारे कारण मुझे कितना झूठ बोलना पड़ रहा है।"

"हूँ, तो कौन कहता है तुम्हें यहाँ आने, और झूठ कहने के लिए ? मैंने क्या तुम्हें यहाँ बुलाया है ?" तहमीना ने कहा।

"हाँ, बुलाया था।"

"हाय, मैंने कब बुलाया था ?" तहमीना की बड़ी-बड़ी आँखें चौड़ी हो गयीं।

"तुमने नहीं बुलाया था, तुम्हारे मन ने तो बुलाया था।"

"धत्···बेशरम," कहती तहमीना लजा गयी।

"अच्छा, अब पास सरक आओ, इतनी दूर क्यों बैठी हो ?"

"न···न," तुषार, अब यह सब नहीं, सच आज हम दिन-भर बहुत परेशान थे, दिन-भर आवारा से भटकते रहे, तुम हमारी परेशानी समझो न।"

"वह तुम्हारे चेहरे ने ही कह दी थी। पागलपन छोड़ो और सीधी हमारी तरफ खिसक आओ," तुषार ने जोर से कहा।

"नहीं···नहीं···," तहमीना पीछे सरकती बोली।

"अरे," कहता तुषार उसके पास खिसक आया और उसपर झुक गया।

"सोचो तुषार, लोगों को मालूम होगा तो वह क्या सोचेंगे ? खुद मेरे स्टाफ के लोगों को मालूम होगा तो क्या कहेंगे, मैडम दूसरों को तो सीख देती हैं, डाँटती हैं, और खुद ?" तहमीना ने रोते हुए कहा, "तुम कुछ बोलो न !"

"तुम पहले कह लो, मन को हलका कर लो, फिर मैं कहूँगा," तुषार लेट गया

ग्रौर ग्रपने वक्ष पर तहमीना के सर को रख थपथपाता बोला, "सुनो तहमीना, तुम इन छोटे-छोटे लोगों से ग्रपनी तुलना करती हो ? मुझे इतना छोटा समझती हो, तुम्हें मुझ पर विश्वास नहीं न ?"

"नहीं, ऐसी बात नहीं, पर यह सब ठीक नहीं है तुषार," तहमीना ने ग्राँसू पोंछते हुए कहा, "तुषार, पुरुष कभी झूठी थाली में भोजन नहीं करता, तुम क्यों कर रहे हो ? तुम पुरुष हो,.ऐसा मत करो, मेरा यह झूठा शरीर लेकर क्या करोगे ?"

"तुम जैसी हो मुझे स्वीकार हो, तुम पवित्र हो मैं जानता हूँ । तुम सोना हो, सोने को ग्राग में डालने पर वह काला नहीं पड़ता ग्रौर चमकता है, ग्रौर तुमने जो सहा है, भोगा है, उससे तुम ग्रौर निखर गयी हो," तुषार उसकी पीठ सहलाता बोला, "यह ग्रलग बात है कि मैं तुम्हें परेशान ग्रौर दुखी नहीं देख सकता, कहो तो मैं चला जाऊँ ?"

"नहीं, मैंने तुम्हें जाने को तो नहीं कहा न," तहमीना ने तुषार का हाथ पकड़कर बैठा लिया ।

"बैठकर क्या करूँगा, तुम्हें तो मुझपर विश्वास नहीं ।"

"ग्रच्छा, तुम मुझे समझा नहीं सकते ? मना नहीं सकते ? मुझे विश्वास दिला दो," तहमीना ने तुषार के वक्ष में मुँह छिपाते हुए कहा ।

तुषार कुछ नहीं बोला । बस उसे स्नेह से निहारता रहा ग्रौर दोनों बाँहों में उसे समेट लिया । वह भी इस बार इंकार न कर पायी । उसने इस बार तहमीना की साड़ी को खींच दिया, ग्रौर खोलकर ग्रलग फेंक दिया, ग्रब उसके हाथ ब्लाऊज की ग्रोर बढ़े ।

"क्या करते हो ?" तहमीना घबरा गयी, "तुम क्या कर रहे हो ?"

"फिर वही···? टोकोगी न, तो फिर मैं चला जाऊँगा, फिर नहीं ग्राऊँगा, सीधे से ग्रपने ग्रापको मेरे हवाले कर दो ।"

"देखो, तुम क्या बोल रहे हो," तहमीना रूठ गयी, "इस तरह तुम सस्तेपन से बातें करोगे तो ठीक नहीं होगा, तुम मेरे नेचर को जानते हो, मुझे सस्ती बातें एकदम पसन्द नहीं हैं ।"

"ग्रच्छा बाबा सौरी," तुषार ने जोर से उसे ग्रपनी बाँहों में बाँध लिया था, वह छूटने के लिए छटपटायी पर बंधन इतना सख्त था कि वह खोल नहीं पायी, ग्रौर हारकर वह तुषार से लिपट गयी । उसकी साँस धौंकनी-सी चल रही थी । हाँफते-हाँफते वह थक गयी, "ग्रोह ! पानी दो तुषार, पानी, मेरा गला सूख रहा है, तुम बहुत थका देते हो ।"

तुषार उसे वैसे ही छोड़कर पानी के लिए भागा, पानी पीकर वह स्वस्थ हुई ग्रौर उसने तुषार की ग्राँख बचाते हुए ग्रपनी साड़ी खींची, पर तुषार भी ताक में

था, उसने झट से उसकी साड़ी को दूर फेंक दिया।

"क्या करते हो, मेरी साड़ी खराब हो जायेगी।"

"होने दो, दो पैसे की साड़ी है।"

"अच्छा, यह दो पैसे की है?"

"हाँ," कहता तुषार उससे लिपट गया और उसके होंठों पर अपने होंठ रख दिये। तहमीना के सारे शरीर में जैसे किसी ने जलता सीसा उंडेल दिया। तहमीना के हाथ तुषार की बाँहों पर कसते गये ··कसते गये।

तूफान की तेजी थमी तो तहमीना तुषार से अलग खिसक गयी और दोनों हाथों में अपना मुँह छुपाकर फफक पड़ी। तहमीना ने अपने नंगे शरीर पर शॉल डाल लिया था। तुषार दीवार से टिका उसे एकटक देखता रहा। लाइट आज शाम से ही चली गयी थी इसलिए किताबों के रैक के पास बस एक मोमबत्ती जल रही थी। मोमबत्ती भी जलते-जलते रह-रहकर काँप जाती थी, भयभीत तहमीना-सी। तहमीना समझ नहीं पा रही थी, अचानक और कैसे उसके जीवन में यह मोड़ आ गया है। भविष्य के प्रति, अपने प्रति भयभीत थी। पता नहीं यह तूफान जो उसे बहाकर ले जा रहा है अपने साथ वह उसे कहाँ तक ले जायेगा, ले जायेगा भी या किसी अनजान किनारे तन्हा छोड़ जायेगा, या तूफान से लड़ते वह खुद दम न तोड़ दे।

"मत रोओ तहमीना, तुम रोती हो तो मुझे अच्छा नहीं लगता," तुषार ने उसे अपनी ओर खींचा, "मेरा विश्वास नहीं तुम्हें, बोलो?"

"क्या कहूँ तुषार, मेरी कुछ समझ में नहीं आता, बस मैं इतना जानती हूँ हम जिसकी ओर बढ़ रहे हैं वह पाप का रास्ता है," तहमीना तुषार की गोद में गिर पड़ी। तुषार ने उसे दोनों बाँहों में बच्चे की तरह समेट लिया।

"तहमीना, मैं बहुत बड़ा लेखक, या नेता नहीं हूँ जो तुम्हें अच्छे से अपनी बात समझा सकूँ, पर हाँ तुम मेरी बात सुनो और उसे समझने की कोशिश करो, हो सकता है उससे तुम्हारा दुखी मन कुछ देर के लिए शांत हो जाये। पर शर्त यह है कि अब तुम अपने आँसू पोंछ लो, और ठीक से बैठ जाओ।"

"बोलो, मैं ठीक हूँ," कहती तहमीना उठी और अपने बिखरे बालों को ठीक करती उठी और फ्रेश होने बाथरूम चली गयी।

लौटी तो तहमीना ने कपड़े पहन लिए थे, बाल भी सँवार लिए थे और उसके दोनों हाथों में दो मग थे चाय के।

"थैंक्यू, तुमने बिना कहे चाय बना ली, मैं कहने ही वाला था पर नहीं कह पाया था," तुषार ने उसके हाथ से मग ले लिया, "अब बैठो यहाँ मेरे पास।"

तहमीना पलंग पर दीवार से टिककर बैठ गयी। मोमबत्ती जलते-जलते

छोटी हो गयी थी। मोमबत्ती का मद्धिम-सा उजाला कमरे में फैला था, जो उसे अच्छा लग रहा था।

"बोलो न, क्या बोलने वाले थे," तहमीना ने बेचैनी से कहा।

"हाँ, देखो तहमीना, मेरी बात को तुम समझो," तुषार ने चाय का घूंट भरते हुए कहा, "जिन्दगी जो है न तहमीना वह एक नौटंकी है। तुमने कठपुतली वाली नौटंकी देखी होगी। हर पात्र हंसता है, गाता है, नाचता है। आप और तू से बात करता है। प्रेम करता है, प्रेमिका से बातें करता है, शराब पीकर मदहोश होता है और फिर कठपुतली की मात भी होती है। कठपुतली का पुनर्जन्म भी होता है। यही कठपुतली तरह-तरह की वेशभूषा बदले फिर से स्टेज पर आ जाती है। तुम्हें और मुझे परदे पर होते कठपुतली के सारे क्रियाकलाप स्वाभाविक और मनोरंजक लगते हैं। स्टेज की तेज रोशनी में अगर तुम आँखें गड़ाकर देखो तो देखोगी कि हर पात्र के गले-हाथ-पाँव और कमर में डोरी बँधी हुई है, जिसका दूसरा सिरा नचाने वाले के हाथ में होता है···सूत्रधार के हाथ में होता है। कठपुतली का दर्द या तो स्वयं कठपुतली समझ सकती है बशर्ते उसमें जीवन संचारित हो जाये या फिर वह समझ सकते हैं जो भावुक मन वाले लेखक, ऐसी ही कठपुतली की सच कहानी तुम्हें सुनाता हूँ, सुनोगी ?"

"हाँ बोलो न, तुम बोलते जाओ मैं सुन रही हूँ," तहमीना तुषार की बाँह में अपना चेहरा गड़ाते हुए प्यार से बोली, "तुम बहुत अच्छा बोलते हो तुषार।"

"अच्छा," तुषार ने मग किनारे रख दिया और तहमीना के खुले बालों से खेलते हुए बोला, "यहाँ से चौवालीस मील दूर जो कस्बा है, उसका मोटर स्टैण्ड तो तुमने अनेकों बार देखा होगा। आते-जाते वक्त जब स्टैण्ड में बस प्रवेश करती है तो दाहिनी ओर के पहले नंबर के एक गंदे से होटल की ओर भी तुम्हारी निगाह चाहे-अनचाहे अवश्य गयी होगी। एक बीमार-सी नौ-दस साल की लड़की तीन दिन से भूखी थी। न माँ, न बाप। सिर के ऊपर न छत, न हाथ। बेबस। एक पेड़ के नीचे बैठी थी। कितनी ही बसें आ रही हैं, जा रही हैं। कितने ही चेहरे उतर-चढ़ रहे हैं, खिले-अधखिले या मुर्झाए चेहरे और इन सब चेहरों की झुरमुट में बेबस, भूखी, अनाथ, अपंग वह बच्ची। तुम जानती हो, बस स्टैण्ड में चारों ओर जलपानगृह हैं जिसे भी भूख लगे उसकी भूख मिटाने के लिए। लेकिन क्या सचमुच हर वह व्यक्ति, जिसे भूख लगी है, वह अपनी भूख इन होटलों में बुझा सकता है ? नहीं। इसके लिए माध्यम चाहिए तहमीना। कहते हैं असभ्यता के जमाने में यह माध्यम था चीजों की चीजों से बदलाहट। मेरे पास एक अच्छी-सी गाय है जो बेकार है और तुम्हारे पास घोड़ा है जो तुम्हारे लिए अनुपयोगी है। सौदा पट जाये तो गाय और घोड़े की बदलाहट हो जाती थी। मगर जब आदमी सभ्यता का दावा करने लगा, तो इस बदलाहट के लिए

उसने एक मुखौटा बनाया। यह मुखौटा था, चाँदी और सोने की चमकती धातु का। धीरे-धीरे यह नाचीज-सी नाकारा-सी, अपने आप में इतनी ताकतवर बन गयी, इससे हमारे और तुम्हारे जैसे लोगों की ही बोली लगा दी। हमारे और तुम्हारे भी भाव तय कर दिये और इसी की शिकार तुम। तुम्हारा मन हो गया है, क्या नहीं?" तुषार उसके पास खिसक आया।

"एई, सीधे बैठो," तहमीना ने उसके होंटों पर अपनी उँगली रख दी, "तुषार, तुम ठीक कह रहे हो, पर जब हमने खुद से अपने को बंधन में जकड़ लिया है तो उन्हें खोलने में समय लगेगा न?"

"गलत, बंधन खोलने में कोई समय नहीं लगता तहमीना; बस अपने को तैयार कर लो, अपने आप बंधन खुल जायेंगे," तुषार कहते हुए उसे अपनी बाँहों में समेटता बोला, "अच्छा अब इधर खिसक आओ, तुम्हें ठंड नहीं लग रही?"

"लग रही है, पर तुम से डर जो लगता है," तहमीना ने सहमते हुए कहा, "तुम बदमाशी पर उतर आते हो।"

"हूँ," तुषार एकदम उसके ऊपर झुक आया और उसकी आँखों में गहराई से झाँकता बोला, "तो मेरे इतनी देर के भाषण का मेम साहब पर कोई असर नहीं हुआ?"

"हुआ न···! न, छोड़ो, बस तुम बोलते जाओ मैं सुनती रहूँगी," तहमीना ने अपनी बाँहों पर कसते तुषार के हाथों को अलग करते हुए कहा।

"फिर वही हरकत, कहे देता हूँ, मार खा जाओगी," तुषार ने उसे अपने आलिंगन में बाँधते हुए धमकाया।

"बाबा तुम···" तहमीना ने तुषार की नंगी छाती को सहलाते हुए कहा, "तुमने मुझे धोखा दिया तो?"

"देखो तहमीना, हम लोग भावुकता की उम्र पार कर मिले हैं, छूटने या बिछुड़ने की बात अब उठती ही नहीं, तुम बेकार में शक पाले हो।" तुषार ने उसके चेहरे के बालों को ठीक करते हुए उसके माथे पर अपने होंठ रख दिये।

"शक की बात नहीं तुषार, हम किसी से साफ मन से मिल नहीं पाते, किसी के घर नहीं जाते, हमेशा यह भय सताये रहता है, कहीं कोई हमारी आँखों से तुमको न पढ़ ले, जान न ले। जमशेद से भी डर लगता है और···सबसे ज्यादा तुमसे। कभी तुम हमसे दूर चले गये तो बोलो हम कैसे जी पायेंगे?" तहमीना ने कुछ सोचते हुए कहा, "अच्छा तुषार, कभी तुम कहीं बाहर जाओ तो हमें पत्र लिखोगे न?"

"जब हर चीज़ एक हो जाए तो शब्द की जरूरत एक दुराव होती है तहमीना।"

"न, तुम टाल रहे हो, शब्दों में अपने को बाँधना नहीं चाहते न? पता

नहीं तुम्हारे साथ कैसी स्थिति है, मेरे साथ तो अक्सर यह होता है कि मुँह से ज्यादा नहीं बोल पाते पर लिखते वक्त मन की एक-एक गाँठ खुलती जाती है, पता है हम खूब लम्बे-लम्बे पत्र लिखते हैं।"

"अच्छा, सुनो जरा, किस-किस को पत्र लिखती हो ?" तुषार ने शैतानी से भर कर पूछा।

"धत्," तहमीना शरमा गयी, "बेशरम, भला हम और किसे पत्र लिखेंगे, अपनी दोस्तों को लिखते हैं और क्या ?"

"अरे, तो मैं क्या कह रहा हूँ ?"

"हूँ, चिढ़ा नहीं रहे ··?" तहमीना अभी बोल भी नहीं पाई थी कि तुषार ने अपने होंठों से उसके होंठ बन्द कर लिये और वह कसमसा कर रह गयी।

तहमीना साड़ियों को तह कर रही थी कि उसे लगा बाहर कोई आया है। आहट से वह जान गयी कि विपुल है, वह एकदम पलटी, उसका चेहरा खिल-सा गया, "आओ विपुल, कहो कब लौटे ?"

"आये हुए तो दो दिन हो चुके, पर यहाँ नहीं आ पाया था, आजकल घर में शादी-वादी का चक्कर भी चल रहा है न, माँ बहन के साथ मुझे भी बाँधना चाहती है, याने इस हाथ लड़की दिये उस हाथ लड़की लिए।"

"अच्छा," तहमीना को आश्चर्य हुआ, "मगर अभी तो तुम नौकरी में भी नहीं लगे हो।"

"माँ का कहना है कि बातचीत करने में भी तो टाइम लग जाएगा। पर पता है दीदी शादी के बारे में मेरे अपने विचार क्या हैं ? हम लोग गवर्नमेण्ट सर्वेण्ट के बच्चे हैं, याने बचपन से ही जानते हैं कि बीस तारीख के बाद घर में लाल झंडी दिखा दी जाती है कि आगे खतरा है बढ़ना ठीक नहीं। इसलिए मुझे जब शादी करनी होगी तो मैं गवर्नमेंट सर्वेंट के घर से ही रिश्ता करूँगा। मान लीजिए घर में शक्कर खत्म हो गयी तो कम से कम वह चिल्लाएगी तो नहीं, अरे शक्कर नहीं है, हाय शक्कर खत्म हो गयी। जबकि बिज़नेस क्लास की लड़की होगी तो वह चिल्लाना शुरू कर देगी, क्योंकि उसके लिए तो यह अनहोनी बात होगी। उनके पूज्य डैडी के घर का भण्डार सदा भरा रहता है और वह खाली कनस्तर देखने की आदी नहीं होती न।"

तहमीना मुग्ध होकर विपुल को देखने लगी, वास्तव में कितनी सच बात कही थी उसने, इतनी गहराई से तो कभी खुद उसने भी नहीं सोचा था।

"लेकिन तुम हर लड़की के बारे में एक-सी राय कैसे कायम कर सकते हो, सब एक-सी तो नहीं होतीं।"

"ठीक है, मैं कब कह रहा हूँ कि सारी लड़कियाँ एक-सी होती हैं, मेरे कहने

का मतलब यह है कि बचपन से हम जिस वातावरण में, संस्कार में पलकर बढ़ते हैं, उसी में अपने को ठीक ढंग से फिट पाते हैं। वैसे भी लड़की को नये वातावरण में अपने को एडजस्ट करने में समय लग जाता है न !"

"हाँ, यह तुमने ठीक कहा विपुल," तहमीना ने अचानक उदास होते कहा, "औरत की जिन्दगी उस पौधे की तरह है जिसे एक जगह से उखाड़कर नई जगह लगाया जाता है। नई ज़मीन में अपनी जड़ें जमाने में उसे उतना ही समय लगेगा न, यदि उसी प्रकार का वातावरण, पानी और पर्याप्त खाद नहीं मिला तो हो सकता है वह नयी जगह लग ही न पाये, और सूख जायेगा। कभी तुमने देखा होगा, हम लोग बड़े शौक से एक जगह से उखाड़ कर पौधा दूसरी जगह लगा देते हैं, पर वह नयी जगह में नहीं लग पाता और सूख जाता है न ?"

"हाँ दीदी, तुमने ठीक कहा," विपुल उसे निहारते बोला, "तुमने जो कहा, वह भी सच है, और मैंने जो कहा वह भी सच है, दोनों की बातें पूर्ण सत्यता लिये हुए हैं। तुमने बड़ी ही अच्छी बात कही दीदी, इसे मैं जीवन-भर याद रखूंगा, और जब भी नया पौधा लगाऊँगा उसे उचित जमीन, पानी और खाद दूंगा ताकि वह कभी न मुर्झाए, सदा हरा-भरा रहे।"

"देना तो चाहिए, यह उसका हक है विपुल," तहमीना की आँख की कोरें चमक उठीं पर उसने चालाकी से अपने आप पर काबू पा लिया और हँस दी, अपने से छोटों के सामने धैर्य खोना बुरी बात होती है।

"दीदी, कभी-कभी ऐसा होता है न, हम जिसे मुर्झाया पौधा समझते हैं, वही बरसात में फिर उगता है, उसमें नयी कोंपलें फूट जाती हैं, क्या तुमने नहीं देखा ?" विपुल ने तहमीना को झूठा करार देने की कोशिश की।

"तुम भूलते हो विपुल, तुमने देखा होगा जो पौधे मुर्झाते हैं, और बरसात में पानी मिलने पर खिल जाते हैं वह आम पौधे होते हैं, सस्ते पौधे होते हैं, पर जो नाजुक और ऊँची किस्म की जात वाले पौधे होते हैं वह एक बार मुर्झाते हैं तो वह दुबारा नहीं जी पाते। उसी तरह हर औरत अपने को नये वातावरण में फिट नहीं कर पाती। मन की मृत्यु एक बार हो जाती है न, फिर वह दोबारा नहीं जी पाता।"

विपुल हैरान-सा तहमीना को देखने लगा। थोड़ी देर दोनों चुप रहे। दीवार पर एक बर्रा मक्खी, मुँह में चिकनी मिट्टी का गोला दबाये ला रही थी, और दीवार में बड़े सुन्दर ढंग से घर बना रही थी।

"दीदी," विपुल सहमा-सा बोला, "एक बात कई दिनों से पूछना चाहता था, क्या पूछ लूं, आप बुरा तो नहीं मानेंगी न ?"

"पूछो, बुरा क्यों मानूंगी ?" तहमीना ने मन ही मन सहमते हुए कहा, उसे डर लग रहा था, पता नहीं विपुल क्या बात पूछेगा ?

"दीदी, मैं जब बाहर गया था न, वहाँ बहुत विचित्र बात सुनने को मिली। मुझे तो विश्वास नहीं हुआ, गुस्से में आकर मैंने उस दोस्त को गाली भी दे दी थी, पर उसने जितने विश्वास से बात कही, उससे इंकार करने को जी नहीं चाहता।"

"क्या बात है बताओ···?"

"देखिए दीदी, आपको फील होगा।"

"अँह," तहमीना हँस दी, "विपुल, तुम्हारी दीदी अब इतनी पक्की हो गयी है कि उस पर बातों का असर नहीं होता। दुनिया में जितना देखना था उतना देख लिया, सह लिया, उससे अधिक कठोर बात तो तुम्हारी होगी नहीं न, बोलो क्या बात है ? अपने मन से यह धारणा निकाल दो कि मुझे कष्ट होगा, दुःख होगा।"

"वह आपके और तुषार बाबू के सम्बन्ध में बात थी। उसने बताया कि आपकी तुषार बाबू से बहुत पुरानी पहचान है, शायद आपकी शादी के भी पहले," विपुल नीचे देखता बोला, "और भी बुरी बात कही उसने।"

"अच्छा," तहमीना का दिल धक् से हो गया, उसका चेहरा फक पड़ गया। "तुषार बाबू को लेकर बात उड़ाते हैं, कितने लुच्चे हैं लोग! और शादी के पहले से दोस्ती ? तुम तो जानते हो मेरी शादी कितनी कम उम्र में हुई, तब मुझे कपड़े पहनने का भी शऊर नहीं था, तब मैं क्या प्रेम करती ?"

"मैं सब जानता हूँ दीदी, इसलिए अंत में उस दोस्त से मेरी गाली-गलौज हो गयी।"

'हूँ, और बुरी बात क्या कही उसने ?" तहमीना ने पूछा।

"रहने दीजिए, आप सुन नहीं पाएँगी," विपुल सहमता हुआ बोला।

'नहीं, अब तुम्हें बताना पड़ेगा विपुल," तहमीना भड़क गयी। "मुझे कष्ट होगा यह बात तुम्हें बात शुरू करने के पहले सोचना चाहिए था, अब कह गये हो तो आगे भी कहो; बस यह याद रखो, तुम्हारी दीदी में हर बात को सुनने की शक्ति है, जिस दिन नहीं होगी, उस दिन वह दुनिया में ही नहीं रहेगी। अब बोलो क्या बात है ?"

"वह दीदी···" विपुल परेशान-सा हो उठा और खिड़की के पास जाकर खड़ा हो गया, तहमीना की तरफ उसकी पीठ थी, "दीदी, वह कह रहा था कि रिंकू भी तुषार जी का बेटा है।"

"क्या !" तहमीना को जैसे किसी ने ऊँची छत से नीचे ढकेल दिया हो, "[illegible] सच वह ऐसा कह रहा था ?"

"हाँ दीदी," विपुल परेशान-सा वापस आकर कुर्सी पर बैठ गया।

तहमीना का चेहरा सफेद पड़ गया था, जैसे किसी ने एक बार में ही सारा खून निचोड़ लिया हो। वह अपने को अचानक बहुत कमजोर पा रही थी। उसने

डबडबाई ग्राँखों को हाथों से पोंछते हुए विपुल को देखा, "विपुल, विश्वास करो यह बात गलत है, झूठी है, यह ऐमी बात है जिसे मैं जितना इन्कार करूँ लोग उतना ही इसे सच मानेंगे, पर तुम विश्वास करो तुम्हारी सौगन्ध रिंकू, जमशेद का ही बेटा है।"

"दीदी," विपुल दुखी हो उठा, "ईश्वर के लिए सौगन्ध मत खाग्रो, यह झूठ बात है, मैं ग्रापका विश्वास करता हूँ. मुझे इतना नीच मत समझो दीदी। मैंने कभी ईश्वर को नहीं माना, पर तुम्हें ग्रौर माँ को उतना ही प्रेम किया है जितना लोग भगवान को करते हैं। तुम्हें ग्राज मेरे सामने सौगन्ध खानी पड़ रही है, इससे नीच हरकत दुनिया की ग्रौर क्या होगी ? तुम मान नहीं रही थीं, इसलिए कहना पड़ा, वरना मैं कभी नहीं कहता, इस बात को मैं मन में ही रखता, चाहे मुझे खुद को कितना न घुटना होता।"

"विपुल, यह बात सुनकर ग्राज मेरी ग्रात्मा दुख गयी थी, ग्रच्छा हुग्रा ग्राज रिंकू छोटा है, तब दुनिया ने यह बात कही, ग्रगर यह कल बड़ा हो जाता ग्रौर लोग तब यह बात करते ग्रौर वह मुझसे ग्राकर यह प्रश्न करता कि मम्मी सच कहो, मेरे पापा कौन हैं ? तो सोचो मेरे लिए, एक ग्रौरत के लिए, वह कितना कठिन, कठोर समय होता ? सच है, विपुल, हर युग में ग्रौरत को ग्रग्नि-परीक्षा देनी होती है। दुनिया जब किसी को कुछ नहीं दे सकती, बदनामियाँ देकर ही ग्रपना दामन झाड़ लेती है। ग्राज मैं क्योंकि बाहर काम कर रही हूँ, मेरा बाहर नाम है, तब यह लोग मेरे बारे में उल्टी-सीधी ग्रफवाहें उड़ा रहे हैं, पर यह दुनिया ग्रौर उसके लोग तब कहाँ गये थे जब एक मासूम लड़की का उसकी ग्रपनी माँ, एक बड़े उम्र वाले ग्रादमी के साथ सौदा कर रही थी ग्रपने ही सुखों की खातिर ? बोलो, तब यह लोग कहाँ गये थे ? जब मैंने घुट-घुटकर एक-एक पल बिताया था ग्रौर क्या ग्राज मुझे ग्रपने मन से जीने का हक नहीं ? सिर्फ इसलिए कि मैं एक ग्रच्छे ऊँचे पद पर काम करती हूँ, लोगों में मेरा नाम है, क्या इसलिए मैं एक ग्राम ग्रौरत होकर जी नहीं सकती ?"

विपुल चुप रहा।

"बोलो तुम चुप क्यों हो ?" कहते तहमीना रो पड़ी ग्रौर काफी देर तक रोती रही। विपुल चुप थका-सा बैठा रहा। काफी रो लेने के बाद जब तहमीना का मन थोड़ा बंधा तो उसने सर उठाया ग्रौर लाल-लाल ग्राँखें लिये विपुल को देखती रही फिर बोली, "एक बात कहना चाहती हूँ विपुल !"

"हूँ, बोलो दीदी," विपुल ने झिझकते हुए गला साफ किया।

"रिंकू वाली बात झूठी है, उसमें राई बराबर सत्यता नहीं, पर ग्रगर मेरे ग्रागे तुषार से सम्बन्ध हो जाएँ, तो तुम इसे किस ढंग से लोगे ?"

"मैं समझा नहीं दीदी," विपुल भौचक्का होता बोला।

"यही कि तुम मुझे बदचलन समझोगे क्या ?"

"नहीं···मैं तो यही कहूँगा कि दीदी ने देर से सही, पर सही कदम उठाया है। अब मेरी दीदी घुट-घुटकर नहीं मरेगी, अब उसने भी खुली हवा में साँस लेना सीख लिया है।"

"नहीं, घुटना तो मुझे हर हालत में है, हम पैदा ही इसलिए हुए हैं, बस यही है कि पल-भर को हँस लेंगे और क्या।"

विपुल उसे हैरान, भौचक्का-सा घूरता रहा। विपुल समझ गया चाहे रिंकू वाली बात गलत हो, पर तुषार वाली बात कुछ हद तक सही है।

"विपुल, तुम जानते हो कि पगडंडियाँ पल-भर साथ चलकर वीराने में खो जाती हैं। आदमी यह जानता है कि यह आगे गुम हो जायेगी, तब भी उस पर चलता है। मनुष्य का मन भी क्या होता है न ? मेरे जीवन में कष्ट ही कष्ट हैं विपुल, कहीं छाँव नहीं, पर नहीं मैं थकूँगी नहीं, मुझे चलना है, चलती रहूँगी," तहमीना की कोरें फिर भीग गयीं।

"दीदी, मैंने बेकार की बातें करके आपको दुखी कर दिया न ?"

"न, ऐसा मत सोचो विपुल, यह दुखड़ा तो अंत तक साथ रहेगा," तहमीना आँखें पोंछते हुए उठ गयी, "जानते हो चिंता और चिता में बस एक बिन्दी का, छोटे से नन्हे शब्द का ही अन्तर है।"

"दीदी···" विपुल भयभीत-सा हो उठा, "ऐसा मत सोचो दीदी।"

"अब तुम जाओ विपुल," तहमीना ने घड़ी देखी, "समय अधिक हो गया है। तुम जीवन में कुछ करो, मेरे दुखड़े को लेकर कब तक रोते रहोगे भाई ?"

विपुल उठा, तहमीना उसे छोड़ने बाहर तक आयी। अँधेरा काफी हो गया था, विपुल नमस्ते कर आगे बढ़ गया। तहमीना अभी भी अँधेरे में खड़ी रही, तभी दूर जाकर विपुल लौट आया। तहमीना को आश्चर्य-सा हुआ।

"दीदी, एक बात कहनी थी।"

"कहो।"

"नहीं, कुछ कहना नहीं था, बस लौटकर फिर एक बार आपको देखने की इच्छा हुई, आपने जो बात कही उसने मुझे भीतर से बहुत भयभीत कर दिया है।"

"पागल," तहमीना फीकी हँसी हँस दी, "आगे बढ़ना अकलमंदी है विपुल, और पीछे लौटना मूर्खता। जाओ अब, इस बार लौटे तो देखो···हाँ।"

तहमीना की बात पर विपुल चला गया। तहमीना अंधेरे में खड़ी हँसती रही और वहीं खड़ी रिंकू का रास्ता देखने लगी। रोज शाम रिंकू ट्यूशन पढ़ने जाता था, अब लौटने का समय हो गया है। जिम्मेदारियाँ भी क्या चीज होती हैं, इन्सान को किस बुरी तरह बाँधे रखती हैं, जकड़े रहती हैं। सब कुछ रहते

हुए, समझते हुए भी आदमी जीने के लिए मजबूर है। इन्सान से बढ़कर मजबूर, शायद दुनिया में दूसरा प्राणी नहीं है। नासमझ इन्सान बहुत कुछ कर गुजरते हैं, पर समझदार आदमी कुछ नहीं कर पाता। अधिक समझदार होना भी कितना मुश्किल हो जाता है, खुद अपने-आपको वह जंजीरों में जकड़ लेता है।

दूर से रिंकू बाक्स लिए आता हुआ दीखा। तहमीना आगे बढ़ गयी और रिंकू के हाथ से बाक्स ले लिया।

"पढ़ आए बेटे?" तहमीना ने एकदम शान्त शब्दों में पूछा जैसे कुछ हुआ ही नहीं, न आगे न पीछे। उसी तरह जिस तरह ड्यूटी पर तैनात सिपाही को सिर्फ अपना फर्ज याद रहता है और कुछ नहीं।

"हाँ मम्मी," रिंकू आगे बढ़ता हुआ बोला।

तहमीना ने रिंकू का हाथ पकड़ लिया और दोनों अन्दर लौट आये।

सुबह अभी वह ठीक से फ्रेश भी नहीं हो पायी थी, आलस और रात की खुमारी अभी तक ज्यों-की-त्यों आंखों में थी कि बाहर से बेल बजी। तहमीना झट उठकर आगे बढ़ी।

दरवाजा खुलते ही सामने तुषार को देख वह भौचक्की-सी रह गयी। सकुचा कर वह दरवाजे के सामने से हट गयी। तुषार उसकी परेशानी भाँपकर शरारत से मुस्कुराया और अन्दर आ गया। देर से उठने के कारण और आलस-भरे खुमार के कारण अभी तक उसने कमरा साफ नहीं किया था। बस पलंग पर बिछी चादर ही बदल पायी थी। बदली हुई बेड शीट को देख तुषार उसे कनखियों से देख मुस्कुराया और तहमीना लाज से गड़ गयी। उसका मुँह तप-सा गया और उसने सर झुका लिया।

अपने गीले बालों को पीठ पर से सामने करते हुए तथा बालों की आड़ में अपना मुँह छुपाते हुए वह धीरे से बोली, "अभी क्यों आये हो?"

"वाह, तो मेरे आने पर समय की पाबंदी है क्या? लो तो मैं उठकर चला जाता हूँ।"

"अरे," तहमीना घबरा गयी, "मैंने जाने को तो कहा नहीं तुमसे।"

"पर बैठने को भी तो नहीं कहा न, मैं तो जबर्दस्ती अंदर घुस आया हूँ," तुषार तहमीना की घबराहट का मजा लेते हुए बोला।

"तुम कोई गैर हो, जो तुम्हें बैठने को कहना पड़ेगा, अन्दर आने को कहना पड़ेगा, तुम्हारा क्या यह घर नहीं है?"

"लो अभी थोड़ी देर पहले क्या कह रही थीं, और अब क्या कह रही हो! यह औरत जात बड़ी अजीब होती है।"

"क्या बोले?"

"कुछ नहीं," बोलता तुषार उसके पास आया, "अच्छा सुनो, मैं आज दोपहर को बाहर जा रहा हूँ, दो दिन के लिए।"

"क्यों…?" तहमीना का मुँह उतर-सा गया, "तुम जा रहे हो, जमशेद भी नहीं हैं, बोलो मैं अकेले कैसे रह पाऊँगी ?"

"अच्छा, पहले कैसे रहती थीं ? कोई पहली बार तो जमशेद गये नहीं हैं बाहर।"

"तब की बात और थी, अब तुम्हारे बिना कैसे रहा जायेगा," तहमीना के माथे पर पसीना आ गया, "क्या जाना जरूरी है ?"

"हाँ, एकदम जरूरी है तहमीना, वरना मुश्किल हो जायेगी। एक केस हो गया है, जिसकी जाँच के लिए मुझे जाना जरूरी है," तुषार तहमीना का परेशान-सा चेहरा निहारता बोला, "अच्छा तुम साथ चलोगी ? चलो घूम आयेंगे। तुम भी यहाँ बोर नहीं होगी, और मेरा भी काम हो जायेगा।"

"मैं…?" तहमीना घबरा गयी, "मगर लोग क्या सोचेंगे ? जमशेद को पता चलेगा तब ?"

"उन्हें कौन बतायेगा ? रही लोगों की बात तो तुम्हें वहाँ कौन जानता है, और यहाँ किसे पता चलेगा कि तुम बाहर गयी हो ? जमशेद के आने में भी तो अभी समय है।"

"तब भी डर लगता है तुषार, दुनिया बहुत जालिम है। वैसे ही लोग तरह-तरह की बातें करने लगे हैं, कहीं ऐसा न हो कि पल-भर की हँसी, जिंदगी-भर का रोना बन जाये।"

"तुम भी तहमीना… पागल हो, चलो न घूम आयें," तुषार ने तसल्ली-भरा हाथ उसके हाथ पर टिका दिया।

"मगर तुम्हारे डिपार्टमेंट के लोग क्या सोचेंगे ?" तहमीना ने झिझकते हुए पूछा।

"यही कि या तो तुम मेरी रिश्तेदार हो या दोस्त। और सोचेंगे तो सोचने दो, उनकी ऐसी की तैसी, यह दुनिया क्या हमें जीना और रहना सिखाने आयी है ? यह बात तो तुमने सुनी ही होगी, दुनिया को लात मारो, दुनिया करे सलाम, यह अपना ध्येय है," तुषार बोला और उसके निकट आते हुए उसके गीले बालों से खेलते हुए बोला, "अब मान जाओ रानी जी !"

"धत्…" तहमीना शरमा गयी, "अच्छा मुझे कब आना होगा बस स्टैण्ड।"

"ठीक दो बजे जाती है बस, तुम रिक्शे से पहुँच जाना या बोलो तो मैं लेने आ जाऊँगा।"

'न, तुम न आना, मैं खुद ही आ जाऊँगी, मुहल्ले में बेकार में शक करेंगे लोग।"

"हाँ यह बात तो है," तुषार बोला, "सुनो, कल वह तुम्हारे सामने वाला बूढ़ा मुझे बहुत घूर-घूरकर देख रहा था।"

"अच्छा," तहमीना ने परेशानी से कहा, "कब ?"

"कल जब मैं यहाँ से निकला और जैसे ही आगे बढ़ा, अंधेरे में बीड़ी की रोशनी दिखी। थोड़ा आगे जाने पर देखा, बुड्ढा खड़ा था। क्या इसको नींद नहीं आती ?"

"बहुत खराब है वह, उसे नींद न आने की बीमारी है। बस सारी रात अन्दर-बाहर होता रहता है। सारे मुहल्ले की खबर उसे रहती है। बाप रे! उसने तुम्हें देख लिया! अब ?"

"अब क्या ? देखने दो, कौन इन कुत्तों की परवाह करता है! अच्छा मैं चलूं, तुम समय पर पहुँच जाओगी न ?"

"बिलकुल," तहमीना हँस दी और न पहुँचूं तो ?"

"न, तुम जरूर पहुँचोगी और ध्यान रखना तुम्हें पहुँचना ही है," कहता तुषार बाहर चला गया और तहमीना झट अपना सूटकेस तैयार करने लगी।

एयर बैग में रिंकू के और अपने दो-दो कपड़े रख लिए। तुषार के साथ सफर करने का लालच तो थी ही, साथ ही नई जगह देखने की इच्छा भी थी।

तहमीना ठीक दो बजे बस स्टैंड पहुँच गयी। एक होटल के सामने तुषार गॉगलस लगाये उसका इन्तजार कर रहा था। रिक्शे से उतरता देख वह मुस्कुराया और तहमीना रिक्शे से बैग उठाये सीधे बस में चढ़ गयी, इस तरह कि जैसे तुषार को वह जानती ही न हो।

आसपास खड़े लोग उसे देखने लगे थे। तुषार भी अजनबी बना इधर-उधर टहलता रहा। ठीक बस छूटने के टाइम तुषार ऊपर आया और उसके साथ वाली सीट पर बैठ गया। दोनों जहाँ बैठे थे वह सबसे आगे वाली सीट थी।

गाड़ी चली तो तहमीना ने इत्मीनान की साँस ली। वह जिस रास्ते पर जा रही थी वह एकदम पहाड़ी रास्ता था, सँकरा। जरा-सा इधर-उधर हुए बस सीधी खाई में गाड़ी पहुंच जाती। रास्ते में कई पहाड़ दिखे और दूर से किसी बरसाती झरने की पतली-सी लकीर नीचे उतरती-सी दिखी। जंगल में जगह-जगह पलाश के फूल खिले थे, बड़ा ही सुन्दर दृश्य था वह। काली मिट्टी पर गिरे पलाश के फूल बहुत अद्भुत लग रहे थे। इतना सुन्दर दृश्य था कि इच्छा हो रही थी कि काश, उसके पास कैमरा होता तो वह इस रंगीन खूबसूरती को कैमरे में कैद कर लेती।

बस एक छोटे-से बस स्टाप पर रुकी हुई थी, निहायत छोटा-सा गाँव था। बहुत थोड़े-से घर, दो-चार टट्टे की दुकानें जहाँ गुड़ की पतली चाय बन रही थी और सारे मुसाफिर वहाँ झुंड बनाये चाय पीने में व्यस्त थे।

"चाय पिओगी तहमीना ?" तुषार ने पूछा, "यदि पीनी हो तो नीचे आ जाओ।"

"हाँ, चलो इसी बहाने थोड़ा नीचे घूम भी आएँगे, पैर भी सीधे हो जाएँगे, रिंकू भी काफी बोर हो गया है," वे लोग नीचे उतर आये।

किसी का पालतू हिरन कुलाँचें भरता पास आ गया और रिंकू खुश होता उसकी तरफ दौड़ पड़ा, उसके पीछे तुषार भी दौड़े। तहमीना होटल के सामने पड़ी टूटी बेंच पर बैठ गयी। दूकानदार शायद इतने अच्छे अतिथि का आदी नहीं था इसलिए उसे देख घबराया और पास आता पूछने लगा, "आप क्या लेंगी ?"

तभी सामने से तुषार रिंकू का हाथ पकड़े हुए लौट आये।

"दो चाय भेज देना यार," तुषार ने दुकानदार से कहा।

दो गिलासों में शक्कर की स्पेशल बनी चाय आ गयी। अभी वह लोग चाय खत्म भी नहीं कर पाये थे कि बस का हॉर्न सुनायी दिया। जल्दी से चाय खत्म कर वे लोग बस में बैठ गये। जब तक वे लोग बस में नहीं बैठे थे, रिंकू बड़ा बेचैन हो उठा था, हर क्षण उसे लग रहा था कहीं बस छूट न जाये।

जब बस चली तो अँधेरा होने लगा था। धीरे-धीरे अँधेरा काफी बढ़ने लगा, सड़क के पार का जंगल नजर नहीं आ रहा था। उन मासूम-से पेड़-पौधों को जैसे किसी ने काली चादर उढ़ा दी थी। काफी लम्बा सफर था, तहमीना बैठे-बैठे थकने लगी। अब बेतरह बोरियत भी लग रही थी। बोरियत इसलिए भी लग रही थी क्योंकि उस बस में वे दो ही हिन्दी-भाषी थे, बाकी जितने भी लोग थे वे सब तेलगू भाषा में बात कर रहे थे। उनमें ऐसा एक भी व्यक्ति तहमीना को नहीं लगा जो हिन्दी का एक शब्द भी बोलता हो।

बस एक छोटे-से गाँव में रुकी। रिंकू प्यासा था। तुषार पानी लेने नीचे गये पर थोड़ी ही देर में लौट आये।

"तहमीना, यहाँ तो कोई हिन्दी समझता ही नहीं, तालाब-कुएँ का कोई पता ही नहीं दे रहा है, अब क्या किया जाये ? तुम्हें और बच्चे को लाकर मैंने काफी परेशान कर दिया न !"

"नहीं-नहीं, सफर में तो ये छोटी-मोटी परेशानियाँ चलती ही रहती हैं।"

तभी ड्राइवर आया। तुषार ने उसे अपनी परेशानी बतायी और ड्राइवर ने तेलगू में एक व्यक्ति से कुछ कहा और पानी मँगवाया, "साहब यहाँ कोई हिन्दी नहीं समझता, बस इधर से तेलंगाना की शुरुआत समझिए।"

बस चली। पानी पीकर तहमीना की गोद में बैठा रिंकू अब सो गया था और तुषार के कंधे पर सर रख तहमीना भी सो गयी।

बस जब पहुँची तब रात के दस बज रहे थे। तहमीना ने कल्पना कर रखी थी कि जहाँ वे लोग जा रहे हैं, वह काफी बड़ा शहर होगा, पर पहली ही दृष्टि

में उसे काफी निराशा-सी हुई।

"अरे, यह तो निपट देहात जैसा है!" तहमीना ने खिड़की से बाहर झाँका। गाड़ी पूरी खाली हो गयी थी, ड्राइवर और कंडक्टर पास ही नदी में नहाने भी चले गये थे, पर वे लोग बस में ही बैठे रहे। तुषार बस से नीचे उतरकर काफी परेशान से किसी आदमी को देख रहे थे। काफी देर देखने के बाद भी जब कोई नहीं आया तो तुषार ने सारा सामान नीचे उतार कर रख लिया और रिंकू को अपनी गोद में ले लिया।

"अरे यहाँ कोई लेने नहीं आया? मैं पहली बार आ रहा हूँ, पता नहीं रेस्ट-हाऊस किधर है। पता नहीं अब क्या किया जाये," तुषार क्रोध से बड़बड़ाया।

तभी सामने नाई की दुकान से एक पागलनुमा व्यक्ति उतरा। वह व्यक्ति उनके पास आकर खड़ा हो गया और सलाम करने लगा। उसके पीछे कुछ बच्चों का झुंड था जो उसे चिढ़ा रहे थे और वह अपनी भाषा में उन्हें गालियाँ दे रहा था और इस दृश्य का मजा आसपास की दूकान वाले हँस-हँसकर ले रहे थे।

"क्यों भाई, यहाँ कोई कुली वगैरह नहीं मिलेगा?" तुषार ने एक कोकाकोला वाले की दूकान पर जाकर पूछा, जो शायद थोड़ा-थोड़ा हिन्दी समझता था।

"नहीं साहब, बस यही पागल है, इस टाइम और तो कोई कुली नहीं मिलेगा। और यह भी मौज में आयेगा तो पहुंचा देगा, नहीं तो नहीं जायेगा। आप बात कर देखिए।"

"बहुत मुश्किल है," कहकर तुषार तहमीना के पास आ गया, और उसने उस पागल को आवाज दी।

यह सोच कि वह हिन्दी नहीं जानता होगा तुषार ने उसे इशारे से समझाया। आसपास के दूकानदार जो अब तक तमाशा देख रहे थे पास आ गये थे और अब वास्तव में वह मदद करने के लिए तैयार थे। वह लोग उसे तेलगू में कुछ समझा रहे थे। किस्मत अच्छी थी और वह जाने के लिए तैयार हो गया। तुषार ने आधा सामान उसके सर पर रखा और आधा खुद पकड़ लिया। रिंकू जो सो चुका था उसे तहमीना सँभाले हुए थी। आखिर वे लोग आगे बढ़े तो बच्चों का झुंड फिर पागल के पीछे लग गया। वह सर पर रखा सामान पकड़े-पकड़े ही उनकी ओर लपका और बच्चे नौ दो ग्यारह हो गये।

सड़क एकदम सूनी हो गयी थी, सारे घरों के दरवाजे बन्द थे। सड़क पर पूर्ण रूप से अँधेरा था। विचित्र गाँव था यह, जहाँ रोड पर एक भी लाइट का पोल नहीं था, और इस भयानक अँधेरे में एक पागलनुमा आदमी के साथ चलना विचित्र लग रहा था। आसमान पर एक भी तारा नजर नहीं आ रहा था। तहमीना को बहुत ज्यादा डर लग रहा था, पता नहीं यह पागलनुमा व्यक्ति उनके साथ चलने के लिए क्यों तैयार हो गया था। कहीं ऐसा तो नहीं कि वह

उन लोगों को कहीं ग्रौर ले जाए। बीच-बीच में तुषार रुक कर तहमीना के साथ हो लेता ग्रौर उसका हाथ पकड़ इस तरह से उसे ग्रपने पीछे ग्राने को कह रहा था जैसे वह नन्हीं-सी बच्ची हो।

नया शहर, नई सड़क ग्रौर एकदम भयानक ग्रँधेरी रात में वे लोग चल रहे थे। तहमीना की कुछ समझ में नहीं ग्रा रहा था कि वे लोग किस दिशा में चल रहे हैं, उसे तो बस ऐसा लग रहा था जैसे वह हवा में पैर रख कर चल रही हो।

वह पागलनुमा व्यक्ति उन लोगों की परेशानियों से ग्रनजान ग्रपनी धुन में ग्रागे-ग्रागे बढ़ रहा था ग्रौर ज़ोर-ज़ोर से तेलगू में एक गीत गा रहा था, जिसके कारण थोड़ा भय कम हो गया था। गीत के बोल समझ में नहीं ग्रा रहे थे, पर लग रहा था कि गीत दर्दभरा है। कितना ग्रजीब है, हर भाषा ग्रलग-ग्रलग होने पर भी दर्द सबके एक-से होते हैं, भाव एक-से होते हैं, ग्रौर तुरन्त पहचान में ग्रा जाते हैं! वह ग्रपनी ही धुन में ज़ोर-ज़ोर से गा रहा था। सड़क के किनारे ताड़ के ऊँचे-ऊँचे पेड़ हवा में हिल रहे थे ग्रौर उनके बड़े-बड़े पत्ते ख़ूब शोर कर रहे थे, जैसे चीख-चीखकर कह रहे हों, लौट जाग्रो, लौट जाग्रो।

हवा काफी तेज थी, दिन-भर की गाड़ी की उमस के बाद ठंडी हवा वैसे बड़ी ठंडी लग रही थी, पर पत्तों का शोर ग्रँधेरे में डरा रहा था। हवा की ग्रावाज भी ग्रजीब तरह से कानों के पास ग्राकर साँय-साँय कर रही थी। पर ऐसे सन्नाटे भरे वातावरण में पागल के गीतों के शब्द मन को साहस भी दे रहे थे। किसीकी हिम्मत नहीं हो रही थी कि उसे कहे कि गीत बंद कर दो। वे लोग एकदम चुप उसके पीछे चले जा रहे थे। रिंकू जो ग्रब जाग गया था, वह भी सहम गया था ग्रौर डरा हुग्रा तहमीना से चिपक गया था।

तभी तहमीना के बाजू से एक साइकिल निकल गयी तेजी से। पता नहीं कैसे तुषार तुरन्त रुके ग्रौर मुड़कर पुकारे, "कौन हो भाई?"

"तुम मेहता हो न," तुषार बोले। साइकिल वाला रुककर उनकी ग्रोर ग्राने लगा। वह शायद ग्रावाज से तुषार को पहचान गया था।

"यस सर," वह एकदम चौकन्ना हो गया, "मैं ग्रापको ही लेने जा रहा था बस स्टैंड।"

"ग्ररे तुम लोग कोई ग्रादमी वहाँ नहीं रख सकते थे? नई जगह कितनी परेशानी होती है! यह बेचारा नहीं मिलता तो हम कैसे ग्राते? एक तो सामान, फिर रेस्ट हाऊस भी इतनी दूर है।"

वह डर गया ग्रौर सहमे हुए से उसने हाथ बढ़ाकर तुषार के हाथों से छोटा-मोटा सामान लेकर साइकिल पर लटका लिया ग्रौर साथ-साथ चलने लगा। हवा ग्रभी भी वैसे ही कानों के पास ग्राकर साँय-साँय कर रही थी, पर ग्रब

उतना डर नहीं लग रहा था, क्योंकि परिचित आदमी साथ हो गया था।

"यहाँ रोड पर लाइट नहीं है ?" तुषार ने पूछा।

"जी नहीं।"

अँधेरे में ताड़ के पेड़ों की कतार दिख रही थी, ऊँचे-ऊँचे आसमान को छूते पेड़ अँधेरे में विचित्र लग रहे थे। यहाँ से वहाँ तक ताड़ ही ताड़ के पेड़ थे। हवा अब मन को शान्त कर रही थी। दूर से रेस्ट हाउस दिख रहा था। वह पागल आदमी अपने में मगन गाता हुआ आगे-आगे जा रहा था।

तहमीना ने दूर से ही देखा, ढेर सारी ट्यूब लाइट से सजा बड़ा-सा रेस्ट हाउस बड़ा भला लग रहा था। वे लोग लम्बे बरामदे में पड़ी आराम-कुर्सियों पर बैठ से गये। रिंकू वहीं नीचे धरती पर बैठी कुतिया को पत्थर मार-मारकर खेलने लगा। उस पागल आदमी ने सामान बरामदे में रख दिया और उनकी तरफ बढ़ आया।

"साहब, हम हिन्दी जानता है," वह बोला।

"अच्छा," तुषार को आश्चर्य हुआ, "थैंक्यू, तुमने हमारा बहुत मदद किया।"

"ओह नो," वह नीचे बैठ गया और पसीना पोंछते हुए बोला, "तुम हिन्दी हम हिन्दी, हम तुम्हारा मदद कैसा नहीं करता !"

"अच्छा तो तुम तेलगू नहीं हो, कहाँ के हो ?" तुषार ने उत्सुकता से पूछा।

"हम नागपुर का है, इधर हमारा माँ-बाप हमको लेकर आया। बाद में वह लोग भी मर गया। हम शादी बनाया, वह औरत हमको छोड़ भाग गया। दो ठोक बच्चा लोग थे वह भी ऊपर वाला ले गया। हम दुनिया में अकेला है मैन, हमारा कोई नहीं। किसी दिन तुम्हारा माफिक कोई साहब आता है, तो हमको बख्शीश मिल जाता है, नई तो हम होटल वालों के यहाँ का बचा-खुचा, झूठा खा लेता है, पर किसी दिन वह भी नहीं मिलता तो ऐसे ही पड़ा रहता है। हम अकेला है···एकदम अकेला···इस ताड़ के पेड़ के माफिक," बोलते-बोलते उसकी आँख भर आयी। तहमीना और तुषार दोनों को बहुत बुरा लगा। तहमीना, जो अब तक उसे पागल आदमी समझ रही थी, अपनी बेवकूफी के कारण उसे दुःख हो रहा था, यह तो बहुत भला आदमी है।

"बच्चा लोग हमको तंग करता है, दुनिया हम पर हंसता है," वह फिर बोला, "याद रखो, अकेला आदमी पर दुनिया हँसता है, हमको ये लोग पागल कहता है, हम तुमको सच बताता है मैन, हम पागल नहीं है। हम भूख से लाचार होकर झूठा खाता तो ये लोग हमको पागल बोलता। हमारी औरत भाग गया तो ये लोग हमको पागल बोलता। बच्चा लोग मर गया, तो यह लोग हमको पागल बोलता। दुनिया में जिसके साथ ट्रेजेडी होता है, उसे सब लोग पागल

बोलता है। पर हम बोलता है मैन, ऊपर वाला पागल है, पर उसे कोई पागल नहीं बोलता। दुनिया बनाया, फिर अपने हाथ से किसी का घर उजाड़ा, किसी के घर में आग लगायी, कहीं भूकंप ला दिया, भुखमरी लाया, दुनिया का आदमी रोया और वह ऊपर बैठा देख-देखकर हँसता रहा। बोलो तुम, क्या वह ऊपर वाला पागल नहीं ? पागल आदमी ही तो ऐसा करके हँसता है न ? दुनिया के लोग हमको पागल बोलता और बदले में हम ऊपर वाले को पागल बोलता। हिसाब-किताब बरोबर," वह उठ गया, "अच्छा साहब, हम चलता है, हम फिर आयेगा और तुमको बस में बैठा देगा, हम जरूर आयेगा साहब, जरूर आयेगा।"

"थैंक्यू, लो यह बख्शीश," तुषार पाँच का नोट निकालकर उसे देने लगे, "यह लो तुम आज अच्छे से खाना खा लेना।"

"सलाम साहब," कहता वह खुश हो गया, "बहुत दिन हो गया, जब हमारा औरत जिन्दा था तब हम अच्छा खाना खाया था, आज फिर खायेगा, ताड़ी भी पियेगा," कहता वह चला गया। अंधेरे में गाने की आवाज आ रही थी। धीरे-धीरे आवाज दूर···दूर होती चली गयी।

चाय आ गयी थी। वे लोग चाय पी रहे थे पर ध्यान अभी भी उस पागल की ओर ही था, जो अपनी बातों से उन दोनों को उदास कर गया था।

"यह पागल कैसे हो गया," तुषार ने मेहता से पूछा।

"काफी पैसे वाला था सर ये। इसके माँ-बाप मरे, फिर यार-दोस्तों ने सारा पैसा हड़प लिया। औरत भी भाग गयी, बच्चे भी भूख और बीमारी में फँसकर मर गये। तब से यह पागल हो गया। अभी आप से अच्छे से बात कर रहा था, पर थोड़ी देर में रोने लगेगा। अच्छा रहा तो हर काम कर देगा, और खराब हुआ तो टस से मस नहीं होता।"

रेस्ट हाउस काफी सलीके और रईसी ठाट-बाट वाला था। जगह-जगह पर ट्यूब लाइट लगाई गयी थी, हर चार कदम पर फैन था। बरामदे में नीचे लाल रंग की नई टाट पट्टियाँ बिछी थीं। केन की हरे रंग की आरामदेह कुर्सियाँ जो एकदम नयी थीं वहाँ रखी हुई थीं। छत पर लदे बड़े-बड़े अँग्रेजी खपरैल भी बड़े सुन्दर थे। उन पर बढ़िया नक्काशी की गयी थी तथा छोटे-छोटे बेल-बूटे काढ़े गये थे। नक्काशी थी, उन खपरैलों पर जो बार-बार ध्यान आकर्षित करती थी। गेट से लेकर अंदर तक ताड़ के कई पेड़ लगे थे। सामने आम, नीम के बड़े-बड़े पेड़ थे। हवा बहुत तेज चल रही थी पर इतनी तेज हवा के बहने पर भी ठंडक नाम को नहीं थी उसमें, जैसे कोई गर्म भाप उड़ा रहा हो। अन्दर कमरों में मोटे-मोटे लाल रंग के फर्श बिछे थे, जिनकी वजह से कमरा एकदम गर्म लग रहा था। तीन कमरों वाला रेस्ट हाउस था वह, बीच में बड़ा डाइनिंग हॉल था, जहाँ सनमाइका लगी, बड़ी-सी टेबल और चेयर लगी थी। फर्नीचर भी एकदम

नया था। डाईनिंग हॉल से लगा बरामदा था जहाँ लकड़ी की सफेद पालिश किये स्टेंड में काले घड़े रखे थे। फिर बड़ा-सा आँगन था और आंगन के पास रसोईघर। रसोईघर से लगा चौकीदार का घर था। गरज यह कि काफी सूझ-बूझ और हर तरह का ख्याल रखकर रेस्ट हाउस बनाया गया था। हवा के साथ ढेर सारे आम के बौर और नीम के फूल बरामदे में तथा आँगन में घुसे हुए थे। शहर एकदम सूना और अँधेरे में डूबा हुआ लग रहा था।

"क्या बताएँ साहब, आज बहुत बड़ा धोखा हो गया," कहते मेहता चेयर पर बैठ गये, "हम लोग अभी तक यहीं बैठे थे, रास्ता देखते, क्योंकि बस इसी रोड से बस-स्टैण्ड जाती है। यहीं सामने खड़ी होती है। पर कल से स्ट्राइक के कारण कोई गाड़ी नहीं आ रही थी, आज भी यहाँ कोई गाड़ी नहीं आई। बस यही गाड़ी आयी है, इसी कारण हम लोग धोखे में रह गये, और वह ड्राइवर भी आज गाड़ी दूसरी रोड से ले गया।"

"नयी जगह, वैसे भी परेशानी हो ही जाती है। वह तो पागल मिल गया वरना रात के वक्त परेशानी हो जाती। फिर यहाँ कोई हिन्दी भी नहीं समझता है।"

"हाँ साहब, यहाँ तो हिन्दी कोई समझता ही नहीं।"

"लांच अभी चल रही है या नहीं," तहमीना ने पूछा।

"वह तो पूरे साल चलती है, सारा व्यापार तो उसी से होता है। यहाँ आपको या तो व्यापारी वर्ग के लोग मिलेंगे या मजदूर वर्ग के। बाकी कोई लोग यहाँ नहीं रहते, बस हम लोग कुछ सरकारी कर्मचारी ही यहाँ रहते हैं। यहाँ तस्करी का बिजनेस भी बहुत चलता है। पुलिस के डर से सब छुपाकर ही लाते ले जाते हैं, सारा काम दबा-छिपा होता है। नदी का यह किनारा मध्य प्रदेश में है, और दूसरा किनारा आन्ध्र प्रदेश में है।"

"यहाँ खपरैल बड़े खूबसूरत हैं। खपरैल पर बेल-बूटे पहली बार देख रही हूँ। क्या यह यहाँ बनते हैं?" तहमीना ने पूछा।

"जी नहीं, यह तो बाहर से लाये जाते हैं, इन्हें भी लांच से लाया जाता है," मेहता ने बताया फिर वह तुषार की ओर मुड़ते हुए बोला, "यहाँ काम करने में बड़ी दिक्कत होती है साहब, यह इलाका तो तेलंगाना में ही चले जाना था, हिन्दी तो कोई जानता ही नहीं। बड़ी परेशानी होती है यहाँ काम करने में।"

"अच्छा, हम लोग आ रहे थे यहाँ, तब जंगल में जगह-जगह आग लगी थी। लग रहा था सारा जंगल जल रहा हो। दूर से देखने से लग रहा था जैसे आग की लकीर हो। क्या यह आग अपने आप लगती है या कोई लगाता है?" तहमीना ने पूछा।

"असल में मार्च का महीना है यह, यही समय है महुआ का तथा बीड़ी के

पत्ते याने तेंदू के पत्ते का सीजन होता है," मेहता ने बताया, "महुआ भी इसी माह में टपकता है। पतझड़ के मौसम में पूरा जंगल पत्तों से भर जाता है, जिसके कारण महुआ चुनने में कठिनाई होती है, इसलिए रात को यह लोग महुए के पेड़ के पास आग लगा देते हैं, फिर सुबह महुआ चुनने आते हैं या बीड़ी के पत्ते वाले जंगलों में आग लगा देते हैं, जिससे तेंदू के पौधे जल्दी-जल्दी निकल आते हैं। पत्ते तैयार होते ही वह उन्हें तोड़ लेते हैं। यही समय उनका भी याने पत्ता सीजन का भी टाइम होता है। यहाँ पर इनके बड़े-बड़े गोदाम हैं। इस समय ले लोग यहीं रहते हैं। गोदामों में बीड़ी के पत्तों का माल भरा रहता है। मजदूरी भी इस सीजन में डबल-ट्रिपल हो जाती है। इतने पर भी इन्हें मजदूर नहीं मिल पाते, क्योंकि सब महुआ बीनने जाते हैं। इन दिनों इन लोगों का भोजन भी महुआ होता है। महुआ को यह लोग उबाल कर खाते हैं या फिर भूनकर खाते हैं, थोड़ा ही खा लेने पर पेट भर जाता है। फिर ऊपर से महुआ की शराब बनाकर पीते हैं। गरज यह कि महुआ से इनकी हर तरह से उदरपूर्ति हो जाती है। इसलिए इन्हें काम करने की, रोजी कमाने की बिलकुल चिन्ता नहीं रहती। कभी-कभी तो साहब मजदूर न मिलने के कारण पत्ता सीजन के कारण बाहर से मजदूर लाने पड़ते हैं।"

"अच्छा !" तुषार ने आश्चर्य से कहा।

"जी हाँ। इधर लोग खेती-बाड़ी में भी ज्यादा विश्वास नहीं करते; खेती हो गयी तो ठीक है, नहीं हुई तब भी ठीक है। वैसे ही ताड़ी के दिनों में यह लोग गिरोह में बँटकर एक-एक पेड़ पर कब्जा कर लेते हैं। ताड़ी के पेड़ में एक हंडी बाँधी जाती है, जिसे उतार कर यह लोग पीते हैं। पेट भर जाता है और साथ ही नशे की खुमारी भी चढ़ जाती है, और यह लोग पेड़ के नीचे ही पड़े रहते हैं। रात-दिन यह लोग ताड़ी के पेड़ से हटते नहीं, घर नहीं जाते, बस नशे की हालत में गाली-गलौज करते पड़े रहते हैं। तब इन्हें एक बूंद अन्न से भी मतलब नहीं रहता, इनकी उदरपूर्ति तो प्रकृति ही कर देती है। इतने विचित्र लोग हैं यह। कपड़े तो बस, जरा-सी लँगोट लगा लेते हैं। औरतें भी छोटा कपड़ा कमर पर लपेट लेती हैं बस। अन्दर जंगलों में तो इतना भी नहीं है। औरतें ढेर सारी मूंगों की माला पहने रहती हैं। औरतों के शरीर का गठन खूब सुन्दर है, असली ताँबे की देह होती है उनकी।"

बातें करते काफी रात हो गयी थी। तभी चौकीदार ने सूचना दी कि खाना लग गया है, वह लोग हाथ-मुँह धोकर फ्रेश होकर खाने के लिए गये।

हवा बहुत गर्म थी, जरा भी नर्माहट नहीं थी, अजीब-सी भाप भरी हुई थी हवा में। डिनर काफी भारी हो गया था, जिसके कारण सुस्ती आ रही थी। रिंकू सो गया था। तहमीना ने अपने सफर के कपड़े उतार लिये थे और सफेद साड़ी

पहने जिस पर लाल क़िनारी वाली बॉर्डर थी पहने वह बरामदे में टहल रही थी। चौकीदार टेबल पर पानी का जग और दो गिलास रख गया था।

"साहब, हम लोग झींगा पकड़ने नदी में जा रहे हैं, रात में कोई काम तो नहीं ?" चौकीदार ने झिझकते-झिझकते पूछा।

"झींगा पकड़ने ?" तहमीना ने चौंकते हुए पूछा, "कैसे पकड़ते हो रात के समय ?"

"रात को ही तो पकड़ते हैं साहब। बड़ा झींगा है यहाँ पर। रात को हम लोग लांच पर जाते हैं, सर्च लाइट पानी पर फेंकते हैं, सर्च लाइट के उजाले में इनका झुंड इकट्ठा हो जाता है और जाल फेंककर उन्हें पकड़ लेते हैं।"

"अच्छा जाओ, रात को तो कोई काम नहीं है," तुषार ने परमीशन दे दी। चौकीदार चला गया और तहमीना सकुचाई-सी कुर्सी में धँस गयी। तुषार ने आँख उठाकर उसे इस तरह देखा जैसे पहली बार उसे देख रहा हो।

"चलो पूरा रेस्ट हाउस खाली है, ऐश ही ऐश है, क्यों !" तुषार ने शैतानी से भरकर कहा।

"ना बाबा, आराम करो," तहमीना ने घबराते हुए कहा, "मैं भी थक गयी हूँ, मुझे नींद आ रही है।"

"लो तो मैं तुम्हें यहाँ सुलाने लाया हूँ ! मीठी नींद तो तुम्हें वहाँ भी आती थी मैडम, जागना तो हम जैसे अभागों की किस्मत में था और आज तुम्हें मेरे साथ जागना होगा," कहकर तुषार अपनी चेयर उसके पास ले गया।

"अच्छा बाबा जागूँगी, पर दूर से बात करना," तहमीना ने तुषार को परे ढकेल दिया, "अभी वह लोग गये नहीं हैं, क्या सोचेंगे ?"

"क्या सोचेंगे, वह तो तुम्हें मेरी बीवी समझ रहे हैं। तहमीना, कभी-कभी भ्रम भी कितना अच्छा होता है न ?" तहमीना ने अपने पैर ऊपर कर लिए और चुप तुषार को देखती रही।

"लो दूर बैठ जाता हूँ," कहता तुषार फिर वापस अपनी जगह चला गया।

"न, तुषार, दूर मत जाओ," तहमीना जैसे घबरा गयी, "सोचो हम तुम्हारे साथ कितनी दूर निकल आये हैं, पीछे पलटने की बात से भी अब दहशत होती है, तुम्हारी उँगली थामकर चलने के हम कितने आदी हो गये हैं न," तहमीना ने अपने घुटनों पर अपना सर रख दिया, "सोचो कभी तुमने अपने हाथ झटक लिए तो बोलो हम क्या करेंगे ? तुम मुझे सुरक्षा दे सकोगे न ?"

तुषार उसके पास आ गया, और उसके सर पर हाथ फेरता बोला, "तुम मुझसे सुरक्षा चाहती हो तहमीना, जबकि तुम्हारे पैर पूरी तरह से जमीन पर हैं, मज-बूती से, फिर तुम अपने को इतना कमजोर पाती हो ! देखो न कितना अजीब है, प्रकृति ने दूसरे प्राणियों में पुरुष को सुन्दर बनाया, जैसे मोर सुन्दर है—

मोरनी नहीं, मुर्गा सुन्दर है—मुर्गी नहीं, इसी प्रकार सारी सृष्टि में ऐसा ही हाल है, पर हमारे यहाँ स्त्री जितनी सुन्दर है उतना पुरुष नहीं। सारी सुन्दरता ईश्वर ने स्त्री को दे दी है, पर जितनी सुन्दरता उसने स्त्री को दे दी है, उसे अपनी सुरक्षा के लिए पुरुष की शरण में जाना पड़ता है, पुरुष का संरक्षण अनिवार्य है, वह अपनी सुरक्षा खुद नहीं कर पाती। वह जीवन-भर असुरक्षित रहती है। असुरक्षा का भय उसे जीवन-भर भयभीत किये रहता है और यही कारण है कि तुम देखोगी कि औरतें भावुकता के चक्कर में फँसकर गलत कदम उठा लेती हैं।"

"भावुकता को तुम बुरा क्यों मानते हो? भावुकता भी तो मनुष्य की एक देन है, क्वालिटी है।"

"गलत," तुषार ने तहमीना के हाथ को धीरे से अपने हाथ में ले लिया, "तहमीना, भावुकता और भावना में अंतर है। तुम भावुकता को भावना से जोड़कर सोच रही हो। मनुष्य में भावना होना तो ठीक है, पर भावुकता बुरी चीज है। यह वैसा ही है जैसे आँखें डबडबा आयी हों तो सामने का सारा दृश्य धुंधला जाता है, हिलता नजर आता है, स्थिर नजर नहीं आता। बस उसी तरह भावुक व्यक्ति अपने सामने के दृश्य को साफ नहीं देख पाता और इसी में वह धोखा खा जाता है। भावुकता कमजोरी है, मनुष्य को नीचे गिराने का पतन है, और पतन हमेशा मनुष्य को नीचे ही लाता है। वह हमेशा सामने के दृश्य को धुंधला और हिलता हुआ देखता है।"

"तुम देखो तहमीना," तुषार कुछ रुककर फिर से बोले, "जहाँ आँसू दर्द की पहचान होते हैं, हमें लगता है ये हमारे साथ हैं, पर यही आँसू दृष्टि को धुंधला देते हैं, याने धोखा देते हैं। आदमी को सही बात देखने से वंचित रखते हैं, और आदमी धोखा खा जाता है, और यह धोखा आदमी को कभी-कभी बहुत महँगा पड़ता है। कभी तो उसे अपने ही जीवन की आहुति देनी पड़ती है, इसलिए मैं बहुत यथार्थवादी हूँ। तहमीना, भावना ठीक है, पर भावुकता नहीं है। जो सही आदमी की पहचान न दे सके। वह दोस्त कहाँ हुआ, दुश्मन हुआ न! दोस्त हमेशा सही बात की पहचान कराते हैं, सही पहचान देते हैं।"

"ठीक कहते हो तुम," तहमीना अवाक्-सी तुषार को देखती रही। उसने इतनी गहराई, गंभीरता से कभी सोचा नहीं था, बात चाहे कितनी कटु हो पर ह सच, अपनी सच्चाई लिये हुए है।

तभी लाइट चली गयी और तहमीना को याद आया चौकीदार ने बताया था कि बारह के बाद यहाँ लाइट नहीं रहती। वह दोनों अकेले अँधेरे में बैठे रहे।

"देखो तहमीना, जिस दिन तुम्हारे नाम पर कोई धब्बा लगेगा, मैं उस दिन अपने आप पीछे चला जाऊँगा। मैं तुम्हें झूठे आश्वासन देना नहीं चाहता। तुम्हारा भी एक दायरा है। मेरा भी एक दायरा है, तुम अपना घर नहीं छोड़

सकतीं और न ही छोड़ना चाहिए। मैं भी अपना घर छोड़ नहीं सकता; मेरी जिम्मेदारियाँ बहुत बढ़ी-चढ़ी हैं, मेरी कई-कई बहनें बिन ब्याही बैठी हैं, भाइयों को पढ़ाना है, माँ है, पिता हैं, बहुत बड़ा परिवार है। तुम मुझे अनायास मिल गयी हो। तहमीना मैं दिल से तुम्हें चाहता हूँ, पर तुम मेरे साथ इतना आगे मत आओ, लेकिन मैं तुमसे यह नहीं कह पाता हूँ, मेरा स्वार्थी मन तुम्हारे पास रहना चाहता है। मैं जानता हूँ, तुम्हें जीवन में कुछ नहीं मिला, मैं दे सकूँगा यह भी नहीं कहता, मैं चाहता हूँ, तुम मेरे पास रहो, मैं तुम्हें, अपने आपको, दुनिया को तुम्हारी निगाह से पढ़ूँ। पर तहमीना तुम्हारे साथ मेरा विश्वास कर क्यूँ इतना आगे आ गयी हो, तुम मुझे भी धोखा दो याने तुम मेरी बात मत मानो," कहते हुए तुषार की आवाज भर आयी, "कितने अच्छे क्षण हैं तहमीना, जब हम और तुम एक-दूसरे को अपना दुःख कहकर जी हल्का कर लेते हैं; पर मैं जानता हूँ मेरे भाग्य में यह अधिक सुख नहीं है। हम दो हैं पर दोनों अपने आप में सिमटे, कोई किसी का दुख नहीं बाँट सकता।"

"नहीं, मैं तुम्हारे लिए आऊँगी तुषार; चाहे मुझे तुम्हारे लिए दुनिया से कितना ही अपमान सहना पड़े पर मैं तुम्हारे कष्टों में जरूर दौड़ी आऊँगी।"

"न, ऐसा मत करना, तुम्हारा परिवार है, घर है, तुम्हारी अपनी प्रतिष्ठा है, तुम मेरे लिए मत दौड़ना···। मैं जानता हूँ मैं अपने को ठग रहा हूँ, तुम्हारा साथ पल-भर का है, पर क्या करूँ, मैं नदी के बहाव के खिलाफ तैरने की कोशिश में इतना थक गया हूँ कि अब जैसे हिम्मत ही जवाब देने लगी है, लेकिन मैं अपना अहं ओढ़े हुए अभी भी बहाव के खिलाफ पड़ा हूँ। हाथ-पाँव मारना कुछ कम कर दिया है,···बस इन्तजार है, बाकी मनोबल के टूटने की, ताकि मैं भी एक आम आदमी बनकर मिट सकूँ।"

"क्या बोलते हो," तहमीना घबरा उठी, "तुषार, तुम बहुत बोलते हो, अब चुप भी रहो।"

"सच, तुम्हें मेरी जिन्दगी में नहीं आना था," तुषार बोले, "मेरा एक मन जहाँ तुमसे बेहद···बेहद लगाव रखता है, वहाँ दूसरा हारा-थका खीझा मन चाहता है कि तुम मेरी आशाओं को, इच्छाओं को, जीवन की अभिलाषाओं को खाली हाथ बिना देखे ही वापस कर दो। मुझे दुनियादार, मतलबी, आत्म-लिप्त बनने दो," तुषार उसे अँधेरे में घूरता हुआ बोला, "तुमने कछुआ देखा होगा, अपनी पीठ पर जिरह-बख्तर ओढ़े, अपने दिल, दिमाग, नर्म और नाजुक शरीर को बचाता है। बाहरी आक्रमण की आशंका होते ही बस आवरण में अपने को समेटकर इस तरह भुलावा देता है, मानो इसका अस्तित्व ही नहीं रहा। मेरी भी वही स्थिति है। शायद ये हाथ-पाँव सिकोड़ने की उसकी मजबूरी है जो जमाने के विरोधाभासों ने उसे दी है। हाथ, पैर, दिल, दिमाग के होते

हुए उन्हें आवरण में सिकोड़ने की मजबूरी की तकलीफ भगवान करे तुम्हें कभी महसूस न करनी पड़े।" तुषार ने उसे झिंझोड़ते हुए पूछा, "सुन रही हो या सो रही हो ?"

"हूँ, सुन रही हूँ, तुम कहे जाओ।"

"क्या कहूँ, मैं दुनियावी आदमी बनना चाहता हूँ, सिर्फ उतना ही मुँह खोलना चाहता हूँ, उतना ही हाथ-पाँव हिलाना चाहता हूँ जितने से मुझे सुख-सुविधा, मान-सम्मान मिले, मुझे लाभ ही लाभ मिले। मैं इस लाभ के कमाने में दूसरों के दर्द की कल्पना भी नहीं करना चाहता। तुम दर्द की इन बेड़ियों को मेरे पास से हटा लो, मेरे पैरों में जंजीरें मत डालो, मुझे पथभ्रष्ट होने से मत बचाओ। मैं नदी के बहाव की दिशा में बहना चाहता हूँ, कछुवे की तरह खाल ओढ़कर अपने हाथ-पैरों की रक्षा करना चाहता हूँ," तुषार ने थके हुए शब्दों में कहा।

"और तुम अपनेपन की सहानुभूति दिखलाकर मुझको मेरे कवच से बाहर निकाल रहे हो तुषार, पर तुम नहीं जानते तुम जो मुझे बाहर हाथ-पैर निकालने के लिए लालच दे रहे हो, तुम्हारे इस लालच के धोखे में मैंने यदि अपना अंग, कवच से बाहर निकाला तो वह निश्चय ही कुचल दिया जाएगा," तहमीना ने धीरे-धीरे तुषार की ओर देखते हुए कहा, "सच कहूँ तुषार, तुम एक बहुत बड़ा पाप करने जा रहे थे, जो मेरी किसी तरह ढोई जा रही मुर्दा जिन्दगी में जीवन-संचार करने का प्रयास कर रहे थे। मैं चाहती हूँ कि मेरा हृदय सिर्फ हृदय बनकर रह जाय, दिल नहीं। वह शरीर के अन्य हिस्सों से खराब खून खींचकर उसमें नया खून संचार करने वाला फिल्ट्रेशन तथा पंपिग स्टेशन ही बना रहे। तुम इस पंपिग स्टेशन को दिल मत बनाओ।"

"तुम यह बात तो जानती होगी तहमीना, आदमी तकलीफ पर तकलीफ सहता रहे लेकिन वह डूबता नहीं," तुषार ने उसके घुटनों पर अपना हाथ रख दिया, "तुमने बहुत-से भिखमंगों को देखा होगा। हम और तुम और तमाम दुनिया सोचती है कि पेट के लिए हाथ पसारने वालों की दुनिया में कमी नहीं। अपाहिज, कोढ़ी, अंधे, लूले, विकृत मस्तिष्क, कुरूप चेहरे के लोगों की जिन्दगी में भी आखिर वह क्या है, जो उन्हें मोहित किये है, और मरने नहीं देता ? कभी तुमने सोचा है इस बात को ? तुमने क्या, इस तरह की जिंदगी जीने वालों ने भी इस तरह इनका कारण ढूँढने की कोशिश नहीं की होगी। इस दिशा में कभी सोचा भी नहीं होगा और शायद इसीलिए वे आज जिन्दा हैं। न सोचना ही आज की मशीनी जिंदगी की सर्वोत्तम जीवनी है। अब दूसरा पक्ष देखो। समाचार पत्रों में तुमने जरूर पढ़ा होगा कि एक भिखारी को जब एक लाख की लाटरी मिली तो उसका हार्ट फेल हो गया। तुमने यह

भी पढ़ा होगा कि एक सेठ सट्टे में दिवालिया होते ही अल्लाह मियां को प्यारा हो गया।—क्यों···? शायद इसलिए कि आदमी पायी हुई चीज को न तो खोना बर्दाश्त कर सकता है न ही खोई हुई चीज को पाना। कालेज के जमाने में मेरा एक दोस्त कहता था कि जिंदगी उतनी सीधी और सपाट नहीं है जितनी वह दिखती है। वह रुपये की तरह है जो गोल···गोल और सिर्फ गोल है। यह एक मृगतृष्णा है, न तो हिरन को पानी मिलता है, और न ही मृगतृष्णा ही टूटती है। तुम्हें भी जानता हूँ तहमीना, तुम किसी के हाथ में नाचती महज कठपुतली हो। हम पुरुष-वर्ग जो अपने आप को स्त्री का स्वामी कहते हैं, वह दरअसल झूठ है। हम अपने स्वार्थ के लिए ही स्त्री को इतनी स्वतन्त्रता देते हैं ताकि वह घर के लिए पैसा कमा सके। तुम से ही पूछता हूँ, तुमने इतना कमाया, पर क्या तुम्हें अपनी इच्छा से खर्च करने की इजाजत है? यह रोना तो तहमीना तब तक रहेगा, जब तक आँख कभी न खुलने के लिए मुंद न जाये। तकलीफ भी क्या मजेदार चीज है? कोई सुन भी ले तो खत्म हो जाती है। हम जिसे तकलीफ सुनाते हैं, जरूरी नहीं कि उसके परिष्कार की इच्छा उसके माध्यम से करते हों, पर इतनी बात जाने रहो तहमीना कि तकलीफ में जीवनी शक्ति नहीं होती, तकलीफ की मौत बहुत जल्द होती है। लेकिन कभी-कभी तो इसकी जिंदगी इतनी बेशर्म और ढीठ होती है कि खत्म होने में भी नहीं आती। हाँ तुम्हें इस तकलीफ को मारने की, इसकी हत्या करने की एक तरकीब मैं बतला सकता हूँ, याने जब भी तुम्हें तकलीफ लगे मुझ से कह दिया करो।" तुषार ने उसे अपने निकट खींचते हुए कहा, "तुम मेरे और निकट आ जाओ।"

"मैं तुम्हारे साथ यहाँ आई हूँ, जमशेद को पता चल गया तब?" तहमीना ने डर से काँप कर कहा।

"कौन बतायेगा? जहाँ तुम सारी उम्र झूठ को ओढ़े जीती रही हो, वहीं अब भी जीना होगा; तुम्हें जहाँ जमशेद के साथ भी सम्बन्ध रखना है, वहीं मेरे साथ भी सम्बन्ध रखना होगा," कहते तुषार ने उसे अपनी बाँहों में समेट लिया, और वह टूटी हुई डाल की तरह उसकी गोद में ढह गयी।

"सुनो," बाहर से जमशेद अंदर आते हुए बोले, "तुमने कुछ सुना?"

"क्या?" तहमीना ने आश्चर्य से पूछा और रिंकू की बुशर्ट जिस पर वह बटन टाँक रही थी उसे नीचे रख दिया।

'डॉक्टर नाहिद को लड़का हुआ है।"

"क्या सच है?" तहमीना को लगा, सर से लेकर पैर तक एक लहर-सी दौड़ गयी है, प्रसन्नता से वह चिल्ला पड़ी—"ओह! किसने बताया आपको?"

"अभी रास्ते में महेश मिल गये थे, वही बतला रहे थे।"

"क्या वह अस्पताल से आ गयीं ?"

"हाँ, घर पर आ गयी हैं," जमशेद ने बताया और अंदर चले गये।

"ओह ! उन्होंने मुझे खबर कैसे नहीं की ! सच उनसे मिले कितने दिन हो गये ! बाजी एक बेटे की माँ बन गयी हैं। ममता के भार से लदी-फँदी वह कितनी भली लग रही होंगी !," और उसकी आँखों के आगे बाजी का वह रूप आ गया। वह तुरन्त उनसे मिलने जायेगी, तहमीना का मन प्रसन्नता से भर उठा। जब से बाजी अपनी सास के घर गयी हुई थीं, तब से वह मिल ही नहीं पाई है। इधर अपने कामों में इतनी व्यस्त हो गयी थी, अपने आप में वह इतना सिमट गयी थी कि उसे कुछ याद ही नहीं रहा था। रहा भी तो समय नहीं मिल पाया। इसी बीच शायद नाहिद बाजी एक-दो मर्तबा घर आयी थीं पर वह मिल नहीं पाई। लौटी थी तो जमशेद ने उसे बताया था कि बाजी आकर गयी हैं।

तहमीना सारा काम निपटा कर बाजी से मिलने निकल पड़ी। रिंकू स्कूल चला गया था, जमशेद भी आॅफिस चले गये। ताला लगाकर ज्यों ही तहमीना बाहर आयी तो देखा नीलिमा भाभी बाहर खड़ी हैं, सीढ़ियों पर।

"अरे भाभीजी, आप!" तहमीना अचकचा-सी गयी, "बरसों में याद आयी मेरी न !"

"नहीं, मैं बाहर गयी थी। इधर से गुजर रही थी, सोचा थोड़ा झाँकती चलूं।"

"अच्छा," तहमीना ने कहा पर उसका मन कड़वा हो गया—बस इनकी यह ताक-झाँक वाली आदत कब जाएगी पता नहीं।

"कहाँ की तैयारी है ?" भाभीजी ने पूछा।

"डॉक्टर नाहिद के यहाँ जा रही हूँ, उनके घर लड़का हुआ है।"

"सच," नीलिमा भाभी प्रसन्न होती बोली, "चलो, मैं भी चलती हूँ, उनसे मिले लंबा समय हो गया है। कितनी दूर है घर ?"

"चलिए, ज्यादा दूर नहीं है। इन दिनों दिल्ली का मौसम कैसा है ?" तहमीना ने पूछा। दोनों सड़क पर आ गयी थीं।

"अभी तो वहाँ बहुत गर्मी पड़ रही है, लोग दिल्ली छोड़कर भाग रहे हैं। तुम्हारे आॅफिस का काम कैसा चल रहा है ?" नीलिमा भाभी ने थोड़ी देर बाद पूछा।

"अच्छा है। मीनाक्षी से मुझे कोई शिकायत नहीं। अब हमारे यहाँ की सारी खुराफातें बंद हो गयी हैं, सब शांति से चल रहा है।"

"चलो अच्छा है। सुना है यहाँ से जाने के बाद उस चेली ने अपने गुरु महात्मा को अपना पति डिक्लेयर कर दिया है," नीलिमा भाभी ने बतलाया।

"अच्छा, चलो अच्छा हुआ, सन्यासी चोला पहनकर पाप करने से क्या फायदा।"

"वैसे भी यंग लड़की है। कब तक ऐसे रह पाती? सुना है यहाँ के नेता जिनके पास वह खूब जाती थी उसने उससे कहा है जाते समय, नौकरी छोड़ो और मेरे घर बैठो, और बैठकर हलवा-पूड़ी खाओ।"

"अच्छा," तहमीना हँस दी, "बहुत अच्छा कहा। बहुत घुसती थी उसके पास। मेरे पास भी कई उसने नेता से धमकी भरे पत्र लिखवा कर भेजे थे।"

"और क्या, नेताजी तो चाहते ही हैं एक दो बेवकूफ फँसे रहें तो अपनी नेतागिरी दिखाने का अवसर मिलता रहे। आजकल तो उन नेताजी ने पेपर भी निकालना शुरू कर दिया है। बस बंदर के दोनों हाथों में लड्डू है, ब्लैकमेल करने का पूरा अवसर उनके हाथ में आ गया है।"

"अँह, कौन डरता है, ऐसी गीदड़ धमकियों से।"

"नाहिद बाजी का घर आ गया था, गन्दी-सी गली में जहाँ जगह-जगह कचरे का ढेर पड़ा था, उसी के नुक्कड़ पर था नाहिद बाजी का घर। नाली के ऊपर लंबा-सा पत्थर रख दिया गया था अन्दर जाने के लिए। दरवाज़ा बन्द था। तहमीना ने ऊपर से नीचे तक नजर फेंकी कॉल-बेल ढूँढ़ने के लिए, पर कॉल-बेल नजर नहीं आई तो उसने आगे बढ़कर सांकल खटखटा दी।

थोड़ी देर के इन्तजार के बाद किसी ने दरवाजा खोला। दरवाजा खुलते ही जो औरत सामने आयी उसे देखकर पल-भर को विश्वास नहीं हुआ मन को, एक जोर का धक्का लगा, किसी हालत में मन उसे नाहिद बाजी मानने को तैयार नहीं था।

मैली-सी साड़ी पहने, दुबली-सी सलाई-सी देह और धुंधली रंगत वाली वह औरत नाहिद बाजी ही थी, यह मानना ही पड़ा। साड़ी की जरा भी क्रिच खराब न होने देने वाली, दूध की तरह उजली रंगत लिये और चमकती आँखों वाली, वह नाहिद बाजी क्या हुई? कहाँ गुम हो गयी? कहाँ पीछे छूट गयी? दरवाजे के पास खड़े-खड़े तहमीना को लगा कि हाथ-पैर में जान नहीं है। लाख चाहने पर भी पैर उठ ही नहीं रहे थे।

"आओ तहमीना, आज कैसे भूल पड़ीं," नाहिद बाजी ने बहुत धीरे से मुस्कुराते हुए देखा और उसका हाथ थाम लिया, "पता है मैं दो बार तुम्हारे घर गयी थी, पर तुम नहीं मिलीं, और आज तो बड़ा बढ़िया दिन है, भाभी भी साथ हैं।"

"बेटा मुबारक हो! बधाई देने आ गये, तुमने तो बुलाया भी नहीं," भाभी ने कुर्सी पर बैठते हुए शिकायत के लहजे में कहा।

"थैंक्यू," नाहिद बाजी धीरे से हँसीं, पर वह हंसी ऐसी ही थी जैसे कोई

चीर रहा हो, फिर भी सारी तकलीफ को झेलते हुए जबर्दस्ती चेहरे पर मुस्कान लानी पड़ रही हो, "अभी फंक्शन नहीं किये हैं, पार्टी तो देंगे ही। मैं असल में बीमार पड़ गयी थी।"

"अरे डॉक्टर होकर तुम बीमार पड़ गयीं, आश्चर्य है," भाभीजी ने कहा तो नाहिद बाजी संकोच से सिकुड़ गयीं।

तहमीना चुप बैठी थी, वह एकटक नाहिद बाजी को देख रही थी, गूँगी-सी। आश्चर्य है, आदमी में इतने कम समय में इतना परिवर्तन कैसे आ जाता है! नाहिद बाजी जैसे उससे नजरें मिलाने में कतरा रही हों। नाहिद बाजी समझ रही थीं कि वह उसे देख रही है, अपनी घबराहट छुपाने के लिए वह भाभीजी से इधर-उधर की बातें करने में अपने को व्यस्त-सा जता रही हैं।

तीन कमरों का वह छोटा-सा घर था। बाजी के पुराने घर में और इस घर में कितना अंतर है! कहाँ टीप-टाप घर में रहने वाली नाहिद बाजी आज कैसे जीवन बिता रही हैं? एक गिलास अपने हाथ से पानी न पीने वाली आज नौकरों की-सी हालत बनाए हुए हैं। अंदर के कमरे में एक पालना बिछा हुआ था, और उसी पर शायद नाहिद बाजी का बेटा सोया हुआ था। पालने के उस पार पेटियों की कतार थी। पर्दा हट गया था, अब तहमीना बड़े आराम से ताक-झाँक में लगी थी।

तभी नाहिद बाजी की सास आ गयीं। सब खड़े हो गये, वह कुर्सी पर बैठ गयीं और तहमीना को लगा, बड़ी ही रोबीली पर्सनालटी है उनकी। नाहिद बाजी जैसी दब्बू बहू तो जरूर उनका दबका खाती होंगी।

"बैठिए आप लोग, यह तो तहमीना है न? लड़की तू दुबली कैसे हो गयी?" उन्होंने बड़े रोब से पूछा।

"जी नहीं, आप काफी दिनों में देख रही हैं, तो ऐसा लग रहा है," तहमीना ने कहा फिर बात बदलते हुए बोली, "पोता हुआ है आपके घर, आप दादी बन गयी हैं, मुबारक हो।"

"हाँ," उन्होंने शब्दों को खींचते हुए कहा, "बन गयी मत कहो, बना दी गयी हूँ, बिना माँगे जब भगवान छप्पर फाड़ कर धन देता है तो उसकी कद्र नहीं होती, उतना दर्द नहीं होता, जितना मेहनत कर थोड़े-थोड़े कमाए हुए। धन में होता है। हमारा तो एक ही बेटा था, शादी धूम-धाम से करना चाहते थे। क्या-क्या अरमान नहीं थे मेरे? पांच साल का था, तभी एक्सीडेंट में इसके पिता की मृत्यु हो गयी, और मैं? मैंने कितनी मुसीबतें उठाकर इसे पाला, पढ़ाया-लिखाया, सिर्फ इसी के कारण मैंने दूसरा ब्याह भी नहीं किया; पर बड़ा होकर यह कितना गद्दार निकला! औलाद जब बड़ी होकर माँ-बाप को नकार दे, इससे बड़ा दुःख दूसरा नहीं होता न! अब शादी को छः माह भी नहीं बीते हैं

और पोता हो गया। ठीक है, खुशी ही खुशी है। दुनिया से लोक-लाज तो उठ गयी है, बेशरम बनकर जीना है,…जी रहे हैं। मनुष्य का जीव बड़ा जीवट है, जल्दी नहीं छूटता न।"

सब कोई सकते की हालत में बैठे हुए थे, जैसे साँप सूँघ गया हो और कहने के लिए एक शब्द नहीं। तहमीना को लग रहा था जैसे वह कोई शोकसभा में शामिल है और अध्यक्ष ने बड़े ही चुने हुए शब्दों में मरे हुए साथी के प्रति श्रद्धांजलि प्रगट की है, और सब चुप बैठे सुन रहे हों, बस वैसा ही लगा और इस पल-भर के क्षण में नाहिद बाजी की गूँगी आँखों ने बहुत-सी अनकही बातें जैसे तहमीना से कह दी हों।

नाहिद बाजी की आँख की कोर गीली हो आयी थी और अपने को सँभाले हुए आँचल को मोड़ती विवश-सी वह उठीं और अंदर की ओर जाने लगीं। जाते-जाते उन्होंने तहमीना को पीछे आने के लिए इशारा किया और खुद पर्दा उठाकर भीतर चली गयीं।

तहमीना रसोई में गयी तो देखा नहिद बाजी उदास-सी घुटी-घुटी चुप खड़ी हैं, कोने में। उसे देखते ही वह वहाँ से हटीं और उसे लिये पीछे आँगन में चली आयीं जहाँ एक पलंग बिछा था। दोनों पास-पास पलंग पर बैठ गयीं।

"तहमीना, मैं धोखा खा गयी," नाहिद बाजी ने बुझे शब्दों में कहा और उसके घुटनों पर अपना हाथ रख दिया, "सपने इतनी जल्दी झूठे हो जाते हैं, मैंने नहीं जाना था, बिलकुल सेई के काँटे की तरह जो दिखने में निहायत खूबसूरत हसीन होते हैं पर जब चुभते हैं, तो उसका जहर नहीं निकलता, वह अंदर-ही-अंदर घाव को पका देता है, सड़ा देता है और एक दिन रोगी की मृत्यु हो जाती है। बिलकुल इसी तरह मुझे लग रहा है, मेरे ही सपने मुझे चुभ गये हैं और उनका जहर अन्दर-ही-अन्दर मुझे सड़ा रहा है, गला रहा है। अब काँटा नहीं निकलने वाला है, तुम सच जानो यह मुझे कब्र में ही सुलाकर दम लेगा। अब मेरी स्थिति यह है जैसे धोबी का कुत्ता न घर का न घाट का। मायके वालों ने तो मुझे जीते जी दफना ही दिया, मुझ पर ढेरों मिट्टी डाल गये हैं और ससुराल में सुबह से लेकर शाम तक सिवाय दुतकार के कुछ नहीं मिलता।"

"अपनों के प्यार के लिए, स्नेह के लिए, ममता के लिए आदमी इतना बेचारा भी हो सकता है, यह मैंने पहले नहीं जाना था," नाहिद बाजी थोड़ा रुककर ठंडी साँस लेकर फिर बोलीं, "कुत्तों से भी बुरी गत हो गयी है मेरी। उठते-बैठते ताने सुन-सुनकर कान पक गये हैं। छुआछूत इतना मानती हैं कि बस, मैं मुसलमान लड़की हूँ, इससे मेरे हाथ का छुआ नहीं खातीं। मेरी रसोई अलग है, उनकी अलग है। एक घर में दो चूल्हे हैं। महेश कहते हैं, तुम माँ की बातों

पर ध्यान मत दो, पर कैसे न दूं ? शरीर में जरा भी खरोंच लग जाती है तो उसका दर्द सारे शरीर को होता है, एहसास बना होता है न ! बस वैसा ही। मन को बहलाने के लिए अस्पताल है पर इससे क्या होता है, एक बार जो पत्ता अपनी डाल से टूट जाए उसे बस हवा इधर-उधर भटका-भटकाकर ही छोड़ती है, मेरा भी वही हाल है, जिंदगी मुझे भटका रही है और मैं उस सूखे पत्ते की तरह भटक रही हूँ। इधर-उधर……!"

"बाजी, आप अपना ट्रांसफर कहीं और करा लीजिए न," तहमीना की समझ में नहीं आया कि वह क्या कह कर उन्हें तसल्ली दे, किस तरह उनके जले हुए जख्म पर फाहा रखे।

"आदमी दुःखों से डर कर कब तक भागता फिरेगा ? अपनी ही परछाईं से कोई कब तक बचेगा ? समस्या एक दिन की हो तो सुलझ जाए, पर यहाँ तो जिंदगी ही होड़ पर लगी हुई है, और समस्या कभी सुलझने वाली भी नहीं। यह कष्ट मुझे भोगना था, और भोगना ही है। दूसरी लड़कियाँ ससुराल से घबरा जाती हैं, तो कुछ दिनों के लिए मायके चली जाती हैं, पर मेरे लिए तो वह द्वार भी बंद हैं। ससुराल में उपेक्षा, मायके में नफरत, बताओ आदमी जिये तो कैसे जिए ? तुम कहोगी प्यार के सहारे ! पर मैं तुम्हें बताऊँ तहमीना, प्यार एक ऐसा पौधा है जो जिंदगी की कड़ी धूप में कुम्हला जाता है। फिर उस माँ ने जिसने विधवा होकर अपने लड़के को इतने कष्टों से पाला-पोसा और अब मैं उस लड़के से कैसे कहूँ कि वह अपनी माँ से दूर रहे ? फिर वह जाएँगी भी कहाँ ? इस घर के अलावा उनके लिए कोई दूसरी जगह भी तो नहीं है।"

"डॉक्टर साहब क्या अपनी माँ से कुछ नहीं कहते ?" तहमीना ने बात को टेका दिया।

"कहते हैं, पर वह कहाँ मानती हैं। रोज माँ से उनकी लंबी-चौड़ी बहस होती है, वर्षों से चले आ रहे उनके विचारों को वह अब नहीं तोड़ सकते न।"

तहमीना को आश्चर्य-सा हुआ, वह चुप एकटक नाहिद बाजी को देख रही थी। नाहिद बाजी आजकल कितना बोलने लगी हैं, नाहिद बाजी रो नहीं रही थीं पर उनकी आत्मा भीतर से रो रही थी, ऊपर से रोना तो जैसे उन्हें कभी आया ही नहीं बस घुट-घुटकर रह जाती हैं और शायद यही आदत, यही दुख उन्हें भीतर ही भीतर खोखला भी कर रहा था।

"जिंदगी को जितना आसान समझते थे, दरअसल जिंदगी उतनी सहज नहीं है," नाहिद बाजी ने नीचे देखते हुए अपने नाखूनों को कुरेदा और धरती को देखते हुए बोलीं, "तुम देखो तहमीना हमारे सामने वाले घर में जो लोग रहते हैं, वह काफी गरीब हैं, रोज कमाते हैं, रोज खाते हैं। जिस दिन कमाने नहीं जाते, उस दिन उनके यहाँ चूल्हा नहीं जलता, पर देखो उस लड़की की

तकदीर, एक हैंडसम लड़के ने उसे पसंद किया जो उन्हीं की जात का है। दोनों का मिलना-जुलना जारी थी, घर में सबने छूट दे रखी थी, घर वाले यह बात जानते थे कि अगर वह खुद चाहें तो इस जन्म में लड़की का ब्याह तो कर ही नहीं सकते, फिर इतना सुन्दर लड़का तो उन्हें सात जन्म में भी नहीं मिल पाएगा। दोनों तरफ का खर्च लड़के ने ही दिया। लड़की के लिए लड़के ने खुद अपनी पसंद से गहने बनवाए, कपड़े लिए, वह बहुत अमीर घर का लड़का है। जो लड़की मामूली से कपड़े पहने रहती थी उसे उसने सोने से लाद दिया। भाग्य खुल गए लड़की के, जात में भी गई, रईस घर में और मनपसंद दूल्हा भी मिला। इसे कहते हैं तकदीर। हमारी तकदीर की तरह थोड़े ही। इतना कमाते हैं पर शान्ति न पहले मिल पाई न अब।"

तहमीना नाहिद बाजी की सूनी-सूनी आँखों में झाँकती रह गयी। अन्दर शायद मुन्ना उठ गया था, उसके हाथ-पाँव हिलाने से झूला हल्के-हल्के हिल रहा था और उसमें धीरे-धीरे कुनमुनाने की आवाज वहाँ तक आ रही थी। उसने शायद बिस्तर गीला कर दिया था और अब कच्ची नींद में जागने पर कुनकुना रहा है। बाजी उठकर गईं और उसे गोद में उठा बाहर ले आईं। गोद में लिटा कर उन्होंने बड़े ही सधे हाथों से उसकी नेपकिन बदली।

गोलमटोल एकदम मरफी गुड्डे-सा प्यारा, गोरा-चिट्टा सुन्दर था वह। बार-बार वह अपनी बन्द मुट्ठी को मुंह में डालता, जोर-जोर से चपड़-चपड़ कर रहा था। "लो भूख लग आई राजा बेटे को," कहते नाहिद बाजी तहमीना की गोद में मुन्ने को देकर दूध बनाने चली गयीं।

"आहा राजा बेटा है, मुन्ना राजा है, बोल तो मैं तेरी कौन हूं," तहमीना गोद में लिये हुए उसे प्यार करने लगी, उससे बातें करने लगी और वह चकराया-सा, हँसता हुआ उसे एकटक देख रहा था। उसे देखता वह प्रसन्नता से हंसता और जोर-जोर से हाथ-पैर चला रहा था।

"तो तुमको साइकिल चलाना भी आता है," तहमीना ने हँसते हुए कहा और उसे छाती से चिपका लिया।

"सुन्दर आंटियों को बहुत पसन्द करता है यह, देखो तुम्हारी गोद में जरा भी नहीं रोया। बड़ा होगा तो मुझे संभालना मुश्किल हो जाएगा," नाहिद बाजी दूध की बोतल ले आयीं और उसके पास खड़े होते हुए बोलीं। नाहिद बाजी की बात पर दोनों हँस दिए।

"बड़ा प्यारा है यह, खुदा इसकी लंबी उम्र करे," तहमीना ने प्रसन्नता से कहा और नाहिद बाजी के हाथ से बोतल लेकर मुन्ने को पिलाने लगी।

"बस इसी को देखकर तो हम दोनों अपनी तकलीफें भूल जाते हैं। माँ जी मुँह से चाहे जितना बोल लें, मुझ से चाहे कितनी नफरत कर लें, पर मुन्ने पर

जान छिड़कती हैं। जरा-सा इसे कुछ हो जाता है, तो सारी रात जागकर उसके पास बैठी रहती हैं। कहती हैं, पूरे तीस वर्ष बाद मेरे घर में फिर से बच्चे ने जन्म लिया है," नाहिद बाजी कह रही थीं और तहमीना आश्चर्य से उन्हें तक रही थी। नाहिद बाजी अभी थोड़ी देर पहले कुछ और लग रही थीं और अब कुछ और लग रही हैं। इतने कम समय में क्या हो गईं यह ही शायद उनके भीतर की माँ थी जो उनसे यह सब कहला रही थी। पहले जो रूप था वह एक लड़की का, बहू का था और अब एक माँ का रूप था जो ममता से भरी भविष्य के लिए आशावादी हो उठी थी। तभी तो सब कहते हैं औरत माँ बनकर सब सह लेती है, सारे कष्टों को झेल लेती है।

"आप ड्यूटी पर जाती हैं तो इसे कौन देखता है?"

"एक लड़की को रखा है, चौबीस घंटे के लिए। आज वह अपने घर गई है। फिर माँ जी तो रहती ही हैं, यह उनके पास ज्यादा रहता है। मेरा खाना भी लड़की ही बनाती है, क्योंकि अस्पताल से लौटते हुए तो बहुत समय हो जाता है और फिर आए दिन नाइट ड्यूटी भी रहती है," नाहिद बाजी हंसीं और तहमीना को निहारती बोलीं, "सीधी-सी बात तो यह है और तुम जानती हो कि मुझे खाना बनाना नहीं आता।"

"अरे हाँ, अपनी भी तो सुनाओ। मैं भी कैसी हूँ, अपनी ही अपनी बात करती जा रही हूँ, तुम्हारी खैरियत तक नहीं पूछी। तुम इधर दिखती भी नहीं हो और दुबली भी लग रही हो। क्या बात है?"

"नहीं तो," कहते तहमीना सकुचा-सी गयी जैसे भयानक चोरी करते पकड़ी गयी हो। तहमीना को लगा नाहिद बाजी उसकी आँखों में एक बार झाँकेंगी तो और ढेर सारी बातें जान लेंगी, अंदर और बाहर की। वह सहमी-सी सकुचाई-सी जवाब देने लगी, "बहुत दिनों बाद देख रही हैं न, इसलिए ऐसा लग रहा है आपको।"

"रिंकू कैसा है? भई उसका साथी बुलाओ, कब तक उसे अकेला रखोगी तुम?" नाहिद बाजी ने मज़ाक किया।

'धत्," कहती तहमीना उदास-सी हो गयी, "बाजी आपने थोड़ी देर पहले ठीक ही कहा था, जिंदगी को हम जितना आसान समझते हैं दरअसल वह उतनी आसान नहीं। हम सोचते हैं जी लेंगे, भोग लेंगे, पर मन ढीठ बच्चों की तरह बार-बार अड़ जाता है, नहीं, हमें यह नहीं यह चाहिए, हमें वह दो और उसकी पसंद जुटाना क्या आसान है?" नाहिद बाजी ने तहमीना की गोद से बच्चे को उठा लिया और आश्चर्य से तहमीना को घूरा। उन्होंने महसूस कर लिया कि कहीं न कहीं बिल्ली रास्ता काट गयी है। नाहिद बाजी बच्चे को बाहर अपनी सास को दे आयीं।

"आओ तहमीना कुछ नाश्ता वगैरह बनाया जाय, वरना भाभी भी क्या सोचेंगी! बाहर तो वह माँ जी के साथ खूब गप मार रही हैं," नाहिद बाजी ने कहा और दोनों रसोईघर में उठकर आ गयीं।

"नाहिद बाजी, सब कुछ जानते-बूझते हुए भी नासमझ बने रहना कितनी तकलीफदेह स्थिति होती है! आप डॉक्टर हैं, आप केवल नसें काटना और उन्हें सीना जानती हैं। आपकी दुनिया अलग है और हमारी अलग। हमारे लिए शरीर का घाव कोई मायने नहीं रखता, क्योंकि वह उतना कष्ट नहीं देता जितना मन का दर्द। आपके यहाँ आदमी सिर्फ एक बार मरता है, हमेशा के लिए, लेकिन हमारी दुनिया में आदमी बार-बार मरता है और बार-बार जीने को मजबूर होता है। या साफ बात कहें, वह मर कर भी जिन्दा रहता है। आपकी मेडिकल बुक में मन नाम की कोई चीज़ नहीं होती, आँसू नाम की कोई डिसीज़ नहीं होती, पर हमारे लिए यह कैंसर और टी० बी० से भी बड़े होते हैं," तहमीना ने भजिए के लिए प्याज काटते हुए कहा।

"तुम ठीक कहती हो तहमीना, पहले मैं भी ऐसा ही सोचती थी कि आदमी एक बार मरता है, पर नहीं, आदमी बार-बार मरता है, मरकर भी उसे जिंदा रहना पड़ता है," नाहिद बाजी ने गैस के चूल्हे पर कढ़ाई चढ़ाई और जैसे राज भरे अंदाज में बोलीं, "अच्छा बोलो तो, क्या यह शादी तुम्हारी अपनी पसंद से हुई थी?"

"न," तहमीना समझ गयी नाहिद बाजी बात की तह तक पहुँच गयी हैं, "छोड़िये बाजी, पुरानी बातों के जख्म को कुरेदने से क्या फायदा, सब तकदीर का खेल है। देखो न हमारे हाथों में ढेर-ढेर लकीरें हैं, इन लकीरों में क्या लिखा है, कौन जानता है! मिटाना भी चाहें तो क्या इन लकीरों को हम और आप मिटा सकते हैं?"

तहमीना ने भजिए बनाए और प्लेटों में सजा दिए।

"अचार निकालूँ क्या?" नाहिद बाजी ने अलमारी से अचार की बरनी निकालते हुए पूछा।

"अच्छा, तो आप पूर्ण रूप से गृहिणी हो गयी हैं," तहमीना ने मजाक किया और ट्रे उठाकर बाहर आ गयी।

नाहिद बाजी के यहाँ से जब तहमीना नीलिमा भाभी के साथ लौटी तो मन बहुत उदास हो गया था। घिरे हुए और भरे हुए बादल की तरह उसकी आँखें भर आयी थीं जैसे अब······अब बरस जाएँगी। कितना बदल गयी हैं नाहिद बाजी!

"लगता है डॉक्टर नाहिद अपनी मैरिज से हैप्पी नहीं हैं," नीलिमा भाभी ने चलते हुए अचानक पूछा।

"नहीं, खुश तो हैं, थोड़ा-बहुत टेंशन सास-बहू का सब घर में चलता है भाभीजी," तहमीना ने कहा और दूसरी तरफ देखने लगी जैसे डर हो कहीं भाभीजी उसके चेहरे से सारी बातें न पढ़ लें।

खाना खाते हुए टेबल पर रिंकू ने पानी गिरा दिया। ढेर सारा पानी डबल रोटी के चूरे को अपने साथ लेकर नीचे बह गया। पानी के छींटों से सकपका कर जमशेद ने पैर खींच लिये।

"क्या बेहूदापन है! तुमसे कई बार कहा न इसे अलग खाना खिलाया करो, पर तुम तो जैसे मेरी बात सुनती ही नहीं हो," जमशेद ने कुर्सी खींचकर उठते हुए कहा।

"धोखे से गिर गया होगा, जान-बूझकर थोड़ी गिराया होगा," तहमीना ने रिंकू का पक्ष लिया।

"हाँ, तुम तो उसका साथ दोगी ही," जमशेद गुस्से से भुनभुनाते हुए उठ गए।

शायद सुबह की शुरुआत ही बड़े गलत ढंग से हुई थी। आज सुबह से ही तहमीना काफी खुश थी, उसे दौरे पर भी जाना था। आज वैसे छुट्टी का दिन था और जमशेद और रिंकू दोनों घर पर थे, इसलिए तहमीना चाह रही थी कि यह लोग भी उसके साथ चलें और उसने सोच रखा था कि वह खाना खाते हुए जमशेद के सामने यह प्रस्ताव रखेगी, पर रिंकू ने बीच में घोटाला कर सब गड़-बड़ कर दिया। वैसे जमशेद के मूड पर से लग नहीं रहा था कि वह तहमीना के प्रस्ताव को स्वीकार करेंगे, फिर भी उसने हिम्मत बाँधी और टेबल साफ करते हुए जमशेद की ओर देखा।

"अभी मुझे बाहर जाना है, आज वैसे छुट्टी का दिन है, आप लोग भी चलिये, घूमना भी हो जाएगा और काम भी हो जाएगा, शाम न होते-होते तक तो लौट ही आएँगे," तहमीना ने झिझकते हुए अपनी बात कही।

"नहीं, मुझे दूसरे काम हैं, मैं नहीं जा सकता," जमशेद ने साफ शब्दों में इंकार कर दिया।

अंदर से मन में जैसे कुछ खन् से टूटा, पर वह अपना चेहरा नार्मल बनाए चुप बैठी रही। बहुत ही सहज ढंग से खाने की टेबल पर इकट्ठे हुए थे और खाते समय जमशेद इधर-उधर की बातें बताते भी रहे थे, जिन्हें सुनने की उसे कभी रुचि नहीं रही, पर मजबूरन हमेशा सुनना ही पड़ता था, भाग लेना पड़ता था। वह चुप बैठी हाँ-हूँ करती बातचीत में बराबर हिस्सा लेती रही और तहमीना को जमशेद के सहज मूड से लगा था कि वह साथ चलने को तैयार हो जाएँगे। पता नहीं क्यों आज उसे अकेला जाना बहुत ही खल रहा था, पर बात की शुरु-

ग्रात ही गलत हो गई थी।

खाना खाकर वह सोफे पर ग्राकर लेट गई। मन ग्रजीब-सी थकान ग्रौर जड़ता से टूट रहा था, तभी ड्राइवर ने ग्राकर चाबी माँगी। तहमीना को लगा कि वह मना कर दे कि ग्राज वह नहीं जायेगी, पर पता नहीं क्यों उसे लगा, कि ग्रगर उसने ऐसा कहा तो ड्राइवर उसके चेहरे ग्रौर ग्राँखों से झाँकती निराशा से ताड़ जाएगा ग्रौर वह दो कौड़ी के ग्रादमी के सामने ग्रपना ग्रहं टूटने देना नहीं चाहती थी।

"लो, मैं ग्रभी तैयार होकर ग्राती हूँ," तहमीना ने उठकर रेडियो के बाजू से चाबी निकालकर उसे दे दी।

पता नहीं क्यूं ग्राज उसे ग्रकेले निकलते हुए बहुत ग्रजीब-सा लग रहा था, लग रहा था कि चाहे कोई भी हो पर उसके साथ चले ताकि कम-से-कम उसे ये ग्राभास तो होता रहे कि साथ कोई है। तहमीना उठकर फिर एक बार जमशेद के पास गयी ग्रौर खुशामदी लहजे में बोली, "चलो न, ग्रकेले जाने में बहुत बोर लग रहा है।"

"तुमसे एक बार कह दिया न, कि तुम जाग्रो, फिर बार-बार पूछकर क्यों बोर करती हो। मुझे तुम्हारे साथ देहातों में घूमने का कोई शौक नहीं है," जमशेद ने सपाट शब्दों में उत्तर दिया, ग्रौर ग्रपने काम में बिज़ी हो गये।

तहमीना का मुँह उतर गया, उसे जमशेद का इस तरह बोलना बुरी तरह खल गया। उसकी इच्छा थी कि जमशेद ग्रपने मुँह से यह कह दें कि जब तुम्हारा मूड नहीं हो रहा है तो तुम भी मत जाग्रो, पर जमशेद का इस तरह बात करना उसे भीतर तक चोट कर गया। उसे लगने लगा कि दोनों के बीच कितनी लम्बी खाई है। हमेशा वह चाहती है कि यह खाई दूर हो जाए, पर होता इससे हमेशा उल्टा ही है। दूरियाँ ग्रौर बढ़ जाती हैं। वह ग्राज जरूर जायेगी, वह जमशेद के ग्रागे यह शो नहीं करना चाहती कि वह बिना किसी सहारे के चल ही नहीं सकती। उसने एक बार ग्रौर ग्रपने मन को तसल्ली दी, कि हां उसे जाना है ग्रौर जरूर जाना है। तहमीना ने बहुत बेमन से साड़ी बदली। हल्की ग्राकाशी रंग की साड़ी में उसकी उदासी कुछ कम जरूर हो गयी थी पर समाप्त नहीं हुई थी। जैसे ही पर्स लेकर वह कमरे से बाहर ग्राई तो उसने देखा सामने विपुल खड़ा है।

"ग्ररे, दीदी, ग्राप कहीं जाने की तैयारी में हैं?" विपुल ने पूछा।

"हाँ, बाहर जा रही थी, साथ चलोगे?"

वह दोनों बाहर बरामदे तक ग्रा गये। जमशेद केन की लम्बी-सी कुर्सी पर लेटे हुए-से बैठे थे। जमशेद के चेहरे से लगा कि उन्हें विपुल का ग्राना खल गया है।

"सुनो, विपुल ग्रा गया है, चलो ग्रब सब घूम ग्रायेंगे, ग्रच्छी कम्पनी रहेगी,"

तहमीना ने एक बार और जैसे प्रयत्न करना चाहा।

"कहा न तुमसे एक बार कि मुझे काम है, क्या मैं काम-धाम छोड़कर तुम्हारे साथ घूमता रहूँ," जमशेद ने गुस्से से भड़कते हुए जोर से कहा।

अपमान से तहमीना का चेहरा लाल हो गया। विपुल के सामने जमशेद का इस तरह बोलना उसे चुभ गया। इससे तो अच्छा था अकेले में दो झापड़ लगा देते पर इस तरह विपुल के सामने कटु शब्द तो न बोलते। विपुल शायद स्थिति को समझ गया था और तहमीना के भाव को भी वह ताड़ गया था, इसलिए बात को हँसी में उड़ाते हुए बोला, "दीदी, समाज के साथ-साथ सबका सुधार करने पर क्यूँ तुल गयी हैं?"

विपुल की हँसी पर भी तहमीना का उतरा मुँह फिर नहीं सँभला और उसने विपुल से भी कोई बात नहीं की।

"आप लौटेंगी कब तक दीदी ? बताइये तो चल सकता हूँ," विपुल ने बात को संभालना चाहा।

"यही चार बजे तक।"

"बिलकुल पक्का ?" विपुल ने फिर पूछा।

"हाँ, एकदम श्योर।"

"अगर आप गारंटी दें कि चार बजे तक लौट आयेंगी तब मैं चल सकता हूँ, क्योंकि शाम को मेरा एक बहुत जरूरी काम है।"

"नहीं, इतनी जल्दी ये कहाँ लौट पाएँगी," जमशेद ने जल्दी से कहा, और फिर विपुल को रोकते हुए बोले, "तुम बैठो यहीं इन्हें जाने दो. वहाँ तुम्हारा क्या काम है।"

जमशेद का इस तरह हिटलरी रूप उसे बुरी तरह चुभ गया। उसने हैरान होकर जमशेद को देखा। यह किस तरह के व्यक्ति हैं, वह आज तक समझ नहीं पाई थी।

"अच्छा तो मैं अब चलता हूँ दीदी, घर पर जल्दी पहुँचना था," कहता विपुल बाहर निकल गया। वह भी जमशेद के मूड से भाँप गया था कि उसका जाना ठीक नहीं।

तहमीना का मन एकदम उदास हो गया। वह अन्दर आकर सोफे पर ढह-सी गयी, सोचा, थोड़ा स्वस्थ हो ले तब जायेगी। आँख बंद किये सर को सोफे पर टेके वह बहुत देर तक बैठी रही।

पता नहीं, वह कब तक सोचती रही कि बाहर आहट हुई, दरवाजा खुला, तहमीना ने सर उठाकर देखा, सामने से मीनाक्षी भीतर आ रही थी। तहमीना ने अपने को सँभाला, साड़ी के आँचल से अपने चेहरे को पोंछा जैसे उदासी की परत को साफ कर रही हो। साड़ी की तह को ठीक करते और पहलू बदलकर वह बैठ

गयी। इतने पर भी वह अपने चेहरे से शायद उदासी नहीं पोंछ पाई थी। आँखें थीं कि बार-बार भर आती थीं।

"नमस्ते मैडम," कहती मीनाक्षी अंदर आयी।

"नमस्ते! बैठो, कहो क्या हाल है," तहमीना ने आँख उठाकर उसे देखा, "मैं अभी बाहर जा ही रही थी, अच्छा हुआ तुम आ गयीं। चलो साथ हो गया।"

"क्या बात है, आपकी तबियत ठीक नहीं है क्या?" मीनाक्षी उसके चेहरे को टटोलती बोली।

"कुछ नहीं, ऐसे ही जरा तबियत ठीक नहीं थी," कहकर तहमीना ने अपने कंधे सिकोड़ लिए और वह कहीं और भटक गयी। वह चुप कुर्सी पर मुर्दा-सी पड़ी रही, मीनाक्षी की उपस्थिति को भी वह भूल गयी थी। विपुल जाते-जाते उसके मन में पीड़ा का एक बीज बो गया था, इधर तुषार से भी काफी दिनों से मुलाकात नहीं हुई थी। तुषार के साथ गुजारे दो-तीन दिन कितने सुन्दर, कितने सुखद थे। वह कितनी प्रसन्न थी वहाँ। नन्हीं चिड़िया-सी वह सारे बरामदे में फुदकती रहती थी। एक दिन इसी प्रकार प्रसन्न थी कि तुषार ने पीछे से आकर उसे अपनी बाँहों में बाँध लिया था।

"बहुत प्रसन्न हो?"

"बस समझो तुषार, स्वर्ग मिल गया मुझे।"

"न, इतना प्रसन्न मत हो तहमीना, पता है सुख की आयु छोटी होती है न!"

तुषार की बात सुनकर तहमीना का चेहरा बुझ-सा गया था। तब भी और आज भी वह यही सोचती है कि तुषार ने इतनी कड़वी बात क्यों कही थी? क्या उसके मन में कोई पाप था? या वह आने वाले कल की परछाईं देख रहा था। अक्सर जब उसकी गहरी नींद से आँख खुलती तो देखती साथ वाले बिस्तर पर तुषार जागता हुआ उसे निहार रहा है।

"क्या बात है सोए नहीं?"

"नींद नहीं आती तहमीना, इच्छा होती है सारी उम्र मैं जागता रहूँ, और तुम इसी तरह चैन से सोती रहो।"

"न, क्या बोलते हो," तहमीना उसके पास खिसक आयी थी और उसने अपनी दोनों बाहों को गले में डाल दिया, और उससे लिपटती हुई बोली, "तुषार, मुझे डर लगता है।"

"क्यों?" तुषार ने उसके बालों में अपना सर छिपा लिया।

"पता नहीं क्यों, तुम आजकल क्या-क्या बोलते हो! अभी तो आँख भरकर सपना भी नहीं देखा, और तोड़ना चाहते हो, मुझे आने वाले कल से डराते

हो !"

दोनों उस रात एक-दूसरे के करीब बैठे रहे, सिसकते रहे, अनजाने भय से काँपते रहे थे। भोर कब खिड़की की चौखट पर आ गयी थी, दोनों को पता ही नहीं चला था। सोचते-सोचते तहमीना की आँख भर आयी। क्या वह तुषार से उसकी आखिरी मुलाकात थी? फिर वह उससे मिलने क्यों नहीं आया?

"मैडम, मैं अभी जा रही थी न, तब रास्ते में विपुल भैया मिले थे," मीनाक्षी ने कहा तो तहमीना जैसे एकदम चौंक पड़ी और सहमकर मीनाक्षी को देखने लगी कि कहीं उसने उसके चेहरे पर लिखी बात पढ़ तो नहीं ली। ओह! वह कैसे उसकी उपस्थिति को भूल गयी थी?

"विपुल मिला था," तहमीना ने अपने को सँभालते हुए कहा, "क्या बोल रहा था? वह अभी यहीं से तो गया है।"

"जी कुछ नहीं, कह रहे थे अपनी मैडम का थोड़ा खयाल रखा करो।"

"क्या!" तहमीना आश्चर्य में पड़ गयी। याने विपुल को शक हो गया है कि वह परेशानी में कुछ कर न ले।

"चलो मीनाक्षी, अब चलेंगे," कहते तहमीना एकदम से उठ गयी जैसे कोई अचानक निर्णय ले लिया हो। दोनों गाड़ी तक आये, तब तक रिंकू भी साथ चलने मचलने लगा था। तहमीना ने उसे साथ ले लिया।

गाड़ी स्टार्ट हुई। उस तपती धूप में भी जो बहुत गर्म थी, घर से बाहर निकलकर उसे जैसे बहुत शान्ति-सी मिली। पता नहीं क्यों आज उसे बुरी तरह अकेलापन लग रहा था। अच्छा हुआ आज मीनाक्षी आ गयी, क्या ही अच्छा होता उसके साथ कुछ लोग और भी होते। लोग साथ चलने का दम भरते हैं, पर कौन किसके साथ चल पाता है? जिंदगी के रास्ते तो अकेले ही काटने होते हैं। मार्च की शुरुआत थी पर धूप में अभी ही बहुत तेजी आ गयी थी। चमकती धूप से आसपास का वातावरण वैसा ही लग रहा था जैसे कोई कपड़ा हल्के-हल्के हिल रहा हो।

शहर पार करते ही सरगी का जंगल शुरू हो जाता है। सड़क पर ढेर-ढेर पत्ते जमा थे। लंबे-लंबे पेड़ आकाश को छूते खड़े थे, जिनके पत्ते उनसे टूट-टूट कर बिखर गये थे। हवा तेज थी। पतझड़ के मौसम में जंगल कितना खूबसूरत लगता है। आम के पेड़ बौर से लद गये थे। पता नहीं, क्यों यह मौसम उसे बहुत ''बहुत प्रभावित करता है हमेशा। एक मौसम जाता है और दूसरा आता है। याने जिंदगी को नये ढंग से जीने की प्रेरणा दे जाता है। दोपहर का वह शांत वातावरण और चुप से एक-एक झरते, टपकते पत्ते गिरते और सैकड़ों, अनगिनत पत्तों में शामिल हो जाते, जैसे यही इनका अंत हो। प्राकृति का यह रूप कितना प्रभावशाली था, कितना जानदार और सटीक! सड़क के दोनों

छोर पर वही वातावरण था। जंगल में कहीं-कहीं लकड़ियाँ चुनती देहाती औरतें दिख रही थीं। थोड़ा आगे गये कि अचानक खट्-खट् की आवाज़ होने लगी। ड्राइवर ने गाड़ी रोक दी।

"क्या बात है?" तहमीना ने पूछा।

"साइलेंसर निकल गया शायद," ड्राइवर नीचे उतरकर खट्-पट् करने लगा।

"चलो, हम लोग थोड़ा टहल आयें," कहती तहमीना जीप से उतर पड़ी। वह लोग सड़क के नीचे उतरकर कुछ दूरी पर जहाँ पेड़ की घनी छाँव थी, वहाँ पत्थरों पर बैठ गये। वह लोग सड़क से जरूर दूर निकल गये थे, पर इतनी नहीं कि वह गाड़ी को न देख सकें।

वह मौन चुप-सी, उस बोलते वातावरण को निहारने लगी। बायीं ओर जंगल में थोड़ी ऊँचाई पर दो-चार मकान बने थे, जहाँ रंग-बिरंगी साड़ियाँ सूख रही थीं। तभी ऊँची टेकरी से ढेर सारी गाय-बकरियों का हेड़ उतरा और में···में···की लगातार आवाज़ करता सड़क पार करने लगा। उसे यह सब बड़ा अच्छा लग रहा था। जंगल जो दूर-दूर तक तन झाड़कर नंगा हो गया था, वहीं दूर से पलाश के लाल चटक दहकते फूल झाँक-झाँक कर अपनी ओर दूसरों का ध्यान आकर्षित कर रहे थे। पलाश भी कितना प्यारा और जानदार फूल है, एक अकेला पेड़ सारे वीराने को अपने सौन्दर्य से भर देता है। काली आँखों में खिला सौन्दर्य, जैसे किसी नवयौवना की कजरारी काली आँखों में उतरे नशीले, शराबी, लाल-लाल खुमारी के डोरे हों।

जंगल में एक ओर से फाख्ता बोली तो जंगल के दूसरे छोर से दूसरी फाख्ता ने अपनी भाषा में उसका उत्तर दिया। अचानक उसका मन बहुत हल्का हो आया। घर से चलते वक्त जो मन पत्थर-सा भारी, उदास और परेशान था, वह इस जंगल के सौन्दर्य से एकदम हल्का-फुल्का पंखे की तरह हो आया था।

मीनाक्षी जो बड़ी देर से बार-बार मुड़कर देख लेती थी जैसे कुछ ताड़ना, जानना चाह रही हो, कुछ समझना चाह रही हो पर समझ नहीं पा रही थी।

"मैडम, मैंने आज आपको जितना उदास और टूटा हुआ देखा इससे पहले नहीं। मेरा विश्वास करिए, आपके मन में जो भी दुःख है उसे मुझे कह दीजिए, मन हल्का हो जायेगा।"

"नहीं, कुछ नहीं मीनाक्षी, बस ऐसे ही आज कुछ परेशान-सी लग रही हूँ मैं।"

"क्षमा कर सकेंगी तो एक प्रश्न आपसे करना चाहूँगी, जो कई दिनों से मेरे मन में भटक रहा है।"

"हूँ, बोलो न," तहमीना काँप-सी गयी, और जल्दी से दूसरी ओर देखने

लगी। ओह ! पता नहीं यह क्या कहना चाहती है।

"मैडम, आपके जीवन के बारे में बहुत-सी चर्चाएँ मैंने इधर-उधर सुनी हैं, यहाँ तक कि तुषार साहब को लेकर ही कुछ चर्चाएँ कर रहे थे लोग। क्या यह सच है ? मैं अच्छे से जानती हूँ, एक गृहस्थ औरत के लिए ऐसी बातों का सामना करना कितना मुश्किल और कष्टदायक हो जाता है। मैं हमेशा आपके पास आती हूँ, आपको देखती हूँ, एक मशीन की तरह हर काम करती हैं। मुझे लगता है आपके जीवन में कोई कमी जरूर है, जिसे पूरा होना था, पर नहीं हो पायी।"

"मीनाक्षी, दुनिया में हर आदमी को हर चीज मिल जाये ऐसा नहीं होता है···," तहमीना ने बहुत उदास होकर मीनाक्षी को देखा। वह समझ गयी कि वह चाहे सबसे अपने आपको छुपा सकती है पर एक औरत से अपने को नहीं छिपा पायेगी। और अब छुपाना भी बेकार है, क्योंकि अब उसे अपने मन की बात कहने, तसल्ली पाने के लिए एक साथी की निहायत आवश्यकता भी थी। वरना वह घुट-घुटकर अपने विचारों में गोता लगाते एक दिन दम तोड़ देगी।

"आपने ठीक कहा मैडम, पर आदमी को अपने प्रयत्न नहीं छोड़ने चाहिए, कोशिश तो करनी ही चाहिए न !"

"कोशिश···!" तहमीना कड़वी हँसी हँस दी, "आसमान को छूने की कोशिश में हमेशा पैर धरती को छोड़ देते हैं मीनाक्षी।"

मीनाक्षी उसे हैरान-सी देखती रही पर उससे कोई जवाब एकाएक नहीं बन पाया।

"तुमने सही सुना है मीनाक्षी। तुम जब दूसरे माध्यम से यह बात सुन ही चुकी हो, तो फिर तुमसे छुपाना कैसा ? यह तो मैं जानती हूँ कि आज मैं तुम्हारी दृष्टि में बहुत छोटी हो गयी हूँ। अब मैं शायद भविष्य में तुम पर अपना अफसरी रोब डाल भी नहीं पाऊँगी," कहते तहमीना बहुत टूट-सी गयी।

"नहीं, आप गलत सोचती हैं, मेरे मन में अब आपके लिए ज्यादा श्रद्धा हो गयी है। आपने मुझे मेरे साहस पर डाँटा भी नहीं और कितनी आसानी से किस विश्वास से मेरे सामने अपने आपको खोल दिया ! आज से आप जाने रहिए कि आप अकेली नहीं हैं, मैं भी आपके साथ हूँ। जिंदगी बहुत अजीब है मैडम। किसी को कुछ मिलता है, किसी को कुछ। आज आपको देखकर मुझे लगा कि आपकी तरह ही मिलता-जुलता मेरा भी जीवन है।"

"अच्छा !" तहमीना चौंकी।

"जी हाँ, मेरा भी जिसके साथ प्रेम था उससे मेरा ब्याह न हो पाया, और जिसके लिए मन में एक बूंद भर भी प्रेम न था उससे ब्याह हुआ और उसके बच्चों की माँ भी मैं बनी।"

गाड़ी ठीक हो गयी थी शायद, क्योंकि रिंकू सड़क पर खड़ा दोनों हाथ हिला-हिलाकर उन दोनों को बुला रहा था, "मम्मी जल्दी आइये, गाड़ी ठीक हो गयी है, जल्दी आइये।"

दोनों लौटने लगीं, तहमीना को लगा उस तपती भटकती दोपहर में मीनाक्षी ने उसे अचानक भटकने से बचा लिया है जैसे। वह लोग जब गाँव पहुँचे तो शायद दोपहर का दो बज रहा था। हवा काफी गर्म थी। सेंटर में शिविर लगा था। गाड़ी की आवाज से जो लड़कियाँ बाहर थीं जल्दी से दौड़कर आयीं और जीप के पास खड़े होकर नमस्ते करने लगीं। सामने से मिसेज खैतान आती दिखी। तहमीना ने एक नजर में ही ताड़ लिया कि जो लड़कियाँ शिविर में भरती की गयी हैं, वह मुश्किल से दस-बारह वर्ष की होंगी, एक-दो लड़कियाँ तो पुराने शिविर में भी शामिल थीं, जिन्हें देखते ही तहमीना ने पहचान लिया।

"आप इस वक्त कैंप छोड़कर कहाँ गयी थीं?" तहमीना जीप से उतरते हुए मिसेज खैतान की नमस्ते का उत्तर देते हुए बोली।

"गाँव में शिक्षिका के पास कुछ काम था," मिसेज खैतान बोली।

"गलत, इस टाइम आपको बाहर नहीं जाना चाहिए," तहमीना आगे बढ़ती बोली, "और आपने मिसेज खैतान बहुत कम उम्र की लड़कियों को भरती कर लिया है। महिला शिविर में तो सोलह साल से ऊपर की लड़कियों को कैंप में लिया जाना चाहिए।"

"क्या करूँ मैडम, कोई भी जवान लड़कियों को भेजने पर तैयार नहीं होते, बाकी लोग सब शादीशुदा हैं, या शीघ्र ही उनकी शादियाँ होने वाली हैं, इसलिए उनको अपने घरों से ही फुर्सत नहीं, मजबूरी में इन लड़कियों को रखा है," मिसेज खैतान घबराई हुई-सी बोली।

"जब यहाँ लड़कियाँ नहीं मिल रही थीं तो आपको यहाँ शिविर लगाना ही नहीं था। आप लिखकर दे देतीं, दूसरे गाँव में लगा दिया जाता। सरकारी पैसा बेजरूरत खर्च करने के लिए तो नहीं है," तहमीना कुर्सी पर बैठते बोली। मिसेज खैतान पिटा हुआ चेहरा लिए खड़ी थी, आज उसकी गलती पकड़ ली गयी थी।

"मिसेज खैतान, आपको पता है, इस शिविर को लगाने का उद्देश्य क्या होता है, यही कि महिलाओं से हम हर विषय पर खुलकर चर्चा कर सकें, और हर बात उन्हें समझा सकें। पर यह लड़कियाँ इतनी छोटी हैं, कि इनसे हम इतना खुलकर बात कर ही नहीं सकते और करना भी बेकार है, क्योंकि अभी ये नासमझ उम्र में हैं," तहमीना ने झल्लाये हुए शब्दों में कहा, "लाइये, आपका निरीक्षण रजिस्टर।"

मिसेज खैतान ने निरीक्षण रजिस्टर लाकर उसके सामने रख दिया,

साथ ही श्रौर भी सब रजिस्टर थे। मीनाक्षी सब लड़कियों को लाइन से बैठाने में लगी हुई थी। तहमीना ने निरीक्षण टीप लिखा श्रौर तुरन्त उठ गयी।

"चाय नहीं पियेंगी, मैडम," मिसेज़ खैतान घबराती हुई बोली।

"नहीं, मुझे थोड़ा जल्दी जाना है," कहती तहमीना बाहर श्रा गयी। जीप के पास वह खड़ी थी कि देखा शिक्षिका श्रा रही है। उसने बताया कि श्राज गाँव में दुख हो गया है, गाँव के पटेल का बाप मर गया है, इसलिए स्कूल की छुट्टी कर दी गयी है, सुबह गाँव के लोगों ने श्राज खूब शराब पी थी।"

तहमीना जीप में बैठ गयी। जीप जब गाँव का रास्ता पर करते बाहर की तरफ श्रायी तो उसे विचित्र लग रहा था, यह सोचकर कि गाँव के दुःख श्रौर सुख कितने मिलते-जुलते हैं। जीप जब गाँव के बाहर श्रा गयी तो श्रचानक तहमीना ने देखा जंगल में एक श्रधजली चिता जल रही थी। देखते ही वह समझ गयी कि यह वही चिता होगी याने पटेल के बाप की। चिता करीब-करीब पूरी जल चुकी थी। दहकते श्रंगार ही श्रंगार दिख रहे थे। चिता के पास एक छोटी-सी झाड़ी पर एक नया सफेद कपड़ा पड़ा हुश्रा था, जिसे देखते ही वह समझ गयी थी कि लाश के ऊपर का कपड़ा है। पता नहीं बाद में उसे कौन उठाता होगा ? दुनिया में ऐसे भी लोग हैं जो दूसरों की बेजरूरत चीजों का उपयोग कर लेते हैं। चिता के पास कोई नहीं था। जीप थोड़ा श्रागे गयी तो फिर एक घर मिला जो काफी बड़ी बाड़ी से घिरा हुश्रा था। घर के सामने ओसारे के नीचे लंबे चबूतरे पर लोग लाइन से बैठे थे। तो यही पटेल का घर है, जहाँ श्मशान से लौटकर लोग बैठे थे।

जीप श्रागे बढ़ती गयी, उदासी-सी लगी। वास्तव में मौत सच है, हकीकत है, बाकी सब झूठ…सफेद झूठ। इन्सान का साथ इन्सान नहीं दे पाता, उसके साथ-साथ नहीं चल पाता पर यादें हमेशा ज़िंदगी-भर श्रादमी की उँगली थामे रहती हैं, हमेशा उसके साथ उँगली पकड़े चलती हैं।

शाम श्रभी पूरी तरह नहीं हो पायी थी, तहमीना श्रौर मीनाक्षी जरूरी सामान खरीदकर बाजार से लौट रही थी, एक मनिहारी की दूकान से उतरते में श्रचानक तहमीना ने देखा सामने विपुल है। तहमीना उससे बचना चाहती थी पर एकदम सामने देख श्रब वह कट भी नहीं सकती थी, "श्ररे विपुल भैया श्राप, किधर जा रहे हैं ?" मीनाक्षी ने पूछा।

"बस यूँ ही, थोड़ा बाजार घूमने निकला था," विपुल ने तहमीना को देखते हुए कहा।

"कहिये विपुल भैया, श्राप शादी-वादी कब कर रहे हैं," मीनाक्षी ने मजाक़

किया।

"शादी," विपुल चौंका; "शादी तो मुझे करनी नहीं है, क्योंकि शादी करके आदमी पत्नी का चौकीदार बन जाता है, जो मुझे नहीं बनना है," विपुल ने कहा, और पता नहीं क्यों तहमीना का मुँह अपमान से लाल हो उठा।

विपुल दोपहर वाली बात पर कटाक्ष कर रहा था, जब जमशेद ने उसे साथ जाने से रोक दिया था। विपुल अभी भी तहमीना को ही देख रहा था और उसकी मनःस्थिति भाँप रहा था और तहमीना को लगा जैसे वह खड़े नहीं हो पायेगी, और कमजोरी से गिर जायेगी। मन की सारी झुँझलाहट को छुपाये, नजरें धरती की तरफ झुकाये वह चुप-सी खड़ी रही।

मीनाक्षी भी हैरान हो रही थी कि विपुल इस तरह व्यंग्य से भरकर बात क्यों कर रहा था। तीनों अपनी-अपनी जगह खड़े रहे। थोड़ी इधर-उधर की बातें हुईं, पर बात कोई जमीन पकड़ न पायी।

"चलूँगा दीदी," कहता विपुल साइकिल उठाकर आगे बढ़ गया और वह दोनों धीरे-धीरे घर की ओर बढ़ने लगीं। घर आकर वह सोफे पर ढह गयी, पता नहीं क्यों विपुल उसकी दुखती नस को छू लेता है, और वह भीतर ही भीतर अस्त-व्यस्त हो जाती है। मन के भावों को छुपाने की चेष्टा में आँख और चेहरा हमेशा लाल हो उठता है। वह चुप बैठी शून्य में ताकती रही, मन भर आया था पर आँखें सूनी थीं, जैसे सूखी नदी का छोर, जिसमें इस छोर से उस छोर तक बस वीरानी ही वीरानी है।

"लगता है आप बहुत थक गयी हैं मैडम," मीनाक्षी ने उसके चेहरे को देखते हुए कहा। तहमीना बिना उत्तर दिए मीनाक्षी को देखती रही और किन्हीं अँधेरों में डूबती उतरती गयी।

"मेरा एक काम करोगी मीनाक्षी ?" अचानक तहमीना ने कहा।

"कहिये न।"

"तुम तुषार से मिलोगी ?"

"मैं !" मीनाक्षी अचानक चौंक गयी, "मेरा मिलना क्या ठीक होगा ? फिर मैं इस संबंध में क्या बात कर सकूँगी ? तुषार जी तो यही सोचते होंगे कि मुझे कुछ नहीं मालूम।"

"हाँ, वह तो है," तहमीना परेशान-सी हो उठी और घुटी-घुटी सी सामने दीवाल को ताकती रही। "तो सुनो, हम दोनों ही चलते हैं उनके घर," अचानक तहमीना ने कहा और मीनाक्षी भौचक्की होकर उसे घूरती रह गयी।

"आप जायेंगी उनके घर ?"

"हाँ, मीनाक्षी, आज मैं तुषार से मिलना चाहती हूँ, और यदि नहीं मिल पायी तो लगता है मैं अब जी नहीं पाऊँगी।"

"तो घर में क्या कहकर जायेंगी ?" मीनाक्षी ने शंका प्रकट की।

"अब यह तो तुम्हें ही जमाना पड़ेगा, मैं क्या कहूँ, मेरा दिमाग तो काम नहीं कर रहा है।"

मीनाक्षी अन्दर कमरे में गयी और पता नहीं जमशेद से क्या बात करती रही। थोड़ी देर में वापस लौटी और बोली, "चलिये चलेंगे।"

"मगर तुमने उनसे क्या कहा ?" तहमीना आश्चर्य में पड़ गयी।

"कहती क्या, मैंने यही कह दिया, कि कमेटी नयी बनाना है इसलिए कुछ लोगों से संपर्क करना है, शायद समय भी लग जायेगा।"

"ठीक है," कहती दोनों उठ गयीं। तहमीना थोड़ी देर के लिए अंदर गयी और फिर बाहर निकल आयी।

दोनों जब घर से निकलीं तो लगभग शाम पूरी तरह से ढल चुकी थी, और सड़क के ऊपर अँधेरा हो चुका था।

जब वह दोनों तुषार के घर पर पहुँचीं तो एक बूढ़े-से व्यक्ति ने उनका स्वागत किया। तहमीना देखते ही समझ गयी कि यह जरूर तुषार के पिता होंगे। तहमीना सहमी-सी एक तरफ हो गयी और मीनाक्षी आगे बढ़ गयी।

"तुषार साहब हैं ?" मीनाक्षी ने धीरे से पूछा।

"जी, वह तो नहीं हैं," तुषार के पिता ने जवाब दिया।

अचानक दोनों एक-दूसरे का मुँह देखने लगीं, उनकी समझ में नहीं आया कि क्या करें, लौट जायें या यहीं बैठकर तुषार का इन्तजार करें। मीनाक्षी साहसी निकली और उसने तुरन्त जाते हुए तुषार के पिता को आवाज दी, "देखिये बाबूजी, हमको बहुत जरूरी काम है, क्या हम लोग अंदर बैठकर उनका इंतजार कर लें ?"

"हाँ-हाँ, जरूर आइये," कहते तुषार के पिता दरवाजे से हट गये और उन्हें अंदर बैठने के लिए कह दिया। जहाँ वह लोग बैठी थीं वह शायद उनका ड्राइंग रूम था, क्योंकि वहाँ दो सोफासेट सजे हुए थे, एक ओर बहुत बड़ी अलमारी रखी थी जिसमें ढेरों पुस्तकें, यहाँ से वहाँ तक रखी थीं, बहुत मोटा और सुन्दर-सा कालीन नीचे बिछा हुआ था, जिसके बीचोंबीच टेबल पर सफेद फूल सजे हुए रखे थे, दरवाजे पर पीले रंग के भारी परदे लटके हुए थे।

परदा थोड़ा हिला और तहमीना ने देखा दूसरे वाले कमरे में दरवाजे से लगा एक तख्त रखा था जिस पर गद्दे पर सफेद फूलों वाली चादर बिछी हुई थी और वहीं मोटे से गाँव तकिये पर महाभारत की पुस्तक खुली हुई रखी थी, जिसे शायद तुषार के बाबूजी पढ़ रहे थे और पढ़ते-पढ़ते ही छोड़कर उठे थे।

अंदर से एक लड़की निकली जिसने सफेद ब्लाऊज और पीले फूलों वाला स्कर्ट पहन रखा था। आते ही बड़ी नम्रता से उसने नमस्ते किया और बैठ गयी।

"आपके भाई साहब कब आयेंगे ?" काफी देर की खामोशी के बाद आखिर साहस करके मीनाक्षी ने पूछ ही लिया।

"कुछ पता नहीं," वह अपनी चोटी से खेलती हुई बोली, "वह कब आयेंगे घर पर कुछ कहकर थोड़े ही जाते हैं। अच्छा होता यदि आपने फोन से पहले ही पता लगा लिया होता।"

तभी सामने का परदा हटाकर एक और लड़की आयी। उसने गहरे जामुनी रंग की फूलों वाली साड़ी पहन रखी थी, जिसका चेहरा तुषार से बहुत कुछ मिलता था। तहमीना देखते ही पहचान गयी कि यह भी तुषार की बहन है, जिसके बारे में वह हमेशा चर्चा करता रहता था। आते ही उसने बड़ी नम्रता से हँसकर सबका अभिवादन किया और ठीक तहमीना के पास आकर बैठ गयी, इस तरह जैसे काफी पुरानी मुलाकात हो। गेहुँए रंग की थी वह, काफी लंबे-लंबे बाल थे जो कमर के नीचे तक लटक रहे थे, बड़े ही भोले चेहरे वाली वह लड़की थी।

"आपका नाम ?" तहमीना ने पहली बार मुँह खोला।

"शिखा," उसने उत्तर दिया और तहमीना को देखती रही।

"हम लोग यहाँ बैठे हैं, आपको कोई काम तो नहीं था न ? कहीं ऐसा तो नहीं कि हम लोग आपको डिस्टर्ब कर रहे हों ?" तहमीना ने कहा।

"नहीं, बैठिये न, डिस्टर्ब क्या, हम लोग वैसे ही बैठे हुए थे। वैसे भी मैं बहुत कम कहीं जाती हूँ, मुझे तो बस पुस्तकें पढ़ना ही अच्छा लगता है। अच्छा हुआ आप आ गयीं, आपसे मिलकर बहुत खुशी लग रही है। आप भी शायद यहीं रहती हैं न ? एक बार भैया आपका जिक्र कर रहे थे···मेरा अन्दाजा गलत नहीं न, आप तहमीना दुर्राज़ ही हैं न ?"

"जी हाँ," तहमीना आश्चर्य में पड़ गयी, उस लड़की ने उसे कैसे और किस तरह पहचान लिया, "ओह ! आपने किस तरह मुझे पहचान लिया बड़ा आश्चर्य-सा लग रहा है।"

"बस थोड़ा-थोड़ा आइडिया हो गया," शिखा हँस दी, "अब आपको सही बात बता दूँ, आप एक बार भैया से मिलने आयी थीं न, आप लोग लॉन में बैठे हुए थे और मैं किनारे बगीचे में टहल रही थी। तभी मैंने दूर से आपको देख लिया।"

"अच्छा," तहमीना बोली, और हँस दी।

"आइये, आप लोग मेरे कमरे में चलिये, भैया को आने में थोड़ा समय लग जायेगा।"

"चलिये," कहते तहमीना भी उठ गयी और उसके साथ ही सब लोग उठ गये।

दो कमरे पार कर जब वह लोग एक कमरे के पास पहुँचीं तो तहमीना को देखते ही अंदाजा हो गया कि यही तुषार का कमरा है, क्योंकि वहाँ ढेर सारी पुस्तकें रखी थीं और टेबल पर तुषार की तस्वीर रखी थी। शिखा के कमरे में जाने के लिए शायद इसी कमरे के अंदर से जाना पड़ता होगा।

"चप्पल यहीं दरवाजे पर उतार दीजिये," शिखा ने इस तरह कहा जैसे कोई मन्दिर के अन्दर घुस रहे हैं। तहमीना को आश्चर्य-सा लगा पर उसने आगे बढ़कर चप्पल निकाल दी और सब लोग अन्दर आ गये।

कमरा काफी बड़ा था, एक कोने में पढ़ने का बड़ा-सा टेबल लगा था, जिसपर ढेर सारी पुस्तकें, पत्र-पत्रिकायें रखी थीं, टेबल से लगी रैक में ढेर सारी किताबें सजी हुई थीं और उससे थोड़ा हटकर एक आरामकुर्सी रखी थी जिस पर काला पालिश चढ़ा हुआ था। एक कोने में ड्रेसिंग टेबल रखा हुआ था, वहीं पर एक छोटा-सा कालीन बिछा हुआ था और वहीं से लगकर एक बड़ी-सी कपड़ों की अलमारी रखी थी। रेक पर जहाँ किताबें सजी हुई थीं उसके एक तरफ भगवान की छोटी-सी मूर्ति रखी हुई थी जहाँ माला और कुछ फूल रखे हुए थे। तहमीना को आश्चर्य-सा लगा, तो तुषार पूजा-पाठ में विश्वास रखते हैं! पलंग पर साफ-सुथरी चादर बिछी हुई थी, हल्के नीले रंग का छींट वाला तकिये का गिलाफ था, दो गर्म शाल रखी हुई थीं पायताने, वहीं छोटे से टेबल पर जग में ढँका पानी रखा हुआ था। कमरा वैसे ज्यादा सजा हुआ नहीं था पर बहुत साफ-सुथरा था जिससे तुषार की रुचि और आचार-विचार का पता चल रहा था।

वह लोग इस कमरे को पार कर शिखा के कमरे में आ गये। शिखा के कमरे से लगकर एक बरामदा था जहाँ ढेर सारे गमले सजे हुए थे।

"आइये, यहीं बैठें," शिखा ने कहा और वहाँ रखी हुई कुर्सियों पर वह लोग बैठ गये। तहमीना का मन तुषार के कमरे से हटने का नहीं हो रहा था, पर मजबूरी से बाहर तो आना था ही। वह कुर्सी पर बैठी हुई थी पर अभी भी उसकी आँख के आगे तुषार का कमरा ही घूम रहा था।

कमरे की लाइट आधे बरामदे में पड़ रही थी। एक किनारे ढेर सारे गमले रखे हुए थे, जिन्हें सफेद पेंट से पेंट कर दिया गया था। बरामदा जहाँ समाप्त होता था वहाँ पर बड़ा-सा जाम का एक पेड़ था और उससे लगा खाली मैदान पड़ा था जहाँ ढेर सारे जंगली पेड़-पौधे उग आये थे। चाँदनी काफी चटक रही थी, हवा भी बहुत चल रही थी। इतने पर भी तमाम परेशानियों के कारण मन को शान्ति नहीं लग रही थी, घबराहट में कुछ अच्छा नहीं लग रहा था। बार-बार उसके मन में यह ख्याल उठ रहा था कि पता नहीं उसका आना यहाँ ठीक हुआ या नहीं? तुषार के घर के लोग पता नहीं उसके बारे में क्या सोच रहे होंगे? ओह! तुषार के कारण आज वह सारी लाज त्याग यहाँ बैठी है, मान-मर्यादा, लोक-लाज

सब जैसे वह भुला बैठी है।

दूर कहीं थोड़ी भी गाड़ी की आहट आती, आवाज आती तो तहमीना का जी घबरा उठता, कि तुषार आ गया। बहुत बेचैनी, बेसब्री और थकान से भरकर वह उसका इंतजार कर रही थी। कितना अजीब है! पुरुष पहले औरत के पीछे भागता है, बाद में औरत को उसके पीछे भागना पड़ता है, अपना सब कुछ लुटाकर। हर युग में, हर पुरुष यही करता है और हमेशा नारी उससे छली जाती रही है। धोखा जानकर भी धोखा खाती रही है। खूबसूरत धोखा जो सिवाय आँसू और बरबादी के कुछ नहीं देता।

"आपके भाई साहब आयेंगे भी या नहीं ?" तहमीना ने डूबे हुए शब्दों में प्रश्न किया। परेशानी के कारण बार-बार माथे पर पसीना आ रहा था, हथेलियाँ पसीज रही थीं, गला सूख गया था फिर पानी पीने की भी इच्छा नहीं थी। पता नहीं क्यों सारा शरीर मुर्दा-सा लग रहा था, मन नीचे···नीचे गहराई में डूबता-सा लग रहा था। वह तुषार के घर पहली बार आयी थी, और उसे शिखा से अच्छे से बात करनी चाहिए, पर मन इतना थक गया था कि समझ ही नहीं आ रहा था क्या बात करे।

"आएँगे क्यों नहीं," शिखा बोली, "रात को भैया चाहे कितनी रात को लौटें पर आते जरूर हैं," शिखा उसकी बेचैनी देख हँस पड़ी, "यहाँ अच्छा न लग रहा हो तो चलिए मेरे कमरे में बैठें।"

वह लोग उठकर शिखा के कमरे में वापस आ गये।

"बैठिए," शिखा ने कहा, तहमीना और मीनाक्षी दीवार से लगे सोफा सेट पर बैठ गये। दीवार से लगा एक पलंग बिछा था जिस पर हरे रंग के चौखाने वाला कंबल खुला पड़ा था, तकिए के पास एक पुस्तक खुली हुई उल्टी रखी थी, शिखा याने उनके आने के पहले लेटकर पुस्तक पढ़ रही होगी। दीवार जहाँ खत्म होती है, वहाँ एक छोटी-सी बिना दरवाजे वाली आलमारी थी, जिसे परदा लगाकर ढाँक दिया गया था और ऊपर के खंड में, भगवान की मूर्ति और रामायण रखी थी। तो शिखा का यह अपना निजी पूजाघर है। वह लोग जिस सोफे पर बैठे थे वह एकदम नया और चमकदार था। उनके ठीक सामने लकड़ी की बड़ी-बड़ी सन्दूकें रखी थीं, ऊपर हैंगर में छोटे वाली बहन के फ्रॉक लटक रहे थे। इस कमरे में दो दरवाजे थे, एक तो तुषार के कमरे की ओर जाता था, और दूसरा एक छोटे-से कमरे की ओर खुलता था।

"भैया आयेंगे तो पहले जीप बंद करने की आवाज होगी, फिर स्टार्ट करेंगे जीप को गैरेज में रखकर आयेंगे, फिर आकर तीन बार बेल बजाएँगे। उनकी यह आदत है, सब कोई हँसते भी हैं कि अपने ही घर में बेल बजाने की क्या जरूरत पर वह मानते नहीं," शिखा अपने आप बताने लगी।

तहमीना की बात करने की बिलकुल इच्छा नहीं थी पर बात करना भी जरूरी था, वर्ना जाने यह लड़की क्या सोचेगी। तहमीना ने अपने परेशान चेहरे को आँचल से पोंछा और पूछा, "आप पढ़ती हैं ?"

"जी मैं एम० ए० कर चुकी हूँ।"

"तब तो आपकी शादी की तैयारियाँ चल रही होंगी," तहमीना ने मजाक किया।

"नहीं, ऐसी बात नहीं है, अभी कहीं तय नहीं हुई है। दरअसल भैया को कोई घर ठीक जमता ही नहीं है, और वह हम लोगों को किसी मामूली घर देना भी नहीं चाहते।"

तहमीना ने भरपूर नजरों से उसे निहारा, उसकी बात से लगा कि लड़की को अपने परिवार वालों से शिकायत है कि उसकी शादी वह मामूली परिवार में ही क्यों नहीं कर देते।

"गर्मी लग रही है न, परदे खोल दूं क्या," शिखा उठी और खिड़की के परदे उसने सरका दिए। तहमीना ने देखा, उसके बाल काफी लंबे हैं।

"आपके बाल बहुत अच्छे हैं," तहमीना ने तारीफ की।

"हाँ, हमारे यहाँ सबके बाल बहुत लंबे हैं, गॉड गिफ्ट हैं माँ, के भी बहुत लंबे हैं।"

"कुछ स्पेशल लगाती हैं क्या ?" मीनाक्षी ने पूछा।

"नहीं कुछ नहीं," शिखा ने हँसते हुए कहा।

समय काफी हो गया था और अब तुषार के घर बैठना तहमीना को बुरा-सा लग रहा था। भीतर कोई हलचल नहीं हो रही थी, जिससे लग रहा था कि शायद भीतर के लोग भी सो गये हैं। उन लोगों के कारण जबर्दस्ती शिखा भी जागे हुए थी, वरना शायद अब तक वह भी सो चुकी होती।

"आप लोग चाय लेंगी ?" शिखा ने पूछा।

"जी नहीं," तहमीना ने साफ इंकार कर दिया और उसके चेहरे पर ढेर सारी परेशानी झलक आयी। ट्यूब लाइट के झक् सफेद उजाले में विचित्र-सा लग रहा था, जैसे मन की हर परेशानी साफ-साफ दिख रही हो। वह देर तक अलमारी में तरतीब से सजी पुस्तकों को देखती रही मानो शिखा की नजरों से अपने आपको बचा रही हो। वह बैठे-बैठे जाने क्या-क्या सोचती रही, यदि अचानक तुषार आ गया तो उन लोगों को देख वह किस तरह चौंकेगा ? कहीं ऐसा न हो उसे यहाँ देख वह नाराज हो उठे और बिना बात किए ही अपने कमरे में चला जाए ? तब तो बहुत अपमानित होना पड़ेगा। सारी बातों को सोचते, समझते, धड़कते कमजोर दिल से वह बैठी रही। आस-पास होती हलचल भी अब खामोशी में बदल गयी थी, जिससे लग रहा था रात काफी हो गयी है। उसके

मन में अजीब-सी धुकधुकी-सी उठी, यहाँ से निकलते में किसी पहचान वाले ने देख लिया तो ? घर के सारे लोग शायद सो चुके थे, धीरे-धीरे हर कमरे की खटाखट लाइट बंद होनी शुरू हो चुकी थी, और अब देर तक बैठना उचित नहीं था।

"लगता है वह किसी काम में फँस गये," मीनाक्षी ने तहमीना की ओर देख कर कहा और जाने का संकेत किया।

"हाँ लगता तो है, वह किसी काम में फँस गये हैं," शिखा बोली।

"हम लोग चलते हैं, वह आएँगे तो आप बता दीजिएगा," तहमीना बोली।

"जी हाँ, मैं जरूर बता दूंगी, बल्कि मैं एक चिट में लिखकर भैया के सिर-हाने रख दूंगी, ताकि वह आते ही उस चिट को देख लें।"

"अच्छा तो हम लोग अब चलते हैं," तहमीना और मीनाक्षी बाहर आ गयीं।

"बाद में फिर आइयेगा न," शिखा उन्हें गेट तक छोड़ने आयी।

"अब आप लोग भी कभी आइये न घर पर," तहमीना ने कहा, "अपने भैया से ही कहिए, वह लेकर आयेंगे।"

"न, वह तो कभी लेकर नहीं आयेंगे, मैं खुद ही छोटी बहन के साथ किसी दिन आऊँगी," शिखा हँसते हुए बोली।

"ठीक है, ऐसे ही सही," तहमीना बोली और रोड पर आ गयी। दोनों तेज-तेज चलते हुए चौराहे तक आ गयीं, जहाँ एकदम सन्नाटा खिंचा हुआ था। यह सड़क एकदम सूनी थी बस कहीं-कहीं कुत्ते भौंक रहे थे। एक भी आदमी रास्ते पर चलता नहीं दिख रहा था। पता नहीं हवा को क्या हुआ था कि वह भी जैसे चुप थी, जरा भी नहीं चल रही थी। मन बहुत घबरा रहा था, कहीं कोई जान-पहचान का आदमी दिख गया तो ? क्या सोचेगा, इतनी रात को यह लोग कहाँ से आ रहे हैं ? रास्ते-भर दोनों चुप रहीं, वैसे भी बात करने के लिए बात थी भी क्या ? दोनों चुप-चुप चलते हुए घर तक आ गयीं। दोनों जब घर के अंदर दाखिल हुईं जमशेद ने ही दरवाजा खोला। शायद वह सो चुके थे, आश्चर्य से बोले, "बहुत देर कर दी तुम लोगों ने।"

"हाँ भाई साहब, क्या बताएँ देर काफी हो गयी," मीनाक्षी ने सफाई दी।

मीनाक्षी की बात पर जमशेद कुछ नहीं बोले और अपने कमरे में चले गये। तहमीना रिंकू को देख आयी जो मच्छरदानी के अंदर सो रहा था और लौट कर वह सोफे पर बैठ गयी। मन में उथल-पुथल थी और दिमाग था कि मन में होती हलचल में उलझा था। बात करने की भी इच्छा नहीं थी, एकदम जड़-सी स्थिति थी।

क्या मैं उसके लिए नहीं भटक रही—तहमीना ने सोचा। लोक-लाज, मान-मर्यादा, सब त्याग कर इतनी रात तक उसके घर बैठी रही। ओह ! आज उसने कितना बड़ा साहस कर लिया !

दोनों चुप बैठी रहीं, देर रात तक खामोशी बढ़ती रही। पता नहीं दोनों कितनी रात तक चुपचाप बैठी रहीं, अपने-अपने विचारों में गुम ! कभी-कभी कितनी विचित्र स्थिति होती है, जब आदमी के पास शब्द चुक जाते हैं, छूट जाते हैं तब वह अपने को कितना कंगाल महसूस करता है ! आंसू थे कि आँख से बाहर निकलने पर तुले हुए थे पर आँख की कोर में उन्हें सँभाले वह चुप बैठी रही। कितने विश्वास से बढ़कर उसने तुषार के बढ़े हुए हाथ को थामा था और लगता है उतना ही कठोर बनकर उसने उसके हाथ को झटक दिया। भूख भी लगती है यह बात वह जैसे भूल चुकी थी। घड़ी ने सहसा दो बजाए तो दोनों चौंक पड़ीं।

"अब आप सो जाइये मैडम, रात के दो बज गये हैं," मीनाक्षी ने कहा तो वह उठी, ओह ! वह अपने साथ इस औरत को भी तंग कर रही है, अपने साथ इसे भी भटका रही है, जगा रही है।

"ठीक है, तुम अब यहीं सो जाओ। मैं अपने कमरे में जा रही हूँ," तहमीना ने कहा और अन्दर चली आयी। टूटे मन से पलंग पर लेट गयी पर आँखों के आगे नींद कहाँ थी ? आँखों के आगे तुषार का कमरा, वहाँ रखी एक-एक चीज उसके सामने घूम रही थी। अब तक तो शायद वह लौट भी आया होगा और उसे पता भी चल गया होगा कि वह लोग आये थे। पता नहीं वह क्या सोच रहा होगा ? वह इतना कठोर हो सकता है, मन जैसे एकाएक विश्वास नहीं करना चाहता था, पर विश्वास नहीं करने का भी कोई कारण नहीं था।

उसे किसी करवट चैन नहीं मिल रही थी, तभी उसे लगा, चिड़ियों की चुन-चुन आवाज आ रही है। तो सुबह हो गयी ! वह उठ गयी और आँगन में देर तक टहलती रही। फिर वह कमरे में आ गयी। देखा, मीनाक्षी गहरी नींद में सो रही है। आहट से शायद मीनाक्षी चौंकी और उसने अपनी लाल-लाल आँखें खोलकर तहमीना की ओर देखा। कच्ची नींद से जाग जाने पर उसकी आँखें लाल और भारी हो गयी थीं।

"मुझे नींद नहीं आयी मीनाक्षी," तहमीना ने कहा और बहुत बेचैन होकर वह उठी और सामने की खिड़की खोल दी।

तहमीना कमरे में आयी तो उसने देखा रिंकू अपनी नई बुशर्ट लाकर विपुल को दिखा रहा था।

"विपुल मामा, मेरी नई शर्ट देखो; इसमें कोट कालर है, बिलकुल नये

डिजाइन की।"

"देखें-देखें," कहता विपुल उसकी तरफ झुक आया था, "अरे वाह, एकदम नये फैशन वाली, वेरी गुड, शाम को पहनकर निकलना यार, सारे शहर की लाइट फ्यूज़ हो जायेगी।"

तहमीना जोर से हंस दी, "क्या दिखा रहे हो बेटा ?"

रिंकू झेंपकर बाहर चला गया। रिंकू की एक आदत थी, जब भी उसके लिए नये कपड़े बनते वह घर में हर आने वाले को दिखाता। यह सिलसिला लगभग एक हफ्ता तो जरूर उसे बिजी रखता था।

"अच्छा है दीदी, बस ऐसे ही टीप-टाप रखा करिए, नये-नये फैशन के कपड़े सिलाया करिये, ताकि बचपन से इसकी रुचि बढ़िया चीजों की ओर बढ़े। पर दीदी इसके दिमाग में अभी से यह बात डालिए कि ऐसे बढ़िया कपड़े पहनने के लिए बड़ा आदमी बनना जरूरी है, तभी आप इसे बड़ा आदमी बना सकेंगी।"

"ठीक कह रहे हो विपुल, बचपन से बच्चों का टेस्ट बढ़िया होना चाहिए। हमारा जमाना छोड़ो, जब हम लोग घूरे की तरह बढ़ गये, पल गये। किसको इतनी चिंता थी, किसी ने इतनी चिंता की होती तो पता नहीं हम आज कहाँ होते, कितनी ऊँचाई पर होते।"

"दीदी, आजकल तो बच्चे घूरे की तरह भी नहीं पल पाते, जैसा हम-तुम पल गये। वह जमाना कुछ और था, इनका जमाना तो विटामिनों का जमाना है। जब तक रेडिमेट विटामिन बच्चों को नहीं दिये जायेंगे, बच्चे बढ़ते ही नहीं हैं। हम लोग तो केवल माँ का दूध पीकर बढ़ गये। इतना तेज जमाना आ गया है कि अगर हमें बच्चे को क्रिकेट या हॉकी चैम्पियन बनाना है, बचपन से ही उसे सिखाना होगा. इतने पर भी वह कुछ बन सकेगा या नहीं, इसमें शक है।"

"वह तो है ही," तहमीना ने ठंडी साँस खींचते हुए कहा, "अभी से इतनी दौड़-धूप, धक्कम-पेल है तो पता नहीं आगे क्या होगा।"

"माँ कहती हैं न, हम जो भी खाये हैं तुम लोगों को तो वह भी नसीब नहीं, और हमारी आने वाली नयी पीढ़ी को तो शुद्ध पानी भी मिलेगा इसमें भी शक है। इसीलिए कहता हूँ दीदी, थोड़े-से दिन हैं, हँस-खेलकर बिता दीजिए, क्यूँ रो-रोकर अपने सुखी दिनों को बर्बाद करती हैं, रोने के लिए बुढ़ापे में काफी समय रहेगा, तब रो लीजिएगा," विपुल हँसता हुआ बोला, "आपको तो दीदी भगवान ने हर चीज दी है, रूप, गुण दोनों। यह दोनों चीजें एक जगह मिलना दुर्लभ है, मैं आपको देखता हूँ तो कष्ट होता है। आप अपने को नष्ट कर रही हैं, मिटा रही हैं।"

"आ गये न अपनी लीक पर, घूम-फिर कर," तहमीना हँस पड़ी जोर

से।

"बुढ़ापे में सुखी हो लेना कोई बड़ी बात नहीं है दीदी, तीसरे पहर की धूप कब ढल जाये, कोई नहीं जान पाता," कहता हुआ विपुल कमरे का निरीक्षण करने लगा, "अरे हाँ, सुनो दीदी, आपको जानकर बहुत ज्यादा प्रसन्नता होगी कि मैंने बेकारी से तंग आकर एक सेठ के यहाँ मुनीमगिरी कर ली है। रोज बही खाते लिखता हूँ। सोच लो दीदी, तुम्हारा विपुल, जो तुम्हारे कहे अनुसार बड़ा आदमी बनने वाला था, एक मुनीम बनकर रह गया है।"

"क्या!" तहमीना का चेहरा फक् पड़ गया, उसकी समझ में नहीं आया कि क्या जवाब दे। वह सन् से पड़ी विपुल को देखती रह गयी।

"ठीक है, चलता हूँ दीदी, साहब बहादुर जीजाजी पहुँच गये तो फिर शक करेंगे," विपुल उठता हुआ बोला, "हाँ दीदी, एक लड़की यहाँ नयी-नयी आयी है, आपसे मिलवाऊँ क्या?" उसके दो बच्चे हैं। उसने अपने पति का घर त्याग दिया है। बाप के घर से भी वह आ गयी है। अब यहाँ दोनों बच्चों को लेकर आयी है। सोचा आपसे मिलवा दूँ, उसका भी समय नहीं कटता है।"

"जरूर-जरूर, शाम को लेकर आ जाओ," तहमीना भी कुर्सी से उठ गयी।

"ठीक है शाम को न," कहता विपुल चला गया।

शाम को ठीक पाँच बजे विपुल आ गया। तहमीना रसोई में थी, और उसके आने को जान नहीं पाई। विपुल ठीक उसके पीछे रसोई में आकर खड़ा हो गया।

"दीदी, ले आया हूँ।"

"किसे?" वह एकदम चौंक पड़ी।

"ओह! दीदी···तुम भूल जाती हो, सुबह कहा था न, एक लड़की को लाऊँगा, क्या इतनी जल्दी भूल गयीं?" विपुल गैस का बटन बंद करता बोला, "चलो बाहर।"

"अरे हाँ, सॉरी विपुल···मैं तो एकदम भूल गयी थी। पता नहीं आजकल मेरे दिमाग को क्या होता जा रहा है, कोई बात दिमाग में ठहर ही नहीं पाती। तुम चलो, मैं साड़ी बदलकर आती हूँ।"

"तुम ऐसे ही बढ़िया लग रही हो दीदी, बस अब चलो बाहर उससे मिल लो," कहता विपुल उसे खींचता बाहर ले आया और उस लड़की के सामने करता बोला, "ये हैं मेरी ग्रेट-ग्रेट दीदी, और दीदी यह है तरू और ये दोनों बच्चे हैं निक्की और आशु।"

"नमस्ते, बैठिए," कहती तहमीना ने उसे निहारा। सफेद साड़ी-ब्लाऊज पहने थी वह, देखने से लगता नहीं था कि वह दो बच्चों की मां है, और बहुत

सुन्दर भी है। उसने सफेद मोती की माला पहन रखी थी। कानों में भी सफेद बुंदे थे, कुल मिलाकर तहमीना को लगा लड़की बहुत सुन्दर है, और अपनी सुन्दरता को बनाये रखना भी अच्छी तरह जानती है।

"दीदी, विपुल आपकी बहुत तारीफ करते हैं, और सच आप हैं भी बहुत अच्छी," तरू बोली।

"सच, ये मेरी तारीफ करता है ? लगता तो नहीं," तहमीना ने कहा और हँस दी, उसके साथ सब हँस दिये।

"कैसा लगा ये शहर ?" तहमीना ने दोबारा तरू को सर से पैर तक देखते हुए पूछा।

"बहुत अच्छा, यहाँ शान्ति है, दीदी, जो दूसरी जगह नहीं। आपने रहने के लिए बढ़िया शहर चुना है," तरू बोली।

"थैंक्यू," तहमीना बोली, "अभी आपकी नौकरी नहीं है, फिर इन दो बच्चों के साथ आप कैसे खर्च चलाती हैं ?"

"जी, वह माँ भेज देती हैं, पिता की चोरी से," तरू ने कहा और सर झुका लिया।

तहमीना चुप सोफे पर बैठी तरू को निहारती रही। पता नहीं क्यों उसे लगने लगा कि यह लड़की दिखने में तो सुन्दर है पर इसके भीतर दूध भरा जहर है जिसे छूते ही हाथ धोने की आवश्यकता होती है। तहमीना को एक बात जो बड़ी विचित्र लग रही थी वह यह कि वह खुद तो बड़े सुन्दर ढंग से तैयार होकर आयी थी, पर बच्चों को देख लग रहा था कि वह जैसे खेलते-खेलते साथ हो लिए हैं। बच्चों के प्रति वह उदासीन है, यह बात उसने महसूस कर ली थी। जैसा कि विपुल ने बताया कि वह बहुत दुखी औरत है, पर उसके चेहरे से, बातों से, कहीं से भी नहीं लग रहा था कि वह दुखी महिला है। एक बात वैसे भी शोचनीय है कि जो औरत अपनी जिंदगी को गेंद की तरह किक मारकर निकल आयी हो, वह मामूली गुर्दे वाली औरत नहीं हो सकती।

"बैठो, मैं चाय ले आती हूँ," कहती तहमीना रसोई में चली गयी, और गैस के चूल्हे पर चाय का पानी रख वह खुद तैयार होने भीतर चली गयी। आइने में देख उसने अपने आपको थोड़ा चुस्त-दुरुस्त किया।

चाय-नाश्ता और बिस्किट ट्रे में रख जब वह कमरे में आयी और टेबल पर रखा तो उसके दोनों बच्चे अचानक बिस्किट की प्लेट पर टूट पड़े।

"एई, सीधे बैठो," कहती तरू ने उन्हें आँखें तरेरकर घूरा और बच्चे सहमकर अपनी सीट पर बैठ गये और माँ को सहमे से देखने लगे।

"लेने दो न, तुमने तो बहुत अनुशासन में रखा है बच्चों को," तहमीना ने बच्चों की ओर प्लेट बढ़ायी।

"बच्चों में मैनर्स बचपन से होना चाहिए न दीदी ?" तरू बोली।

"अच्छा तुम मैनर्स दूसरी जगह सिखाना, यहाँ नहीं, यह इनकी आंटी का घर है, क्यों बच्चों ?" तहमीना हँस दी।

"नहीं, एकदम नहीं," तरू ने डपटकर बच्चों को देखा।

"प्लीज़ तरू, दीदी ठीक कह रही हैं, तुम जब इनकी तरह छोटी थीं तब कितना मैनर्स जानती थीं," विपुल बोला और बच्चों की तरफ देखकर पुचकारा, "आओ बेटा।" विपुल के पास दोनों बच्चे चले गये और तरू चुप हो गयी। तहमीना ने चाय की ट्रे आगे बढ़ा दी।

"आप कभी मन्दिर गयी हैं दीदी ?" तरू बोली।

"क्यूं...?" तहमीना एकदम चौंक पड़ी, उसे अचानक याद आया कि वह परसों एक मन्दिर में भटकती-सी घूमती रही थी। देर तक एक साधु के पास ही बैठी रही थी, उसके आगे अपनी दोनों हथेलियाँ फैलाकर अपना भविष्य बार-बार पूछ रही थी, यह जानते हुए भी कि यह साधु उसे ठग रहा है, पर मन को शान्त करने का इसके अलावा कोई साधन भी तो नहीं था और अचानक उसकी आँखें नम पड़ गयीं। उसने थके हुए शब्दों में कहा, "हाँ गयी हूँ।"

"आप कितना धर्म को मानती हैं, पता नहीं, पर मैं भीतर से मानती हूं, हर शनिवार हनुमान मंदिर जाती हूँ, जिस दिन नहीं जा पाती उस दिन कुछ न कुछ अप्रिय हो जाता है।"

"अच्छा," तहमीना को आश्चर्य हुआ, "वैसे तो मुझे विश्वास है, पर पता नहीं क्यों कभी-कभी इन बातों पर से मन उचट जाता है। लगता है दुनिया में ईश्वर है ही नहीं। अगर है तो फिर कहाँ ?"

"आज मेरे साथ चलेंगी दीदी...यदि आपको कोई ऐतराज न हो तो चलिए मेरे साथ मन्दिर।"

"ऐतराज की क्या बात है, मनुष्यता के आगे कोई धर्म नहीं है। मैं भीतर से नास्तिक हूँ पर उतनी ही आस्तिक भी हूँ। जरूर चलूंगी, मैं भी बैठी-बैठी ऊब गयी हूँ," तहमीना ने खाली प्यालों को ट्रे में रखा और भीतर टेबल पर रख आयी।

"तो आप तैयार हो आइए न," तरू ने कहा और तब वह उठ गयी तैयार होने। तहमीना परदा हटाकर जैसे ही अन्दर गयी, उसे जोर का एक धक्का-सा लगा। तरू का बेटा निक्की टेबल पर रखी झूठी प्लेट से बिस्किट के टुकड़े उठाकर और दीवार की ओर मुँह कर गपागप जल्दी-जल्दी बिस्किट मुँह में भर रहा था और घबरायी हुई आँखों से बार-बार दरवाजे की ओर भी देख रहा था कि कहीं उसकी मम्मी न आ जाये। पता नहीं क्यों तहमीना का मन भीतर से

एकदम दुख गया। दर्द की एक लकीर भीतर-बाहर तैर गयी। उसने धीरे से आगे बढ़कर उसके नन्हे कंधे पर हाथ रख दिया। वह चौंककर पलटा और घबराकर एकदम जोर से रो दिया।

"बेटा, बिस्किट खाना है, तुमने मुझसे कहा क्यों नहीं ? चलो मेरे कमरे में, मेरे पास ढेर-ढेर बिस्किट हैं, तुम्हें जितना खाना है खा लो। डरो नहीं अब चुप हो जाओ," तहमीना उसका हाथ पकड़कर अपने कमरे में ले गयी और अलमारी से बिस्किट का एक पैकेट निकालकर उसे पकड़ा दिया। लड़का बहुत अविश्वास से भरा तहमीना को देखता रहा, फिर धीरे-धीरे उसके चेहरे से भय मिट गया और उसके चेहरे पर प्रसन्नता आ गयी। तहमीना ने बहुत ही मुरदा हाथों से अपने कपड़े अलग किये और दूसरे कपड़े पहनने शुरू कर दिये। उसे निक्की का वह चेहरा, जब उसने उसके कंधे पर हाथ रखा था, भुलाये नहीं भूल रहा था। बहुत ज्यादा शासन में रखने से बच्चे ऐसे ही हो जाते हैं। यह कैसी औरत है जो अपने बच्चों को ममता तक नहीं देती।

तहमीना तैयार होकर बाहर आयी, उसके साथ निक्को भी बाहर आया, जिसे देख तरू एकदम चौंक गयी।

"अरे, यह भीतर क्या कर रहा था ?" तरू ने पूछा।

"कुछ नहीं, बस अन्दर रिंकू के साथ खेल रहा था," तहमीना ने बात को सँभाला। लड़के ने पहले सहमकर माँ को देखा, फिर एहसानमंद आँखों से तहमीना को देखा जैसे कह रहा हो, आपने मुझे बचा लिया।

"सच दीदी," तरू ने अविश्वास से कहा और उठ गयी।

"विपुल, तुम यहीं रहो," तहमीना बोली, "रिंकू अकेला है। जमशेद भी घर पर नहीं हैं।"

"क्यों, क्या रिंकू नहीं जायेगा ?" तरू ने पूछा।

"नहीं, वह हमारे साथ कहाँ भटकता फिरेगा, उसके पढ़ने का भी समय हो गया है, सर आते ही होंगे," तहमीना बोली और रिंकू की ओर मुड़ी, "बेटा, हम अभी आते हैं, आपके लिए कुछ लाना तो नहीं ?"

"मम्मी कापी और सीस ले आइएगा।"

"ठीक है," कहते वे लोग सड़क पर उतर आये। तरू के दोनों बच्चे आगे-आगे दौड़ रहे थे। अभी वे लोग बड़े चौक तक ही पहुँचे होंगे कि वहाँ एक लड़का नीली शर्ट पहने मिला, जिसके बड़े-बड़े हिप्पीनुमा बाल थे। वह लपककर पास आया और तरू से बोला, "तुम्हारे घर के दो चक्कर लगा आया, तुम कहाँ गयी थीं ?"

"मैं दीदी के घर गयी थी, इनसे मिलो यह तहमीना दुर्राज़ हैं, आज से मेरी दीदी," तरू ने परिचय कराया।

"नमस्ते दीदी," कहता वह अजीब तरह से तहमीना को देखने लगा। तहमीना सकुचा गयी।

"पिक्चर की टिकिट मैंने मँगवा ली हैं, आओगी न ?" उस लड़के ने तरू से पूछा।

"हाँ आ रही हूँ, साढ़े नौ का टाइम है न, सेकेण्ड शो का," तरू बोली। दोनों बच्चे उस लड़के की साइकिल पर चढ़ गये थे, "अंकल, हमें कुछ दिला दीजिये न।"

वह उन्हें कुछ दिला लाया और आगे बढ़ गया।

"यह कौन था ?" तहमीना ने हैरानी से पूछा।

"यह मेरा धर्म का भाई है दीदी," तरू ने बताया। पर तहमीना को उसकी यह बात खटक गयी। उसे वह कहीं से भी तरू का भाई नहीं लगा। वह बिचित्र स्टाइल में तरू को पूरे समय निहारता रहा था।

पता नहीं क्यों तहमीना का मन एकदम उखड़ गया था, और अब उसे तरू के साथ चलना भी अच्छा नहीं लग रहा था। मन एकदम बुझे कोयले-सा हो गया था। वह मन ही मन विपुल को कोसती रही। ओह ! उसने भी उसे किससे मिला दिया है। वे लोग मंदिर के निकट पहुँच चुके थे, इस मंदिर को पहली बार तहमीना देख रही थी। हनुमान का वह छोटा-सा मंदिर जो कि ठीक महल के सामने बना था, उसमें पीछे लाइट थीं। छोटा-सा बरामदा था जिस पर खड़े सब पूजा कर रहे थे। हाथ जोड़े खड़े थे। तहमीना अँधेरे कोने में सड़क पर खड़ी थी। उसे डर लग रहा था, कहीं कोई पहचान वाला न मिल जाये। इस तरह उसे सड़क पर अकेले खड़े देख पता नहीं क्या सोचेगा। उसे अपने ऊपर गुस्सा आ रहा था, अफसोस हो रहा था कि वह तरू के प्रस्ताव को बिना सोचे-समझे स्वीकार कर इसके साथ आ गयी, पता नहीं यह लड़की कैसी है, कैसी नहीं। मन बुरी तरह खीझ गया था। उसका सारा मूड खराब हो गया था, वह भी कहाँ किस-किस के चक्कर में उलझ जाती है।

"लो दीदी प्रसाद," तरू पास आती बोली, "आप बोर हो गयीं न ?"

"नहीं, असल में मेरी शहर में अन्दर घूमने की आदत नहीं है इसलिए थोड़ा-सा विचित्र लगा।"

दोनों लौट आयीं, रास्ते-भर दोनों चुप-सी थीं। घर में विपुल चुप बैठा था और रिंकू अपने सर के पास बैठा पढ़ रहा था। रिंकू उसे देखते ही बोला, "मम्मी, मेरी सीस ?"

"ओह बेटा, एकदम भूल गयी, कल ला दूंगी।"

"चलो अब दीदी काफी थक गयी हैं," विपुल ने तहमीना को देखते हुए कहा। वह ताड़ गया था कि तहमीना का मूड कॉफी आफ है।

"चलो," कहती तरू उठ गयी, "अच्छा दीदी नमस्ते।"

"आपसे मिलकर बहुत प्रसन्नता हुई, फिर आइयेगा," तहमीना दरवाजे तक छोड़ने आयी, तरू और विपुल सड़क पर खड़े थे। अचानक तहमीना को याद आया और उसने विपुल को पुकारा, "सुनो विपुल।"

विपुल पलटा और अन्दर आ गया। तहमीना भी उसके साथ अन्दर आ गयी, "देखो विपुल," तहमीना विपुल के पास आकर खड़ी हो गयी, "यह ठीक है तरू तुम्हारी दोस्त है, पर प्लीज़ मेरे बारे में या मेरी जिन्दगी के बारे में कुछ उससे न कहना, वरना मैं सह नहीं पाऊँगी।"

"दीदी," विपुल भौंचक्का-सा रह गया, "आप कैसे यह समझ रही हैं कि मैं आपके बारे में उससे चर्चा करूँगा? दीदी, आप मेरी हैं, मेरे लिए महान हैं, इसे कोई छू भी नहीं सकता।"

"विपुल, पता नहीं क्यों मन में यह बात उठी और मैंने तुमसे कह दिया," तहमीना थके हुए शब्दों में बोली, "अब जाओ तुम, तरू रास्ता देख रही है और हाँ मैं कुछ दिनों के लिए बाहर जा रही हूँ।"

"अरें, कहाँ?" विपुल हैरान होता हुआ बोला।

"पता नहीं, अभी तो खुद मुझे पता नहीं कि मुझे कहाँ जाना है, पर जाऊँगी जरूर," तहमीना बोली। विपुल तहमीना को देखता हुआ उदास-सा सड़क पर चला गया और तहमीना पलंग पर थकी-सी, एकदम चुप बैठ गयी।

आज अचानक तहमीना ने अजय से मिलने की बात सोची। अजय तुषार का दोस्त है और हो सकता है अजय से कुछ पता चले। यदि कुछ पता न भी चल पाया तो कम-से-कम तुषार के कुछ समाचार तो मिल ही जायेंगे।

वह शायद कोई छुट्टी का दिन था। दिन के ठीक बारह बज चुके थे। वैसे भी मार्च में धूप में काफी तेजी आ जाती है। तपती धूप में चलती हुई जब वह अजय के घर पहुँची तब वह पसीने से लथपथ हो चुकी थी और काफी थक गयी थी। एक तो नयी-नयी बसी कालोनी थी, एक से दिखते सारे मकान, जिसमें नंबर ठीक से पता न हो तो क्वार्टर का पता नहीं चलता। नेम प्लेट के ऊपर नज़र रखते हुए तहमीना आगे बढ़ती गयी। अचानक उसने देखा तुषार की गाड़ी खड़ी है। एकाएक वह निर्णय नहीं ले पाई कि अब उसे क्या करना है? लौट जाना है, या फिर अजय से मिलना है। वह निर्णय और अनिर्णय के बीच झूलती हुई खड़ी रह गयी थी कि तभी शायद भीतर से अजय ने उसे देख लिया और एकदम से बाहर निकलता आश्चर्य करता बाहर दौड़ता-सा आया।

"अरे आप! कैसे बाहर खड़ी हैं, भीतर आइये न," अजय बोला।

"सोच रही थी कि लौट जाऊँ। काफी लोग बैठे होंगे," उसने झेंपते हुए अजय से कहा।

"कोई नहीं है, बस तुषार है।"

अजय के पीछे तहमीना सकुचाई-सी भीतर गयी। सीढ़ी पार करते ही सीमेंट की जाली वाला लम्बा-सा बरामदा था जिसे ड्राइंग-रूम बना दिया गया था, वहाँ पर कुछ लोग बैठे हुए थे और सबसे कोने वाली चेयर पर तुषार बैठे थे।

अचानक तहमीना को वहाँ देखकर तुषार का चेहरा काला पड़ गया। इत्तेफाक से तहमीना की कुर्सी तुषार के एकदम सामने पड़ती थी। घबराहट से भरकर तुषार ने उसे देखा और हाथ उठाकर नमस्ते किया। परेशानी की हालत के बावजूद तहमीना को जोर से हँसी आ गयी। तुषार की भी स्थिति बहुत विचित्र हो गयी थी, न वह उठकर भाग पा रहा था, न ही वह बैठ पा रहा था। तहमीना से वह आँखें चुराये बैठा रहा, फिर धीरे से रूमाल से अपने चेहरे का पसीना पोंछा, और उसकी ओर देखकर झेंपी-सी हँसी हँस दिया। तहमीना बहुत ध्यान से उसकी एक-एक हरकत का निरीक्षण कर रही थी, उसकी परेशानियों को परख रही थी।

"आपको हमारा मकान ढूँढ़ने में काफी परेशानी हुई होगी ?" अजय ने कहा।

"जी नहीं, कुछ-कुछ तो आइडिया था ही, फिर ज्यादा देर परेशान भी नहीं होना पड़ा," तहमीना ने तुषार को देखते हुए कहा, "मुझे आपसे कुछ काम है।"

"मुझसे," तुषार कुछ घबरा से गये।

"ठीक है, आप लोग साथ वाले कमरे में जाकर बात कर लीजिये," अजय ने दोनों की परेशानी देखते हुए जैसे समस्या हल कर दी, "पर देखिये तहमीनाजी, चाय जरूर लेकर जाइयेगा, मैं तब तक बनवा रहा हूँ।"

"जी," कहते तहमीना उठ गयी, उसके साथ ही तुषार भी उठ गया और दोनों साथ-साथ ही दूसरे कमरे में चले गये।

"बोलो क्या बात है ?" कमरे में जाते हुए तुषार पलटे और एकदम सपाट शब्दों में प्रश्न किया।

"बात तो कुछ नहीं है," तहमीना घबरा-सी गयी, तुषार उससे इस ढंग से बात करेगा उसने सोचा नहीं था। अपने को बाँधते हुए तहमीना बोली, "तुषार, मेरा दोष बताओ, तुम क्यों नाराज हो गये हो ?"

"तुम बेवकूफ हो तहमीना," तुषार उसके करीब आ गये और आवाज को धीरे करते हुए पर गुस्से से बोले, "तुमने मीनाक्षी को, लगता है सारी

बातें बतला दीं। उस दिन तुम मीनाक्षी के साथ मेरे घर चली आयी थीं, और अब तुम अजय को बताने चली आयी हो? यहाँ मैं मिल गया वर्ना तुम सारी बातें अजय के सामने उगल देतीं न," तुषार थोड़ी देर चुप हुए फिर रूमाल से चेहरा साफ करते हुए बोले, "तुम्हें पता है बीच के जो लोग होते हैं न, वह बहुत खतरनाक होते हैं। तुम यहाँ तक बेकार आयीं तहमीना, जानती हो शहर में तुम्हें और मुझे लेकर कितनी चर्चाएँ हो रही हैं? मैं नहीं चाहता, जिस गुलाब को मैंने पूजा के लिए तोड़ा था उस पर धूल पड़ जाये। मैं चाहे तुमसे कितनी दूर रहूँ पर जाने रहो तुम्हारे साथ हूँ, तुम्हारे पीछे हूँ। भावनाओं में मत बहो, कुछ नहीं मिलेगा। यह आंसू जो हथेली पर दिख रहे हैं, थोड़ी देर में सूख जायेंगे, इनका निशान तक नहीं मिलेगा। प्लीज़ लौट जाओ, मेरे लिए इस तरह मान-मर्यादा छोड़ने की आवश्यकता नहीं तुम्हें।"

"तुषार, तुम कितनी आसानी से बातें कह जाते हो, पर क्या उन्हें कर गुजरना इतना आसान है? क्या मैं इतनी कठोर बन सकती हूँ?"

"अब तुम्हें बनना पड़ेगा तहमीना, दुनिया के ठेकेदार हाथ धोकर पीछे लग गये हैं। तुम घर की दुनिया में कैद रहती हो, तुम्हें पता है, मेरे ऑफिस में दिल्ली तक सारी बातें पहुँचायी गयी हैं। जो है उससे तो खैर मैं निपट लूंगा, पर सोचो तुम्हारे घर में, तुम्हारे परिवार तक अगर यह बात पहुँचा दी गयी तो तुम्हारी क्या स्थिति होगी? पागलपन छोड़ो और घर लौट जाओ।"

"तुमने क्या-क्या कहकर मुझे समझाया था तुषार, वह बातें भी तो इसी दुनिया की थीं न···वह सब क्या तुम भूल गये?" तहमीना की आँखें डबडबा आयीं।

"याद है तहमीना, सब याद है, पर उनसे अब कोई फायदा नहीं। तुम्हें आगे बढ़ना है, आगे चलना है, मैं पत्थर की तरह पीछे छूट जाऊँगा, क्या फर्क पड़ता है। तुम्हें यहाँ नहीं आना था, तुमने बहुत बुरा किया।"

"तुम्हीं बताओ तुषार मैं क्या करूँ? मैं औरत होकर तुम्हारे पीछे कितना भटकूँ? तुम पुरुष होकर मुझ तक नहीं आ सकते तो मैं नारी होकर कितना साहस करूँ? इस पर भी मैंने अपनी सीमाओं के बाहर जाकर साहस कर लिया, पर तुम अपनी जगह से हिले भी नहीं। तुम चाहते हो, मैं घुट-घुटकर मर जाऊँ?"

"खैर तुम समझ नहीं पा रही हो, तुमने जो किया वह ठीक नहीं किया, तुम इसका फल भी भोगोगी।"

"न, मुझे श्राप न दो तुषार," तहमीना रोने लगी, "तुम्हारे लिए मैं सब सह लूंगी, पर तुम अपने मुँह से मुझे श्राप न दो, तुम मेरे साथ चलो अभी।"

"न, अब पागल न बनो, घर जाओ, खाना वगैरह खाओ। चलो अब यहाँ तमाशा मत बनो, उन लोगों को बेकार शक हो जायेगा," कहता तुषार आगे बढ़ गया। तहमीना ने अपने आँसू पोंछे, गला साफ किया और वह भी उसके पीछे

कमरे में आ गयी। चाय बनकर आ चुकी थी। उसकी चाय पीने की इच्छा बिलकुल नहीं थी, पर मान रखने के लिए लेनी पड़ी। अजय बार-बार दोनों को देख लेता था और तुषार बार-बार परेशानी से भरकर बालों पर हाथ फेरने लगता।

"अब चलूंगी," चाय खत्म कर तहमीना एकदम उठ गयी और नमस्ते कर बाहर आ गयी। दरवाजे से उसने एक बार मुड़कर तुषार को देखा, दोनों की नजरें मिलीं और वह दरवाजे से बाहर आ गयी। कालोनी के बाहर तक अजय उसके साथ आया और फिर लौट गया।

शाम को उसने कमरा साफ किया। बहुत दिनों से कैलेण्डर की तारीख नहीं बदली थी, उसने तारीख बदली। काफी दिनों के बाद अपने को ध्यान से सँवारा, उसे उम्मीद थी तुषार जरूर आयेगा। तहमीना ने उसके पसंद की पीले रंग की काले बार्डर वाली साड़ी पहन रखी थी।

वह हर आहट पर चौंककर बाहर देखने लगती—शायद वह आ गया, पर शाम से रात हुई, रात से पहर बीत गया और वह नहीं आया। निराशा, अपमान, क्रोध से उसका सारा शरीर सुन्न पड़ गया। इतना बड़ा धोखा? वह आने को कहकर नहीं आया?

आसमान पर पता नहीं क्यों चाँद आज सुर्ख रंग में था। उसने बहुत ध्यान से चाँद को देखा, इतना लाल और सुर्ख क्यों है यह, जैसे डूबते सूरज का दहकता-सा गोला हो। मन बहुत उदास था। किसी से भी बात करने की इच्छा नहीं हो रही थी, बस लग रहा था आँखें बंद कर पड़ी रहे। थोड़ी-सी आवाज से ही सर झनझनाने लगता था।

"क्यूं, क्या हो रहा है?"

तहमीना ने हड़बड़ाकर आँखें खोलीं तो देखा सामने नाहिद बाजी खड़ी थीं।

"बहुत दिनों में आयीं आप, कहिये कैसे भूल गयी थीं आप मुझे?" तहमीना ने जबर्दस्ती चेहरे पर मुस्कान लाते हुए कहा।

"लो, मैं भूल गयी थी या तुम भूल गयी थीं," नाहिद बाजी उसके पास बैठती हुई बोलीं, "अरे क्या बात है, बहुत थकी-दुबली लग रही हो, क्या बीमार थीं?" नाहिद बाजी ने उसे आँखों से उलट-पुलटकर निहारते हुए कहा।

"नहीं तो, इधर थोड़ा काम ज्यादा हो गया था, बस, वरना और कोई बात नहीं है।"

नाहिद बाजी का आना उसे हमेशा भला लगता रहा है। दोनों बैठी इधर-उधर की बातें करती रहती हैं, पर पता नहीं क्यों आज उसे लग रहा था, वह क्यों आयी हैं? वह रह-रहकर अपने विचारों में खो-सी जाती, वह भूल जाती कि

उसके सामने नाहिद बाजी बैठी हैं। नाहिद बाजी कोई सवाल करतीं तो वह चौंककर मूर्खों सी उन्हें ताकने लगती और सोचने लगती कि उन्होंने क्या पूछा था ?

"चलो, आज पिक्चर चलोगी ?" नाहिद बाजी ने पूछा तो उसने झट से हामी भर दी, हो सकता है वहाँ थोड़ा-सा जी बहल जाये।

"जाओ, तैयार होकर आ जाओ," नाहिद बाजी बोलीं, "पता नहीं क्यूँ मुझे इतने सालों बाद आज पिक्चर देखने का मूड हुआ और मैं तुम्हारे पास चली आयी।"

"बस, अभी तैयार होकर आयी," कहती तहमीना अंदर गयी।

जब वह लोग पिक्चर हॉल पर पहुँचीं तो शायद पिक्चर अभी छूटी नहीं थी। वह लोग बाहर हॉल में रखी चेयर पर बैठ गयीं। लगता है आज काफी रश है। तभी अचानक तहमीना ने देखा सीढ़ियों के पास अजय और तुषार खड़े हैं। तुषार ने भी अचानक उसे देखा और वह अजय को खींचता हुआ नीचे उतर गया। वह दोनों को वापस जाते देखती रही, सीढ़ियाँ उतरते में अजय ने भी उसे बैठे देख लिया था।

पिक्चर छूटा, सारी भीड़ जब निकल गयी तब वह दोनों अन्दर गयीं। तहमीना सीट से सर टेककर अधलेटी-सी बैठी रही। उसने पीछे मुड़कर देखा कि वे लोग हॉल के अंदर आये या नहीं, या आये भी तो कहाँ बैठे हैं। मन इतना मर चुका था कि बस सामने परदे पर पिक्चर चल रही थी पर उसे कुछ नजर नहीं आ रहा था। बहुत मुश्किल से पिक्चर का अंत आया और तहमीना ने नाहिद बाजी से कहा, "अब चलो बाजी, पाँच-दस मिनट में पिक्चर छूट ही जायेगी, क्योंकि हीरो-हीरोइन का मेल तो हो ही गया, अब चलें," तहमीना तुषार के निकलने के पहले ही हॉल से बाहर आ जाना चाहती थी।

"अरे क्यों," नाहिद बाजी ने उसे अँधेरे में ताका और फिर उठती बोलीं, "अच्छा चलो।"

नाहिद बाजी को उनके रास्ते तक छोड़कर वह लौटी, घर में सन्नाटा था। जमशेद शायद सो गये थे, रिंकू भी सो चुका था। कपड़े बदलकर वह अपने पलंग पर जा लेटी और तकिये पर मुँह रखकर फूट-फूटकर रो पड़ी। मन में जो दुःख की सील पत्थर-सी जम गयी थी, जिससे वह साँस भी नहीं ले पा रही थी, वह पिघल-पिघलकर आँखों से बहने लगी। रोते-रोते पता नहीं वह कब थककर सो गयी।

सुबह तहमीना उठी तो शरीर टूट रहा था, और वैसा ही जैसा बुखार चढ़ा हो। पर उठना तो था, गृहस्थी के सारे काम मुँह फाड़े उसकी राह तक रहे थे, मन थका हो या बीमार, जिम्मेदारियाँ निभानी थीं। दुनिया के बंधनों का कर्ज चुकाना

था और वह बहुत हारे मन से पलंग से उठकर खड़ी हो गयी।

वह अपने से हार गयी थी, थक गयी थी पर ढीठ मन मानने को तैयार ही नहीं था, वह अभी भी ढीठ बना उसका पीछा करना चाहता था। उसे मनाकर लौटा लाना चाहता था और वह किसी सूरत में उसे भुला नहीं पा रही थी।

प्रेम इतना गहरा होकर मन में बैठता होगा उसने पहले जाना नहीं था। क्या प्रेम की आग तब तक सुलगती रहती है कि जब तक आदमी राख न हो जाये? यह बात उसने आज महसूस की थी।

आज उसे फिर दौरे पर जाना था, और जाना भी बहुत जरूरी था, पर मन की स्थिति ऐसी लग रही थी कि वह कहीं नहीं जा पायेगी। घर में बैठे रहने से तो और भी बातें उसे तंग करेंगी, इसलिए उसका घूम आना ही ज्यादा अच्छा है। घर के सारे जरूरी काम निपटाकर जब वह अपने निश्चित समय पर घर से निकली, तब उसके मन में अजय के यहाँ जाने की कोई बात नहीं थी पर अचानक जाने क्या हुआ और उसने ड्राइवर को गाड़ी घुमाकर दूसरी ओर चलने का इशारा किया।

कालोनी के सामने एक पेड़ की छाया के पास उसने गाड़ी खड़ी करने के लिए कहा और ड्राइवर को अजय का पता समझाते हुए बोली, "देखो, अजय होंगे तो उन्हें यहीं बुलाकर ले आओ।"

वह बेचैनी से अपने को तैयार करती रही, कि उसे अजय का किस तरह सामना करना है और उसे क्या कहना है। थोड़ी ही देर में ड्राइवर और अजय दोनों आते दिखे। तहमीना गाड़ी से उतर पड़ी और थोड़ा आगे बढ़ गयी। इस डर से कि दोनों की बातचीत कहीं ड्राइवर न सुन ले।

"नमस्ते तहमीनाजी," अजय ने पास आते हुए दोनों हाथ जोड़ दिये, "कहिये कैसे कष्ट किया?"

"मुझे जरूरी काम से दौरे पर जाना है, क्या आप मेरे साथ चलेंगे? वहीं बात हो जायेगी।"

"अभी? क्यों कोई खास बात है क्या?" अजय ने आश्चर्य से पूछा।

"मुझे एक ऐसी ही बात आपसे करनी है, जो मैं यहाँ नहीं कह सकती," तहमीना बोली।

"तुषार को भी साथ चलने के लिए कहूँ क्या? वह भी यहीं बैठा है," अजय ने बताया।

"क्या···तुषार यहीं हैं?" तहमीना आश्चर्य में पड़ गयी।

"हाँ, असल में मुझे एक पेंटिंग कम्पलीट करना था, इसलिए उसे बैठा रखा है, राय लेने के लिए।"

"आँ···" तहमीना थोड़ा सोचते हुए बोली, "नहीं, उन्हें मत बुलाइये। मुझे

आपसे ही बात करनी है, प्लीज़ मेरे साथ चलिये न।"

तहमीना ढेर सारी परेशानी से सहम-सी गयी।

"माँ और भाभी को बताकर आता हूँ," कहता हुआ अजय तहमीना को गहरे-गहरे देखने लगा जैसे उसकी परेशानी को भाँप रहा हो।

अजय वापस चला गया और तहमीना गाड़ी में बैठ गयी। थोड़ी ही देर में अजय आता दिखा पर उसके साथ तुषार भी था, सफेद पूरी बाँहों का बुशर्ट तुषार ने पहन रखा था और वह परेशानी से बार-बार रूमाल से चेहरा साफ करता जा रहा था। दोनों गाड़ी के पास आये, तुषार थोड़ा हटकर पीछे खड़ा हो गया। तहमीना ने तुषार की ओर देखा भी नहीं, वह सीधे-सीधे अजय की ओर देखते बोली, "चलिये, बैठिये।"

"कहाँ जा रहे हो तुम लोग?" तुषार एकदम शीशे के सामने आकर खड़ा हो गया।

"कहीं भी, तुमको क्या करना है?" तहमीना रोष से भरकर बोली।

"तो मैं भी चलूँगा," तुषार बोला।

"नहीं, तुम्हारी वहाँ कोई आवश्यकता नहीं है।"

"सच, कहा न मैं भी चलूंगा," तुषार उसके करीब आता हुआ बोला, "बहुत जिद्दी हो तहमीना तुम, जाओ घर लौट जाओ बाद में चलेंगे," तुषार बात को टालते हुए बोला।

"नहीं, मुझे अभी जाना है, मैं नहीं लौट सकती," तहमीना ने ढीठ होकर कहा।

"अच्छा, तो फिर हमारी बात तुम सुन लो," तुषार ठंडा पड़ता हुआ बोला।

"नहीं, मुझे अब तुम्हारी कोई बात नहीं सुननी है," तहमीना रोष से बोली, और फिर अजय की ओर देखते हुए बोली, "आप बैठिये न अजय जी।"

अजय बैठ गया उसके साथ तहमीना भी बैठ गयी। ड्राइवर ने गाड़ी स्टार्ट कर दी, पर तभी तुषार लपकता हुआ ड्राइवर के पास आया और गाड़ी बंद कर चाबी अपने हाथ में ले ली।

"तुम मेरी बात सुन लो पहले, वरना मैं चाबी नहीं दूंगा, अजय उतरो यार," तुषार जैसे गुस्से से फट पड़ रहा हो।

अजय उतर गया। लाचार होकर तहमीना को भी उतरना पड़ा। तुषार थोड़ा आगे बढ़ आया, तहमीना भी आगे बढ़ गयी।

"बोलो, क्या कहना है?" तहमीना एकदम भड़कते हुए बोली।

"देखो तहमीना, तुम घर लौट जाओ," तुषार धीरे से बोला।

"नहीं, यह नहीं हो सकता और मैं आज अजय को लेकर जाऊँगी और तुम्हारी बातें उसको बताऊँगी," तहमीना गुस्से से बोली।

"देखो, तुमने अगर अजय से कुछ कहा तो ठीक नहीं होगा, यह जाने रहो," तुषार उसे धमकी देता हुआ बोला।

"तुम कौन होते हो मुझे धमकी देने वाले," कहते हुए तहमीना वापस मुड़ी तो एकदम चौंक-सी पड़ी, अजय गाड़ी पर एक हाथ रखे बहुत आश्चर्य से दोनों को देख रहा था। उसके चेहरे के भाव से लगा कि वह बात की तह तक पहुँच चुका है, या फिर पहुँचना चाहता है। तुषार गुस्से से आगे बढ़ा और चाबी सीट पर फेंककर बड़बड़ाता हुआ आगे बढ़ गया। वह गाड़ी में बैठ गयी, साथ ही अजय भी बैठ गया। तहमीना जाते हुए तुषार को कनखियों से देखती रही।

सुरमई रंग की सड़क पर जीप तेजी से दौड़ रही थी। सड़क सूनी पड़ी थी और कहीं-कहीं ढेर सारे महुए टपके हुए सड़क पर पड़े थे जो ओस से भीग चुके थे। ताजा-ताजा पका हुआ महुआ दूर से मोती के बड़े दाने-सा दिख रहा था। बहुत सुन्दर-सा। एकदम बढ़कर तुरंत उठा लेने की इच्छा हो रही थी। पर उसने मन की इस भावना को तुरंत दबा दिया। आगे शायद सड़क बन रही थी, सामने 'सावधान' बोर्ड लगा था जहाँ ढेर सारे मजदूर काम कर रहे थे।

"कहिए क्या बात है," अजय ने बेचैनी और उत्सुकता से उसे देखा।

"बतायेंगे···आप चलिए तो," वह समझ गयी अजय बात जानने के लिए बहुत बेचैन है। तहमीना की आँखों के सामने खीझा, परेशान तुषार का चेहरा था। तुषार के अंतिम शब्द बार-बार याद आ रहे थे। अजय को तुमने बताया तो ठीक नहीं होगा।

जीप जंगल के रास्ते पर भागी जा रही थी। रास्ते-भर वह निर्णय लेती रही कि अजय से यह सारी बात बताना ठीक होगा या नहीं? कहीं वह गलत न समझ ले। उस दिन के कहे तुषार के शब्द उसे याद आये—तहमीना, तुम आसमान पर चढ़ी हो, एकदम से धरती पर उतर आओगी। मुझे अपनी प्रतिष्ठा का ख्याल नहीं, लोग तो यही कहेंगे —अँह बदमाश था। पर तुम अपना सोच लो, नारी की इज्जत काँच की तरह होती है। तुम्हारी जो मान-मर्यादा है न, एक-दम से मिट्टी में मिल जायेगी।

ढेर सारी बातों को याद करती, दोहराती, और साथ ही हलकी-फुलकी बातें कर अजय को बहकाती भी रही। अजय बार-बार बात की तह तक पहुँचना चाहता था। पर उसकी बात को तहमीना टालना चाह रही थी। दरअसल वह अभी भी तुषार की नाराजगी से भयभीत थी।

जब वह लोग पहुँचे तो देखा मीनाक्षी पहले से पहुँच चुकी है। अजय को देख मीनाक्षी आश्चर्य में पड़ गयी फिर जैसे कुछ समझकर वह हँस पड़ी। अजय भी इस तरह उसके साथ आते हुए झेंप रहा था और वह अपनी इस झेंप को मिटाने के लिए बार-बार हँस देता था। वह समझ गया था कि बात कुछ

विशेष है जिसके लिए उसे इतनी दूर लाया गया है।

तहमीना अंदर आ गयी, उसके पीछे अजय और मीनाक्षी भी आ गये। तहमीना एक कुर्सी पर बैठ गयी, अजय भी ठीक उसके सामने बैठ गया। अचानक तहमीना ने देखा कुर्सी के हत्थे पर दो-तीन कीलें उभर आयी हैं, और वह तुरंत उठ गयी, "भई हमारी कुर्सी चेंज कर दो, वरना साड़ी फट जायेगी, पता है आजकल साड़ियाँ कितनी महँगी हो गयी हैं, और हमें तो कोई रूमाल देने वाला भी नहीं है," तहमीना ने हँसते हुए कहा। उसकी इस बात पर अजय भी हँस दिया और उसे चकराया-सा देखने लगा क्योंकि उसने इतने हलके-फुलके मूड में कभी तहमीना को नहीं देखा था।

चपरासी तीन गिलासों में पानी ले आया, पानी पीकर गिलास टेबल पर रखते अजय ने उसे देखा, इस उद्देश्य से कि अब वह बात शुरू करेगी। तहमीना भी उसकी आँखों के भाव को ताड़ गयी और अपने को व्यस्त रखते हुए पानी घूंट-घूंट कर खत्म करती रही। इसी बीच उसने अपने को तैयार कर लिया कि वह तुषार को एक मौका और देगी, हो सकता है समझौता हो जाये। कहीं ऐसा न हो वह इसी बात को लेकर अधिक चिढ़ जाये और फिर उसकी शक्ल भी देखना पसंद न करे। मन के किसी कोने में अभी यह बात बची थी कि तुषार आयेगा और जरूर आयेगा।

"बात यह है अजय जी," तहमीना ने उसकी बेचैनी को ताड़ते हुए गिलास को टेबल पर रख दिया और उसे गोल-गोल घुमाते हुए बोली, "हमारे यहाँ की एक शिक्षिका है। उसका एक व्यक्तिगत मामला हो गया है, जिसके कारण यहाँ के नेताओं के पेट में दर्द हो गया है, और उन्होंने मुझ तक भी धमकियाँ भिजवाई हैं। सुना है, वह नेता इस बात को पेपर में देना चाहता है और आप जानते हैं कि एक कर्मचारी की बदनामी से पूरे डिपार्टमेंट पर इसका असर पड़ता है। आप चित्रकार हैं इन लोगों से आपके तो अच्छे परिचय होंगे ही, आप पेपर वालों को मना कर दीजिए कि वह ऐसी आलतू-फालतू न्यूज न छापें," तहमीना ने अजय को अच्छे से देखा और फिर बोली, "आप हमें इस मामले में कहाँ तक मदद दे सकते हैं?"

"आप उस नेता को बुलाकर भी बोल सकती हैं, ताकि वह आगे कुछ न करे, बात तो यहीं खत्म की जा सकती है," अजय ने आश्चर्य से कहा, उसे अभी भी विश्वास नहीं हो रहा था कि बात इतनी फुसफुसी होगी। वह समझ रहा था कि तहमीना अपनी बात कहने के लिए कोई भूमिका बाँध रही है।

"नहीं, मैं उससे मिलकर कुछ नहीं कहना चाहती, वरना वह नेता सोचेगा कि उसकी इस गीदड़ धमकी से मैं डर गयी हूँ। आज उसने एक बात उठाई है, कल दूसरी खड़ी कर सकता है।"

"खैर, मैं उसे बुलाकर कह दूंगा," अजय ने रूमाल से चेहरा साफ किया और तहमीना को देखा, "और क्या बात है, आपने किस बात के लिए मुझे यहाँ बुलाया है?"

अजय को दरअसल अभी तक विश्वास नहीं हुआ था, कि इतनी-सी बात के लिए उसे इतनी दूर लाया गया है।

"बस यही बात थी अजय जी, इसी के लिए आपको साथ लायी थी," तहमीना ने टेबल के ऊपर आँख झुकाते हुए कहा।

"पर यह बात तो आप वहीं मुझसे कह सकती थीं," अजय ने आश्चर्य से कहा, "फिर आपने यह कैसे सोच लिया कि पेपर वाले मेरी बात मानेंगे? मैं ठहरा चित्रकार आदमी। मेरा उनसे क्या संबंध।"

"मैं वहाँ कहाँ बैठकर कहती, फिर यह ऑफिस के अन्दर की बात थी, जिसे मैं ज्यादा हवा देना नहीं चाहती थी और मेरा यहाँ पर किसी से परिचय भी तो नहीं है, जिससे मैं मदद लूँ," तहमीना ने सफाई दी।

"तब से भी, कुछ बात तो है, आप तुषार से इतना नाराज क्यों थीं," अजय ने अभी भी उम्मीद नहीं छोड़ी थी, उसने फिर उम्मीद से तहमीना की तरफ देखा, कि शायद अब वह कुछ बोले।

"मीनाक्षी, खाना नहीं खिलाओगी," तहमीना बात को बदलते हुए मीनाक्षी की ओर मुड़ी, "कल शाम से हमने कुछ नहीं खाया है, अब भूख लग रही है, फिर अजय भी तो भूखे होंगे, कुछ परांठे और एक सब्जी बनवा लो।"

"अच्छ," कहती मीनाक्षी उठकर चली गयी।

कमरा सूना हो गया था। अजय और उसके सिवाय अब वहाँ कोई नहीं था। उसने एक बार नजर उठाकर अजय को देखा और उसकी समझ में नहीं आया कि वह क्या बोले। यह बात तो साफ थी, अजय समझ रहा था कि वह उसे कोई खास बात बताने लाई है, पर वह संकोच में बता नहीं पा रही है।

"बात कुछ नहीं है, अजय जी," तहमीना ने बात को फिर से उठाया, वह समझ गयी थी कि तुषार के बारे में कुछ तो बोलना ही पड़ेगा वरना अजय अपने मन से बहुत-सी बातें सोच लेगा।

"आपको तो पता है तुषार की तुनकमिजाजी की आदत जाती नहीं, सोचिए जिस पर हमारा विश्वास होता है उसके मुँह से अपने लिए कुछ भी सुनना अच्छा नहीं लगता न; फिर अजय जी, हम उन्हीं से मान चाहते हैं न, जो हमारे अपने हैं, दूसरों से तो इसकी आशा रख भी नहीं सकते। विश्वास का टूटना बहुत बुरा होता है, यह तो आप भी मानते होंगे," तहमीना ने अजय को देखा।

"ठीक बात है, आपका कहना भी ठीक है," अजय बोला, "आपसे किसी बात को लेकर झगड़ा हुआ क्या?"

"नहीं कुछ खास नहीं, पर उनकी छोटी-छोटी बात ऐसी होती हैं, जो मन को ठेस पहुँचाती हैं," तहमीना ने आँखें मोड़ीं। वह समझ गयी कि अजय समझ गया है, बात कुछ गम्भीर है पर उसे हल्की-फुल्की बातों से बहला कर बेवकूफ बनाया जा रहा है इसलिए अब अजय ने भी अधिक खोदना ठीक नहीं समझा।

दोपहर काफी गरम थी, सन्नाटा भी काफी था, तभी मीनाक्षी की बैंगनी साड़ी का आंचल दरवाजे के बाहर दिखा। वह अंदर आती हुई बोली, "चलिए, खाना बन गया है।"

दोनों उठे और मीनाक्षी के साथ चल दिये। खाना खाकर तहमीना ने जरूरी फाइलों पर दस्तखत किये और फिर वह लोग लौट पड़े। लौटते में मीनाक्षी भी उनके साथ थी। अजय को उसके घर तक पहुँचाकर वह लोग अपने घर की तरफ मुड़े। अजय जब वापस अपने घर की ओर जा रहा था तब उसका चेहरा काफी उतरा हुआ-सा था। तहमीना मुस्कुरा दी—बेचारा अजय! उसे भी उसने कैसा बेवकूफ बनाया, पर नहीं यह धोखा है, अजय सारी बात समझ चुका है।

अप्रैल का आखिरी हफ्ता था, शाम से पानी बरसने लगा था जिससे दिन-भर का तपता हुआ दिन शांत हो आया था। ठंडापन वातावरण में था। उमस कुछ कम हो गयी थी और हवा में काफी नर्माहट आ गयी थी। वह लोग बाजार गये थे। मीनाक्षी को कुछ सामान लेना था। तहमीना दुकान में बैठी, शो केस में रखे सामान को देखती रही। उसके ठीक सामने काँच की अलमारी थी जिसमें पीछे सड़क का सारा दृश्य दिख रहा था। दूकान के सामने कुछ दूरी पर गुलमोहर का एक बड़ा-सा पेड़ था जो काफी फूल आया था। चटक केसरिया रंग के फूलों से लदा गुलमोहर का वह पेड़ बहुत विचित्र, बहुत लुभावना लग रहा था। फूल इतने थे कि सारे पत्ते एकदम ढँक से गये थे। वह देर तक उस पेड़ की सुन्दरता को निहारती रही, उन फूलों के रंग को आँखों से सहलाते हुए।

तभी अचानक तहमीना चौंक पड़ी, सामने शीशे में तुषार की झलक दिखी। केसरिया चेक वाली बुशर्ट पहने था वह, आँखों पर गागल्स लगा था, चेहरे पर बेहद उदासी थी। वह धीरे-धीरे चलता रोड से गुजर गया। वह उसे आँख भर देखती रह गयी। तुषार उसे नहीं देख पाया था। कितने दिनों के बाद वह आज तुषार को देख रही थी। सामने रोड से वह गुजर गया था, कितना अजीब है, वह उसके लिए कितना अजनबी हो गया है!

वह अस्त-व्यस्त हो उठी। आँखों की कोर नम हो आयी थीं। मन को उदासी ने घेर लिया। वह चुप ठगी-सी बैठी रह गयी, आज फिर मन बहुत उदास, दुखी हो आया था। आँखों के सामने अभी देखा तुषार का चेहरा भर गया था। तहमीना को लगा तुषार इधर दुबला हो गया है, जैसे वह बीमार रहा हो।

शॉपिंग कर वे लोग लौट आयीं। मीनाक्षी को जल्दी जाना था इसलिए जब मीनाक्षी चली गयी तब तहमीना अकेली-सी रह गयी। जल्दी-जल्दी घर आकर वह थकी-सी सोफे पर निढाल पड़ गयी। काफी थकान-सी लग रही थी उसे। आज आसमान सुबह से भरा हुआ था, सफेद बादल मँडरा रहे थे, याने पानी जोरदार फिर गिरने वाला है। पिछली रात की बारिश, उफ ! सारा घर बह निकला था। सोने के लिए भी कहीं जगह नहीं बची थी। सारे कपड़े बिस्तर गीले हो गये थे। दो दिन से तहमीना को वैसे भी सोने को नहीं मिला था। लगातार वह काम में व्यस्त थी और पिछली रात पानी ने नहीं सोने दिया। घर का एक कोना भी सूखा नहीं बचा था, आँधी-पानी और बिजली की कड़कड़ाहट ने आतंक मचा रखा था, निढाल सी वह पड़ी रही। वह मन से थक गयी थी, क्योंकि अचानक उसने तुषार को देख लिया था। कितने अजनबी हो गये हैं दोनों, जैसे एक-दूसरे को जानते नहीं।

बाहर किसी ने दरवाजा खटखटाया। तहमीना दरवाजा खोलने उठने ही वाली थी कि अंदर तरू आ गयी। हल्के हरे फूलों वाली साड़ी में वह प्यारी लग रही थी।

"अरे आओ तरू," तहमीना उठते हुए बोली, "मैं बाहर आ रही थी कि पता नहीं कौन आया है, तुम्हारा तो सोचा ही नहीं था, बैठो।"

"बस, आपके पास ही आयी थी दीदी," कहती तरू कुर्सी पर उसके पास ही बैठ गयी। उसके दोनों बच्चे खेल में बिज़ी हो गये थे।

"लगता है आज आप बहुत ज्यादा उदास हैं," तरू ने उसके उदास चेहरे को निहारते हुए कहा।

"नहीं तो," तहमीना सकुचा-सी गयी।

"थोड़ा बाजार गयी थी, पुराना हिसाब-किताब मिलाना था। इसीसे थोड़ी थकान हो गयी है। कहो तुम कैसी हो ?"

"ठीक हूँ, विपुल कल रात बाहर गये हैं।"

"अच्छा, मगर कल तो आँधी-पानी आ रहा था," तहमीना ने काफी परेशानी से कहा।

"नहीं, वह सात बजे चले गये थे," तरू बोली।

"दीदी," तरू ने सर झुका लिया, "आज आपसे एक सलाह लेने आयी हूँ, देंगी ?"

"हूँ, बोलो," तहमीना ने शॉल से अपने को ढांक लिया।

"दीदी, मुझे दूसरी शादी कर लेनी चाहिए क्या ? आपकी क्या राय है ?" तरू झेंपते हुए बोली।

"बिलकुल कर लेनी चाहिए," तहमीना चौंकी, और उसे निहारते हुए

बोली, "देखो तरू, औरत के सर पर छत जरूर होनी चाहिए। जिसके सर पर छत नहीं होती, किसी का हाथ नहीं होता, वह औरत भटकती है। अच्छा है, किसी के साथ दोबारा शादी कर लो। रहा बच्चों का सवाल तो तुम इन्हें या तो साथ रख सकती हो, और अगर पति न चाहे तो इन्हें पढ़ने के लिए होस्टल में भेज सकती हो। इस तरह बच्चों को लेकर तुम दोनों के बीच टैंशन भी नहीं रहेगा। कोई भी पुरुष अभी तो तुम्हें और तुम्हारे दोनों बच्चों को अपनायेगा पर बाद में वह सिर्फ तुम पर अपना अधिकार चाहेगा। कितना भी हो, दूसरों के बच्चों को कोई भी अपना प्यार नहीं देगा।"

"हां दीदी, मुझे काफी फोर्स किया जा रहा है, और अब मैं भी महसूस कर रही हूँ कि मुझे शादी कर लेनी चाहिए," तरू बोली, "शादी क्या अपनी जाति में करनी चाहिए मुझे?"

"देखो तरू अब दूसरी शादी तुमको अपनी इच्छा से करनी चाहिए और उसमें जात का बंधन भी नहीं होना चाहिए। घर वालों के दबाव में आकर शादी मत करना। पर इस बार बहुत सतर्क होकर तुम्हें साथी चुनना होगा। यह नहीं कि भावनाओं में बहकर गलत कदम उठा लो।"

"तो आपकी राय में मुझे दूसरी शादी कर लेनी चाहिए," तरू बात को दोबारा दोहराते हुए बोली।

"देखो तरू, जब तक तुम मुझे अपनी पूरी बात खोल कर नहीं बताओगी, मैं तुम्हें अपनी ठीक सलाह नहीं दे सकती। उचित सलाह सारी बात जानने के बाद ही दे सकूंगी। शादी कर लो, यह तो सारे लोग कहेगे, पर कई बार यह बात हरेक पर लागू नहीं होती। एक फ्रेम में हर तस्वीर फिट बैठ जाये यह तो मुश्किल है न! बताओ कौन है वह? अगर मैं उसे जानती हूँ, तो और अच्छे से तुम्हें सलाह दे सकूंगी।"

"आप उन्हें जानती हैं दीदी," तरू ने झेंपकर सर झुका लिया।

"कौन, क्या विपुल?" तहमीना को जैसे करेंट छू गया।

"जी," कहती तरू लाल पड़ गयी।

"अच्छा," तहमीना का शक पूरा निकला आखिर, "मगर मुझे कुछ बताया ही नहीं उसने। अगर विपुल है तो तरू मैं कह सकती हूँ कि अब तुम्हें सही व्यक्ति मिला है, इसमें दो राय हो ही नहीं सकतीं। वह एक अच्छा पति, अच्छा पिता होगा यह निश्चित है। वह बहुत बड़े कलेजे का आदमी है तरू। उसने खुद होकर यदि तुम्हें यह ऑफर दिया है, तो वाकई उसने बहुत बड़ी बात कही है। बहुत बड़ा बोल्ड स्टैप लिया है उसने। तुम्हारे लिए कोई रिस्क नहीं था, पर उसके लिए है, क्योंकि उसके आगे उसका सारा कैरियर पड़ा है, कम उम्र का लड़का है। तुमसे शादी करने के लिए उसे समाज से, परिवार

से लड़ना होगा, जबकि तुम्हें किसी से नहीं लड़ना है। फिर वह तुम्हारे साथ तुम्हारे बच्चों की जिम्मेदारी भी ले रहा है। इससे बड़ी बात और क्या होगी। मैं उसे बचपन से जानती हूँ, बहुत भावुक और हमदर्द लड़का है। तुम खुश-किस्मत हो तरू जो उसने तुम्हें शादी का ऑफर दिया। वरना लोग तो प्यार का नाटक रचकर धोखा देते हैं। फिर तुम जैसी स्त्री को तो जो अपने घर से निकल आयी हो, और अकेले बच्चों के साथ रहती हो, ऐसी औरत को तो हमारे समाज के पुरुष लोग सार्वजनिक कुआँ समझते हैं। जिसकी इच्छा हुई, प्यास लगी, पानी पी लिया। मगर विपुल ऐसा नहीं है। मैं उसे जितना जानती हूँ, कोई नहीं जानता। बहुत सुलझे विचार का और दूरदर्शी लड़का है," कहते-कहते तहमीना अचानक उदास-सी हो गयी।

"कल से दीदी मैं बहुत परेशान थी, आज मन शांत हुआ। आपसे सलाह लेने की बहुत इच्छा थी; क्योंकि विपुल को मैं ज्यादा नहीं जानती, आप अच्छे से जानती हैं। तो दीदी मैं उन्हें शादी के लिए हाँ कह दूँ ?"

"बिलकुल। तरू, उससे बड़ा सागर दूसरा तुम्हें नहीं मिलेगा। विपुल ऐसा सागर है जहाँ हर मैली नदी गिर कर पवित्र हो जाती है। मगर उस लड़के पर तुम भरपूर ध्यान देना, उसे संभाल कर रखना, कोई कष्ट मत देना। मेरा सगा भाई समझो। मेरा सगा समझो तो, पराया समझो तो···बस वही है। कुछ रिश्ते ऐसे होते हैं न, जिनकी अहमियत खून से भी बढ़कर होती है।"

"आप निश्चिन्त रहिए दीदी, मैं उन्हें इतना प्यार दूंगी, इतनी ममता दूंगी, कि उन्हें कभी उदास रहने का मौका ही नहीं मिलेगा," तरू बोली, "दीदी आप हमारी शादी में तो आयेंगी न, हम लोग कोर्ट मैरिज करेंगे।"

"कोर्ट मैरिज !" तहमीना चौंकी, किसी ने दूसरी मर्तबा यह शब्द उसके सामने दोहराए थे।

"हाँ, कोर्ट में ही तो करना होगा, घरवाले तो परमीशन देंगे नहीं।"

कोर्ट मैरेज की बात आते ही तहमीना को नाहिद बाजी का ध्यान हो आया। बेचारी नाहिद बाजी ! कितने अरमानों से उन्होंने सारी बदनामी सहकर कोर्ट में मैरिज की, पर सारे अरमान तिनकों की तरह उड़ गये।

तभी बाहर बच्चों के रोने की आवाज़ आयी और निक्की रोता हुआ अन्दर आया, "मम्मी, रिंकू गेंद खेलने नहीं देता।"

"तुम बहुत परेशान करते हो न, जिद छोड़ते नहीं हो, क्यूँ ?" कहती हुई तरू ने उसका हाथ पकड़कर खींचा और अचानक बहुत ज़ोर से तड़ से चाँटा उसके गाल पर रसीद कर दिया।

तरू ने इतने जोर से चाँटा मारा था कि तहमीना एकदम चौंक-सी गयी।

निक्की जोर से चाँटा खाने के बाद अकबका कर सन्न-सा रह गया। वह इस स्थिति के लिए तैयार नहीं था। वह रो भी नहीं पाया, बस ठगा-सा भीतर-ही-भीतर सिसकी लेता मम्मी को देखता रहा। निक्की की हालत देख तहमीना को बहुत दया-सी आयी।

"आओ बेटा इधर," तहमीना ने उसे पुचकारकर अपने पास बुलाया, और तरू से बोली, "तरू, तुम्हें इतने जोर से नहीं मारना था, देखो वह कितना सहम गया है। इस तरह तो तुम इसके मन में अपने प्रति घृणा भर दोगी। बड़ा होकर वह तुम्हें प्यार नहीं कर पायेगा।"

"देखो न दीदी, कितना परेशान करता है! आपके यहाँ चल जायेगा, पर दूसरे घर में लोग क्या सोचेंगे? मैं इन दोनों को हर चीज़ देती हूँ, ताकि इनके मन में लालच न रहे। सुबह उठकर ठंडे घड़े के पानी से नहाती हूँ तब इनके लिए नाश्ता बनाकर देती हूँ, ताकि उठते ही इन्हें नाश्ता मिल जाये। हम लोग बिना नहाये रसोई नहीं छूते न। मैं इतना कष्ट भोग रही हूँ, सिर्फ इन्हीं के लिए। वरना मेरा क्या था, मेरा जीवन तो कहीं भी कट जाता," कहते तरू की आँखें भर आयीं।

"न, इनके सामने कभी ऐसा न कहना तरू," तहमीना बोली और उसे अचानक अपनी माँ की याद हो आयी, जो अक्सर ये ही पंक्तियाँ दोहराया करती थी, "बच्चों के दिमाग में कभी यह बात नहीं आनी चाहिए कि तुम इन्हें पाल रही हो, या एहसान कर रही हो। तरू, बच्चों की खातिर ही औरत सब सह लेती है, भोग लेती है। फिर तुम्हारे ऊपर दोहरी जिम्मेदारियाँ हैं। तुम्हें माँ और बाप दोनों का प्यार इन्हें देना है। माँ मारती है तो बच्चा रोता हुआ पापा के पास चला जाता है और वहाँ उसे दुलार मिल जाता है। उसी तरह पापा से मार खाकर वह माँ के पास दौड़ा आता है। पर इन बच्चों के साथ यह बात नहीं। तुम मारोगी तो ये कहाँ जायेंगे?" तहमीना थोड़ा रुकी और फिर बोली, "तुम इन्हें इतना मत सहमाओ कि यह बच्चे, बच्चे न रहकर बड़े बन जायें, पत्थर हो जायें। इन्हें अपनी उम्र जीने दो। जो बच्चे बचपन में बड़े हो जाते हैं, वह बड़े अभागे होते हैं तरू…," कहते तहमीना की आँखें डबडबा आयीं। वह अपने को सँभाल नहीं पायी थी, अचानक उसे इस बच्चे में अपने बचपन की तस्वीर याद आ गयी थी। वह अक्सर डबडबाई आँखों को लिए, आँखों की कोर में आँसुओं को थामे, सहमी-सी खड़ी रहती थी और पूरा प्रयत्न करती थी कि गालों पर आँसू न बह जायें। दूसरों के सामने अपने आँसू बहने से रोके वह खामोश, भय-भीत-सी खड़ी रहती थी।

"माफ कर दो दीदी," तरू आश्चर्यचकित तहमीना को देखने लगी। उसे आश्चर्य-सा लगा अचानक दीदी इतनी सीरियस कैसे हो गयीं, "आप ठीक कहती

हैं दीदी, आज आपने मुझे बहुत बड़ी बात समझा दी है, जिसे मैं अब जीवन में कभी नहीं भूल पाऊँगी।"

"तरू, बच्चों के सामने कभी मत कहो कि तुम इन्हें पाल रही हो, इनकी खातिर कष्ट भोग रही हो। तुम इनकी बैसाखी नहीं हो, बल्कि यह बच्चे तुम्हारे लिए बैसाखी हैं, जो आज भी तुम्हें सँभाले हुए हैं, वरना तुम कहीं भी भटक सकती थीं," कहते हुए तहमीना ने निक्की को गोद में उठा लिया, "देखो बेटा, हम तुम्हें दूसरी चीज़ देंगे, बंदूक चलाना जानते हो ?"

तहमीना ने अलमारी से बंदूक निकाल कर निक्की को दे दी। निक्की बंदूक देख प्रसन्न हो गया पर हाथ बढ़ाकर लेने का साहस नहीं कर पा रहा था। वह भयभीत-सा माँ की ओर देखता रहा।

"ले लो, मम्मी की ओर क्या देखते हो, चलो बाहर जाकर इसे चलाओ," तहमीना ने उसके सर पर हाथ फेरते हुए कहा।

निक्की डरता-डरता बंदूक लेकर बाहर भाग गया। प्रसन्न-सा। अब उसके चेहरे से घबराहट खत्म हो गयी थी। तरू सर झुकाये चुप बैठी थी, तहमीना वापस आकर अपनी कुर्सी पर बैठ गयी।

"तुम्हें पता है तरू, जो बच्चे जितना अनुशासन में रहते हैं वही बड़े होकर चोर-डाकू बनते हैं। अपने को माली समझो जो सिर्फ पौधे की देखभाल करता है। अपने आपको चारदीवारी मत बनाओ कि बच्चे इसे कैद समझने लगें," तहमीना ने कहा तो तरू एकदम हैरान, सन्न-सी होकर उसे देखने लगी, उसका चेहरा सफेद पड़ गया था।

तहमीना उठकर चाय बनाने चली गयी। उसके पीछे तरू भी उसके पास आ गयी, "दीदी, मेरे बारे में आप क्या सोचती हैं, क्या मैं विपुल की अच्छी जीवन-साथी बन सकूँगी ?"

"अभी तो यह कहूँगी कि तुम अच्छी हो। जीवन-साथी वाली बात तो मैं क्या कह सकती हूँ, क्योंकि तुमसे मेरी यह दूसरी मुलाकात है। इसका उत्तर बाद के लिए रख लो। मैं कभी झूठ बात कहकर झूठे आश्वासन नहीं देती," तहमीना ने कप में चाय छानी और भीतर लेकर आ गयी।

"दीदी, यहाँ एक नेता हैं, वह मुझे एक नौकरी दिला रहे हैं, क्या कर लूँ ?"

"अच्छा," तहमीना चौंक गयी, और चाय पीने लगी। थोड़ी देर बाद वह बोली, "देखो तरू, मेरी समझ में नहीं आ रहा है कि क्या कहूँ। मना करूँगी तो तुम सोचोगी कि दीदी ने मेरी नौकरी छीन ली और यदि उचित सलाह नहीं देती हूँ तो तुम्हें अँधेरे में रखने वाली बात होगी। इसके पहले शायद मैं आसानी से कह भी देती कि कर लो, पर अब नहीं, क्योंकि तुम विपुल की होने वाली पत्नी हो। यह दुनिया बहुत बुरी है तरू, औरत की मजबूरी का सौदा करना खूब अच्छे से

जानती है। तुम्हें ग्रावश्यकता है, इसमें कोई शक नहीं, क्योंकि तुम्हारे साथ दो बच्चे हैं, पर इसका यह मतलब नहीं कि तुम किसी के एहसान तले इतना दब जाग्रो कि फिर उठ ही न पाग्रो। तुम इन नेता लोगों को नहीं जानती हो, मैं जानती हूँ। बस इसके ग्रागे कुछ नहीं कहूँगी। ग्रपना निर्णय खुद ले लो।"

"मैं समझ गयी दीदी मैं ग्रब उसका ग्रहसान नहीं लूँगी। मैं दुनिया में ग्रचानक ग्रकेली पड़ गयी हूँ, मुझे सलाह देने वाला, रास्ता दिखाने वाला कोई नहीं है, ग्राप इसी तरह मुझे सलाह देंगी न ?"

"तुम लोगी सलाह तो क्यों नहीं दूँगी। ग्रच्छा मैं खाना बनाती हूँ, तुम यहीं खा लेना, समय भी काफी हो गया है, बच्चे भी भूखे होंगे।"

"नहीं दीदी, उन्हें शाम को खिला दिया था मैंने," तरू सकुचा-सी गयी।

"क्या हुग्रा दोबारा खा लेंगे," तहमीना उठती हुई बोली, "हाँ, विपुल कह रहा था तुम कोई एग्ज़ाम दे रही हो ?"

"जी हाँ।"

"तब तुम सारी चिन्ता छोड़कर एग्ज़ाम की तैयारी कर लो, फाइनल कर लेना तुम्हारे लिए बहुत जरूरी है।"

"हाँ दीदी, इधर परेशान भी रही, ग्रौर पेट में दर्द भी रहा, इसलिए कोई तैयारी नहीं कर पा रही हूँ।"

"पेट में दर्द क्यूँ ?"

"यह दोनों बच्चे ग्रॉपरेशन से हुए हैं न, देखिए न, कितने बड़े निशान हैं मेरे पेट पर," कहती तरू ग्रपनी साड़ी को नाभी के नीचे तक खिसका कर दिखाने लगी।

"ग्रोह," पता नहीं क्यों तहमीना को लगा किसी ने उसे जोर से धक्का दिया है। उसने ग्रलमारी का पल्ला पकड़ लिया ग्रौर एकदम थके हुए शब्दों में बोली, "विपुल को बताया था ?"

"नहीं तो," तरू चौंकी, "क्यों दीदी, क्या बात है ?"

"नहीं, मैं ऐसे ही कह रही थी, चलो खाना बना लें," तहमीना ने सहज होते हुए कहा।

खाना खाकर तरू रिक्शे पर दोनों बच्चों को लिए चली गयी ग्रौर तहमीना रिंकू को सुलाती चुप बैठी रही। तो विपुल भी ग्रभागा निकला, यह लड़की ग्रब तीन बच्चों से ज्यादा की माँ नहीं बन सकती। तीसरे बच्चे के लिए भी डॉक्टर सलाह नहीं देते हैं ग्रक्सर, ग्रौर ये दोनों बच्चे विपुल के नहीं हैं। यदि डॉक्टर ने सलाह नहीं दी तो वह ग्रपने एक भी बच्चे का बाप नहीं बन पायेगा। हर तरह, हर तरफ से देखा जाये तो विपुल को सिवाय नुकसान के फायदा कुछ नहीं। बहुत बड़ा जुग्रा खेलने जा रहा है विपुल, जीत किसकी होगी यह तो समय ही

बता पाएगा।

तहमीना स्कूल की सरप्राइज़ चेकिंग पर ऑफिस पहुँची, स्कूल में शिक्षिका नहीं मिली थी। गाँव से लौटते हुए मुख्य सड़क पर जो पुल था वह काफी टूट गया था, उस पर से जब जीप निकल रही थी, तब उसे भय होने लगा था, जरा भी असावधानी हुई तो समझो नीचे आ जायेंगे। आज गुरुवार था। गुरुवार को यहाँ पर बाजार होता था, गाँव के आसपास के लोग उसी दिन आकर अपना हफ्ते-भर का सामान खरीद कर ले जाते हैं। आज के ही दिन सारे देहातों की शिक्षिकाएँ तथा सहायिकाएँ सामान खरीदने आ जाती थीं। दौरे पर जाते हुए तहमीना को पहले ही शक था कि शिक्षिका नहीं मिलेगी, पर क्यूं कि अभी साढ़े दस बजे थे और स्कूल बारह बजे तक चलता था, इसलिए उसने जीप अन्दर गाँव में मोड़ने के लिए कह दिया था।

रास्ते में ही सहायिका अनसुइया बाई का घर पड़ता था। वह घर के सामने खड़ी थी, पर उसने सेंटर तक आने का कष्ट नहीं किया। लौटते में तहमीना ने अनसुइया बाई के घर के सामने जीप रोकी थी और हॉर्न सुनकर अनसुइया बाई सड़क पर आयी थी।

"कहाँ गयी हैं तुम्हारी बहिनजी ?" तहमीना ने उससे पूछा था।

सहायिका से कोई उत्तर नहीं बन पड़ा था और तहमीना वापस ऑफिस में आ गयी थी।

तहमीना के कुरसी पर बैठते ही मीनाक्षी ने उसे बताया कि गाँव में जो शिविर लगा था वहाँ के सेण्टर का एक गंज गायब है जिसकी शिकायत दो-तीन बार ऑफिस में हो चुकी है और यदि गंज नहीं मिला तो उस शिक्षिका का वेतन काट दिया जायेगा।

"तो गंज गया कहाँ ?" तहमीना ने आश्चर्य से पूछा।

"जी मिसेज़ खैतान के पास है। उन्होंने शिविर के समय लिया था फिर लौटाया नहीं," मीनाक्षी ने बताया।

"अच्छा," तहमीना को आश्चर्य हुआ, "बुलाओ उसे।"

मीनाक्षी बाहर गयी और उसने चपरासी को भेजकर मिसेज़ खैतान को बुला लिया। तहमीना ने दूर से आती हुई मिसेज़ खैतान को देखा। उसने पीले रंग की नायलोन की साड़ी पहन रखी थी। पास आकर उसने तहमीना को नमस्ते किया और एक ओर खड़ी हो गयी। तहमीना ने ध्यान से देखा उसका चेहरा बहुत काला पड़ गया था और वह बहुत दुबली-सी दिख रही थी।

"क्यूँ मिसेज़ खैतान, यह गंज का क्या मामला है ? क्या आपके पास सेण्टर का गंज है ?" तहमीना ने पूछा।

"जी हाँ एक बार शिविर के समय लिया था, मेरे ही पास है।"

"फिर आपने लौटाया क्यों नहीं ?"

"जी मैं भूल गयी," मिसेज़ खैतान घबराती हुई बोली।

"देखिए, दूसरे की चार्ज की चीज को इस तरह अपने पास नहीं रखना चाहिए। आपने काम के समय माँगा था फिर आपको तुरन्त लौटा देना था। उस शिक्षिका का ट्रांसफर हो गया है, और उसे चार्ज देने में कष्ट हो रहा है। ये लोग पीठ पीछे आपके बारे में इस तरह बात करते हैं, क्या आपको अच्छा लगता है ? आप इतनी सीनियर हैं, अठारह वर्ष हो गये आपकी नौकरी को, और इस तरह लोग आपके बारे में पीठ पीछे बात करते हैं।"

"गलती हो गयी मैडम, क्षमा कर देंगी। गंज मैं ले आयी हूँ, उसे दे दूँगी," मिसेज़ खैतान बोली और जाने लगी।

"आप यहाँ थोड़ा रुकिये," तहमीना ने मिसेज़ खैतान को रोका और बाकी सबको बाहर जाने को कह दिया। मिसेज़ खैतान वापस आ गयीं।

"बैठ जाइये आप," तहमीना ने उन्हें अच्छे से देखते हुए कहा, "आपका चेहरा इतना काला क्यों पड़ गया है ?"

"जी, पता नहीं," मिसेज़ खैतान एकदम घबरा-सी गयी।

"देखिए घबराइये नहीं, घबराकर झूठ बोलेंगी, नुकसान आपका होगा। डाक्टर साहब ने मुझे आपकी बीमारी के बारे में सब बता दिया है, अब आप सच-सच बता दीजिए।"

"जी," मिसेज खैतान घबरायी हुई-सी काँपी, और फिर बोली, "पिछले कुछ महीनों से मेरे हाथ-पैर पर सफेद-सफेद बूंदें निकल आयी थीं। मैंने डाक्टर साहब को दिखाया तो उन्हें शक है, पिछले साल जो माता के टीके लगाये गये थे, मेरे से पहले किसी कोढ़ी को टीका लगाया गया था, उसके बाद उसी से मुझको लगा दिया गया है, जिसके कारण कोढ़ी के शरीर के कीटाणु मेरे शरीर में प्रवेश कर गये। क्योंकि सफेद बूंदें, ठीक उसी जगह पहले उभरीं, फिर धीरे-धीरे वह और जगह निकलने लगी हैं। डाक्टर साहब पन्दह-पन्द्रह दिन में मुझे जाँच रहे हैं। इधर मैं घर की परेशानियों में ज्यादा फँस गयी हूँ, और जाँच भी ठीक से नहीं हो पा रही है, जिससे अब यह रोग बढ़ने लगा है। इसी चिंता से मैं सूखती भी जा रही हूँ। मेरे छोटे-छोटे बच्चे हैं, मेरी समझ में नहीं आ रहा है मैं क्या करूँ।"

"आप बात देर से समझती हैं, मिसेज़ खैतान," तहमीना ने कहा, "आप उस बीमारी को छुपा रही थीं, पर यह रोग छिपने वाला नहीं और भोगना भी आपको होगा। पता है इस बीमारी के कारण आपकी नौकरी जा सकती है। आपके छोटे-छोटे बच्चे हैं, सोचिए आपके बच्चों के भविष्य का क्या होगा। गाँव

में जब लोगों को आपकी बीमारी के बारे में पता चलेगा तब वह आपके हाथ का पानी भी पीना पसंद नहीं करेंगे। आप यहाँ से छुट्टी ले लीजिये और बाहर जाकर इसकी अच्छे से जाँच कराकर इलाज करा लीजिए।"

मिसेज़ खैतान घबरायी-सी उसे देख रही थी, वह उसे देखती रही और फिर उसके आँसू गालों पर लुढ़क आये।

"नहीं मैडम, मैं अपना इलाज कराऊँगी," मिसेज़ खैतान रोते हुए बोली, "अब आप ही मेरा सहारा हैं, मुझे किसी भी हालत में बचा लीजिये, वर्ना मेरे छोटे-छोटे बच्चे जो बिना बाप के हैं, दर-दर के हो जायेंगे।"

मिसेज खैतान आँचल से आँसू पोंछते हुए बाहर चली गयी और तहमीना चुपचाप अपनी जगह बैठी रही। कितने दुःख हैं दुनिया में? तहमीना को लगा वह ऐसा वृक्ष है जो सिर्फ दूसरों को सहारा देता है। अनगिनत नन्ही-नन्ही बेलें उस तने का सहारा पाकर ऊपर चढ़ गयी हैं, पर उसे खुद को कोई सहारा नहीं है। उसे अकेले इसी तरह जमीन मजबूती से पकड़े रहकर खड़े रहना है। ऊपर आसमान भी है तो बहुत दूर और वह बिना सहारे के अगर लड़खड़ाती है तो उसके साथ ढेर सारी नन्ही-नन्ही बेलें नीचे गिर पड़ेंगी।

प्रकृति भी अपने नियमों का पालन कितनी पाबंदी से करती है। तहमीना क्योंकि अब जंगलों की अच्छी-खासी ज्ञाता हो गयी थी, अभी पलाश के फूल पूरी तरह खत्म नहीं हुए थे, पर कहीं-कहीं सूखकर धरती पर गिर रहे थे। गिरे हुए फूलों से नंगी हुई टहनियाँ सूनी और बदरंग हो आयी थीं, जंगल के सौन्दर्य का वह आकर्षण जो अपनी ओर आकर्षित करता था, अपनी ओर खींचता था, सामने वाले को भ्रम में डाले रहता था, अब टूट चला था।

पर नहीं, टूटा नहीं था, क्योंकि पलाश के फूल जहाँ खत्म हुए थे वहीं अब गुलमोहर के केसरिया सुन्दर-सुन्दर फूलों की बहार थी। सड़क पर जहाँ-तहाँ खड़ा यह पेड़ अपनी ओर आकर्षित कर लेता था, यह कई-कई पेड़ों के पीछे से झाँकता, अपनी सुन्दरता का बखान करता दीख जाता था और बरबस, अनायास दृष्टि उधर घूमकर बँध जाती थी। अप्रेल के अंतिम दिन थे याने मई की शुरुआत लग चुकी थी।

प्रकृति किस तरह मन को बांधने के लिए एक न एक बैसाखी का सहारा दे ही देती है। कल तक जो तहमीना सोचा करती थी कि इस पलाश को देखकर वह प्रसन्न हो जाती है, अपना दुःख भूल जाती है, कल यह झड़ जायेगा तब वह क्या करेगी? पर वहीं अब वह सोचने लगी है, नहीं अभी कुछ बचा है, अभी गुलमोहर के फूल अपने रंग बाँटते नजर आ जाते हैं। यह फूल वीरानी में अपना सौन्दर्य बिखेरेंगे और जब इन फूलों का भी अंत हो जायेगा, तब तक बरसात आ

जायेगी और बरसात अपने साथ ढेरों फूलों को लिये हुए होगी। इस तरह प्रकृति भी कितनी पाबंदी से अपना सौन्दर्य बनाये रखती है और मनुष्य भी बच्चे-सा बहल जाता है।

दर्द का जहर छाती पर जमा हो गया था और अब तहमीना को साँस लेने में कष्ट हो रहा था, हर साँस के साथ दर्द का जहर सारे शरीर में फैल जाता था। मन हताश थके, बूढ़े, बीमार व्यक्ति-सा बार-बार हाथ टेक बैठ जाता। आँखों की कोर पीड़ा से दर्द करती थी। जलन थी कि शांत ही नहीं होती थी। यह कैसा दर्द है वह बार-बार अपने को टटोलकर पूछती, उसे शान्ति क्यों नहीं है ? दिल को किसी पल चैन क्यों नहीं है ? दर्द का फोड़ा हर पल, हर क्षण टीसें देता है, जिंदगी में क्या मिला ? शायद कुछ नहीं। वीरानी ही वीरानी है अब तो जिंदगी में···! सब तरफ धूल ही धूल···धुंधलापन है चारों ओर, हर खुशी पत्ते की तरह उड़ती नजर आती है।

भर दोपहर का समय था वह। मीनाक्षी और तहमीना देर से बाहर बरामदे में चुप बैठी थीं। तहमीना की एक-एक मनस्थिति की चश्मदीद गवाह मीनाक्षी थी। वह उसे तसल्ली तो क्या देती पर वह सामने होती और तहमीना को बहुत साहस सा मिलता। तभी पोस्टमैन आया और पीले रंग का एक लिफाफा टेबल पर रखकर चला गया।

"किसका पत्र है मैडम ?" मीनाक्षी ने पूछा।

"देखूं," कहती तहमीना ने तुरंत पत्र फाड़ा। पत्र देखते ही वह आश्चर्य में पड़ गयी। पत्र विपुल का था। उसने जल्दी-जल्दी पढ़ना शुरू किया।

दीदी,

मेरा प्रणाम लो। दीदी मुझमें बहुत-सी ढेर सारी कमियाँ हैं, उन्हें तुम मान लो न ! तुम्हें आश्चर्य होगा जानकर कि मैंने तरू से ब्याह कर लिया है। दीदी, मैंने जीवन के चैलेंज को स्वीकारा है। तुम्हारी आँखों का सामना करने की सामर्थ्य नहीं थी, इसलिए मिल नहीं पाया। बहुत बड़ी जिम्मेदारियाँ अपने कंधे पर ले ली हैं। मैं जानता हूँ तरू ऐसा कमल है जो कीचड़ में होता है और उसमें कीचड़ की महक तो होगी ही, पर मैं इसे सहारा नहीं देता तो ये और दलदल में फँसती चली जाती।

मैं यहाँ देहरादून में हूँ। एक प्राइवेट फर्म में मैंने नौकरी कर ली है। मेरे पास एक बँगला है, ऐशोआराम है। मुझे दो हजार रुपये वेतन मिलते हैं। दीदी, यह सब कैसे हुआ लंबी कहानी है, कभी मौका लगा तो आकर जल्दी सुनाऊँगा। मेरे साथ तरू है, उसके···नहीं मेरे दोनों बच्चे हैं। तुम ठीक कहती थीं दीदी, मैं बड़ा आदमी बनूंगा।

छोटा हूँ और छोटे मुँह बड़ी बात होगी, फिर भी एक बात कहना चाहता था पर कभी साहस नहीं जुटा पाया, इसलिए आज पत्र में लिख रहा हूँ। जिंदगी में छोटे-मोटे जलजले तो आते ही रहते हैं, और हर जलजला अपनी पहचान, दरार छोड़ जाता है, इनसे कोई नहीं बच सकता। पर पारिवारिक जीवन में फिर से संतुलन लाना निहायत जरूरी होता है, वरना बेचैनी और भटकन आदमी ज्यादा देर बर्दाश्त नहीं कर सकता।

देहरादून बहुत ही अच्छी जगह है, आपकी जब भी इच्छा हो यहाँ आइये, तरू की ओर से प्रणाम लीजिये, और बस ।

आपका भाई

विपुल

पत्र पढ़कर तहमीना हैरान, ठगी-सी बैठी रह गयी। उसने मीनाक्षी की ओर पत्र बढ़ा दिया। पत्र पढ़कर मीनाक्षी भी भौचक्की रह गयी।

"मीनाक्षी, विपुल ने बहुत बड़ा काम किया है, मगर दुःख मुझे इस बात का है कि विपुल ने मुझसे एक बार भी इस संबंध में चर्चा क्यों नहीं की। वह मुझसे अपनी हर बात बता जाया करता था, पर इस बात को क्यों छिपा गया था ?"

"वह आपसे बहुत डरता था मैडम। वैसे तरू के जरिये उसे पता तो चल ही गया होगा कि आपको इस शादी में कोई आपत्ति नहीं है।"

तहमीना कुछ नहीं बोली। चुप बैठी रही, मन से कोई धुंध अपने आप छँट गयी थी। अच्छा हुआ विपुल ने हाथ बढ़ाकर गिरती हुई बेल को सहारा दे दिया वरना पता नहीं वह किस दलदल में जा फँसती। उसके दोनों बच्चे अब निश्चित ही अच्छे इन्सान बनेंगे क्योंकि उन्हें विपुल जैसा बाप मिला है। अपनी चीज को तो हर कोई अपना कह लेता है, पर दूसरों की चीज को अपना कहने के लिए बड़ा कलेजा चाहिए, जो केवल विपुल के पास है। तरू को शायद पति की आवश्यकता नहीं भी पड़ती पर उन बच्चों को तो थी, अपनी जरूरतें कहने के लिए उन्हें एक पिता नाम का व्यक्ति चाहिए था। विपुल यहाँ से चला गया। भविष्य ने उसके आगे रास्ते खोल दिये हैं, पर अब वह किससे मन की बात कहा करेगी ? कौन उसे तसल्ली के लिए दो शब्द कह जायेगा ? तभी बाहर दरवाजे पर आहट हुई। मीनाक्षी उठकर गयी और जल्दी ही लौट आयी और उसके पास आकर फुस-फुसाती हुई बोली, "अजय जी हैं।"

"अरे!" तहमीना चौंक गयी। अचानक अजय कैसे आ गया। सामने से अजय ने प्रवेश किया, उसके हाथ में छाता था।

"आइये-आइये," तहमीना उठती हुई बोली।

"नमस्ते, कहिये कैसी हैं ?" अजय बैठते हुए बोला, "इधर किसी मित्र के पास गया था, सोचा आपसे भी मिलता चलूँ।"

"अच्छा," तहमीना के मन में जैसे कुछ भला-सा लगा, "और सुनाइये, क्या हाल-चाल हैं, आपके, शहर के ?"

"शहर के···?" कहता अजय जोर से हँस दिया, वह समझ गया था शहर का हाल पूछने का क्या मतलब है, "आप केवल शहर के हाल जानना चाहती हैं ?"

तहमीना झेंपकर हँस दी, जैसे चोरी करते पकड़ ली गयी हो। मीनाक्षी भी हँस पड़ी और बाहर का दरवाजा लगाने चली गयी।

"सब मजे में हैं। दुनिया का कोई काम रुकता नहीं है, तहमीनाजी हमपर कोई पहाड़ टूटता है, तो हम समझते हैं सारी सृष्टि ही उलट गयी है, पर नहीं, यह भ्रम है, ऐसा कहाँ होता है ?" अजय उसे देखता हुआ आगे बोला, "लगता है महीनों से आपने अपनी शक्ल आईने में नहीं देखी।"

तभी मीनाक्षी आ गयी। तहमीना के मन को जैसे कोई कुरेद गया। उसकी आँखें गीली हो उठीं। उसने आँख उठाकर मीनाक्षी को देखा और अजय से बोली, "अच्छी हूँ अजय जी, जिन्दा हूँ, क्या यह कम बड़ी बात नहीं ? हम चुल्लू-भर पानी में क्यूँ न डूब मरे, यह हमें खुद को आश्चर्य होता है। पर मौत क्या इतनी आसानी से मिल जाती है ?"

"क्या बोल रही हैं आप, जिंदगी इतनी सस्ती तो नहीं, कि इसे मिटा दिया जाये," अजय बोला, "आप इधर दिखी नहीं, थोड़ी परेशानी-सी रही, इसलिए चला आया, अन्यथा न लें।"

"आप क्या कहते हैं," तहमीना बोली, "आप पर तो मैंने इतना विश्वास किया, मन की हर बात बतानी चाही, परन्तु तुषार ने ही मना कर दिया था इसलिए रुक गयी।"

"मुझे पता है, आपके साथ उस दिन लौटने के बाद जब मैं तुषार से मिला तो उसने खुद ही सारी बातें मेरे आगे खोल दीं, और उसने यह भी बताया कि उसीने आपको कुछ कहने के लिए मना कर दिया था," अजय बोला।

"अच्छा !" तहमीना और मीनाक्षी दोनों हैरान हो गयी थीं। वे एक-दूसरे को परेशान-सी देखने लगीं।

"आपको पता है, तुषार जी दिल्ली चले गये ?" अजय ने कहा।

"क्या," तहमीना जैसे एकदम चौंक पड़ी, "दिल्ली क्या किसी काम से गये हैं ?"

"शायद कोई ट्रेनिंग है, उनकी तो फेमिली भी यहाँ से चली गयी," अजय ने बताया।

तहमीना तुषार के बारे में कुछ और पूछना चाहती थी पर उसका स्वाभिमान उसे इजाजत नहीं दे रहा था। उसके मान को रखने वाला ही जब चला गया तो वह कैसे यह बात अधिकार से पूछती।

"मेरी दुनिया में उसे आग लगाने को किसने कहा था ?" तहमीना ने रोष से कहा, "बुझती हुई आग को हवा करने को उससे किसने कहा था ? वह क्यों मेरी दुनिया नोच गया ? इस काम के लिए दुनिया में ढेरों लड़कियाँ थीं। मेरे लिए तो जीवन-भर का नासूर बन गया है, बोलिये, अब मैं कैसे और किस मुँह से जिन्दा रहूँ ? मेरे जिंदा रहने का हक उसने क्यों छीन लिया ? मेरी स्थिति देखो, न हम जी सकते हैं, न मर सकते हैं। सोचो, हम कितनों की नजरों से गिर गये। मीनाक्षी, विपुल और खुद आप, पता नहीं मेरे बारे में क्या सोचते होंगे कि हम भावुकता में बह गये, बहकावे में आ गये, हमें अच्छे-बुरे की परख नहीं, तमीज नहीं।"

"आप ऐसा क्यों सोचती हैं, आदमी ठोकर लगने के बाद ही मैच्योर होता है, उसकी उम्र उसे मैच्योर नहीं करती," अजय बोला, "जो हुआ उसे भूल जाइये, और शांत मन से आगे बढ़िये। आपने मुझ पर इतना विश्वास किया, इसके लिए क्या कहूँ, जीवन में जब भी जिस समय भी मेरी आवश्यकता पड़े, मुझे याद करिये। मैं जरूर आऊँगा।"

"कितना अजीब है," तहमीना कड़वी हँसी हँस दी, "जिसे यह बात कहकर विदा लेनी थी, जिसे सहारा चाहिए था, वह तो कुछ भी नहीं बोला और जिनसे कुछ भी आशा नहीं थी वह कह रहे हैं। मन को कहीं शान्ति नहीं मिलती, कहीं कोई ऐसी जगह नहीं जो मन को बाँध सके।"

"आप कुछ दिनों के लिए बाहर चली जाइये, मन हल्का हो जायेगा," अजय उसे निहारता हुआ बोला।

"आप समझते हैं बाहर जाने से सब भूला जा सकेगा ? नहीं सब झूठ, हमने मन को समझाकर बहलाकर देख लिया, वह किसी प्रकार शान्त नहीं होता। सारा दिन काम करके अपने को बिज़ी रखकर देख लिया, पर उससे भी कुछ नहीं हुआ। मन से तुषार के ख्याल ही नहीं जाते। हम जितना अपने को बिज़ी करते हैं, वह उतना ही याद आता है, हमारे सामने होता है। बोलिये, हम क्या करें ? फिर जिस जगह हम टूटे हैं, जहाँ हमारे पैर काट लिये गये, वहीं पर हमें खड़े होना है, अपने को सँभालना है। तुषार समझता है हम टूटकर मिट्टी में मिल जायेंगे, पर नहीं हम यहीं जीकर हँसकर उसे दिखायेंगे," तहमीना ने बहती आँखों को पोंछते हुए कहा, "कितना कंगाल, भिखमंगा, बेचारा है वह आदमी जिसे दान करना नहीं आता, जो प्यार करना नहीं जानता···और हम भी कितने पागल निकले, कंगाल से दान की चाह करते रहे ! जो खुद भिखमंगा हो वह दूसरों को क्या दान करता ?"

अजय ठगा-सा तहमीना को देखता रहा। मीनाक्षी ने एक गिलास पानी लाकर तहमीना को पिलाया। पानी पीकर तहमीना कुछ स्वस्थ हुई, तो अजय को देखते हुए बोली, "अजय जी, जीवन में वैसे भी हमें अकेले तो चलना ही था, पर यह एह-

सास तो था कि कोई हमारे साथ है, हमारे पीछे खड़ा है। अब जबकि यह एहसास खत्म हो गया है तो झूठे आदर्शों को ओढ़ने से क्या फायदा ? अब जो सहना है मुझे अकेले सहना है।"

"वही ठीक है आपके हक में, अब बात को बढ़ाने से कोई फायदा नहीं," अजय बोला, "यही समझिये कि वह सब भूल थी।"

"हाँ, एक बात जो हम तुषार से कहना चाहते थे, नहीं कह पाये और वह चला गया इसलिए आपसे कह रहे हैं। मान लीजिये, कोई व्यक्ति ऊँचे पद पर है उसका बाहर नाम है, तो इसका क्या यह अर्थ है कि वह अपनी सारी भावनाओं को मार दे ? उसे प्यार करने का कोई हक नहीं ? उसे जीने का हक नहीं ? वह लोक-लाज के कारण क्या घुट-घुटकर मर जाये ? क्या उसके बड़े होने का, शोहरत हासिल करने का यह दंड है ? क्या वह एक आम आदमी की तरह, आम इन्सान की तरह नहीं जी सकता ? उसे हँसने का कोई अधिकार नहीं, आखिर ऐसा क्यों ?"

"इस बात का मेरे पास कोई उत्तर नहीं है तहमीना जी, क्योंकि मैं भी उसी मतलबी दुनिया का एक व्यक्ति हूँ, बस आपसे यह कहना था कि अपने को सँभालिये, इस तरह तो टूट-टूटकर आप बीमार पड़ जायेंगी।"

"अच्छा, तो मैं चलता हूँ," अजय उठता हुआ बोला, "तुषार को मैं पत्र लिखने वाला हूँ, आपसे इस भेंट की चर्चा क्या उसे लिख दूं ?"

"नहीं," तहमीना लगभग चिल्ला-सी पड़ी, "अब उसे मेरे कोई भी संबंध में कुछ भी पूछने का हक नहीं, जानने का हक नहीं।"

"इतना कठोर मत बनिये आप तहमीना जी।"

"कठोर बनना तो उसीने मुझे सिखाया है।"

"मगर इस बात को जानने का हक तो उसे है ही।"

"न, यह दर्द अब सिर्फ मेरा है, इसे अब आप मुझ तक ही रहने दीजिये। तुषार के लिए मैं बहुत पहले मर चुकी हूँ, और मेरे साथ उसकी सारी यादें भी मर चुकी हैं। आप क्यूं इस दर्द को जिलाना चाहते हैं।"

"मगर, आप तुषार की गलतियों की काफी बड़ी सजा दे रही हैं," अजय बोला।

"सजा," तहमीना कड़वी हँसी हँस दी, "सजा कौन भोग रहा है, आप जान सके हैं ? चेहरे पर झूठ का मुखौटा चढ़ाये सारी जिंदगी जीना पड़ेगा, क्या इससे बड़ी सजा दूसरी हो सकती है ? जिंदगी के चैलेंज को स्वीकार कर अपने पैरों पर खड़ा होना ज्यादा कष्टदायक स्थिति है न कि जिन्दगी से भागने पर, मुँह छुपाकर भागने वाले क्या सजा भोगेंगे," तहमीना उठती हुई बोली, "कभी अपनी शक्ल आपको दिखाने लायक रहूँगी तो फिर मुलाकात होगी।"

"अच्छा, नमस्ते," कहता हुआ अजय दरवाजे के बाहर हो गया।

बस से नीचे उतरते ही ठंडी हवा ने स्पर्श किया, और तहमीना को विश्वास लगने लगा कि मन की शांति जिसकी खोज उसे थी वह उसे यहाँ मिलेगी। वह लोग बस स्टेंड से रेस्ट हाउस तक पैदल ही आयीं क्योंकि यह कस्बा था और यहाँ रिक्शों का चलन अभी नहीं हुआ था। मीनाक्षी और तहमीना सामान उठाये पैदल ही चल पड़ीं।

रेस्ट हाउस काफी बड़ा-सा था, ढेर सारे महुआ, आम और काजू के पेड़ों से घिरा था, ठंडी बयार बह रही थी, शांत चुप-सी, अजीब-सी शांति थी वहाँ जो उसे अच्छी लगी।

बरामदे में लगी लंबी आरामदेह चेयर पर वे दोनों बैठ गयीं। चौकीदार के आने में समय था और कमरे की चाबी उसी के पास थी। नोटिस बोर्ड पर उसके नाम की स्लिप लटक रही थी। कमरा नंबर तीन उसे मिला था।

वह चुप सामने अँधेरे को घूर रही थी। मीनाक्षी आँखें मूंदे लेट-सी गयी थी, दिन-भर के सफर ने उसे ज्यादा थका दिया था। मीनाक्षी के कहने पर ही उसने यह प्रोग्राम बनाया था। मीनाक्षी ने बार-बार जिद की थी कि वहाँ मेला बहुत अच्छा भरता है और उसे देखने चलिए। थोड़ा चेंज भी हो जायेगा और आपका मन भी लग जायेगा। उसी की जिद पर तहमीना यहाँ आयी थी।

चौकीदार ने आकर सलाम किया और कमरे को खोल दिया। डाइनिंग हॉल से लगा था वह कमरा जो काफी बड़ा था, दो तरफ बड़े-बड़े पलँग लगे थे, ड्रेसिंग टेबिल और एक छोटा-सा टेबिल, कुल इतना ही फर्नीचर था वहाँ पर, इतने पर भी विचित्र आकर्षण भरा था। तहमीना पलँग पर लेट गयी आँखें मूँदे। मीनाक्षी दीवार की अलमारी में सामान रखती समेटती, बाथरूम में चली गयी। लौटी तो मुंह-हाथ धुले थे।

"आपको बहुत थकान लग रही है न ?" मीनाक्षी ने पास आते कहा।

"नहीं, बहुत अच्छा लग रहा है, जी चाह रहा है, बस जीवन के बचे दिन इसी कमरे में यूँ ही पड़े-पड़े बिता दूं। कितनी शांति है यहाँ ढेर सारी निस्तब्धता, कोई डिस्टर्ब करने वाला नही, कोई टोकने वाला नहीं। बहुत सुन्दर लगा यह पहाड़ी इलाका।"

"मैं थोड़ा बाहर जा रही हूँ, तब तक आप फ्रेश हो लीजिए, बाल्टी में पानी भरा रखा है, तब तक मैं चाय का इन्तजाम कर लेती हूँ," कहती मीनाक्षी बाहर चली गयी। तहमीना उठी और बैग से कपड़े निकालकर नहाने चली गयी। नहाकर तहमीना लौटी तो देखा मीनाक्षी चाय की ट्रे के पास बैठी उसका इंतजार कर रही है।

गीले तौलिये को कुर्सी की पीठ पर फैलाकर तहमीना चाय का कप लेकर पलँग पर बैठ गयी। मीनाक्षी ने उसे ममता-भरी आँखों से निहारा और अपना भी कप उठाकर पीने लगी। चाय पीकर मीनाक्षी ने चौकीदार को आवाज दी, जो आकर उसके हाथों से ट्रे ले गया। मीनाक्षी पर्स में से तमाखू की डिब्बी निकालकर चुटकी से फाँकती हुई बाहर जाने लगी।

"तुम्हारी तमाखू खाने की आदत नहीं जाती न।"

"मैडम, यह तो साथ जायेगी मेरे। जीवन में बस एक इसी से प्यार किया है, मैं इसका साथ नहीं छोड़ती यह मेरा साथ नहीं छोड़ती, इसकी दोस्ती बहुत अच्छी है," मीनाक्षी ने हँसते हुए कहा।

उदास होने के बावजूद तहमीना के होंठों पर भी हँसी आ गयी और मीनाक्षी अपनी उसी मस्त चाल से ठुमकती बाहर आ गयी और तहमीना पलँग की पट्टी से टिक गयी। उसने एक गहरी साँस भरी, दुख की जड़ें इतनी भीतर गहरी चली गयी थीं कि लाख उखाड़ने की कोशिश करो उखड़ती नहीं थीं।

जड़ हो रहा था सारा शरीर। इतना कमजोर उसने अपने को कभी नहीं पाया, लगता था लड़ने की सारी ताकत चुक गयी है, कहीं कुछ नहीं बचा। अजनबी गाँव में, अजनबी रेस्ट हाउस में, अजनबी कमरे में वह अकेली मुर्दा सी पड़ी थी, कहीं कोई आहट नहीं, कोई आवाज नहीं, बस यादें थीं, तकलीफदेह यादें, जो उसका निरंतर पीछा कर रही थीं। जिनमें केवल दर्द था, कष्ट था, चुभन थी, जलन थी, मगर आराम नहीं।

जीवन-भर उसे केवल कष्ट मिले। बचपन से लेकर अब तक उसकी वही गूंगी स्थिति है। आज भी चुपचाप सारी स्थिति को कड़वे घूंट की तरह वह गटक गयी है। अपने को, शरीर को, कष्ट दे लिया पर किसी से कहा नहीं। जीवन-भर वह बिना बैसाखी के चलते रही, फिर जाने अब क्या हुआ कि वह अपाहिज-सा महसूस कर रही थी, लगता था वह बिना बैसाखियों के एक कदम नहीं चल पायेगी।

जीवन इस तरह वबाल लगेगा, बंधन लगेगा उसने कभी सोचा नहीं था और अब लग रहा था सब त्यागकर कहीं भी चले जायें, मन की शान्ति उसे कहाँ मिलेगी, किस दरवाजे मिलेगी, किस मन्दिर में, किस मस्जिद में? काश! कि ऐसा होता मन का यह दर्द खत्म हो जाता, यह कष्टदायक यात्रा खत्म हो जाती। मौत अच्छी होती है, कम से कम मनो मिट्टी के तले से दर्द इतना इस तरह उभरता नहीं है! पर अगर वहाँ भी शान्ति न मिली तो?

क्या ही अच्छा हो वह अभी बैग उठाकर बिना आहट किये, बिना मीनाक्षी को बताये कहीं किसी भी राह चल पड़े और किसी गुमनाम जगह जाकर पनाह ले! जहाँ उसे कोई न जानता हो, जहाँ रोने पर पाबन्दी न हो, कोई टोकने

वाला न हो, वहाँ बस वह अकेली हो, एकदम अकेली ।

मन एकदम अशान्त था । अजीब सी बेचैनी उसे घेरे थी। हार कर वह उठी और कमरे का दरवाजा बन्द कर वह बरामदे से नीचे उतर आयी और महुए के पेड़ के नीचे वह हाथ बाँधे टहलती रही । टहलने से भी राहत नहीं मिली तो वह अँधेरे में महुए के पेड़ से टिककर खड़ी हो गयी ।

बचपन में अक्सर माँ कहती थी मैंने तुम बच्चों के लिए अपना जीवन नष्ट किया, वरना मेरा क्या था मैं कहीं भी चली जाती । तब तहमीना सोचा करती थी कि माँ गलत कहती है । बच्चों के लिए माँ ने त्याग नहीं किया, वह खुद अपनी जिंदगी जीती रही । पर आज तहमीना को माँ की पंक्तियाँ सच लग रही हैं । माँ ठीक कहती थी, बंधन आदमी के कितने कड़े होते हैं, कि तोड़े नहीं जाते । वास्तव में जीवन में एक क्षण ऐसा भी आता है जब सारा जीवन बेकार लगता है, जीने की इच्छा, लालच सब खत्म हो जाता है, पर इसके बावजूद इन्सान को जीना पड़ता है । बंधन औरत को इस तरह बाँधे रहते हैं कि चाहकर भी वह न मृत्यु की ओर जा पाती है, न संन्यास की ओर । जीना है, जीना पड़ेगा, जीना शर्त जो है ।

"मैडम··· मैडम···" मीनाक्षी बरामदे में भटकती उसे पुकार रही थी हैरान-सी ।

तहमीना ने अपनी डबडबाई आँखों को पोंछ लिया और धीरे-धीरे अँधेरे से आगे बढ़ आयी, मीनाक्षी की ओर । मीनाक्षी बरामदे की सीढ़ी पर खड़ी उसे देखती रही । वह तुरन्त समझ गयी कि वह अँधेरे में बैठी रो रही थी ।

"आप रो रही थीं ?"

"नहीं तो···," कहती हुई तहमीना ने आँख उठाकर मीनाक्षी को देखा और बड़ी-बड़ी बूंदें गालों पर ढलक आयीं ।

"अपने को सँभाल लीजिये । आपको खुद अपने को सँभालना होगा । आप अपने मन को खुद समझाइये, खुद बहलाइये, वरना आप बीमार पड़ जायेंगी ।"

"कैसे समझाऊँ, यह मन किसी तरह, किन्हीं उपायों से नहीं बहलता," कहती तहमीना अन्दर चली गयी और पलंग पर लेट गयी ।

पता नहीं मीनाक्षी कब तक मौन चुप-सी उसके पास बैठी रही । तहमीना जब अपनी चुप्पी से घबरा गयी तो सर उठाकर मीनाक्षी को देखा, और बाहर बरामदे में आ गयी ।

मेले की शुरुआत की गहमा-गहमी लगता है शुरू हो चुकी थी, चारों तरफ से दूर-दूर के गाँवों से आ-आकर ठहरती बैलगाड़ियाँ, उन पर लदा सामान, पेटियाँ, लश्कर, टेंट और उलार खड़ी बैलगाड़ियों के नीचे जलते चूल्हे, उस वीराने में भी दूर से ही आभास दे रहे थे, कल की रौनक का ।

रातों-रात टेंट गाड़ दिये गये थे, डालों की बनी मचान से बनी टेंपरेरी पान की दुकानें बननी शुरू हो गयी थीं। कदम के पेड़ के पीछे से निकला चाँद अपना पूरा तेज फेंक रहा था। कदम के लाल-लाल फूल जो सूनी टहनियों पर खिले थे, चाँद की रोशनी में भले लग रहे थे। धरती पर गिरे फूलों को किनारे करते बसेरे डालते हुए लोग सुबह के इंतजार में थे, जो ढेर सारी रौनक, खुशियाँ लाने वाली थी। पूनी का चाँद द्वार-द्वार मेले की दावत का न्यौता बाँट आया था। नवयुवतियों ने अपने चाँदी के गहनों को धोकर चमका लिया था। चुपचाप से सहेलियों के साथ मेले में जाने का समय तय हो गया था। घर के पीछे खेत की मेड़ पर खड़े साथियों से विदा लेती अजब उत्साह में भरी थीं। इस साल तो फसल भी बढ़िया थी। शहर से आयी दूकानों से साड़ियाँ, माला, आईना, गुड़िया, गहने रिबिन, फीता खाजा जी भर कर लेना है।

"मेले की तैयारी से तो लग रहा है कि मेला बहुत विशाल और बढ़िया भरने वाला है," अँधेरे में खड़ी तहमीना ने दूर तक दृष्टि फेंकते हुए कहा।

"जी हाँ, बहुत बड़ा मेला लगता है, सामने पहाड़ी पर, आपको निश्चित ही पसंद आयेगा, आप अपने दर्द को भूल जायेंगी और जब आप यहाँ ले लौटेंगी तो आपको काफी हल्का-हल्का लगेगा। बस इसीलिए तो आपको दिखाने यहाँ लाई हूँ।"

"अच्छा," तहमीना खुश हो गयी और मन ही मन सोचने लगी कि इस मेले को नयी सुबह में, नई ताजगी से देखना है। तहमीना अंदर आ गयी और चुपचाप पलँग पर लेट गयी, उसने आँखें मूंद ली थीं, "मीनाक्षी लाइट बंद कर दो, अब मन बहुत शांत हो चला है, और मुझे नींद भी आने लगी है।"

"हाँ, अब आप सो जाइये, कल फिर मेला भी घूमना है न," मीनाक्षी उठी और उसने खट से लाइट बंद कर दी।

सुबह की सूरज की पहली किरण के साथ, दुकानें सजनी शुरू हो गयी थीं। बड़ी दुकान टेंटों में और नन्ही-नन्ही दुकानें बड़े-छोटे टुकनों में सजनी शुरू हो गयीं। भजिया, खाजा, गरम लाई चने की उठती भाप और गुलाब छाप पत्ती की महक वातावरण में छाने लगी थी।

तालाब के ठीक ऊपर टेकरी पर बसे भाटी पारा में वह विशाल मेला लगा था। खेतों के बीच मकानों के बीच छूटी दरारों से दिखता हुआ मेला, जिसमें औरत, मर्द और बच्चे किलबिला रहे थे, दूर से वह इधर-उधर चलती-फिरती इल्लियों से नजर आ रहे थे। देवी के पास बज रही शहनाई की आवाज यहाँ तक सुनाई दे रही थी।

पक्की सड़क से लगी एक दाएँ को कच्ची मुरूम वाली सड़क कुछ कटती,

कुछ बढ़ती-सी सामने के तालाब के ऊपर टेकरी पर चढ़ती चली गयी थी।

इमली के खूब लंबे लदे-फँदे पेड़ थे, जहाँ टोटके के लिए लटकाया फटा सूप लटक रहा था, वहीं पर दो खंभे में केसरिया रंग के दो झंडे लटक रहे थे जो किसी मन्दिर के लगते थे।

ठीक यहीं से शुरू हो गया था मेला। सबसे पहले एक दूकान थी जिसमें तरह-तरह के भगवान की फोटो बिक रही थीं, भगवान के कैलेंडर, भगवान की फ्रेम लगी तस्वीरें जो देहातियों के लिए आकर्षण रखती हैं। बच्चे ठोढ़ी पर हाथ टिकाये, भोली आँखों से टकटकी लगाये, उन रंग-बिरंगी तस्वीरों को निहार रहे थे।

छोटी-छोटी टहनियों को जोड़कर डाले गये मिनी, बेढंगे स्टालों में शर्बत, पान और मिठाई का अंबार था। देहाती भजिए, गुजिया और खाजा की भरमार थी। गर्मागरम लाई चने की दूकानों की कतारें थीं। देहाती खाजा जो गुड़ से बनाया जाता है उसकी भी कई दूकानें थीं, पाँच पैसे में चार की दर से बिक रहे थे, छल्ले जैसा वह पकवान बच्चों के खास आकर्षण का केन्द्र था। होटलें जो यहाँ छोटे-छोटे तंबू गाड़कर स्थायी रूप से जम गई थीं, उनमें सजी मिठाई और उन पर भिनकती मक्खियों को निहारती खड़ी थीं कई नव-युवतियाँ। यह दुकानें जरूर मेले में लगी थीं पर यह देहातियों के लिए नहीं लगी थीं, यह शहर से आये मस्ती करते मनचलों के लिए थीं। उन्हीं से उनकी बिक्री भी थी। गरीब गाँव के लोगों के पास इतनी रकम कहाँ थी!

दिन के चढ़ते यौवन के साथ मेले का यौवन देखते ही बन रहा था जैसे कोई रूपवती नव-यौवना अपने यौवन के पूरे भार के साथ सामने खड़ी हो! दूर-दूर से पगडंडियों से, सड़कों से आती बैलगाड़ियाँ, पैदल आते लोग लगातार आ रहे थे। रंग-बिरंगी साड़ियाँ, तरह-तरह की रंगों वाली कमीज, पगडंडियों में आते देहाती लोग दिख रहे थे।

तहमीना ने मोर पंखी रंग की साड़ी पहन रखी थी, जो उस पर खूब फब रही थी और जिसने उसकी उदासी को कम भी कर दिया था। मीनाक्षी ने भी हरे काही रंग की साड़ी पहन रखी थी। मीनाक्षी के कंधे से एक बड़ा-सा थैलानुमा बैग लटका था जिसमें कैमरा, डायरी, पेन, नाश्ता और न जाने क्या-क्या था। वह दोनों नहा-धोकर और नाश्ता करके ही निकल पड़ी थीं, सुबह-सुबह ही, क्योंकि मेले में जाने का रास्ता ऊँचाई से होकर जाता था, जिस पर ज्यादा तेज धूप होने पर चलने में काफी कठिनाई हो जाती थी इसलिए वह लोग सुबह से ही निकल पड़ी थीं। तहमीना और मीनाक्षी दोनों मेले में फक्कड़ सैलानी की तरह घूम रही थीं। तहमीना अपने आगे, अपने पीछे की सारी बातों को भूल चुकी थी। उसे कुछ याद नहीं था—बस याद था तो

यह मेला, आँखों के सामने फैला हुआ बाजार।

बीचों-बीच बने मंडप में जो खपरैल की छत वाला था, उसमें इस गाँव की देवी दूसरे गाँव के देवता के साथ बाजे-गाजे के साथ आकर विराजमान थी। उनकी डोली, मोरपंख, बैरकलाठ आदि वहाँ थे। नगाड़े बज रहे थे, लोग आ-जा रहे थे, और देवी को चढ़ावा चढ़ाकर सर नवा रहे थे। गाँव का मेला जहाँ लोगों के आपस में मिलने का स्थान होता है, वहीं हर गाँव से आये देवी-देवता भी आपस में मिल लेते हैं, तथा इनके दर्शनों से बाहर से आये हुए लोग भी धन्य हो जाते हैं। इस मेले की शोभा खास यह थी कि दूर-दूर के गाँवों से देवी-देवता आये थे, हरेक देवी थोड़ी-थोड़ी दूर पर अपना अलग आसन जमाये थी। उनके झंडे जो ऊँचे-ऊँचे लाठ में लगे थे, बैरकलाठ से सूचना दे रहे थे कि यहाँ देवी विराजमान है। नगाड़े-शहनाइयाँ बज रही थीं। देवी जिन लोगों को आ रही थी वह बाल छितराये, कान में कनेर के फूल खोंसे झूम रहे थे, जिन्हें कई-कई लोग सँभाले थे। अजब दृश्य था। बाँझ औरतें बच्चे के लिए माथा टेक रही थीं, युवतियाँ मन चाहा पति, प्रेमी पाने की लालसा में पुजारी को चढ़ावे में पैसा दे रही थीं। दुखी मन वाली युवतियाँ देवी को घूरती शिकायती आँखों से उलाहना दे रही थीं। पुजारी फूल और चावल दे रहा था।

मेला जहाँ गाँव वालों के लिए खरीदने का स्थान था, वहीं मिलन-स्थल भी है। बरसों से तरसी आँखें, तितरा-तितरा कर, भीड़ के रेले को चीरती इधर-उधर बहककर बिछड़े प्रेमी को खोज रही थीं। प्रीत की चोट खाई बावली आँखें फटफटा कर अपने साथियों से भटक कर पीछे बहक रही थीं। बरसों से बिछड़े अपने परिवार से मिलती औरतें प्रसन्नता से फूली न समा रही थीं।

छोटी-छोटी मचाननुमा दूकानों के पीछे, छेड़-छाड़ भी पूरी तरह थी। जवान खिलखिलाहट से मेले की रौनक और मादक हो उठी थी, लड़कियों का झुंड दर्पणों की जगमगाती दूकान के आगे ज्यादा था। बचा-बचाकर रखे पैसों से वे दर्पण खरीद रही थीं और प्रसन्नता से अपना मुख निहार रही थीं। रंग-बिरंगी चूड़ियों की दूकान के सामने जवान आहें जोर पर थीं, आँख से आँसू बजते जा रहे थे और चूड़ियाँ पहनी जा रही थीं। सबसे ज्यादा तड़क-भड़क वाली चमकती चूड़ियाँ ही ज्यादा बिक रही थीं और पुरानी चूड़ियाँ हाथों पर ही तड़ाक-तड़ाक टूटती जा रही थीं। फूल वालियों के पास भी जवान महकती जवानी का हाट था। जूड़े में खुसे जूही, कनेर, सेम्हल, गेंदा के फूलों से सजे जूड़े बड़े भले लग रहे थे।

भटा, टमाटर, चावल, नमक, सुकसी की दूकानें भी ढेर थीं। नये-नये

घड़ों में यह सारा सामान खरीदकर जोड़ती आधी उम्र की गृहस्थिनों की भी कमी नहीं थी।

पैसे चाहे हों या नहीं पर युवतियाँ हर दूकान के सामने ठहरतीं और छू-छूकर सामान को देखतीं, उलटती-पुलटती भी रखकर संतोष पा लेती थीं। तरह-तरह की टिकुली खरीद कर नये खरीदे दर्पण में देख माथे पर लगाती औरतें, जहाँ-तहाँ दिख रही थीं। घर से छुपा कर झोलों में चुराकर लायी धान से बदले में लायी चना खरीदा जा रहा था।

दिन का रुपहला आँचल जहाँ मेले की गर्द से मैला होता जा रहा था। वहीं शाम की मादक आँखों में नशीले डोरे उभरते जा रहे थे। शहरी मनचलों से मेले की भीड़ ज्यादा बढ़ रही थी। वहीं अपवित्र इरादों का वातावरण बोझल होता जा रहा था।

देवी के सामने तरह-तरह की टोलियाँ उतरती जा रही थीं और मेले की रात जश्न की रात हो गयी थी। रात के अँधेरे में कहीं छुप कर, कहीं खुले-खुले वायदे हो रहे थे। शहरी छैले पैसों के बल पर बड़ी बेबाकी से जवान देह का सौदा कर रहे थे।

रात जैसे-जैसे सन्नाटे में बढ़ती जा रही थी, वहीं पर गुनाहों का बोझ बढ़ता जा रहा था। इन गुनाहों के सामने पता नहीं कितनी कुँवारी लड़कियाँ माँ बन जायेंगी, जिन्हें पता तक न होगा कि उनके बच्चे का बाप किस शहर से आया था···वहाँ था यौवन, पैसा और नशा, इससे आगे न किसी को कुछ याद था न ही कोई याद रखना चाहता था। मेला जहाँ दिन में पवित्र ही पवित्र था; वहीं रात को गुनाहों से भरपूर था।

तहमीना और मीनाक्षी जब लौटकर रेस्ट हाऊस में आये, तो रात काफी गहरा चुकी थी। थकान थी जो दोनों को तोड़ रही थी, जांघें भर आयी थीं। सर बुरी तरह से दुख रहा था, साड़ी का नीचे का हिस्सा पूरी तरह मैला हो चुका था, पैरों की एक-एक उँगलियाँ दर्द से टूटी जा रही थीं। इन सब के बावजूद भी तहमीना को बहुत-बहुत अच्छा लगा था, जैसे शरीर की थकान ने मन के दर्द को ढाँप लिया हो।

"आप कुछ खायेंगी ?" मीनाक्षी ने पूछा।

"नहीं, अब खाने की बिलकुल इच्छा नहीं है, अब तो बस सोना है।"

दोनों कमरे में आ गयीं। तहमीना ने मुँह-हाथ धोकर कपड़े बदले और अपने बिस्तर पर लेट गयी।

"आपको मेला कैसा लगा ?"

"मुझे याद नहीं पड़ता मीनाक्षी कि मैंने इससे अच्छा मेला पहले कभी देखा होगा, मुझे यह मेला बहुत अच्छा लगा," कहते हुए तहमीना ने करवट

ले ली, आँखें बन्द कर लीं। पर आँख बन्द कर लेने से क्या होता है ? मेले का सारा शोर, उसकी सुगंध उसके आसपास अभी भी भटक रही थी।

दूसरी सुबह मसले फूल, मसली देह और मसली गंध लिये बासी मेले का दिन था। हर चीज बासी यौवन से लेकर मेले की रंगत से दूकानों की सजी चीजों तक बासी था। आज मेला उतने उठान पर नहीं था। आज जैसे वह थक-कर खुद सुस्ताना चाह रहा हो। बासी मेला जो शाम होते-होते उजड़ जायेगा, दूकानें उजड़ जायेंगी, बैलगाड़ियों पर सामान, लश्कर, पेटियाँ, टोकने, बच्चे, औरतें रखकर आगे बढ़ जायेंगे। वहीं पर रह जायेगा, पूनम का उदास चाँद जो सेमल के पेड़ पर उतर कर वहाँ छूट गये फूल, जूठन और छूट गयी यादों के दाग को ताकता रह जायेगा। कल यहाँ रोनक थी और आज···? गुमराह पैर लौट गये अपने-अपने गाँवों को, बच गये स्मृतियों के दाग, धब्बे, उदासियाँ, उजड़ापन!! जब चले थे तब कितने लोग साथ थे, और आज···कोई नहीं। शेष है बस अपना अकेलापन···!

वह लोग लौट रहे थे। यह दो दिन जो तहमीना ने इस गाँव में काटे, उसके लिए वैसे ही थे जैसे वह तीर्थ करके लौट रही हो। मीनाक्षी के पैरों में बहुत पुराना एग्ज़ीमा था, यूं तो वह बहुत पुराना था पर पहले इतना कष्ट-दायक नहीं था, अचानक वह रात को बढ़ गया था और जिसके कारण उसे हल्का फीवर हो आया था, इसलिए सारे रास्ते वह चुप रही, सीट से सर टेके आँख बन्द किये चुपचाप पड़ी रही थी।

बस जो जंगल के बीच से गुजर रही थी, चारों ओर जंगल ही जंगल थे। साल के ऊँचे-ऊँचे पेड़ आसमान से टिककर खड़े थे जो अपने पुराने पत्तों को झाड़ नये पत्तों के साथ खड़े थे। अपने में कठोरता लिए यह पेड़ कितना आकर्षक लगता है। इसके पत्ते भी एकदम नीचे जड़ से लगते हैं, याने नीचे से ऊपर तक पत्तों में छिपा यह पेड़ कितना भला लगता है, जैसे कोई नवयौवना पैर से लेकर सर तक गहनों से लदी खड़ी हो।

बहुत···बहुत अच्छा लग रहा था। जंगल में जंगली फूलों की बहार थी, चटक फूल सारे जंगल में फैले थे। तरह-तरह की चिड़ियों के शोर से गूंजता जंगल था। बीच-बीच में छोटे-छोटे नाले थे, नाले में मोटे से पेड़ के तनों को डालकर पुल का काम लिया जा रहा था जिस पर से होकर लोग आ-जा रहे थे। महुआ की मादक गंध बस की खिड़की से अंदर घुस आयी थी।

वह चुप खिड़की से टिकी बाहर देख रही थी। जंगल की खूबसूरती खत्म हो रही थी। पलाश अपनी टहनियों से झड़कर नीचे धरती पर बिखर गया था और पेड़ अपनी फिर वही पुरानी कुरूपता लिये खड़ा था। झड़े हुए फूल धरती पर बिछ गये थे जिससे रंगीन हुई धरती यहाँ से वहाँ तक भली लग

रही थी।

सुन्दरता का अन्त हो चुका था, हर सुन्दर चीज का यही अन्त है। कुरूपता अपनी जगह बरकरार रहती है, पर सुन्दरता नहीं। सपने भले लगते हैं पर बस आँख बंद रहने तक ही।

जीवन का सत्य यही है शायद जो उसकी आँखें अभी देख रही थीं। इसी तरह सब···सब नष्ट होना है, एक दिन बिखरना है। हर चीज जो हमें भली लगती है, प्यारी लगती है, वह स्थिर नहीं रह सकती। मन और आँखें दोनों उदास थे, जैसे सत्य को स्वीकारना नहीं चाह रही हों, पर आंखों के सामने फैला सत्य था जिसे झुठलाया नहीं जा सकता।

उसने जान लिया था मन के सुख के लिए वह कितना भटकी है पर सुख शान्ति कहीं नहीं। दूसरों के सहारे जो बेल चढ़ती है, वह हवा के तेज झोंके से गिर भी जाती है। उसे दृढ़ होकर, ठोस होकर जीना है। मन की शान्ति उसे कहीं नहीं मिलेगी, उसके लिए अपने ही मन में झांकना होगा, संभालना होगा। कोई भी उसका हाथ पकड़कर उसे गंगा पार नहीं करायेगा।

पलाश ! लाख सुन्दर हो, सुन्दर फूल हों, पर उसमें सुगन्ध नहीं न ! उसे जूड़े में सजाया नहीं जा सकता, वह किसी भी गुलदस्ते की शोभा नहीं बन [illegible]। पलाश सिर्फ अपनी डाल पर लगता है और उसी पर मुरझाकर धरती पर गिर जाता है। वह सिर्फ अपने लिए, अपनी डाल तक ही सीमित रहता है। कितना कड़वा सत्य है, जिसे उसने आज जाना, अभी···इसी क्षण !!

और आज इतने वर्षों के बाद वही तुषार फिर उससे मिलना चाहता है ? तहमीना के आगे तुषार का पत्र था। शब्द···शब्द, जो उसे लहूलुहान कर रहे थे। मन जो एक बार चाह रहा था कि एक बार उससे मिल ले, पर नहीं, तुरन्त उसने मन को धमका दिया, अपने आप को सतर्क कर लिया और उसने तुरन्त कलम उठाई और पत्र लिखने लगी।

तुषार···,

मेरी दुनिया से दूर चले जाओ। मुझे कुछ याद नहीं, बिलकुल उस भटके हुए पक्षी की तरह जो अपना घोंसला शाम के अँधेरे में भूल जाता है। मैं भी उसी पक्षी की तरह अपना सारा कुछ पिछला भुला चुकी हूँ, अब उन्हें कभी याद दिलाने की चेष्टा मत करना। बस !